Ontdek
Calabrië

Inhoud

Reisinformatie, adressen, websites

Kennismaking – feiten en cijfers, achtergronden

Onderweg in Calabrië

Inhoud

Op ontdekkingsreis

Kaarten en plattegronden

Stadsplattegronden

Kaarten

▶ Dit symbool verwijst naar de uitneembare kaart

Calabrië is een wandelparadijs – hier het uitzicht op het Pollinogebergte in het noorden

Calabrië – veelgestelde vragen

Slechts weinig tijd?

Een goed uitgangspunt voor een korte reis van een week door het zuiden van deze veelzijdige regio vormt de stad **Tropea**, circa 60 km ten zuiden van het vliegveld van Lamezia Terme. Een wandeling door de pittoreske binnenstad, de aangename zandstranden en het heerlijke eten doen u al snel de dagelijkse beslommeringen vergeten.

Op weg naar het legendarische **Scilla** met zijn kasteel en het vissersdorp Chianalea moet u beslist een omweg maken naar de **Capo Vaticano** met zijn spectaculaire natuur en panorama-uitzicht. Vanuit Scilla is het dan nog circa 25 km naar **Reggio Calabria**, het antieke Griekse Rhegion, waarvan de vondsten uit de oudheid en de beroemde Krijgers van Riace in het Nationaal Museum te zien zijn. De bruisende stad met haar afwisselende geschiedenis aan de Straat van Messina is erg geschikt voor een tweedaags

Een korte reis van een week

verblijf. Als u de kust volgt, komt u na ongeveer 60 km in **Gallicianò**, een van de Grieks-Calabrische dorpen in de Aspromonte, waarvan de geschiedenis terugvoert naar de tijd van de Griekse kolonisatie van Zuid-Italië. Vlakbij bevindt zich **Agriturismo Il Bergamotto**, waar u kunt overnachten en tegelijkertijd de beroemdste vrucht van Calabrië, de bergamot, kunt bewonderen (zie ook blz. 10).

Vanaf hier is het niet ver meer naar de opgravingen van **Locri Epizefiri**, die verhalen van de stichting van de Griekse kolonie in de 8e eeuw v.Chr. Overnachten kunt u er in het sfeervolle dorp **Gerace**.

Naar Croton, de voormalige tegenhanger van Locri, is het ca. 150 km over de kustweg naar het noorden. De streek rond de levendige provinciehoofdstad **Crotone** met haar opgravingen en het waterslot **Le Castella** biedt voor elk wat wils: cultuur, winkelen, bootexcursies en relaxen op een van de mooie stranden van het natuurreservaat.

Welke bezienswaardigheden moet u beslist zien?

De 15.000 jaar oude rotstekening van de 'allereerste stier' in de **Grotta del Romito** in de **Vallei van Lao** is niet alleen van grote historische en kunstzinnige waarde, ze illustreert ook de kolonisatie van deze streek in de oude steentijd. **Tropea** aan de Tyrreense Zee met zijn goed bewaard gebleven oude binnenstad op tufsteenrotsen en de Chiesa Santa Maria is een juweeltje en een *must* voor elke reis naar Calabrië. In **Reggio Calabria** houden de twee bronzen **Krijgers van Riace**, die na hun restauratie weer in het Nationaal Archeologisch Museum te zien zijn, bezoekers in hun ban. Het pittoreske dorp **Gerace** bezit de grootste en misschien ook mooiste domkerk van Calabrië. Een andere belangrijke historische locatie is het enkele kilometers verder gelegen opgravingsterrein van **Locri Epizefiri**, dat een bewijs vormt van de Griekse kolonisatie ruim 27 eeuwen geleden. Het **La Cattolica** genoemde kerkje vormt

Fijn bewerkt: een van de bronzen Krijgers van Riace

een prachtig voorbeeld van de Byzantijnse bouwkunst boven het bergdorp **Stilo**. En de middeleeuwse vesting **Le Castella** is alleen al om haar panoramische ligging een bezoek waard. Bovendien getuigt ze van de geschiedenis van de Angevijnen en het onder de Aragonezen opgerichte verdedigingsstelsel in het koninkrijk Napels.

Wat zijn de mooiste wandelgebieden?

Dat ligt aan uw persoonlijke voorkeur: het in het noorden gelegen **Pollino-gebergte** heeft de hoogste berg van de regio (Serra Dolcedorme, 2267 m) en spectaculaire uitzichten. Het gebied is zeer fraai met zijn Raganellocanyon en de vallei van Lao. Bergwandelen, canyoning, raften, grotexcursies of klimmen zijn hier populaire activiteiten.

De groene, grotendeels dicht beboste hoogvlakte van de **Sila** doet meer denken aan een Duits middelgebergte en is geschikter voor rustigere wandeltochten. De hoogste toppen zijn 1881 en 1928 meter hoog.

De **Aspromonte** met zijn hoogste berg Montalto (1955 m) moet het hebben van zijn tegenstellingen: de dicht beboste gebieden in het hoger gelegen gedeelte nodigen uit tot lange wandelingen, terwijl het onderste deel van de oost- en zuidflank wordt beheerst door een lage vegetatie van *Macchia mediterranea* met weinig schaduw in de zomer.

Wat is er uniek in de streek?

In Calabrië leven tegenwoordig nog drie culturele minderheden, die men kan leren kennen door zich te verdiepen in hun gebruiken en geschiedenis. In **Guardia Piemontese** kunt u wandelen in de bloedige voetsporen van de waldenzen, een uit Piemonte geëmigreerde en door de Inquisitie vervolgde religieuze minderheid. In **Bovesia** heeft zich sinds de tijd van de

Bezienswaardigheden, wandelgebieden en bijzondere plaatsen

Griekse kolonisatie het Grecanico (of Grico) ontwikkeld, een aan het Grieks verwante taal die tot op heden bewaard is gebleven. Hier in deze uithoek van de Aspromonte wordt het orthodoxe geloof beleden. Ook de Albanezen belijden hun godsdienst op de orthodoxe wijze, maar zijn tevens katholiek. Een typisch Albanees dorp is **Cività** in de Pollino, waar u ook heerlijk Albanees kunt eten.

Op reis met het openbaar vervoer?

In principe is het heel goed mogelijk in Calabrië met de bus en de trein te reizen. U moet echter genoeg tijd hebben en flexibel zijn, want tussentijdse wijzigingen in de dienstregelingen komen veelvuldig voor. Wie onafhankelijk en snel wil reizen, kan het beste een auto of een scooter huren.

Welk uitgangspunt is geschikt om de streek te verkennen en voor korte excursies?

Een of twee standplaatsen in Calabrië zijn onvoldoende om de hele regio te verkennen, omdat er slechts één snelweg is en er maar enkele doorgaande wegen zijn, die de naam 'hoofdweg' verdienen. Dus ook wie 'slechts' 50 km over plaatselijke wegen wil afleggen, heeft hier veel tijd voor nodig.

Om de Pollino te leren kennen, is **Morano Calabro** met zijn goede toeristische infrastructuur een geschikt startpunt. Van hieruit bereikt u over de SP 3 ook de Tyrreense kust. **Sibari** aan de oostkust is met zijn bus- en treinstation en vanwege zijn directe aansluiting aan de SS106 geschikt voor uitstapjes naar Alto Ionio en omlaag naar Rossano. In de Sila is de vakantieplaats **Camigliatello Silano** een goede standplaats, ook

om een dagexcursie naar Cosenza te ondernemen. **Crotone** is met zijn station en busverbindingen en als boeiende stad een geschikt startpunt voor verkenningen van Isola di Capo Rizzuto, de Sila of Catanzaro. Wie de Ionische kust, de Serre en de Locride met de auto wil verkennen, wordt het kleine, aantrekkelijke dorp Riace bij Stilo aanbevolen (zie ook hieronder). Aan de Straat van Messina neemt **Reggio Calabria** met zijn vliegveld, scheeps-, trein- en busverbindingen een ideale positie in. Verder naar het noorden ligt de populaire vakantieplaats **Tropea** ook gunstig aan de spoorlijn langs de kust. Van daar vertrekken schepen naar de Liparische Eilanden. En ten slotte wordt u nog het stadje **Amantea** aanbevolen, dat gunstig is gelegen wat betreft het wegennet. Van daaruit kunt u gemakkelijk de hele noordelijke Tyrreense kust verkennen.

Goede uitgangspunten en logeeradressen

Wat zijn idyllische of bijzondere overnachtingsadressen?

In het zuiden van de Aspromonte ligt het kleine dorp **Amendolea** met de Agriturismo Il Bergamotto, een fascinerende plek, waar u heerlijk kunt ontspannen. Hier starten diverse wandelroutes, maar ook naar de zee is het slechts ca. 15 km.

In een afgelegen deel van de Sila ligt het dorpje **Buturo**, waarin de kleine B & B **La Pecora Nera** met zijn trattoria voor het lichamelijke welzijn zorgt. Heerlijk, overdag in de stilte van het bos wandelen en 's avonds genieten van de culinaire lekkernijen.

Op korte afstand van Stilo ligt in het binnenland het multiculturele dorp **Riace**. Hier logeert u tussen de plaatselijke bewoners, de immigranten en de asielzoekers, die hier enkele jaren geleden hun toevlucht vonden en het vergrijsde dorp opnieuw tot leven hebben weten te wekken.

Zwemmen, peddelen, duiken – aan de Costa Viola

Waar kunt u het beste zwemmen?

Omdat de meeste vakantiegangers zich vooral voor strand- en zwemparadijzen interesseren, vindt u vanaf blz. 48 een uitgebreide beschrijving van de kuststreek met de mooiste stranden en badplaatsen.

Lopen toeristen gevaar vanwege de 'Ndrangheta?

De maffia, in Calabrië *'Ndrangheta* geheten, heeft er geen belang bij om toeristen angst aan te jagen, omdat ze zelf aan het toerisme verdient. Daarom is het belangrijk juist die activiteiten te ondersteunen, waarbij geen protectiegelden naar de maffia vloeien (zie blz. 73).

Als u op eigen gelegenheid reist, raad ik u ten zeerste aan, uw excursieplannen altijd aan de lokale bevolking voor te leggen. U krijgt dan belangrijke tips, ook met betrekking tot de toestand van de wegen, enzovoort. Als de lokale bevolking uw plannen afraadt, neem dit dan zeker ter harte.

Waar vindt u de mooiste kunstnijverheidsproducten?

In **Tiriolo** worden volgens oude tradities nog steeds de *vancali*, geweven sjaals, vervaardigd. En ook in Gerace weven vrouwen tafellakens en handdoeken. Zeer bekend zijn de tapijtweverij Caruso in **San Giovanni in Fiore** en de wolweverij Lanificio Leo in **Soveria Mannelli**, die tevens een winkel heeft op het vliegveld in Lamezia. Fraaie kleine kunstwerken zijn de gouden creaties van de juwelier Gerardo Sacco uit **Crotone**. In het kleine dorp **San Giorgio Morgeto** vindt u verder een mandenmaker, een glasblazerij en een parfumfabriek.

En ten slotte nog een zeer persoonlijke tip!

Als ontbijt raad ik u een heerlijke caloriebom aan: een met ijs gevulde brioche (de echte ronde, met een bolletje ijs erbovenop). In Tropea vindt u *brioche con gelato* bijvoorbeeld bij Mimmo in de Via Montevideo 8, direct aan de Piazza Vittorio Veneto.

De ruïnes van Amendolea – een duik in het verleden, zie blz. 278.

Diamante – overal muurschilderingen op de huizen, zie blz. 89.

Favorieten

Aangenaam slenteren door kleine dorpen en snuffelen in boetiekjes, antiek- en handnijverheidswinkeltjes, daar houdt onze schrijfster van – bijvoorbeeld in Squillace met zijn keramiekproductie. Ook een wandeling door het levendige Diamante aan de Costa dei Cedri, dat telkens weer nieuwe kunstenaars aantrekt, vindt ze heerlijk – of een lekker ijsje bij Cesare aan de *lungomare* van Reggio Calabria, terwijl ze in de verte uitkijkt op Sicilië. Ze wordt ook sterk aangetrokken door de magische natuur: de sprookjesach-

Bij Cesare – het lekkerste ijs langs de lungomare van Reggio Calabria, zie blz. 264.

Belvedere Sud – prachtig uitzicht op Capo Vaticano, zie blz. 213.

Bezoekerscentrum Antonio Garcea – startpunt voor wandelingen in de Sila, zie blz. 150.

tige kust- en rivierlandschappen van Calabrië, het wilde bos en de dieren.

Squillace – kunstzinnige keramiek, schalen en borden, hier vindt u alles, zie blz. 200.

Il Nibbio – het natuurmuseum in Morano in de schaduw van de burchtruïne, zie blz. 115

In vogelvlucht

Costa dei Cedri en Cosenza
Naast strand- en zwemplezier is er hier een groot cultuuraanbod: het waldenzendorp Guardia Piemontese, het bedevaartsoord in Paola, burchtruïnes en middeleeuwse dorpen. De culturele hoofdstad Cosenza biedt allerlei kunstwerken en vele architectuurmonumenten. Zie blz. 76.

Van de Tyrreense naar de Ionische Zee
De Costa degli Dei heeft een spectaculaire kust met mooie stranden, een fascinerende onderwaterwereld en een boeiend uitgaansleven in juli en augustus. In het binnenland ontdekt u het historisch belangrijke Vibo Valentia, het afgelegen kartuizer klooster in Serra San Bruno, industriële archeologie en Byzantijnse kerken in Stilo en Bivongi. Zie blz. 208.

De zuidpunt van Calabrië
Aan de Straat van Messina kunt u het aantrekkelijke Scilla en de heimelijke hoofdstad van Calabrië, Reggio Calabria. In de Aspromonte kunt u skiën, wandelen en mountainbiken. In het rivierdal van de Amendolea liggen enkele Griekse dorpen en aan de oostkust ligt een van de mooiste dorpen van Italië, het middeleeuwse Gerace. Zie blz. 250.

Pollino en Alto Ionio Cosentino
Het Pollinogebergte is een paradijs voor
wandelaars en andere avonturiers: rafting
en canyoning in de rivierkloven en speleo-
logie in de grotten van Cerchiara. Voor
cultuurliefhebbers valt er heel wat te ontdekken: 15 000 jaar oude Graffito in het
Valle del Lao, het bergdorp Morano, de
Albanese dorpen en de burchten van de
Hohenstaufen. Zie blz. 110.

Sila en Piana di Sibari
Sportliefhebbers komen in de Sila volledig
aan hun trekken: skiën en sneeuwschoen-
wandelingen in de winter, wandelen,
mountainbiken en canyoning van voorjaar
tot herfst. Aan de oostkant zijn er Byzantijnse kerken, de Codex purpureus in Rossano en het archeologische park van Sibari.
Zie blz. 138.

Crotone, Catanzaro en de Golf van Squillace
Van strand- en waterplezier kunt u genieten op het Isola di Capo Rizzuto, cultuur
bieden de waterburcht Le Castella, de tempelzuilen op de Capo Colonna en natuurlijk
het bedrijvige stadje Crotone. In het noorden ligt het aantrekkelijke dorp Santa
Severina en het wijnbouwgebied van Cirò.
Ten zuiden van Crotone liggen de regio-
hoofdstad Catanzaro, het handwerkstadje
Tiriolo en de droomstranden langs de Golf
van Squillace. Zie blz. 170.

Reisinformatie, adressen, websites

Langs de lungomare van Diamante kunt u heerlijk flaneren en eten

Informatie

Internet

www.enit.it

De Italiaanse Nationale Dienst voor Toerisme ENIT geeft op zijn website algemene inlichtingen over de regio, adressen van informatieposten in de belangrijkste plaatsen, downloads van adreslijsten van campings en hotels en brochures. U kunt een mobiele app downloaden voor GPS-navigatie, evenementen en nuttige informatie.

www.turiscalabria.it

Uitgebreide meertalige, officiële website van de Regione Calabria, met veel informatie over gebieden, activiteiten en adressen.

www.calabria-magica.com

Deze aanbieder van accommodaties geeft op zijn website in het Duits of Engels uitgebreide informatie over de regio.

www.calabriadascoprire.it

Op deze Italiaanse website vindt u veel informatie en foto's over plaatsen en evenementen in Calabrië.

www.calabriaonline.com

Zeer informatieve website over cultuur, geschiedenis en toerisme van Calabrië, o.a. 100 wandelroutes (in het Italiaans).

www.esperia.it

De touroperator Esperia stelt op zijn meertalige website veel toeristische informatie ter beschikking. Bovendien biedt de online touroperator themareizen aan met als zwaartepunten wijn/gastronomie, geschiedenis en natuur, en kunt u er accommodaties boeken.

www.prodottitipici.com

Informatie per Italiaanse regio over streekproducten, *agriturismi*, B&B's en restaurants.

www.parks.it

Wie geïnteresseerd is in de Italiaanse nationale parken en natuurreservaten, vindt hier, ook weer per Italiaanse regio, alle noodzakelijke informatie; meertalig.

www.mobitaly.it

Informatie over cultuur, in het Engels en Italiaans, gerangschikt naar provincie en plaats.

www.italianculture.net

Deze tot nog toe helaas alleen in het Italiaans beschikbare website geeft informatie over diverse culturele thema's, inclusief adressen.

Verkeersbureaus

De nationale Italiaanse organisatie voor toerisme ENIT (Ente Nazionale Italiana per il Turismo) heeft haar hoofdzetel in Rome. De ENIT geeft Italiëgangers informatie over het land en beschikt over filialen in 25 landen. Het kantoor van de ENIT voor het Nederlandstalige gebied bevindt zich in Brussel. De website van de ENIT (www.enit.it/nl) is een nuttige bron van informatie. Toeristen

Gratis apps

De regio Calabrië stelt met twee apps praktische reisinformatie en informatie over cultuur en natuur van Calabrië ter beschikking (in het Engels): www.calabreasy.it en atlante.benicul turalicalabria.it.

worden doorgelinkt naar www.italia.it (ook in het Engels en Duits), waar per regio veel informatie te vinden is over onder andere accommodatie, cultuur, natuur, geschiedenis en recreatiemogelijkheden.

ENIT

Via Marghera 2
I-00185 Roma
tel. 00 39 06 497 11
www.enit.it

... in België

ENIT
Vrijheidsplein 12
B-1000 Brussel
tel. 00 32 2 647 11 54
brussel@enit.it

... in Italië

Assessorato al Turismo
Via San Nicola 8 (Galleria Mancuso)
88100 Catanzaro
tel. 09 61 85 78-01/02/03
www.turiscalabria.it

De **Pro Loco** verzorgt de plaatselijke toeristische informatie. Helaas functioneren deze in de regel vrijwilligersorganisaties vaak slecht, omdat ze afhangen van de inspanningen van hun president, die elke vier jaar opnieuw wordt gekozen. Op alle vliegvelden is een infoloket, waar u slechts algemene informatie kunt krijgen.

Leestips

Carmine Abate: *Tussen twee zeeën*, Bakker, 2003. De met diverse prijzen bekroonde schrijver stamt uit een Albanees dorp in Calabrië en vertelt in zijn werken over de schoonheid van Zuid-Italië, maar ook over het harde dagelijks leven in Calabrië en de permanente dreiging van de maffia.

Pino Arlacchi: *Mafia, peasants and great estates*, Cambridge 2008. De Italiaanse socioloog analyseert en beschrijft de geschiedenis, activiteiten, de veranderingen van de maffia in de laatste decennia, hun traditionele waarden, hun eer en de wet van het zwijgen.

Tommaso Campanella: *The city of the sun*, SMK books, 2009. De uit Stilo stammende filosoof (1568-1639) ontwerpt in dit boek zijn scenario voor een betere wereld.

Norman Douglas: *Old Calabria* (Benediction classics 2012; origineel 1915). Dit werk geldt als een van de mooiste boeken over Italië: een geestig reisverslag, dat natuur- en cultuurobservaties verbindt met een critische reflectie van de Calabrische werkelijkheid.

Francesco Forgione: *Maffia Export*, Ambo 2010. Hoe 'Ndrangheta, Cosa Nostra en Camorra de wereld hebben gekoloniseerd. De voormalige voorzitter van de Italiaanse parlementaire onderzoekscommissie naar de maffia beschrijft hun mechanismen en de internationale verspreiding van het misdaadsyndicaat.

Homerus: *Odyssee*, Athaeneum 2016. De Griekse dichter (8e eeuw v.Chr.) beschrijft de avonturen van Odysseus, die op zijn zwerftocht na de verovering van Troje naar Calabrië terugkeert.

Ekkehart Rotter: *DuMont Kunst-Reiseführer Kalabrien, Basilikata*, DuMont

Kaarten

Wegenkaarten zijn te koop in de ANWB Winkel en in de boekhandel. Aan te raden is ANWB Wegenkaart 8 **Italië zuid** (1 : 300.000).
Verdere kaarten van de Sila, de Monte Pollino, de Aspromonte, de provincies Cosenza, Catanzaro en Crotone zijn aan te vragen bij de **betreffende informatiepunten**.

2011 (Duitstalig). Gedetailleerde informatie voor alle kunstliefhebbers.

Mark Rotella: *Gestolen Vijgen. Reizen door Calabrië*, Het Spectrum 2003. Mark Rotella, kleinzoon van immigranten uit Calabrië, beschrijft in dit reisboek de ruige schoonheid van Calabrië en het leven van de Calabrezen.

Roberto Saviano: *Gomorra*, Rothschild & Bach 2010. De auteur, die sinds de publicatie van dit boek onder politiebescherming leeft, doet een spannend verslag over de werkwijze van de Camorra.

Valentino Selva: *Tussen sterren en citroenen*, Elikser 2013. De schrijver verruilt na zijn pensionering zijn thuishaven Friesland voor Calabrië en doet in dit boek verslag van de aankoop van een huis in Calabrië.

Martin Šimek: *Bloedsinaasappels*, De Bezige Bij 2011. De bekende Nederlands-Tsjechische presentator vertelt over het Calabrische dorpje Pantaleo, waar hij met zijn gezin is gaan wonen en beschrijft het leven daar.

In Calabrië kunt u vrijwel overal een actieve vakantie houden

Weer en reisseizoen

Klimaat

Calabrië kent minstens drie verschillende klimaatzones: twee typen kustklimaten langs de Tyrreense en de Ionische Zee en een bergklimaat in het binnenland. Het mildere mediterrane klimaat aan de oostkust (Mar Ionio) is aanzienlijk droger en meestal enkele graden warmen dan dat aan de westkust (Mar Tirreno). In Diamante aan de westkust ligt de gemiddelde maximum temperatuur in augustus op 26,1 °C, in Crotone in het oosten op 30,3 °C. In januari geeft de thermometer in Diamante gemiddeld slechts 5,5 °C aan, in Crotone 6 °C. Neerslag valt overwegend in de winter. Het klimaat in de bergen lijkt op dat van de Alpen en bereikt 's winters in de Sila temperaturen tot -20 °C. Het weerbericht op internet: www.ilmeteo.it of meteo.viaggi.alice.it.

Reisseizoen

Juli en augustus vormen het hoogseizoen in Calabrië. Dan moet u in enkele plaatsen doorgaans rekening houden met overvolle accommodaties. Strandvakanties kunt u houden van juni tot september. Voor rondreizen daarentegen is de periode van maart tot eind juni en van eind augustus tot november ideaal. Om te wandelen is vooral de periode van mei tot oktober geschikt.

Het vakantieseizoen van de touroperators begint meestal in april en eindigt begin november. Buiten deze periode komt u vaak voor gesloten accommodaties, restaurants en musea te staan (reserveren en telefonisch informeren wordt daarom aanbevolen). Daarentegen zijn in augustus in de steden veel winkels en restaurants gesloten.

Kleding en uitrusting

Voor een vakantie aan de kust volstaat in de regel van juni tot september lichte zomerkleding. Denk echter wel aan shirts met lange mouwen voor de uurtjes na zonsondergang. En draag bij het bezoeken van kerken passende kleding. In het voorjaar en in de herfst en op reizen naar de hoger gelegen gebieden in het binnenland zijn lichte truitjes prettig. Om te wandelen dient u in elk seizoen beslist goede wandelschoenen te dragen. Behalve in het voorjaar en in de herfst kunt u gerust afzien van regenkleding. De zomerregens zijn weliswaar vaak ware wolkbreuken, maar duren meestal kort. Dan helpt slechts schuilen.

Klimaattabel Calabrië (Cosenza)

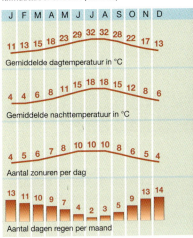

Heenreis en vervoer

Reisdocumenten

Voor reizigers uit Nederland en België volstaat een identiteitskaart of paspoort, mits het verblijf niet langer dan drie maanden duurt. Kinderen, die naar het buitenland reizen, hebben, onafhankelijk van hun leeftijd, een eigen reisdocument nodig. Voor automobilisten volstaat het Nederlandse of Belgische rijbewijs en wordt het aanbevolen de groene verzekeringskaart mee te nemen.

Douanebepalingen

Burgers uit EU-landen mogen onbeperkt levensmiddelen en andere goederen in- en uitvoeren, mits voor eigen gebruik. Er gelden echter de volgende limieten voor drank en tabak: 800 sigaretten, 10 l sterke drank en 90 l wijn. Niet-EU-burgers mogen 200 sigaretten, 1 l sterke drank en 4 l wijn in- en uitvoeren.

Heenreis naar Calabrië

... met het vliegtuig

Het hele jaar zijn er dagelijks lijnvluchten met Alitalia vanuit Rome en Milaan naar de vliegvelden Lamezia en Reggio Calabria. Het vrogere vliegveld Crotone-S. Anna is sinds 2016 falliet en gesloten, zie: www.aeroporto.kr.it. In de zomermaanden zijn er chartervluchten uit België (Ryanair) en Düsseldorf (Eurowings) naar Lamezia.

Aeroporto dello Stretto: V. P. Ravagnese, 89067 Reggio di Calabria, tel. 09 65 64 05 17, www.aeroportodellostretto. it. Vanaf het vliegveld gaan bussen naar de haven en het centrum van Reggio Calabria en langs de Ionische kust (tot Caulonia); voor dienstregelingen zie de website van het vliegveld.

Aeroporto Lamezia Terme: Via Aeroporto, 88040 Lamezia Terme, tel. 09 68 41 41 11, www.lameziaairport.it. Vanaf het vliegveld gaan bussen naar Catanzaro, Cosenza, Crotone, Vibo Valentia, Tropea en naar het station van Lamezia (zie de website van het vliegveld, onder 'Servizi Trasporti'). Op alle vliegvelden vindt u autoverhuurbedrijven (meer informatie vindt u op de websites van de vliegvelden).

... met de trein

U kunt per trein vanuit Amsterdam of Brussel naar Italië en onderweg in Parijs of München overstappen op de aansluitende **nachttrein** (*cuccette* = couchetterijtuig of *vagone letto* = slaaprijtuig) naar Milaan, Florence en Rome (www.nsinternationaal.nl).

In Italië rijden nachttreinen van Turijn en Milaan naar het zuiden. Actuele reisinformatie vindt u op de website www.trenitalia.com. Met diverse snelle treinen verbindt een particuliere concurrent Noord- en Zuid-Italië (tot aan Salerno, www.italotreno.it).

Stations voor langeafstandstreinen zijn Paola, Lamezia Terme, Vibo Valentia-Pizzo, Rosarno, Villa San Giovanni, Reggio di Calabria, Catanzaro Lido en Crotone.

.... met de bus

Snelbussen van Flixbus en Eurolines verbinden diverse steden in Nederland en België met o.a. Milaan, Rome en Napels: **Eurolines**, tel. 088 076 17 00 , www.eurolines.nl; **Flixbus**, tel. 0858 88 18 43, www.flixbus.nl.

Busverbindingen naar het noorden vanuit de provincies Cosenza en Catanzaro (www.lavallelinee.it, tel. 199 19 91 92), vanuit de provincies Reggio Calabria en Catanzaro (www.autolinee federico.

Bootexcursie van Tropea naar het vulkaaneiland Stromboli

it, tel. 09 65 64 47 47), vanuit de provincie Cosenza (www.iasautolinee.it, tel. 09 83 56 56 35), vanuit de provincie Crotone (www.autolineeromano.com, tel. 096 22 17 09), vanuit de provincie Vibo Valentia naar Rome (www.gencobus.it, tel. 096 34 17 41). Reisplanners op internet: www.ibus.it, www.oraribus.com.

... met de auto

U kunt kiezen uit diverse routes over de Alpen en rijdt daarna over de autostrada via Milano, Firenze, Roma, Napoli en Salerno richting Reggio di Calabria (**vanaf Salerno** tolvrij).

Vervoer in Calabrië

Trein

De spoorlijnen langs de kust zijn schitterend, bijvoorbeeld van Pizzo naar Rosarno, van Lamezia naar Praia a Mare of langs de Ionische kust. En niet te vergeten de kleine trein Calabro-Lucane, die nog enkele plaatsen in het binnenland verbindt (Soveria Mannelli-Catanzaro en Catanzaro-Catanzaro Lido, www.ferroviedellacalabria.it). De treinverbinding van Sibari naar Taranto (Alto Ionio) is bijna geheel vervangen door busvervoer. Alleen de Intercity rijdt hier nog een keer per dag. Loketten zijn er nog slechts op enkele stations. Treinkaartjes koopt u bij automaten en officiële verkooppunten. Zorg er in elk geval voor uw kaartjes voor het instappen **af te stempelen** (*convalidita,* gele automaten). In het geval deze automaten niet functioneren, dient u bij het instappen de conducteur te informeren.

Informatienummer Trenitalia: tel. 89 20 21 (bellen vanaf het vaste net in Italië), www.trenitalia.com. **Reizigers met een handicap** kunnen van te voren bellen naar tel. 199 30 30 60 (Centri Assistenza Disabili) voor assistentie bij het in- en uitstappen.

Bus

De in het reisgedeelte van deze gids op-gevoerde buslijnen en dienstregelingen zijn niet volledig en moeten slechts als aanknopingspunten worden gezien. Gedetailleerde informatie krijgt u bij de verschillende busmaatschappijen: **Ferrovie della Calabria:** mob. 32 82 39 11 17, www.ferroviedellacalabria.it; **Autolinee Federico,** www.autolinee fe-derico.it, tel. 09 65 64 47 47; **Romano,** www.autolineeromano.com, tel. 096 22 17 09; **IAS Autolinee,** www.iasauto linee.it, tel. 09 83 56 56 35; **Saj,** www. saj.it, tel. 09 81 50 03 31; **Preite,** www. autoservizipreite.it, tel. 09 84 41 30 01; **Genco,** www.gencobus.it, tel. 096 34 17 41.

Veerboten

Voor de oversteek naar Messina in Sici-lië neemt u de autoferry van Villa San Giovanni. Uit de haven van Reggio Calabria vertrekken ook kleinere schepen voor alleen personenvervoer naar Messina en naar de Liparische Eilanden.

Autohuur

Wie het Calabrische binnenland wil ontdekken, kan dit zonder veel pro-blemen slechts met een eigen auto re-aliseren. In alle vakantieplaatsen en op de vliegvelden kunt u doorgaans ook Vespa's en auto's huren (adressen van verhuurbedrijven vindt u in het reisge-deelte van deze gids en op de websites van de vliegvelden).

Hulp bij pech

Pechdienst van de Italiaanse automo-bielclub ACI (Soccorso Stradale): gratis hotline 80 31 16. ANWB-alarmcentrale: tel. 00 31 70 314 14 14 (vanuit het bui-tenland), Touring (België) pechnum-mer: +32 2 233 23 45 (vanuit het bui-tenland).

Autorijden en verkeersregels

Maximumsnelheden: binnen de be-bouwde kom 50 km/u, daarbuiten 90 km/u, op snelwegen 130 km/u. Het dragen van autogordels is verplicht voor de bestuurder en bijrijder. Tele-foneren tijdens het rijden is niet toe-gestaan, tenzij handsfree. Buiten de bebouwde kom moeten auto's ook overdag dimlicht voeren, motorrijders overal (www.enit.nl). Het wordt aange-raden de groene verzekeringskaart mee te nemen, die het afhandelen van onge-lukken vergemakkelijkt.

Denkt u vooral aan goede wegen-kaarten! Het is aan te raden, in geval van twijfel eerder de kaart dan de soms onduidelijke plaatselijke bewegwijze-ring te volgen. Omdat de wegen af en toe zeer smal zijn, is het huren van een kleine auto handig, die echter wel over voldoende pk's dient te beschikken om de soms aanzienlijke hoogteverschillen te kunnen overbruggen.

Denk er bij het plannen van uw toch-ten aan om tijdig op uw plaats van be-stemming aan te komen. Buiten het hoogseizoen zijn de plaatselijke hotels en restaurants al vroeg in de avond ge-sloten. Daarom is het aan te raden van te voren een hotelkamer te reserveren.

De af te leggen routes dient u met betrekking tot de reistijd ruim te plan-nen, want de ritten door het binnen-land zijn bijna altijd zeer bochtig en verlopen langzaam. En op de kustwe-gen (SS18 en SS106) kunt u maar af en toe flink doorrijden, omdat deze wegen meestal dwars door alle dorpen voeren. Wie zeker wil zijn van voldoende tank-stations onderweg, kan het beste de doorgaande hoofdwegen, de *strade sta-tali* (SS) kiezen.

Overnachten

Ondertussen zijn er in heel Calabrië behalve klassieke hotels ook *bed & breakfast* en bedrijven met *agriturismo*. Bij de keuze van het onderdak dient u naast uw reisbudget en persoonlijke smaak rekening houden met de verblijfsduur. De meeste vakantiewoningen bijvoorbeeld verlangen een minimaal verblijf van een week. Onlineaanbieders als bijvoorbeeld www.booking.com helpen met hun beoordelingen en foto's bij de selectie en de boekingen.

Het zomerse hoofdseizoen begint meestal eind juli en eindigt in de derde week van augustus. Van november tot maart zijn de overnachtingen het voordeligst – hoewel veel bedrijven dan zijn gesloten. In de wintersportgebieden geldt ook december als hoofdseizoen.

Een voornamelijk in de Costa degli Dei gespecialiseerde (Duitse) internetaanbieder is www.kalabrienonline.com met vakantiehuizen, appartementen, B & B en kleine hotels.

Hotels en pensions

Ook in Italië geeft een sterrenclassificatie voor hotelcategorieën een eerste indruk. De prijzen variëren sterk en zijn afhankelijk van gebied, uitrusting en jaargetijde. Een tweepersoonskamer (2 pk) met douche/wc in Cosenza en het bungalowdorp Diamante kost bijv. € 70, in kleine dorpen in het binnenland ca. € 40-50, hierbij gaat het dan meestal om pensions, die logies met ontbijt aanbieden.

Bed & breakfast

Bed & breakfastbedrijven vindt u tegenwoordig over heel Calabrië. Een website met een groot aanbod, foto's en beschrijvingen in het Engels is www.bed-and-breakfast.it. B & B in de omgeving van Tropea en Capo Vaticano biedt www.tropea.biz aan (ook in het Engels). De website www.bedandbreakfast.eu geeft B & B-onderdak, inclusief foto's, beschrijvingen en beoordelingen (ook in het Nederlands). Andere nuttige websites zijn: www.bbitalia.it en www.bedandbreakfast.it.

Albergo diffuso

Wonen tussen de plaatselijke bevolking: woningen in dorpscentra worden aangeboden door verhuurbedrijven in Morano, Zagarise (borgoparadiso.freshcreator.com), Cropani (www.albergodiffusocropani.com) en Belmonte (www.ecovacanzebelmonte.it).

Agriturismo

De 'vakantie op de boerderij' geeft een unieke inkijk in het Calabrische landleven. Op de boerderijen valt veel te beleven en wordt van alles aangeboden: van bergamot-, citroen- of wijnbouw, olijfoogst, keramiekworkshops en culturele excursies in de omgeving. Meestal verbouwen de boeren levensmiddelen – vaak van biologische teelt – die in de keuken traditioneel worden toebereid en geserveerd aan de gasten.

Informatie: www.agriitalia.it (Engels), www.agriturist.it (Engels), www.agriturismo.it (ook in het Nederlands) www.agritour.net (Engels), www.tropea.biz (voor Tropea en Capo Vaticano, beschrijvingen in het Engels) en www.agriturismo-on-line.it.

Vakantiewoningen

Vakantiewoningen en *appartamenti* (*per le vacanze*) zijn geschikt voor iedereen, die geruime tijd in een streek wil doorbrengen, zonder afhankelijk te zijn van de drukte van een bungalowpark en daarbij niet zo veel geld wil uitgeven. In het hoogseizoen wordt uitsluitend per week verhuurd, daarbuiten ook per dag. De prijzen lopen in het laag- en hoogseizoen sterk uiteen en kunnen liggen tussen ongeveer € 300 en € 2000 per week. De inrichting kan variëren van eenvoudig tot luxueus. Het zijn deels prachtige huizen, die door de bezitters zelf slechts enkele weken per jaar worden gebruikt. Beddengoed dient u bij veel vakantiewoningen mee te brengen of kan tegen extra kosten worden besteld.

De vakantievoorpret kan al beginnen bij het bekijken van de websites – vaak met fraaie foto's – van de aanbieders, bijvoorbeeld www.casamundo.nl of www.belvilla.nl.

Vakantiedorpen

De bandbreedte van dit onderdak reikt van eenvoudig en puur functioneel tot zeer comfortabel. De meeste *villaggi* hebben gemiddeld niet meer dan 30 eenheden en zijn daarmee klein genoeg, om nog overzichtelijk te zijn en groot genoeg voor animatie, kinderopvang, disco, minisupermarkt en sportfaciliteiten. Daarom zijn juist deze vakantiedorpen vanwege hun brede aanbod zeer geschikt voor een **vakantie met kinderen**. In de meeste aanbiedingen zijn een zonnescherm en ligstoelen op het strand bij de prijs inbegrepen. Anders moet u hiervoor per persoon en per dag rekening houden met een bedrag van ca. € 5-10. Voor de vakantiedorpen geldt bijna altijd een minimum verblijf van een week. Voor stroom, schoonmaak en gas dient u afhankelijk van het contract meestal extra te betalen.

Campings en camperplaatsen

Met name langs de kust zijn campings in ruime mate aanwezig. Ze gaan in de regel met Pasen open en sluiten afhankelijk van temperatuur, locatie en aantal gasten tussen half en eind september. Voor juli/augustus dient u vooraf te reserveren. Veel campings beschikken over kleine bungalows, die vaak een voordelig alternatief vormen voor vakantiewoningen. In de bungalows hebt u om te koken een gasfles (*bombola di gas*) nodig, die afhankelijk van de overeenkomst door de gast of de verhuurder wordt betaald.

Op de website van het **Italiaanse Bureau voor Toerisme ENIT** (www.enit.it) kunt u een adreslijst van campings downloaden. Meer informatieve websites zijn www.camping.it en www.campeggievillaggi.it. Op de website www.campeggi.com worden meer dan 100 campings (en enkele vakantieparken) opgevoerd, samen met de betreffende internetlinks.

Vakanties met de camper zijn bij Italianen erg populair. Om die reden hebben steeds meer gemeenten camperplaatsen met sanitaire voorzieningen ingericht, aangeduid met *area di sosta* of *area attrezzata per i camper*. Afhankelijk van het gebied, de plaats en het seizoen wordt het in de vrije natuur overnachten met campers geduld of wordt u weggestuurd. In het laatste geval dient u dan uit te wijken naar een camping. Informatie over camperplaatsen vindt u o.a. op www.campercontact.com/nl/italie en www.camperplaats.nl.

Eten en drinken

Een reis door Calabrië is ook een culinaire ontdekkingsreis. De *cucina calabrese* is zeer veelzijdig. Terwijl in de berggebieden eerder stevig **boerenkost** op tafel komt, serveren de koks in de kustgebieden de lichte, verfijnde **mediterrane keuken.**

In de rijke bergkeuken zijn de **paddenstoelengerechten** absoluut aan te raden. In de bergen worden ook **kaassoorten** als *ricotta* (in de Griekse dorpen in de Aspromonte met honig), *provolone, caciocavallo, butirri* (met boter gevuld) en *mozzarella* vervaardigd. Vooral rond de Monte Poro, in de Sila en in de Aspromonte vindt u de schapenkaas *pecorino*. Een *frittata calabrese* (omelette) wordt hier bereid met verse *ricotta*.

De *nduja,* een zeer scherpe **worst** uit verschillende vleessoorten, wordt vooral in Spilinga (Monte Poro) geproduceerd. Ook de vangst van **tonijn** (Pizzo) en **zwaardvis** aan de Costa Viola (Scilla, Bagnara en Palmi) kent in Calabrië een lange traditie.

Maar de Calabrische keuken is ook rijk aan **groente,** peulvruchten en granen: *peperonata* (groenteragout met paprikascheuten), *melanzane alla griglia* (gegrilde aubergine), *fiori di zucchini* (gefrituurde zucchinibloesem) worden hier graag geserveerd. Twee belangrijke ingrediënten – en tevens ook hoofdrolspelers – zijn de peperoncino en de rode ui (zie blz. 60).

Antipasti, primi, secondi

Antipasti (voorgerechten) zijn altijd aan te raden om de plaatselijke traditionele specialiteiten te leren kennen. Daartoe behoren bijna altijd de lokale kaas- en worstsoorten en ingelegde, maar ook gefrituurde groenten en aan de kust zeevruchten. Speciaal – maar niet uitsluitend – geschikt voor vegetariërs: gewoon om een *antipasto vegetariano* vragen.

Ook de *primi piatti* zijn plaatselijk zeer verschillend, meestal gaat het om *pasta,* maar ook rijstgerechten en soepen staan vaak op de menukaart. Aan te raden is steeds de *pasta fatta in casa* (zelfgemaakte pasta), bijv. *maccheroni, fileja, gnocchi* enz.

Het hoofdgerecht *(secondo)* bestaat bijna altijd uit vlees of vis. Zwaardvis *(pesce spada),* tonijn *(tonno),* stokvis *(baccalà, stoccafisso),* dorade *(dentice),* mosselen *(cozze),* venusschelpen *(vongole),* garnalen *(gamberi),* inktvis *(calamari)* komen net zo goed op tafel als karbonade *(cotoletta)* of schnitzel *(scaloppina)* van rund, varken of wild zwijn *(cinghiale).*

Na de hoofdmaaltijd

Afhankelijk van de streek en het jaargetijde worden typische kaassoorten, fruit en zoete toetjes aangeboden. De vele fruitsoorten die in de regio worden verbouwd, nemen een belangrijke plaats op de menukaart in: sinaasappels, mandarijnen, citroenen, perzikken, appels, aardbeien, pruimen, druiven, vijgen en meloenen worden veel verwerkt, net als cactusvijgen *(fichi d'India),* nespole (mispels, gele vruchten

Pane e coperta

Leterlijk vertaald heten deze in heel Italië gebruikelijke extra kosten (ca. € 1,50-2) voor brood, bestek en tafellinnen 'brood en couvert'. Als u de keuze hebt (bijv. in een strandtent), kunt u er voor kiezen alleen een *panino* te eten en plaats te nemen aan een niet-gedekte tafel.

Bij een goede maaltijd horen in Calabrië altijd ook wijn en water

met de afmetingen van mirabellen) en *anone* (een soort peren).

Van de Calabrische zoete desserts (*dolci*) is de *tartufo* zeker het bekendst. Om haar kwaliteit geroemd wordt het gebak en het ijs uit Reggio di Calabria, zoals de amandelkoekjes en de *petrali* (gebak uit zandtaartdeeg).

Als afsluiting van de maaltijd wordt afhankelijk van de streek een *limoncello*, een *amaro del Capo* (Costa degli Dei), een *liquore di fichi d'India* (likeur van cactusvijgen) of een bergamotlikeur (provincie Reggio di Calabria) geserveerd. De elixers uit San Giovanni in Fiore, *Amaro dell'Abate* (kruidenlikeur), *Ananzu* (anijslikeur) en *Magna Grecia* (mirtelikeur) en andere, vaak zelfgemaakte creaties behoren ook tot het aanbod. Een grappa, bijvoorbeeld de sterke *Paisanella* uit de Sila, doet na een overvloedige maaltijd eveneens goed.

Wijn en water

Bij goed eten hoort natuurlijk ook een goede wijn! De wijnbouw kent in Calabrië een lange traditie (zie blz. 188). Het grootste deel wordt geproduceerd door de wijnboeren, maar veel Calabriërs maken zelf wijn voor eigen consumptie of voor gebruik in het eigen restaurant. U kunt altijd vragen naar de *vino sfuso,* de open wijn. Wie echter wil teruggrijpen op de gecertificeerde D.O.C.-wijnen, heeft afhankelijk van het restaurant een ruime keus. Naast de bekendste Calabrische wijn, de Cirò (rood, wit, rosé) worden hier slechts enkele genoemd: de Sant'Anna (Isola di Capo Rizzuto), de San Vito di Luzzi, de Bivongi, Melissa, Pollino en Savuto. Een groot deel van de rode wijnen wordt van de druivensoort gaglioppo vervaardigd. Een van de oudste wijnsoorten is de goudgele dessertwijn (*passito*) Greco di Bianco, waarvan de druiven meegebracht schijnen te zijn door de Grieken bij hun kolonisatie van de Capo Bruzzano in de 8e eeuw v.Chr.

Naast deze topwijnen zijn ook de volgende wijnen zeer aan te bevelen: de Limbadi, de rode Bova, de roséwijn Strogulia, de rode Pellaro, de goudgele of robijnrode Verbicaro, de likeurwijn Balbino d'Altomonte en de Zibibbo-wijn van de Costa dei Cedri.

Een drank, die op geen enkele Calabrische tafel ontbreekt, is water (*acqua minerale*), afhankelijk van uw smaak *naturale* (zonder koolzuur) of *frizzante* (met koolzuur). Uit Calabrische bronnen stammen de volgende mineraalwaters: het natriumarme Mangiatorella (Mongiana), Le acque delle Serre onder de merknaam 'Calabria' en water met de naam 'Sila'.

Actieve vakantie, sport en wellness

Canyoning en rafting

Een speciaal avontuur is het zogenaamde *torrentismo classico* (canyoning). Hieronder verstaat men de voettocht (wegens gevaarlijke passages in sommige gevallen onder leiding van een gids) door een kloof, waarbij u door de *torrente* (bergbeek) waadt en af en toe stukken moet klimmen over steile rotsige gedeelten. U kunt deze inspannende activiteit beoefenen in de Raganellokloof in de Pollino, in de Sila en in de Aspromonte. Ook raftingtochten zijn spannende avonturen: bijv. in de Monte Pollino razen waaghalzen – met zwemvesten – in een rubberboot de rivier de Lao af. Pollino: www.acalandrostour.it, www.laoraft.it; Aspromonte: Misafumera, Via Nazionale 306d, 89060 Bocale 2°, Reggio Calabria, tel. 09 65 67 70 21, mob. 34 70 80 45 15, www.misafume ra.it.

Duiken

Duikers vinden hier bijna overal een interessante en boeiende onderwaterwereld. Zeer fascinerend is de zeebodem aan de Costa Viola en voor het Isola di Capo Rizzuto. In de Straat van Messina

kunt u behalve de flora en fauna ook scheepswrakken verkennen.

Capo Vaticano: ter plekke werkzaam zijn o.a. het Diving Center Capo Vaticano (www.mondobludiving.com), Diving Center Tropea Sub (www.tropea sub.it) en Tropea Diving (www.tropea diving.it).

Isola di Capo Rizzuto: duiken in het natuurreservaat wordt aangeboden door het Centro Sub (www.ostro.it).

Costa Viola: duiken in de zeestraat kunt u met Scilla Diving (www.scilladiving. it), Centro Immersioni Costa Viola (www.centroimmersionicostaviola.it) en Diving Center Le Tonnare (www. divingletonnare.com).

Mountainbiken

Fietstochten vormen vanwege de grote hoogteverschillen een speciale uitdaging. In principe is de hele regio geschikt voor fietsen. Er zijn echter weinig goede kaarten en vooral weinig fietsenmakers en fietsverhuurders. Fietsen zijn o.a. te huur aan de Costa degli Dei bij de firma Moonlight (www. bike-calabria.com, zie blz. 226) en in de Sila bij Altipiani (www.inaltipiani. it, zie blz. 142). In de Aspromonte zijn enkele MTB-routes op de kaarten van het Nationaal Park aangegeven (www.parcoaspromonte.gov.it). Beschrijvingen van fietsroutes in Calabrië vindt u op wikiloc.com en itinerari.mtb-forum.it (beide Italiaans).

Strandvakantie

Langs de 780 km lange kust bevinden zich veel uitgestrekte zandstranden, kleine verborgen baaien en hier en daar ruige klifkusten. Geschikt voor een strandvakantie (zie blz. 48) is op de eerste plaats de Costa degli Dei aan de Tyrreense kust. Maar ook Soverato,

Wandelkaarten

Rother wandelgids Kalabrien: 50 wandeltochten met kaartjes en hoogteprofielen. Eerste druk 2011 (Duits).
Aspromonte: op de website van het nationaal park www.parcoaspromonte.it kunt u onder *sentieri* enkele wandelroutes (met kaartjes) in het Duits of Engels downloaden.
Pollino: 35 wandelroutes op de website van de alpenclub CAI Castrovillari, www.caicastrovillari.it (Italiaans).
Sila: Sila – carta escursionistica (Italiaans/Engels) 1 : 25:000, met wandelpaden en mountainbikeroutes. Altipiani, Via Roma 98, 87052 Camigliatello, tel. 09 84 57 87 66, www.inaltipiani.it.

Wandelreizen

De Zwitserse Sabine Ment, die woont bij Capo Vaticano, organiseert wandelreizen in zuidelijk Calabrië rond Capo Vaticano en in de Aspromonte (zie blz. 217). De reisorganisatie Stupor Mundi Tours biedt wandelreizen aan rond Capo Vaticano, in de Aspromonte en in het Pollinogebergte.

Staletti, de Costa dei Gelsomini in het uiterste zuiden en de Costa dei Cedri in het noordwesten zijn populaire badplaatsen.

Surfen en zeilen

Een surfersparadijs is Steccato di Cutro aan de Ionische Zee, 30 km ten oosten van Catanzaro. Zeer populair is ook Squillace Lido aan de Golf van Squillace. In het zuiden aan de Capo Rizzuto waait het hele jaar een constante zuidwestwind, met snelheden rond 70-80 km/uur. Surfen is ook mogelijk bij de Capo Vaticano (www.velamoonlight.com, zie blz. 226). En ook de Straat van Messina is geschikt voor kitesurfen, windsurfen en zeilen (informatie: www.newkitezone.it, www.surf-fewo.com). Zeer aan te raden voor surfers zijn de maanden mei, juni en de tweede helft van september.

Taalvakantie

Een ideale manier om het land en de mensen te leren kennen is taalonderwijs ter plekke. 's Morgens naar taalles, 's middags relaxen aan het strand en 's avonds uitgaan met kennissen – van deze mogelijkheid wordt vooral veel gebruik gemaakt door mensen die alleen rondreizen. Aan de Costa degli Dei (in Tropea en in S. Domenica) zijn diverse aanbieders van deze plezierige combinatie van vakantie en opleiding (zie blz. 226).

Thermen en wellness

In het Pollinogebergte (Cerchiara di Calabria) borrelt uit het kalkgesteente warm geneeskrachtig bronwater op, dat speciaal wordt aangewend bij behandeling van reumatische, huid- en gewrichtsaandoeningen. Niet ver daarvandaan, in Cassano allo Ionio, bevinden zich de Terme Sibarite met zwavelhoudende bronnen, die worden ingezet bij de behandeling van reuma, slechthorendheid, gynaecologische en ademhalingsziektes. Broom- en jodiumhoudende thermen bevinden zich in de buurt van Spezzano Albanese langs de rivier de Esaro. In de Terme Luigiane in Guardia Piemontese wordt extreem zwavelhoudend water samen met broom- en jodiumhoudende modder aangewend bij reumatische klachten, gewrichtsaandoeningen en bij ziektes van de keel-neus-oor. Ook schoonheidsbehandelingen zijn er mogelijk (gezichtsmaskers van modder of algen).

In de buurt van het vliegveld Lamezia Terme ligt de beroemde bron van Caronte, waarvan het water rijk is aan zwavel, sulfaat, alkali, jodium en arsenicum. Naast een rehabilitatiecentrum voor ademhalings- en bewegingsziekten is er ook een centrum voor huidcosmetica aanwezig. Het modderige, zwavel- en jodiumhoudende water van de bronnen van Galatro wordt ingezet voor de behandeling van lymfeklierontstekingen, astma en leverstoornissen. Modderbaden, spoelingen en aerosoltherapie worden toegediend in de thermen van Antonimina in de buurt van Locri. De bekende jodium-, sulfaat- en alkalihoudende bronnen helpen bij chronische reuma, zenuw- en spierontstekingen, chronische bronchitis, gynaecologische aandoeningen en allergieën.

Terme di Spezzano: Condrada Bagni, 87010 Spezzano Albanese Terme, tel. 09 81 190 48 54, www.termedispezzano.it, termedispezzano@libero.it.

Terme Sibarite: Vico Terme 2, 87011 Cassano allo Ionio, tel. 098 17 13 76, www.termesibarite.it.

Terme Luigiane: 87020 Acquapesa/ G. Piemontese, tel. 098 29 40 54, www.termeluigiane.it.

Grotta delle Ninfe: Balzo di Cristo, 87070 Cerchiara di Calabria, gemeentehuis/Ufficio Tecnico, tel. 09 81 99 10 07, www.comune.cerchiara.cs.it.

Raften op de Lao is slechts een van de vele buitensportmogelijkheden in de Pollino

Terme Caronte: Ctr. Caronte, 88046 Lamezia Terme/Sambiase, tel. 09 68 43 71 80, www.termecaronte.it.
Terme Galatro: Viale delle Terme 1, 89054 Galatro, tel. 09 66 90 32 00, www.grandhotelgalatroterme.it.
Terme Antonimina: Piazza delle Terme, 89040 Antonimina Terme, tel. 09 64 31 20 40, www.acquesante.it.

Wandelen

Er zijn talrijke bewegwijzerde en gemarkeerde wandelroutes in de Sila, de Serre, de Aspromonte en de Monte Pollino. Maar ook de Monte Poro, het Bosco di Stilo en veel kleinere bossen zijn daarvoor geschikt. Twee kleine Nederlandse en Belgische aanbieders van wandelva-kanties zijn: Mezzogiorno Vakanties (www.mezzogiornovakanties.nl) en Vos Travel (www.vostravel.be)

Wintersport

Skiën kunt u in de wintersportge-bieden in de Sila en de Aspromonte. Van december tot eind februari wach-ten in Lorica, Camigliatello, Villaggio Palumbo en Gambarie skipistes op de bezoekers, terwijl u in contrast daarmee aan de kust op ongeveer een uur rijden kunt genieten van een cappuccino in de openlucht. Reisbureau www.inalti piani.it heeft in de Sila een excursie-programma met sneeuwschoenwan-delen en langlaufen. En ook de Pollino is zeer geschikt voor langlaufen.

Feesten en evenementen

Religieuze feesten

Pasen

Het belangrijkste kerkelijke feest is Pasen, dat in veel plaatsen – met pas-siespelen en processies – nog zeer tra-ditioneel wordt gevierd. In Rossano beginnen de gelovigen op Goede Vrij-dag al in de ochtendschemering aan de kruisweg en op het eind van de middag vindt een indrukwekkende mysterie-processie plaats. In Catanzaro is op Goede Vrijdag de **processie** *a Naca* te zien, waarbij de dode Jezus, vergezeld van zijn rouwende moeder *(Naca)* door de straten van de stad gedragen wordt. In Laino Borgo (Pollino) nemen de in-woners aan een passiespel deel, dat de hele dag duurt. Bloedig in de ware zin van het woord gaat het er op paasza-terdag in Nocera Tirenese (ten noord-westen van Lamezia) aan toe: tijdens de processie slaan de Vattienti zichzelf tot bloedens toe, om door de geseling Jezus in zijn leed nabij te zijn. Op eer-ste paasdag wordt in Vibo Valentia de **Affruntata** gevierd. Hier ontmoeten de figuren van Maria en de opgestane Jezus elkaar. Op dinsdag na Pasen vindt in de Albanese dorpen Cività en Frasci-neto de **Vallja** plaats, een traditionele dans met typische klederdrachten van de Arbëreshë.

Carnaval

Een belevenis is ook het carnaval. Het 'vijfde jaargetijde' start op *giovedì grasso* ('vette donderdag') en eindigt op dins-dag, voor op *mercoledì delle ceneri* (as-woensdag) de vastentijd begint. In veel plaatsen zijn er traditionele optochten, o.a. in Scalea, Reggio Calabria, Vibo Ma-rina, Mileto en Castrovillari. In deze laatstgenoemde stad in de Pollino zijn tijdens het **Carnevale di Castrovillari** in het kader van een groot folklorefesti-

Feestagenda

Februari

Carnaval: in Reggio, Castrovillari
Madonna Pilerio: 12 feb. in Cosenza
Orthodox feest: 24 feb. in Bivongi

Maart

San Leoluca: 1 maart in Vibo Valentia
San Giuseppe: half maart in Cosenza
(met markt)

April

Pasen: processies in Vibo Valentia, San Giovanni in Fiore, Rossano, Catanzaro en Pizzo. **I Vattienti** (geselingen): Goede Vrijdag en paaszaterdag in Nocera Tirinese. **Vallja:** di. na Pasen in Città. **Orthodox paasfeest:** na de katholieke feestweek in Bivongi
San Francesco di Paola: 2 apr. in Paola
Fuochi di San Marco: 24/25 april in Rossano
Madonna dell'Armi: 25 april, Cerchiara

Mei

Pelgrimsfeest: 2-4 mei in Paola
Madonna della Catena: 2e zo. in mei in Cassano
Processie van Crotone naar Capo Colonna: 3e zo. in mei
San Bernadino da Siena: 20 mei, **Festa della Bandiera en Palio:** eind mei, beide in Morano

Juni

Infiorata di Potenzoni: 2e zo. na Pinksteren in Briatico (sacramentsdag)
San Giovanni: 24 juni in San Giovanni in Fiore

Juli

Bremfeest: begin juli in Riace
San Vitaliano: 16 juli in Catanzaro
Bluesfestival: in juli in Rossano

Augustus

Palio: 1e zo. in aug. in Stilo.
Madonna del Mare: 1e zo. in aug. in Bova Marina
Madonna di Portosalvo: 2e zo. in aug. in Soverato
Madonna della Grotta in Praia a Mare, **Madonna dell'Isola** in Tropea, **beschermheilige Achiropita** in Rossano – alle op 15 aug.
San Rocco: 16 aug. in Palmi, zo. daarna in Scilla
Madonna di Pompei: 3e zo. in aug. in Vibo Marina
Sant'Adriano: 26 aug. in San Demetrio Corone
Folklorefestival: eind aug. in Castrovillari
Jazzfestival: aug. in Rocella Ionica
Festival Paleariza: aug. in de Aspromonte
Occitaanse week: aug. in Guardia Piemontese

September

Madonna San Polsi: 2 sept. in S. Polsi
Peperoncinofestival: eerste helft van sept. in Diamante
Internationaal bluesconcert: in sept. in Tropea
Maria Santissima della Consolazione: half sept. in Reggio Calabria
San Cosmo e Damiano: 25-27 sept. in Riace

Oktober

San Bruno: 6 okt. in Serra San Bruno

November

San Nilo: 26 nov. in Rossano

December

Immacolata: 8 dec. in Nicotera, Stilo

val ook klederdrachtgroepen uit de hele wereld vertegenwoordigd. In Tiriolo vindt op de pleinen een satirische voorstelling plaats, in Montalto Uffugo de **Carnevale Saraceno.**

Ferragosto

Op Ferragosto, 15 augustus (Latijn *Feriae Augusti* = Rust van Augustus), staat heel Italië stil. Op deze dag wordt niet alleen de hemelvaart van Maria gevierd, maar daarmee eindigt in de regel ook de Italiaanse zomervakantie. Want zoals altijd sluiten in de eerste twee weken van augustus de fabrieken, kantoren, restaurants en winkels en gaat iedereen op vakantie – wat ook de verkeerschaos in begin en half augustus verklaard. Ferragosto brengen de Italianen gezamenlijk met familie of vrienden door aan zee of in de bergen. Indrukwekkend is de kleurige zeeprocessie in Tropea, die ieder jaar op deze dag plaatsvindt.

Plaatselijke feesten

In heel Calabrië vinden talrijke feesten plaats, die zijn verbonden met de plaatselijke geschiedenis en cultuur. Voorbeelden zijn in mei het 'Bremfeest' in Riace, dansen rond het kampvuur in Cività, in Morano het feest van de vaandels of de fakkeltocht op 6 januari in Guardia Piemontese. Meer informatie daarover vindt u bij de beschrijving van de betreffende plaatsen in dit boek.

Sagre

De *sagre* vormen een nieuwe expressie van de volksfeesten en zijn vooral een toeristische uitvinding. De verschillende streekproducten van een stad of een gebied (paddenstoelen, *nduja, cipolla rossa,* vis, kastanjes) worden met een *sagra* (volksfeest) gevierd. Vaak vindt er een optocht plaats met reusachtige poppen van papier-maché en eindigt het volksfeest met een vuurwerk.

Festivals

Naast religieuze feestdagen hebben in veel plaatsen culturele manifestaties en festivals een vaste plek verworven.

Met een decennialange traditie vindt in Roccella Ionica elke zomer het **Roccella Jazz Festival** met internationale grootheden plaats (half aug., 1 week, www.roccellajazz.net).

Sinds 1997 wordt in de Bovesia het festival **Paleariza** gehouden. In de Grecanische dorpen (zie blz. 272) zorgen dans- en muziekoptredens voor een opleving van de traditionele folklore van de Grecanische minderheid. Ze zijn een ware publieksmagneet en leveren een belangrijke bijdrage aan de ontwikkeling van het toerisme. Elk jaar komen ter gelegenheid hiervan kunstenaars uit andere landen naar de Aspromonte (vooral 's zomers, maar er zijn ook evenementen in de rest van het jaar; actuele kalender: www.paleariza.it).

Al 30 jaar staat het **Festival del Folklore** in **Castrovillari**, met deelnemers uit de hele wereld, in het teken van het verbeteren van de verstandhouding tussen de volken. Op het programma staan een bonte optocht met klederdracht, dans- en muziekspektakels en gastronomische genoegens (eind aug.).

Ook het **Tropea Blues Festival** (sept., www.tropeablues.com), het cultuurfestival **Euromediterraneo** in Altomonte met muziek en theater (eind juli/aug., www.comune.altomonte.cs.it) en het **Festival van de korte film** in de fantastische coulisse van Pentedattilo (www.pentedattilofilmfestival.net) horen tot de vaste activiteiten op de kalender.

Reisinformatie van A tot Z

Aardbevingen

Calabrië is een van de Italiaanse regio's met het hoogste aardbevingsrisico. Als u zich tijdens een aardbeving in een huis bevindt, zoek toevlucht onder een deuropening van een dragende wand en vermijd trappenhuizen. **Informatie:** Protezione Civile, tel. 80 08 40 840 (gratis), www.protezionecivile.it.

Ambassades en consulaten

Nederlandse ambassade

Via Michele Mercati 8
00197 Roma
tel. 06 32 28 60 01
italie.nlambassade.org

Nederlands consulaat

Via Agostino Depretis 51
80133 Napoli
tel. 081 551 30 03
studio@castaldomagliuloassociati.it

Belgische ambassade

Via dei Monti Parioli 49
00197 Roma
tel. 06 360 95 11
diplomatie.belgium.be/italy

Belgisch consulaat

Via A. De Gasperi 55B
80133 Napoli
tel. 081 551 21 11
cons-belgio-napoli@libero.it

Apotheken

Ook kleine plaatsen hebben doorgaans een apotheek, te herkennen aan het ver- lichte groene kruis. In de *farmacia* staat vakkundig personeel en een uitgebreid assortiment voor u klaar.

Drinkwater

Langs de rand van de weg staan in Calabrië ontelbare bronnen, waaruit schoon drinkwater (*acqua potabile*) kla- tert. Overigens kunnen gedurende de zomermaanden, afhankelijk van de infrastructuur van de plaats, tijdelijke watertekorten optreden.

Elektriciteit

De netspanning bedraagt 220 volt. Voor sommige stekkers hebt u een adapter (*adattore*) nodig, die u eventueel kunt le- nen of kunt kopen in een winkel voor huishoudelijke artikelen, een super- markt of electronicawinkel.

Feestdagen

1 januari: Nieuwjaar
6 januari: Driekoningen (*Epifania*)
Pasen: tweede paasdag (*pasquetta*) is in heel Italië een officiële feestdag
25 april: Bevrijdingsdag (*Festa della Li- berazione*), viering van de bevrijding en het verzet in de Tweede Wereldoorlog
1 mei: Dag van de Arbeid (*Festa del lavoro*)
2 juni: Dag van de Republiek (*Festa na- zionale della Repubblica*)
15 augustus: Maria-Hemelvaart (*Assun- zione di Maria/Ferragosto*)
1 november: Allerheiligen (*Ognissanti*)
8 december: Onbevlekte Ontvangenis van Maria (*Immacolata Concezione*)
25/26 december: Kerstmis (*Natale*)/ Sint-Stefanusdag

Fooien en rekeningen

Hoewel service al in de prijs is inbegrepen, wordt vaak 10% fooi gegeven. Het is in Italië ongewoon gescheiden rekeningen te vragen: de totale rekening wordt eenvoudig door het aantal gasten gedeeld, zonder uit te rekenen, wie meer of minder heeft gebruikt. De fooi blijft gewoon op de tafel liggen.

Reiskosten en tips om te besparen

Als u zelf kookt zijn de kosten voor levensonderhoud vergelijkbaar met thuis (inkopen op de markt is beslist aan te raden). Relatief goedkoop is het huren van een **vakantiewoning** in een Villaggio of een kampeervakantie. Veel **cultureel aanbod** zoals concerten of exposities evenals musea en archeologische parken zijn elke eerste zondag van de maand gratis. **Op reis:** met de trein reizen is in Italië zeer goedkoop, mits u geen sneltreinen neemt. Benzinekosten zijn in Calabrië vergelijkbaar met die in Nederland. **Strand:** in plaats van zonneschermen en ligstoelen te huren (afhankelijk van de plaats en het seizoen ca. € 10-25 per dag), is het vaak voordeliger, ze te kopen. **Wijn:** in trattoria's en restaurants gewoon vragen naar de *vino sfuso* (open wijn). Deze plaatselijk geproduceerde wijn kan doorgaans concurreren met flessen wijn van de goedkopere en gemiddelde prijsklassen. Als **tussendoortje** kunt u in veel alimentari (levensmiddelenwinkels) vers belegde *panini* kopen. **IJs:** een ijsje uit de hand is altijd goedkoper dan een aan tafel geserveerde ijscoupe. Zogenaamde ijsspecialiteiten als spaghetti-ijs zijn er speciaal voor toeristen en zijn navenant duur.

Geld

Inmiddels kunt u bijna overal geld opnemen bij geldautomaten met bankpas en pincode. Betalen met creditkaart is alleen in een beperkt aantal restaurants en winkels mogelijk.

Honden

Voor de toegang tot Italië is voor uw viervoetige vriend een EU-huisdierpas, een inenting tegen hondsdolheid en een microchip verplicht. Verder dient u een muilkorf en riem bij u te hebben. Meer informatie: www.enit.it (zie onder 'Info/more information/pets'). Sommige accommodaties beschikken over externe hondenhokken voor vierbenige gasten.

Internet

Steeds meer accommodaties beschikken over draadloos internet of wifi. Speciale internetcafés zijn er daarom steeds minder. Op sommige van deze locaties moet u zich vanwege antiterrorismewetgeving legitimeren.

Kinderen

Italianen houden van kinderen. Klachten van Calabriërs over huilende en spelende kinderen zijn zo goed als uitgesloten. De meeste stranden zijn een waar paradijs voor kinderen.

De kracht van de zon moet u niet onderschatten (beslist te mijden van 11 tot 15 uur) evenals de zeestromingen. Het beste kiest u een strand met een *bagnino* (badmeester), die de kinderen in het oog houdt. Speeltuinen zijn er in de openbare ruimte weinig, maar veel vakantieparken en enkele hotels en *agriturismo*'s hebben een eigen aanbod voor kinderen. Waterpret in zwembaden bieden de recreatieparken in Praia a Mare en Rossano. Klimplezier biedt het Parco Avventura Adrenalina Verde in Serra San Bruno (zie blz. 239). De afwisselende bergwereld met zijn vele bergbeken is geschikt voor ontdekkingstochten met kinderen, net als de talloze burchten, torens van de Saracenen en grotten.

Kranten en tijdschriften

Calabrische dagbladen zijn Il *Quotidiano della Calabria*, *Il Giornale di Calabria* en *Calabria Ora*. In de Cosentina verschijnent de plaatselijke *La Provincia Cosentina*. De *Gazzetta del Sud* bevat ook een gedeelte over Calabrië. In de grote steden en de meeste vakantieplaatsen zijn in de regel ook de grote Nederlandse en Belgische kranten (meestal met een dag vertraging) verkrijgbaar.

Medische zorg

Uw zorgverzekeringspas dient tevens als Europese ziekteverzekeringsbewijs, maar is alleen voldoende voor normale behandelingen.

Omdat veel dokters alleen particuliere patiënten accepteren, moet meestal de rekening worden voorgeschoten. Bovendien wordt niet alle zorg volledig vergoed (o.a. repatriëring). Daarom wordt het aangeraden een reisverzekering af te sluiten.

Eerste hulp wordt geboden op de hulpposten van de ziekenhuizen (*pronto soccorso*) en de *guardia medica* in grotere plaatsen.

Preventiemaatregelen

U heeft geen speciale inentingen nodig. Belangrijk is echter afdoende bescher-ming tegen de zon: hoofdbedekking en huidbedekking (met een hoge beschermingsfactor tegen UV aanbevolen), aan het strand is het gebruik van een zonnescherm aan te raden. Vermijd de zon in de periode tussen 11 en 15 uur zo veel mogelijk, vanwege de sterke straling en de verhoogde ozonwaarden (vooral in juli/aug.).

Naaktrecreatie

Op het Isola di Capo Rizzuto ten zuiden van Crotone ligt het enige nudistenvakantiedorp met een eigen officieel naaktstrand. Villaggio Camping Club Naturista Pizzo Greco, Loc. Fratte Vecchie, 88841 Isola di Capo Rizzuto, tel. 09 62 79 17 71, www.pizzogreco.com (Italiaans/Engels). Openbare naaktstranden zijn er verder in de buurt van Catanzaro Lido, Caulonia Marina, Simeri Mare, Palmi, Nicotera Marina en bij Belvedere Marittimo (informatie: www.hotelbenessere.it/naturismonudismo-calabria.htm).

Van jaar tot jaar wisselende openingstijden

Wie een vakantie zoekt met service op het strand, een georganiseerd sport- en vrijetijdsaanbod, discotheekbezoek en een bruisend nachtleven op de *piazza*, die moet de maanden juli en augustus uitkiezen. Omdat deze voorzieningen, speciaal de discotheken, deels slechts 1 tot 2 maanden zijn geopend, wisselen de openingstijden, de prijzen en het muziekaanbod van jaar tot jaar. In elk geval zijn in augustus bijna alle prijzen, niet alleen die voor onderdak, eten en drinken, verhoogd. Ongeveer vanaf de derde week van augustus lopen de meeste vakantieplaatsen aan zee weer leeg.

Noodnummers

Algemeen noodnummer en politie: tel. 113
Carabinieri: tel. 112
Blokkeren van bankpas of creditcard: tel. +31 30 283 53 72 (Nederland) tel. +32 70 34 43 44 (België)
Ambulance: tel. 118
Brandweer: tel. 115
Kustwacht: tel. 15 30
Pechdienst ACI (Italiaanse wegenwacht): tel. 80 31 16
ANWB-Alarmcentrale: tel. +31 70 314 14 14

Omgangsvormen

Als u niet zeker weet of u een kamer of woning mag betreden, vraag eenvoudig met *permesso* om toegang. U krijgt dan spoedig de uitnodiging binnen te komen, bijv. met *Venga!* (komt u!) of *Avanti!* (vooruit). Het beleefde *per favore* begeleidt in het Italiaans bijna vanzelfsprekend een vraag of een bestelling. En het kleine toverwoord *grazie* (dank u) draagt ook bij tot een goede verstandhouding.

Openingstijden

Doorgaans zijn **winkels** en **musea** (meestal op ma. gesloten), **banken** en **postkantoren** van 8-12.30/13 en van 16.30/17-19 uur (afhankelijk van het seizoen tot 24 uur) geopend. Toeristenbureaus hebben zeer onregelmatige openingstijden. De **kerken** zijn vaak gesloten; goede bezoektijden: na de ochtendmis (7/8 uur) of op de late namiddag voor de avondmis (18/19 uur). Omdat er **buiten de zomermaanden** weinig bezoekers zijn, zijn musea en buchten niet altijd geopend. Het is daarom aan te raden telefonisch daarnaar te informeren.

Post en postcodes

Brieven en kaarten (porto € 1) naar het Europese buitenland hebben gemiddeld 2-3 dagen nodig. Postcodes van Italiaanse dorpen en steden vindt u op: www.nonsolocap.it.

Reizen met een handicap

Geplaveide steegjes, smalle wandelpaadjes, ontbrekende trottoirs, en steile afdalingen naar het strand kunnen een verblijf in Calabrië erg bemoeilijken. Daarom is het aan te raden hier speciaal op te letten bij het uitkiezen van uw vakantieplaats resp. uw onderdak. Zie daarvoor ook de kwaliteitscontrole van Legambiente, blz. 50. Wie slecht ter been is, worden speciaal de vakantieplaatsen aan zee Praia a Mare en Diamante aanbevolen: daar zijn geen steile klimmetjes en is alles gemakkelijk bereikbaar.

Roken

Sinds januari 2005 is in Italië het roken in openbare gebouwen en in bars en restaurants verboden (*vietato fumare*), behalve in speciale afgescheiden rookruimtes. Bij overtreding dreigen voor de rokende gast en de horeca-eigenaar hoge boetes.

Souvenirs

Geschikte souvenirs zijn telkens de lokale specialiteiten (wijn, olijfolie, worsten) en handvaardigheidsproducten zoals keramiek, die te koop zijn op weekmarkten of in kleine winkels, zie ook blz. 11.

Aan het strand van Tropea – vooral leuk voor kinderen

Telefoneren

Landnummers

Nederland: 00 31
België: 00 32
Italië: 00 39

Telefoneren naar Italië: kies vanuit het buitenland altijd ook de 0 van het netnummer.

Telefoneren uit Italië: kies eerst het landnummer, gevolgd door het telefoonnummer (zonder de 0 van het netnummer).

Telefoneren in Italië: ook binnen een plaats moet u het netnummer kiezen. Telefooncellen zijn grotendeels op telefoonkaarten overgegaan, waarmee goedkoop kan worden gebeld (*schede internazionali* – verkrijgbaar in tabakswinkels en krantenkiosken). Voor voordelig mobiel bellen checkt u bij uw provider welk Italiaans netwerk u het beste instelt.

Veiligheid

De strandbedrijven zijn verplicht tijdens de openingstijden een badmeester (*bagnino*) voor het toezicht aan te stellen. Als de rode vlag wappert, betekent dit, dat zwemmen wordt afgeraden. Zwemmen ondanks een waarschuwing geschiedt dan op eigen risico!

Wie met de auto op reis is, parkeert deze bij voorkeur op het terrein van zijn accommodatie. Vakantieplaatsen lokken ook dieven: bewaar daarom uw waardevolle voorwerpen en geld zo mogelijk in de kluis van het onderdak.

Tijd

Italië ligt in de Midden-Europese tijdzone (MET), ook hier heeft men zomer- (*ora legale*) en wintertijd (*ora solare*).

Kennismaking – feiten en cijfers, achtergronden

Peperoncini in Tropea – de ›scherpe rode‹ is in Calabrië overal aanwezig

Calabrië in het kort

Ligging en oppervlak: Calabrië heeft een totale oppervlakte van 1.500 km², waarvan 6300 km² gebergte, 7400 km² heuvelland en 780 km² kustvlakte.

Inwoners: 1,97 mln., bevolkingsdichtheid: 130 inw. per km²

Hoofdstad: Catanzaro met 91.000 inwoners is de hoofdstad van de regio Calabrië en de provincie Catenzaro. Andere provinciehoofdsteden zijn Reggio di Calabria (183.000 inw.), Cosenza (68.000 inw.), Crotone (61.000 inw.) en Vibo Valentia (34.000 inw.).

Officiële taal: Italiaans

Landnummer: 0039

Vliegvelden: Lamezia Terme, Reggio di Calabria

Havens: een internationaal belangrijke industriehaven heeft Gioia Tauro, kleinere industriehavens bevinden zich in Villa San Giovanni, Reggio Calabria en Crotone. **Jachthavens** zijn er in Vibo Marina, Tropea, Belvedere Marittimo, Cetraro, Sibari, Roccella Ionica, Corigliano Calabro, Bagnara Calabra, Scilla, Amantea en Diamante.

Wapen: de den *Pino laricio* symboliseert de natuurlijke schoonheid van Calabrië, de zuil met Dorisch kapiteel herinnert aan het erfgoed van Magna Graecia. Het Byzantijnse kruis links verwijst naar de invloed van het Byzantijnse Rijk in Calabrië, het rechter naar de bijdrage van de Calabrische kruisridders op de eerste kruistocht.

Geografie en natuur

Calabrië, de zuidelijkste regio van het Italiaanse vasteland beschikt over in totaal 780 km² kust en wordt gekenmerkt door gebergten, die de Tyrreense Zee in het westen van de Ionische Zee in het oosten scheiden: in het noorden van Calabrië de Pollino, in het midden de Sila en de Serre en helemaal in het zuiden de Aspromonte. Het gebied met laagvlaktes blijft beperkt tot de vlaktes van Sibari, Sant'Eufemia en van Gioia Tauro.

Grote delen van het berggebied zijn inmiddels aangewezen als **nationaal park:** in het noorden het Parco Nazionale del Pollino (95.000 ha), dat zich uitstrekt tot in Basilicata, en het Parco Nazionale della Sila (75.700 ha); in het zuiden het Parco Nazionale dell'Aspromonte (76.000 ha).

Geschiedenis en cultuur

De regio Calabrië kent een levendige geschiedenis, met talrijke overblijfselen in de vorm van archeologische opgravingen, bouwwerken, vondsten en overgeleverde tradities. Dat maakt een reis door Calabrië tot een ware ontdekkingsreis door het verleden, langs 12.000 jaar geschiedenis: van rotstekeningen in de Grotta del Romito, opgravingsplaatsen en vondsten van het Magna Graecia, archeologische parken met overblijfselen uit de Romeinse tijd, Byzantijnse kerken aan de Ionische Zee, burchten van Normandiërs en Hohenstaufen tot de torens van de Saracenen.

Door bezoeken aan de vele musea en het deelnemen aan plaatselijke feesten komt voor u de geschiedenis van de regio weer tot leven.

Staat en politiek

Calabrië is een van de twintig regio's van Italië en werd na hervormingen in 1992 in vijf provincies opgedeeld: Catanzaro (2415 km²), Cosenza (6710 km²), Crotone (1717 km²), Reggio di Calabria (3210 km²) en Vibo Valentia (1151 km²).

Economie en toerisme

Het bruto binnenlands product (BBP) van Calabrië per inwoner bedroeg in 2014 € 15.807, nog minder dan het gemiddelde van Zuid-Italië (€ 16.976) en ver achter het gemiddelde van Midden- en Noord-Italië (€ 31.586). En ook de negatieve groei van het BBP van -0,2% belooft weinig goeds.

Het officiële werkloosheidspercentage lag in 2014 bij 23,4%, maar daarbij moeten al diegenen worden opgeteld, die het hebben opgegeven om naar werk te zoeken. Dan komt men volgens een bericht van de SVIMEZ op een effectief werkloosheidspercentage van 35,2%. Bijzonder verontrustend is de jeugdwerkloosheid: in Calabrië was in 2014 59,7% van de 15- tot 24-jarigen zonder werk (in vergelijking daarmee was dat in het economisch sterkere Midden- en Noord-Italië 35,5%).

De economie van Calabrië wordt gekenmerkt door een hoog aandeel in de werkgelegenheid van de dienstensector; met ca. 72% ligt dat ver boven dat van de industrie met 16,8% en de landbouw met 10,6%.

Het toerisme is een zeer belangrijke tak van de economie in Calabrië. In 2013 waren van de ca. 8 miljoen overnachtingen 1,66 miljoen daarvan van buitenlandse gasten. Voorop staan de Duitsers met een aandeel van 31,3%, dan de Fransen (9%) en de Russen (7,8%). Aan de kust is er op vele plaatsen alleen in juli en augustus een toeristisch aanbod. De streek rond Tropea wordt echter sinds enige jaren van Pasen tot november door toeristen bezocht.

Opleiding, religie en taal

In tegenstelling tot de economische cijfers liggen de cijfers omtrent opleiding niet zo sterk uiteen: in 2011 beschikte 51,8% van elke 100 bevraagde personen tussen de 25 en 64 jaar over een middelbareschooldiploma (in Noord-Italië 59%) en 17,2% in de leeftijd van 30 tot 34 jaar had een universitair diploma (22,1%).

De bevolking is rooms-katholiek. In de Albanese dorpen in het noorden van Calabrië vieren gelovigen de Grieks-Byzantijnse (orthodoxe) kerkdienst. In de Basilica San Giovanni Tereste aan de voet van de Serre wordt eveneens de Grieks-Byzantijnse eredienst gevierd. De hier levende monniken behoren echter tot de Orthodoxe Kerk.

Italiaans is hier in het zuiden in veel verschillende dialecten te horen. Bovendien bestaan er nog enkele minderheidstalen: in de dorpen van de Aspromonte wordt Grecanisch, in de Albanese dorpen Arbëresh en in het waldenzendorp Guardia Piemontese Occitaans gesproken.

Gezin

Het Calabrische gezin (gemiddeld 2,45 leden) biedt nog altijd steun in alle levensomstandigheden – ook vanwege de ontbrekende sociale zekerheid in Italië. Zo is het geen uitzondering, dat 30-jarigen nog bij hun ouders leven, omdat ze zich ten gevolge van werkloosheid geen eigen woning kunnen veroorloven. Het scheidingspercentage is met 1,4 (3,2 in heel Italië) per 1000 huwelijken relatief gering.

Van de steentijd tot de Romeinen

13.000 v.Chr. Rotsinscripties in de Grotta del Romito uit het eind van de vroege steentijd.

vanaf 750 Kolonisatie door de Grieken van Zuid-Italië (Magna Graecia). Stichting van steden, die ook nu nog bestaan, o.a. Rhegion (744), Sybaris (rond 710) en Croton (rond 708). Machtstrijd tussen de koloniën.

6e eeuw Pythagoras reist in 532 naar Croton. Croton, Sybaris en Metapontium vernietigen in 530 Polieion. Croton verwoest in 510 Sybaris.

5/4e eeuw De Bruttiërs bedreigen de Griekse steden.

218-201 Tweede Punische Oorlog (Hannibal strijdt tegen Rome).

vanaf de 2e eeuw Langdurige Romeinse heerschappij in Zuid-Italië.

Van het Byzantijnse Rijk tot de Spaanse Bourbons

536 n.Chr. Overwinning van Belisarius op de Ostrogoten. Begin van de Byzantijnse heerschappij.

7e eeuw Langobarden en Byzantijnen strijden om de macht.

11e eeuw 1015: stichting van het Normandische rijk in Zuid-Italië. 1059: synode van Melfi: de Normandische koning Robert Guiscard krijgt van paus Nicolaas II Apulië, Calabrië en Sicilië toebedeeld. Met zijn broer, Rogier I, verslaat hij Byzantium en de Saracenen.

1130 Kroning van de Normandiër Rogier II tot koning der beide Siciliën (het Zuid-Italiaanse-Siciliaanse Rijk verenigt zich).

1194 Kroning van Hendrik VI van Hohenstaufen tot koning van Sicilië. 1197/98: Hendrik VI sterft, Frederik II wordt koning van het Normandische rijk.

1212-1250 Koning Frederik II van Hohenstaufen, vanaf 1220 ook keizer, richt een moderne bestuursstaat op. Culturele bloeitijd van Zuid-Italië. 1250: dood van Frederik II.

1250-1268 De Hohenstaufenzonen Konrad en Manfred moeten zich in oorlogszuchtige twisten verdedigen tegen de aanspraken van de paus. In 1258: kroning van Manfred tot koning van Sicilië. Vanaf 1265 strijden de Anjous om de heerschappij, in 1268 neemt Karel I van Anjou het Koninkrijk Sicilië over.

1282-1296	1282: de Siciliaanse Vespers: bloedige volksopstand tegen Karel I van Anjou; de Fransen uit Sicilië verdreven, Peter III van Aragon tot koning benoemd. Daarna valt het Koninkrijk Sicilië uiteen door oorlogen tussen de dynastiën van Aragon en Anjou. De Anjous behouden het Koninkrijk Napels, waar adellijke families om de macht strijden.
14e eeuw	Een eeuw gekenmerkt door feodalisme, piratenovervallen vanaf zee en verpaupering van de bevolking.
1442	Alfonso V van Aragon, koning van Sicilië, verovert Napels en herstelt de staatkundige eenheid van Zuid-Italië.
vanaf 1448	Vestiging van Albanese dorpen in Calabrië.
1469-1503	Door een dubbelhuwelijk ontstaat in 1469/96 een Habsburgs-Spaanse alliantie. In 1494 sterft Ferrante van Aragon, zijn zoon Alfonso II wordt koning. Karel III van Frankrijk trekt ten oorlog tegen de Aragonezen, om Zuid-Italië te veroveren. De Spanjaarden snellen de Aragonezen te hulp en nemen in 1503 de heerschappij van het Koninkrijk Napels over.
1561	Bloedbad van de rooms-katholieke kerk tegen de waldenzen in Montalto Uffugo, Guardia Piemontese en San Sisto (zie blz. 92).
vanaf 1600	Rebellie tegen het Spaanse absolutisme. Verdere verpaupering van de boerenbevolking.
1701-1735	1701-14: Spaanse Successieoorlog. Oostenrijkse troepen bezetten in 1707/08 Zuid-Italië. 1735: Voorverdrag van Wenen: Karel van Bourbon, zoon van de Spaanse koning verkrijgt Zuid-Italië en Sicilië.
1743-1783	1743/44: uitbraak van de pest in de streek rond Reggio. Een aardbeving verwoest in 1783 grote delen van Calabrië (circa 30.000 doden).

Napoleon, de vereniging van Italië (Risorgimento) en fascisme

1798/1799	Revolutionaire onrust. Inval van de Franse troepen.
1806-1816	Hernieuwde bezetting door de Fransen onder Napoleon. Met het vredesverdrag van het Congres van Wenen in 1815 wordt het Koninkrijk Napels opnieuw toebedeeld aan de Bourbons. Ze verenigen in 1816 Napels en Sicilië opnieuw tot het Koninkrijk der beide Siciliën.
1860	Opstand van de Siciliaanse bevolking. Op 20 augustus voert de 'Tocht der duizend' onder leiding van Giuseppe Garibaldi van Sicilië naar Calabrië en luidt het einde in van de heerschappij van de Bourbons.

17-3-1861   Vittorio Emanuele II wordt de eerste koning van het verenigde Italië.

1860-1869   Zowel de briganten als de getrouwen van de oude Bourbonkoning
             strijden tegen de nieuwe machthebbers.

1876-1905   Exodus uit Calabrië als gevolg van de slechte economische situatie:
             een derde van de bevolking emigreert.

1908   Verwoestende aardbeving, vooral in de provincie Reggio di Calabria.

1936-1939   In de Spaaanse burgeroorlog kiest Italië de kant van Franco.

1939-1945   1939: het Staalpact tussen Italië en Duitsland (onvoorwaardelijke mi-
             litaire steun). In 1940 neemt Italië deel aan de Tweede Wereldoorlog.
             De geallieerden landen in 1943 op Sicilië en in Calabrië. De Fascisti-
             sche Grote Raad zet Mussolini af en arresteert hem. Wapenstilstand
             met de geallieerden en oorlogsverklaring aan Duitsland.

De Italiaanse Republiek na 1946

18-6-1946   Italië wordt een republiek.

1950   Landhervormingen. Onteigening van veel grootgrondbezitters ten
             gunste van kleine boeren en de stichting van de Cassa per il
             mezzogiorno.

1961-1971   338.079 emigranten verlaten Calabrië om werk te zoeken in het noor-
             den van Italië en in het buitenland.

vanaf 1970 Terrorisme van de Rode Brigades en de neofascisten.

1970/1971   Oprichting van de regio's. Vanwege de keuze van (een nieuwe) hoofd-
             stad ontstaat er een opstand in Reggio (zie blz. 67). De onlusten
             worden door de regering met veel geweld neergeslagen.

1982   Met de getuigenverklaringen van de *ex-mafioso* Tommaso Buscetta be-
             ginnen de maffiaprocessen. Een nieuwe wet maakt het in beslag ne-
             men van maffiavermogen mogelijk.

1989   Stichting van de Lega Nord door Umberto Bossi, die een eigen
             Noord-Italiaanse staat wil opbouwen.

Begin   Het team van rechters en magistraten *mani pulite* (schone handen)
jaren 90   onthult het systeem van de illegale belasting door de partijen: 3-20%
             van de aanbestede sommen van staatsprojecten ging naar de partijen.
             Vroegere premiers worden verdacht van corruptie.

1992/1993	1992: moord op de antimaffiarechters Giovanni Falcone en Paolo Borsellino. Herindeling van de regio in vijf provincies: Cosenza, Crotone, Catanzaro, Reggio di Calabria en Vibo Valentia. In juli 1993 sticht de rechtsconservatieve Silvio Berlusconi Forza Italia.
1994	Berlusconi komt met het nationale verbond van Forza Italia, Lega Nord en Alleanza Nazionale voor het eerst aan de macht.
mei 2001	Berlusconi wint met Forza Italia, Lega Nord en de postfascistische Alleanza Nazionale opnieuw de verkiezingen.
2005-2006	Francesco Fortugno, vicepresident van het regionale parlement, wordt in 2005 door de 'Ndrangheta in Locri doodgeschoten. In april wint het linkse verbond de nationale verkiezingen, Romano Prodi wordt minister-president.
2007	Op 21 maart demonstreren 30.000 mensen in de vlakte van Gioia Tauro, in Polistena, om de slachtoffers van de maffia te herdenken. In januari valt de linkse regering van Prodi. In mei wint Berlusconi met de Lega Nord en AN voor de derde keer de verkiezingen.
2010	Als gevolg van slechte arbeidsomstandigheden, mensonterende huisvesting van seizoensarbeiders en beschietingen van Afrikaanse immigranten, ontstaan rellen in Rosarno. Er vallen 53 gewonden en ca. 700 Afrikanen verlaten onder politiebescherming de plaats. Een bom van de 'Ndrangheta ontploft voor het gerechtsgebouw in Reggio Calabria.
2011/2012	Reggio Calabria: in januari 2011 wordt de antimaffia-activist Tiberio Bentivoglio beschoten. De gemeenteraad wordt in 2012 wegens maffia-infiltratie geschorst.
2013	Na de noodregering onder Monti (2011-2013) leveren nieuwe verkiezingen in feb. 2013 geen eenduidige winnaar op. De nieuw opgerichte protestpartij Cinque Stelle wordt weliswaar de grootste partij, maar wil niet regeren. Er ontstaat een grote coalitie onder leiding van de Partito Democratico (PD; tot feb. 2014 Enrico Letta, daarna Matteo Renzi).
2014	De president van Calabrië, Giuseppe Scopelliti, wordt wegens fraude en ambtsmisbruik gedurende zijn tijd als burgemeester van Reggio Calabria tot 6 jaar gevangenis veroordeeld en uit zijn ambt ontheven.
mei 2016	Italië krijgt een wet, die burgerlijk partnerschap erkent en erkent daarmee eindelijk de rechten voor homoseksuele partnerschappen, o.a. op het gebied van pensioenen.

Strandparadijzen

Zwemmen en zonnebaden bij Capo Vaticano

780 km kustlandschap, onderverdeeld in baaien, kliffen en langgerekte stranden, soms grind-, soms zandstrand – er is beslist voor elk wat wils!

Was juist deze kust in vroegere tijden vaak een vloek, omdat de inwoners zich nauwelijks tegen overvallen vanaf zee konden beschermen, tegenwoordig is ze een zegen voor Calabrië. En met name voor de vele kustplaatsen, waarin de toeristen onderdak vinden.

Alto Ionio en Sibari

Langs de Alto Ionio, aan de oostzijde van de Pollino, komt een kust voor met smalle zand- resp. grindstranden. Een zeer fraai panorama biedt het grindstrand bij **Capo Spulico**, waarboven steil en indrukwekkend het kasteel van Roseto Capo Spulico oprijst. Twintig kilometer zuidelijker opent zich daarentegen een brede vlakte, de **Piana di Sibari** met kilometerslange witte, vlakke zandstranden tot aan de haven van Sibari vlak voor de monding van de Crati. Deze strook strand nodigt uit tot zonnebaden en luieren in de wijde baai in de Golf van Corigliano.

Onder Crotone strekt zich het **Isola di Capo Rizzuto** uit tot ver in zee. Dit populaire vakantiegebied met talrijke rotsige en zandige baaien niet ver van de tempelzuil van Capo Colonna biedt een combinatie van vakantieplezier en cul-

tuur. In het roodbruine zand groeien op enkele plaatsen lelies. De natuur van deze kuststrook is sinds enkele jaren beschermd en bezit een fascinerende onderwaterwereld, waar behalve een rijke fauna en flora ook steeds weer antieke relicten zijn te vinden. In **Le Castella** hebt u een zeer speciale strandcoulisse: het waterslot ligt direct boven het strand.

In het zuidoosten

Langs de Golf van Squillace bevinden zich meer strandparadijzen met fijne witte zandstranden: **Lido di Copanello** en **Lido di Caminia** liggen in baaien, terwijl het kleine stadje **Soverato** een zeer breed zandstrand met allerhande recreatiemogelijkheden langs de *lungomare* te bieden heeft. En hoewel de stranden van **Riace Marina**, **Monasterace Marina** en **Roccella Ionica** zich door niets speciaals van de rest onderscheiden – behalve als u denkt aan de vindplaats van de 'Bronzen krijgers' in Riace –, kunt u hier heerlijk relaxen. Langs de kust vindt u nog veel meer – weliswaar minder spectaculaire – maar fraaie stranden.

Bij het kleine voorgebergte van **Capo Bruzzano** begint de Costa degli Gelsomini, die zich met zijn zandstranden uitstrekt tot aan Capo Spartivento. Erg fraai is het strand in **Canalello**, een wijk van Ferruzzano. Op de vlakke stranden van **Brancaleone Marina** broedt overigens de zeeschildpad *Caretta caretta*.

Zonnebaden aan de Stretto

Lange zandstranden met op de achtergrond de Aspromonte met zijn uitlopers naar de kust, bepalen ook het landschap in het uiterste zuiden tot aan de **Straat van Messina**. In de Stretto di Messina ontmoeten de Tyrreense Zee in het westen en de Ionische Zee in het oosten elkaar.

Reggio Calabria biedt wel een heel speciaal strandgenoegen: op slechts enkele honderden meters van de winkelstraten kunt u languit in het zand liggen, een blik op Sicilië werpen en een verfrissende duik nemen. Minder spannend, maar daardoor iets relaxter is het strandplezier in **Scilla**, ca. 20 km verder noordelijk, op het witte zandstrand van Marina Grande. Wel erg spannend is hier het duiken in de fascinerende onderwaterwereld. Naar het noorden toe rijgen zich deels kilometerlange zandstranden aaneen, zoals in **Nicotera**. Dit laatste bevindt zich echter in de buurt van de haven van Gioia Tauro met zijn reusachtige in- en uitvarende schepen.

De Godenkust

Ten noorden van Nicotera reiken de uitlopers van de Monte Poro omlaag tot aan de kust en delen deze op in talrijke kleine rotsige baaien en zandstranden. Het absolute highlight vormt hier zonder twijfel **Capo Vaticano** met zijn fijne witte zandstranden in verschillende baaien, overigens nog zo'n duikersparadijs. Maar ook **Santa Domenica**, **Tropea** en **Parghelia** nodigen met hun baaien en de fijne grind- en zandstranden uit tot ontspannen. In **Zambrone** en **Briatico** overheersen lange zandstranden. **Pizzo** combineert met zijn mooie strand direct voor de kleine grotkerk Piedigrotta cultuur en zwemplezier (zie blz. 229, 'stranden van de Costa degli Dei').

Verder naar het noorden stuiten de uitlopers van de Pollino op de kust en bepalen hier het landschap. Fraaie stranden vindt u hier bij Capo Bonifati, in de buurt van Cetraro, Isola di Cirella, San Nicola Arcella en Praia a Mare.

Hooggelegen natuurparadijzen – de Calabrische bergwereld

Uitgedroogde rivierbedding in de Aspromonte

Tot dusver is Calabrië vooral een reisbestemming voor strandvakanties, hoewel het landschap veel meer te bieden heeft: het maakt niet uit vanaf welke badplaats aan de kust, in slechts een uur rijden met de auto bent u midden in de bergen.

Meer dan een derde van de totale oppervlakte van Calabrië is gebergte en de helft heuvellandschap – alleen al deze cijfers zijn zeer positief voor bergliefhebbers. Het noorden wordt beheerst door het indrukwekkende bergmassief van de Pollino met de hoogste berg van de regio, de Serra Dolcedorme (2267 m). Samen met de Dorsale del Pellegrino, ook Monti Orsomarso genoemd, vormt hij het zuidelijkste deel van de door vrijwel heel Italië verlopende Apennijnen. Dan volgen de weidsere Sila, de Serre en in het zuidelijkste puntje van Italië de Aspromonte, die *alpi calabresi* genoemd worden, om hun van de Apennijnen afwijkende ontstaansgeschiedenis en geologische gesteldheid te onderstrepen. Karakteristiek voor het Calabrische berglandschap zijn de *fiumare,* de in de zomer opgedroogde en met puin gevulde rivierbeddingen, die in de winter kunnen veranderen in ware stortbeken. Terwijl alle bergmassieven geschikt zijn voor mountainbiken, wandelen en canyoning, liggen de enige twee wintersportgebieden van Calabrië in de Sila en in de Aspromonte.

Pollino en Monti Orsomarso

In het overwegend uit kalksteen bestaande Pollinogebergte treft men als gevolg van intensieve erosie karst-

Het dorp in de rots – Pentedattilo aan de voet van de Aspromonte

landschappen aan met talrijke grotten en kloven. Het symbool van de Monte Pollino, de *pino loricato,* de naar haar dikke, schubbenachtige bast genoemde 'slangenhuidden' (Pinus leucodermis), groeit zelfs in de hoogste gebergtezones, ondanks sneeuw en ijs. In de bossen leeft ook de Apennijnse wolf. Verder bevolken reeën, dassen, steenmarters, wilde katten, slangen en vele vogels de bergen van de Pollino. Typisch voor deze streek zijn vooral buizerd, specht, sperwer, bosuil, Vlaamse gaai en rode wouw.

De Pollino strekt zich in het oosten uit tot aan de Ionische Zee en reikt in het westen tot Campotenese, waar zich de Dorsale del Pellegrino verheft. Het berglandschap in het westen wordt gekenmerkt door de wilde rivierdalen van de Argentino, de Corvino en de Lao. In de Grotta del Romito in de Valle del Lao

getuigen een rotstekening en de vondst van menselijke skeletten van meer dan 15.000 jaar bewoning van deze streek. Dit rivierdal kunt u ook stroomafwaarts vanuit een opblaasboot (rafting) verkennen. *Timpe* (steile rotswanden) en karstgrotten kenmerken daarentegen het rivierdal van de Raganello in het oosten, dat gedeeltelijk is te verkennen op een spannende canyoningtocht. Uit het kalkgesteente bij Cerchiara di Calabria in de Grotta delle Ninfe borrelen zwavelbronnen te voorschijn.

Sila

Dit bergmassief uit kristallijn graniet verheft zich in het midden van Calabrië en wordt onderverdeeld in de Sila Greca, de Sila Grande en de Sila Piccola. In tegenstelling tot de behoorlijk steile Pollino toont de Sila zich daarentegen eerder lieflijk, als een hoogvlakte met bossen, stuwmeren en uitgestrekte bergweiden. Tot de hoogste toppen behoren de Monte Botte Donato (1928 m), de Monte Nero (1881 m), de Monte Curcio (1788 m) en de Monte Gariglione (1765 m). De Grieken noemden het gebied *Hyle,* wat woud betekent en de toenmalige ongereptheid van het landschap doet vermoeden. Ondanks duizenden jaren van deels verwoestend gebruik van het gebied biedt het landschap ook tegenwoordig nog veel natuurlijke schoonheid. In de loof- en naaldbossen van de Sila leven vooral vossen, wolven, wilde zwijnen, hazen, zwarte spechten, zwarte eekhoorns en uilen. In haar wateren zwemmen nog forellen en palingen, waarvan het bestand echter door illegale visserij wordt bedreigd. De voor de Sila karakteristieke boom is de *pino laricio of* Corsicaanse den (Pinus nigra laricio), die tot 50 m hoog kan worden. Het gebied is ideaal voor bergtochten en mountainbiken, maar ook voor korte wandelingen, waarvoor u geen speciale bergwandelervaring nodig hebt. In de winter suizen skiërs en sleeërs de pistes af.

Serre

De Serre vormen een overgangszone van noord naar zuid. Van de Sila gescheiden worden ze door de landengte van Marcellinara en van de Aspromonte door de Sella della Limina. Het gebergte bestaat uit meerdere bergketens, waaronder twee hoofdbergketens: een westelijke met de Colla del Monaco (1047 m), Colle d'Arena (1099 m) en de Monte Crocco (1276 m); een oostelijke met de Monte Terratrema (1228 m), de Pietra del Caricatore (1414 m) en de Monte Pecoraro (1423 m). Midden tussen deze twee bergketens liggen de hoogvlakten van de Serra San Bruno en de Mongiana. Het bergmassief van de Serre bestaat uit graniet, en bezit enkele tektonische vensters, zoals in de bergmassieven van Mammicomito en Cossolino (dolomietkalk). Daar werd in het dal van de Stilaro lange tijd ijzer, limoniet, molybdeen en koper gewonnen. De Serre worden doorsneden door talrijke kloven met canyons en watervallen, waaronder een van de hoogste in Calabrië, de Cascate Marmarico met een hoogte van ca. 90 m. Hier komen beuken-, sparren-, steeneiken- en kastanjebossen voor. Naast varens, hulst en de muizedoorn met zijn mooie rode bessen vallen vooral de alpenviooltjes op.

Aspromonte

De naam 'ruige berg' geeft een vermoeden van dit enorme natuurspektakel en zijn hoogste berg, de Montalto (1955 m). Een wilde, deels vrijwel ongerepte natuur, zoals ze nog slechts zelden in Europa is te vinden. Ook het zuidelijkste gebergte van het Italiaanse vasteland bestaat overwegend uit graniet, maar daarnaast komen er ook de kalksteenmassieven Torri di Canolo en Monte Mutolo voor. Allemaal zeer bizar gevormd zijn de Pietra Cappa, Pietra Lunga en Pietra di Febo, door wind en water gevormde rotsen, gelegen tussen San Luca en Plati. Karakteristiek voor de oostzijde van de Aspromonte zijn de rivierbeddingen, die zich naar zee toe steeds meer openen. Landinwaarts worden de rivieren steeds smaller, met soms nauwe kloven en stuit u vaak op watervallen. Waarschijnlijk het bekendst is de rivierbedding van de Amendolea, in de buurt waarvan de Grecanische dorpen liggen. In de bovenloop van de rivier de Amendolea bevinden zich de 90 m hoge watervallen van Maesano.

Het zuiden staat in brand

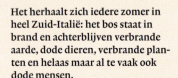

Het herhaalt zich iedere zomer in heel Zuid-Italië: het bos staat in brand en achterblijven verbrande aarde, dode dieren, verbrande planten en helaas maar al te vaak ook dode mensen.

In 2015 werd volgens het Corpo Forestale dello Stato in heel Italië een oppervlak van 37.582 ha verwoest, waarvan 21.582 ha bebost. In Calabrië telde men 866 branden en 6580 ha verbrande aarde. Terwijl in Italië sinds 2010 een teruggang is vast te stellen van het verbrande oppervlak van 20%, is daarentegen het verbrande oppervlak in Calabrië meer dan verdubbeld. Ook het aantal vastgestelde bosbranden is daar met circa 30% gestegen.

Slechts bij een klein aantal branden gaat het om onachtzaamheid, bijvoorbeeld door een achteloos weggeworpen sigaret, waardoor in de zomerse droogte snel een vuur kan ontstaan. Ook loopt zelden het gecontroleerd afbranden van de akkers uit de hand, een door de boeren gebruikte methode om plantenresten na de oogst en bodemziektes te bestrijden. Verergerd worden de bosbranden vaak door de warme woestijnwind scirocco, die het vuur verder aanjaagt en de brand verspreidt.

Brandstichting

Pietro Grasso, huidige president van de Senaat van het Italiaanse parlement en daarvoor officier van justitie en belangrijkste antimaffiaonderzoeker van Italië, verklaart de motieven voor de brandstichting als volgt: verbrande bosgrond wordt doorgaans herbebost en fungeert op die manier als werkverschaffing. Ook Giulio Amato, voormalige minister van Binnenlandse Zaken, is van mening dat de branden niets met de georganiseerde criminaliteit te maken hebben, maar het gevolg zijn van persoonlijke rivaliteit en de wens om weidegrond te verwerven. Weer andere spreken over pyromanie, andere over gefrusteerde jagers, die brand stichten uit wraak voor jachtverboden. En een beslist niet te onderschatten motief: verbrande grond is winstgevende bouwgrond.

Goede wetten, maar falende handhaving

Om dit zich jaarlijks herhalende afbranden tegen te gaan en de gigantische schade aan de economie en het milieu in te dammen, werd in 2000 een wet vervaardigd, die de reeds bestaande wetten verder verscherpt. Zo mag het afgebrande land 15 jaar lang niet voor een andere functie worden gebruikt dan vóór de brand. Tien jaar lang mag het niet bebouwd worden, vijf jaar lang is herbebossing uitgesloten en tien jaar lang is de jacht en de weidegang verboden. Na het eveneens aangescherpte wetboek van strafrecht wordt brandstichting tegenwoordig bestraft met maximaal tien jaar celstraf.

Maar ondanks de goede bedoelingen van de wetgever is het probleem daarmee nog lang niet opgelost. Want de uitvoering resp. handhaving van de wet vindt slechts in beperkte mate plaats. Zo hadden de door brandstichting getroffen gemeenten al lang een kadastrale kaart van de verbrande gebieden moeten maken. Maar in 2011 was slechts ca. 40% van de betreffende gemeenten in Calabrië deze verplichting nagekomen, hoewel het Italiaanse Staatsbosbeheer de gemeenten de actuele gegevens ter beschikking heeft gesteld. Omdat de kadastrale registratie de basis vormt voor de toepassing en handhaving van de wet, bepaalt dit ook de effectiviteit van de wet.

Verwoestende gevolgen

Wie er dan ook met vuur speelt, de bosbranden hebben, nog afgezien van het verlies van leefruimte voor dieren en planten, zwaarwegende gevolgen. De gevolgen op lange termijn zijn catastrofaal. Want in de winter, als de eerste – in de zomer uitgedroogde – rivierbeddingen een hoge waterstand bereiken, komt het veelvuldig tot overstromingen, hellingen glijden af, wegen en spoorwegen worden bedolven of ondergraven. De mens verhoogt zo de al bestaande hydrogeologische risico's. Dat aan deze problematiek slechts langzaam iets veranderd, komt ook door het nog steeds beperkte milieubewustzijn van de Zuid-Italianen. Volgens het Wereld Natuur Fonds (WNF), versterken bosbranden daarbij ook het broeikaseffect.

Noodnummer brandweer

Bel bij brand direct het noodnummer 15 15 of de bosbrandwacht Servizio Anticendio Boschivo (Centro Operativo Provinciale, Ispettore Forestale di Catanzaro), tel. 096 15 34 21: *'C'è un incendio nel bosco di … / vicino a …'* (er is een brand in het bos van …/in de buurt van …).

Door Calabrië reizen, betekent wandelen in het spoor van de geschiedenis: opgravingen, vondsten, taal en cultuur verhalen van een meer dan 15.000-jarige geschiedenis.

Enotria (Grieks *oinos,* wijn), land van de wijn, noemden de Grieken het gebied, waar ze zich ongeveer 10.000 jaar geleden vestigden. En dat geldt nu nog steeds: in heel Calabrië wordt wijn verbouwd, niet alleen in de milde kuststreek, maar ook in de hogere zones van de Pollino.

Van de talrijke nederzettingen van de Grieken zijn tegenwoordig slechts schamele fundamenten bewaard gebleven, daarentegen zijn er talloze vondsten in musea te vinden. Bezienswaardig is vooral het archeologische park in Locri, waar resten van de stad **Locri Epizefiri** met een theater, tempel, stadsmuur en woonhuizen werden opgegraven. Bij de opgravingen van het antieke **Caulonia** zijn de resten van een Dorische tempel blootgelegd. Op de **Capo Colonna** staat de enige overgebleven zuil van de Dorische tempel. In **Sybaris** is het

Culturele invloeden – van de Grieken tot heden

Als een toneeldecor – de grotkerk Chiesetta di Piedigrotta in Pizzo

interessant te zien hoe de Romeinen het Griekse stratenpatroon hebben behouden (zie blz. 164). **Hipponion** (het huidige Vibo Valentia) boven de Tyrreense Zee bezit alleen nog resten van de stadsmuur. De eerste nederzetting van de Achaeërs in Calabrië, het antieke **Rhegion** (tegenwoordig Reggio Calabria) heeft behalve de spaarzame resten van de stadsmuren niets meer te bieden, maar daarentegen toont het **Nationaal Archeologisch Museum** met de bronzen Krijgers van Riace (5e eeuw v.Chr.) of de Filosofenkop ware schatten uit de tijd van de Grieken. Levend erfgoed vormen de Grecanische dorpen in de Aspromonte, waar ook nu nog Grico, een variant van het Grieks, gesproken wordt.

Romeinse erfenis

De Romeinen vestigden zich na hun verovering in de 3e eeuw v.Chr. op de voormalige nederzettingen van de Grieken. De stadsnaam Vibo Valentia herinnert ook nu nog aan de Romeinen, die het Griekse Hipponion omdoopten tot Valentia. Belangrijke Romeinse getuigenissen bevinden zich in het archeologische park. Van de Romeinse nederzetting **Scolacium** zijn in het Parco Archeologico di Scolacium bij Squillace resten van het forum, de hoofdtempel, een openbaar gebouw evenals de decumanus (oost-west verlopende straat) en het Romeinse amfitheater te zien. Diverse kleinere opgravingen vormen samen een uitgebreide erfenis van de vroegere Romeinse bewoning: bijvoorbeeld die van de kleine Chiesa San Martino, dat toebehoorde aan het door Cassiodorus gestichte klooster **Vivarium**, de ruïnes van de Romeinse **Villa Palizzi di Casignana** (bij Bianco) en de Romeinse thermen in Reggio Calabria. Een ander intact bouwwerk uit de Romeinse tijd is het **waterreservoir** bij Amendolara in de Alto Ionio. Een gedeelte van de **Via Popilia**, ook Via Capua-Rhegium genoemd naar de twee met elkaar verbonden hoofdplaatsen, bleef eveneens behouden. Een in Polla (vlak bij Salerno) gevonden kilometersteen van de oude Romeinse weg noemt de belangrijkste posten van de verbindingsweg: Capua, Moranum (Morano), Cosentia (Cosenza), Valentia (Vibo Valentia) en Rhegium (Reggio Calabria).

Byzantijnse Rijk

Niet te missen zijn bij een reis door Calabrië – vooral langs de Ionische Zee – de sporen van de **basilianen**, die zich baseren op de leer van de heilige Basilius (de koninklijke). Basilius, geboren in Caesarea (in het huidige Turkije), stelde in de 4e eeuw regels op, met als kernwaarden gehoorzaamheid, ascese, gebed en arbeid. De basilianen kwamen in het midden van de 1e eeuw uit Byzantium en Sicilië naar Calabrië, om hier als kluizenaars of in kleine groepen te leven. De basilianen werkten ook in de talrijke, overwegend in het oosten van Calabrië opgerichte **Byzantijnse kerken**.

De Cattolica (10e/11e eeuw) met haar vijf overdekte koepels, drie op het oosten gerichte apsides, vierkante bouw in de vorm van een Grieks kruis en de constructie van decoratief gerangschikte bakstenen is een typisch voorbeeld van de Byzantijnse bouwstijl. Vergelijkbaar zijn de kleine Chiesa San Marco in Rossano en de doopkapel in Santa Severina. Andere Byzantijnse kerken staan o.a. in Gerace, Amendolara en in Rossano. De laatstgenoemde stad herbergt in het Bisschoppelijk Museum een van de belangrijkste Byzantijnse schatten, de **Codex purpureus**, een Grieks evangeliarum uit de 6e eeuw.

Normandiërs en Hohenstaufen

Onder de heerschappij van de Normandische koningen in de 11e/12e eeuw begon de vervanging van de Grieks-Byzantijnse ritus (eredienst) door de rooms-katholieke. Ze stonden weliswaar het Byzantijnse geloof toe, maar speelden een beslissende rol bij de verspreiding van de Latijnse ritus, bijvoorbeeld door het begunstigen van de stichting van kloosters, zoals het Certosa in Serra San Bruno en het Monastero SS. Apostoli in Bivongi. Het vierkante grondplan in de vorm van een Grieks kruis werd vervangen door een rechthoekig grondplan in de vorm van een langwerpig Latijns kruis. Voorbeelden van de Normandisch-Byzantijnse bouwkunst, waarin nog Byzantijnse stijlelementen voorkomen, zijn de kerken Santa Maria di Tridetti (Staitti) en San Giovanni Tereste (Bivongi). Ook de op de ruïnes van de oude Romeinse stad Scolacium aan de Ionische Zee opgerichte Basilica di Santa Maria della Roccella combineert deze elementen. De onder de Normandiërs in Gerace opgerichte dom is een in romaanse stijl gebouwde drieschepige basilica. Bij de bouw van het kerkschip werden 20 zuilen uit het antieke Lokroi gebruikt. In de zogenaamde 'Noormannenplaats' **Mileto**, hoofdzetel van de Normandische koning Rogier I, werd in 1073 het eerste bisdom gesticht. En hoewel de oude nederzetting door de aardbeving in de 18e eeuw volkomen verwoest werd, wordt in het museum van Gerace de aanwezigheid van de Normandiërs in Calabrië aanschouwelijk gedocumenteerd. Ze bouwden ook talrijke burchten, zoals die van Squillace, Oriolo, Cosenza en die boven de rivierbedding van de Amendolea in de Aspromonte. In de Alto Ionio manifesteren een groot aantal indrukwekkende burchten de aanwezigheid van de **Hohenstaufen**, ook hoewel enkele van de burchten al door de Normandiërs waren opgericht en door de Hohenstaufen werden veranderd, bijvoorbeeld de burcht van **Roseto Capo Spulico**, die van Rocca Imperiale en in Amendolara. Frederik II liet de burcht van Vibo Valentia, destijds Monteleone genoemd, bouwen. Onder de Hohenstaufen bloeide de handel, ook dankzij de door Frederik doorgevoerde openstelling van de markten en de ondersteuning van de landbouw, en vestigden zich Hebreeërs in diversen plaatsen.

Anjous, Aragonezen en Spanjaarden

Na de tweehonderdjarige bloeitijd onder de Normandiërs en Hohenstaufen namen de **Anjous** in de 13e eeuw de macht over. In dit tijdperk van feodale heerschappij doen gotische elementen hun intrede in de kunst. Een voorbeeld daarvan is de Chiesa Santa Maria della Consolazione in Altomonte met een spitsbogenportaal, roosvenster en kruisribgewelf, evenals de Chiesa San Domenico in Cosenza. In de 15e eeuw ontstaan, maar in de 18e eeuw grondig gerenoveerd, beschikt ze nog over een laatgotische façade, een spitsboog en een roosvenster met 16 zuilen. Van de aanwezigheid van de **Aragonezen** getuigen tegenwoordig vooral de talrijke burchten, zoals die van Pizzo, Reggio Calabria en Crotone. Onder hun heerschappij kwamen ook de eerste Albanezen als huurlingen in het land en stichtten zij later eigen dorpen.

Uit de tijd van de **Spanjaarden** (1503-1707) stamt de bouw van de wachttorens langs de kust, als gevolg van de voortdurende overvallen van de Saracenen (Arabieren, aanhangers van de islam,

Met zeezicht – Santa Maria dell'Isola in Tropea

die vanaf de zee dood en verderf zaaiden over het land). In de eerste helft van de 16e eeuw werden langs de kust talrijke wachttorens opgericht. Als gevolg van deze herwonnen veiligheid raakte de kuststrook langzaam weer bevolkt. Onder de Spaanse heerschappij vond ook het bloedbad van de waldenzen en de vervolging en de verdrijving van de Joden uit Calabrië plaats. De onder de Spanjaarden over het hele gebied uitgebreide feodale heerschappij en de hoge belastingen voerden tot een verarming van de boerenbevolking. Op het gebied van de kunst verspreidde zich in deze periode de barok. Vrijwel in ieder dorp bevindt zich een kerk met barokke elementen; zeer fraaie voorbeelden zijn de sacramentskapel in de dom van Reggio Calabria en het oratorium van San Domenico in Cosenza.

Bewind van de Bourbons en vereniging van Italië

In het begin van de 18e eeuw bezetten de Oostenrijkers Zuid-Italië, echter slechts voor korte tijd. In 1735 werd het Koninkrijk Napels in het Verdrag van Wenen aan de Bourbons toegewezen. Hun heerschappij duurde tot 1860 met een onderbreking in de jaren 1798-1815, toen Franse troepen het land binnenvielen en per decreet probeerden de feodale heerschappij af te schaffen. Na de verwoestende aardbeving van 1783 onteigenden de Bourbons kerkelijke goederen en verkochten die, om de zwakke economie te stimuleren en tot een rechtvaardigere verdeling van het bezit te komen. Maar het verwachtte succes bleef uit, want de feodale heren kochten de landgoederen en breidden hun bezittingen uit. Zo wekt het geen verbazing dat het gedurende de 19e eeuw tot meerdere opstanden tegen de Bourbons kwam. Uit de tijd van de Bourbons stamt ook het begin van de ijzermijnbouw in de Serre en de ijzerverwerking in smelterijen (zie blz. 243).

In 1860 werd met de vereniging van Italië lang niet alles eenvoudiger. De economische en financiële politiek van het verenigde koninkrijk Italië bevoordeelde het noorden en het zuiden verarmde verder. Het gevolg was een massale emigratie (zie blz. 66).

Intense smaken – citrusvruchten, uien, peperoncino

Bioboer Ugo Sergi in de bergamotboomgaard

In de zuidpunt van Italië gedijen twee heel speciale citrusvruchten: de zeldzame bergamot en de merkwaardige cedercitroen. Weliswaar zijn ze niet zo smakelijk als de eveneens hier groeiende citroenen, sinaasappels, clementines en mandarijnen, maar van hun ingrediënten worden enkele delicatessen bereid. En verder komen reizigers in Calabrië onvermijdelijk in aanraking met twee andere hoofdingrediënten van de Calabrische keuken: de rode ui en de peperoncino.

Bergamot

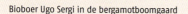

De bergamot (lat. *Citrus bergamia*), een lichtgele ronde citrusvrucht, smaakt bitter en is niet geschikt om zo te eten.

Van deze zeldzame vrucht – ze groeit alleen in het zuidpuntje van het Italiaanse vasteland van Bagnara Calabra tot aan Locri (en op kleine schaal ook in Afrika en Zuid-Amerika) – resp. uit haar schil wordt de etherische bergamotolie gewonnen. De essence heeft antibacteriële en antiseptische eigenschappen en wordt gebruikt in de parfum-, farmaceutische- en levensmiddelenindustrie, bijvoorbeeld in het beroemde eau de cologne en earlgreythee met zijn typische smaak. De essence is zeer kostbaar, want voor de productie van 1 kg essence heeft men 200 kg vruchten nodig. De bergamot wordt in de provincie Reggio Calabria op een oppervlak van 1500 ha verbouwd, hoofdzakelijk op alluviale klei- en kalkhoudende bodems. De beste opbrengst wordt verkregen op plaatsen met veel zonnestraling, zonder vorst en in een heuvelachtig land-schap: langs de rivierlopen.

De oorsprong van deze citrusboom is nog steeds omstreden. Sommige menen dat hij uit China resp. Azië stamt, anderen noemen Spanje als plaats van oorsprong. De belangenorganisatie van de bergamotproducenten gaat er daarentegen vanuit dat het hierbij gaat om een spontane mutatie in de 17e eeuw van de bittere sinaasappel of de limette. De max. 4 m hoge bergamotboom, met bladeren die lijken op die van de citroenboom, bloeit vanaf eind maart. De oogst vindt plaats in de wintermaanden van november tot maart. De essence is een heldere vloeistof, die met zijn groengele kleur doet denken aan de frisse vrucht.

In Reggio Calabria kunt u in de ontvangsthal van het instituut SSEA Stazione Sperimentale, dat analyses van het bergamotessence uitvoert, oude machines voor de winning van de essence zien. Hier werden vroeger de vruchten gehalveerd en uitgeperst en werd de essence met een spons uit de gewonnen vloeistof opgezogen (rondleiding na aanmelding, SSEA, V. Generale Tommasini 2, www.ssea.it, tel. 096 52 43 15).

Sucadeboom

De sucadeboom of cedercitroen, in het Italiaans cedro (lat. *Citrus medica*), heeft de kuststrook langs de Tyrreense Zee in het uiterste noorden van Calabrië zelfs zijn naam gegeven: de Costa dei cedri. Hij schijnt uit Azië te komen en wordt in het Middellandse Zeegebied al sinds de 3e eeuw v.Chr. verbouwd en verspreid. De cedercitroen van de soort *Liscio Diamante* wordt verbouwd in talloze gemeenten tussen Tortora en Paola langs de Tyrreense kust. Maar niet alleen hier, ook in Marokko, Puerto Rico, op Kreta, Corsica en Sicilië groeit de max. 3 m hoge citrusboom. De kleine bomen hebben een klei- en kalkrijke bodem nodig, een mild klimaat en verdragen geen grote temperatuurschommelingen.

De bittere en zure vruchten hebben een eivormige langgerekte vorm en worden gemiddeld 20 cm lang. Zeer grote exemplaren kunnen enkele kilo's wegen. De schil is rimpelig, dik en afhankelijk van de rijpheid geelachtig, groen of goudgeel. De vrucht zou volgens de belangenorganisatie antioxiderende eigenschappen, een preventieve werking bij hart- en vaatziekten en te-

Bergamot en cedro

Consorzio del Bergamotto, Via Nazionale 7, San Gregorio di Reggio Calabria, tel. 09 65 64 51 70, www.bergamottoconsorzio. it, info@bergamottoconsorzio.it. Informatie en een video over de bergamot (Italiaans en Engels).

Agriturismo Il Bergamotto: Contrada Amendolea, Condofuri, tel. 09 65 72 72 13, ugosergi@yahoo.it. In het zuiden van het Nationaal Park Aspromonte ligt de Agriturismo met bergamotteelt op biologische basis. De *agriturismo* biedt onderdak, eten, verkoop van bergamotlikeur en -marmelade.

La Degusteria del Bergamotto: op het vliegveld van Lamezia Terme is een kleine winkel, die geheel in het teken staat van de bergamot: hier worden likeur, jams, thee, maar ook zeep, parfum en meer aangeboden.

Consorzio del Cedro di Calabria: Corso del Tirreno 243, 87020 Santa Maria del Cedro, tel. 098 54 25 98, www.cedrodicalabria.it.

Museo del Cedro (alleen in het zomerseizoen geopend), Carcere dell'Impresa, Santa Maria del Cedro, tel. 098 54 25 98.

gen sommige tumoren hebben en het celverouderingsproces vertragen – gedetailleerde studies hierover ontbreken echter. De vruchten worden o.a. gekonfijt en gebruikt voor de bereiding van diverse soorten zoetwaren, gebak, likeur, grappa, olijfolie met sucade, consumptie-ijs en granita (een drankje met geklopt ijs). Een speciaal dessert zijn de *pannicelli*, een in de oven gebakken dessert met blaadjes van de cedercitroen, gekonfijte stukjes cedercitroen en rozijnen. Een lichtzuur verfrissend drankje in de zomer is de *cedrata*, natuurlijk met het extract van de cedercitroen.

Religieuze cultus

Maar de vruchten van il cedro zijn ook vooral om een heel speciaal gebruik geliefd en bekend: onder de naam *etrog* vormen ze een bestanddeel van de feestroes bij het Joodse Loofhuttenfeest Soekot, dat gevierd wordt in september/oktober. De vruchten moeten daarbij een speciale vorm hebben

Sucade of gekonfijte cedercitroen

en afkomstig zijn van 'reine' planten. In augustus komen daarom speciaal rabbijnen naar Calabrië om de cedercitroenen na uitgebreide keuring eigenhandig uit te kiezen. De keuring is streng omdat veel van deze planten in het begin van de 20e eeuw met wilde sinaasappelbomen werden gekruist en de rabbijnen uitsluitend in de niet-gekruiste planten zijn geïnteresseerd. De geselecteerde kleine, nog groene vruchten (ook jodenappels genoemd) worden naar Joodse gemeenten over de hele wereld gestuurd, vooral naar Noord-Amerika.

De rode uien van Tropea

De smakelijke rode uien vormen in grote delen van Calabrië een vast bestanddeel van het menu. Niet zonder reden, want de *cipolla rossa di Tropea*, zoals de originele rode ui van Tropea wordt genoemd, heeft een hoge voedingswaarde. Ze is rijk aan ijzer, magnesium, jodium, zink en selenium. En met zeer veel vitamine C en E en tevens een laag vetgehalte en slechts 20 kcal per 100 g is ze een waardevol voedingsmiddel.

Weliswaar waren deze bevindingen uit de voedingswetenschap in de oudheid nog niet bekend, maar de mensen wisten uit ervaring en op grond van culturele overlevering hoe gezond de rode knol was. Ze versterkt de aderen en bloedvaten, heeft een bloedstollende werking, antiseptische eigenschappen, is een werkzaam middel tegen verkoudheid en wordt tegenwoordig door artsen als preventief middel tegen hart- en vaatziekten en nierstenen aanbevolen.

De ui moet ongeveer 2000 jaar geleden door de Feniciërs in deze kuststrook zijn ingevoerd. En precies hier, in het kerngebied van Briatico tot aan Capo Vaticano – verdere aanbouw vindt ook plaats van Nicotera tot aan

Fiumefreddo Bruzio in het noordwesten van Calabrië – wordt ze verbouwd. Want het schijnt de unieke combinatie van mediterraan microklimaat, zilte zeelucht en zandige bodem te zijn, die de ui uiteindelijk zijn zoetheid verleent. De ronde of langwerpige ui is van binnen wit en met zijn stevige vruchtvlees licht verteerbaar en mild. Hij vormt een ideale begeleider van salades, maar kan ook gefrituurd, gegratineerd of gevuld worden gegeten. Overigens is de echte *cipolla rossa di Tropea Calabria* te herkennen aan de beschermde EU-oorsprongsbenaming IGP. Dat het voor de kleine Calabrische boeren, die hun groenten op de plaatselijke markt aanbieden, niet mogelijk is om te voldoen aan de IGP-vergunningprocedures van de Europese Unie, is daarbij begrijpelijk.

De scherpe rode

Vers, gedroogd of ingelegd in olijfolie, geeft de *peperoncino* (in het Nederlands vaak als chilipeper of Spaanse peper aangeduid) veel gerechten hun bepalende scherpe smaak. Zo ontbreekt op vrijwel geen enkele menukaart een pastagerecht *all'arrabiata* of *alla corte d'assise*, dat u zeker eens moet proberen – en niet alleen liefhebbers van een pittige keuken. Naast conserverende en desinfecterende eigenschappen wordt de scherpe peulvrucht een bloedvatverwijdende en afrodiserende werking toegeschreven.

Het kruid moet al 6100 jaar geleden verspreid zijn geweest in Midden- en Zuid-Amerika. Naar Europa kwam het vermoedelijk pas in het begin van de 15e eeuw als gevolg van de ontdekkingsreizen van Christoffel Columbus. In Hongarije heeft men halverwege de 20e eeuw een mildere soort gekweekt, die vrijwel niet scherp meer is: de paprika.

Tip

Gegratineerde uien

Ingrediënten: 8 middelgrote rode uien, 400 g paneermeel, 50 g pecorinokaas, ca. 100 ml olijfolie extra vergine, peterselie, zout en zwarte peper (voor 4 personen).
Bereiding: de uien schillen, halveren en in een met olie ingevette pan op een matig vuur smoren. Kneed van paneermeel, geraspte pecorino, olijfolie en peterselie een homogeen mengsel. Met zout en peper kruiden. Leg de uienhelften in een vuurvaste schaal, doe het paneermengsel er op en bak ca. 40 min. in de oven.

Dat zich de scherpere *Capsicum frutescens* vooral in zuidelijke streken handhaafde, heeft een duidelijke reden: de in de vrucht aanwezige capsaïcine, bepalend voor de scherpe smaak, zorgt bij de vertering voor een hittegevoel. Dat voert dan weer tot zweetvorming en als gevolg daarvan een verlaging van de lichaamstemperatuur. Om de scherpte van de verse peulvrucht te verminderen, kunt u de binnenste zaden en zaadlijsten verwijderen.

Curiositeiten

Terwijl de *marmellata di cipolla* (uienmarmelade) ook door de plaatselijke bevolking graag gegeten wordt, gaat het bij ijs met uiensmaak (*gelato di cipolle*) of ijs met peperoncino (*gelato al peperoncino*) eerder om gerechten die speciaal voor de toeristen zijn ontwikkeld.

In Diamante vindt elk jaar in september het peperoncinofestival plaats, geheel gewijd aan de 'scherpe rode' (zie blz. 90, meer info: Accademia del Peperoncino, www.peperoncino.org).

Een structurele werkloosheid van 35,5% in het zuiden, een laag bruto binnenlands product, een slechte infrastructuur, een geringe groei en een aanhoudende emigratie getuigen van de enorme welvaartskloof tussen noord en zuid.

Maar deze onevenwichtigheid bestond niet altijd. In de 19e eeuw, voor de vereniging van Italië, waren de zuidelijke gebieden verenigd in het Koninkrijk der beide Siciliën onder de heerschappij van de Bourbons. In deze tijd ont-wikkelde zich in het zuiden langzaam een industrie, waaronder de textielfabricage en enkele ijzer- en staalfabrieken in Calabrië en Campanië, die beschermd werden door hoge importheffingen. De landbouw bloeide en een belangrijke handelsvloot exporteerde textiel- en landbouwproducten. Met de openstelling van de markten als gevolg van de vereniging werd de langzaam groeiende industrialisatie in de kiem gesmoord. Het hier op volgende protectionisme bevoordeelde vooral het noorden. Ook de economische po-

De Mezzogiorno – het 'achtergebleven' of het 'uitgebuite' zuiden?

Het dagelijks leven in Calabrië

litiek verslechterde de situatie van het zuiden, dat tot dan toe zeer geringe belastinginkomsten had. Economische investeringen bevorderden vooral het noorden. Als gevolg daarvan ontstond daar, dankzij de gunstigere concurrentievoorwaarden, een florerende markt voor industriële en consumentenproducten.

Geldstromen, corruptie en verduistering

Deze divergentie tussen het noorden en het zuiden vormt een belangrijk thema voor talrijke politici en intellectuelen en wordt met het begrip *meridionalismo* samengevat. Om de economische ongelijkheid tegen te gaan werd al aan het begin van de 20e eeuw begonnen met een stimuleringsprogramma voor het zuiden. Van 1950 tot 1986 was de *Cassa per il mezzogiorno*, vanaf 1998 de *Agenzia per lo sviluppo industriale e dell'occupazione* verantwoordelijk voor de naar het zuiden stromende subsidies. Daar bovenop komen al decennialang bedragen uit de regionale subsidieprogramma's van de Europese Unie.

Helaas verdween het geld in het verleden maar al te vaak in duistere kanalen of werd geïnvesteerd in projecten, die deels nooit werden voltooid of zelfs maar begonnen en klaarblijkelijk alleen er voor dienden om het geld te verdelen. De officier van justitie van Catanzaro, **Luigi De Magistris**, deed uitgebreid onderzoek op dit gebied in de onderzoekszaken 'Poseidon', 'Why not' en 'Toghe Lucane', waarbij het ging om illegale partijfinanciering, bedrog, corruptie, illegaal gebruik van openbare subsidies en ambtsmisbruik. Hij onthulde een relatienetwerk tussen politici, rechters, advocaten, ambtenaren en ondernemers, die elkaar verzekerden van banen, aanbestedin-

gen en voordelen. Maar de officier van justitie werd in zijn werk gehinderd door diverse parlementaire vragen en zijn leidinggevende ontnam hem op ongeloofwaardige gronden de eerste twee zaken. Ten slotte werd Luigi De Magistris in oktober 2007 wegens vermeende vooringenomenheid ook zijn derde zaak ontnomen. Daarop ging de jurist in de politiek: hij stelde zich succesvol kandidaad voor het Europarlament en is sinds 2011 burgemeester van Napels.

Andere mogelijke oorzaken

Naar aanleiding van de voortdurend slechte economische cijfers werd naar nieuwe mogelijke oorzaken gezocht, die verder gingen dan het traditionele meridionalisme. Volgens **Carlo Trigilia** lag in 1992 de kern van het probleem bij de openbare uitgaven, omdat deze niet het gewenste effect zouden hebben bereikt. Medeverantwoordelijk volgens de socioloog is de politieke klasse van het zuiden, die decennialang openbare gelden in een richting gestuurd heeft, die de ontwikkeling van de markt eerder belemmerd dan gestimuleerd heeft. Cliëntelisme en protectionisme moeten bij de uitoefening van hun functie belangrijker zijn geweest dan het nastreven van de gestelde doelen. Bovendien deed de georganiseerde criminaliteit sinds de jaren 80 van de vorige eeuw ook mee aan openbare aanbestedingen, bepaalden ze de leveringsvoorwaarden en arbeidskrachten en verstoorde daarmee de marktwerking. Trigilia analyseert echter ook zones van economische groei langs de Adriatische kust en in de provincie Napels. Daar heeft een historisch gegroeide structuur van instituties bijgedragen aan het ontstaan van een sociale integratie en een netwerk van kleine en middelgrote ondernemingen door de opwaardering van de zelfstandige arbeid. Volgens Triglia heeft zich in deze gebieden een vrij en zelfstandig ondernemerschap gevormd en als gevolg daarvan een actievere burgermaatschappij.

Burgerzin – de verklarende factor?

De civiele maatschappij en burgerzin zijn ook de kernpunten van de analyse van de socioloog **Robert Putnam**, die meer dan 20 jaar onderzoek deed naar het ontstaan van de Italiaanse regio's (vanaf 1970) en hun efficiëntie. Hij stelde met zijn team vast dat de best functionerende regio's die waren, waarvan de regerings- en bestuursvorm al sinds de 12e eeuw waren gekenmerkt door decentralisatie en lokale autonomie. In het noorden, waar de burgers betrokken waren geweest bij de totstandkoming van het bestuur en de regering, hadden zich verenigingen en gilden gevormd. Deze bevorderden en ontwikkelden een burgerzin, die samenging met wederzijds vertrouwen en respect en er toe leidde dat men zich aan de regels hield. Daarentegen kenmerkt de geschiedenis van Zuid-Italië zich door een autocratische en gecentraliseerde structuur. En ook na de vereniging van Italië ontwikkelde zich in het zuiden geen burgersamenleving. Veeleer wantrouwde het zuiden de centrale overheid en in de kleine gemeenten ontwikkelde zich het cliëntelisme. Plaatselijke instellingen worden niet als partner en mogelijke medestander gezien, maar slechts als tegenstander of als een te corrumperen instelling.

Emigratie

Als gevolg van de slechte economische situatie en het ontbreken van een perspectief kwam met de stichting van het koninkrijk Italië een exodus op gang, die tot op heden aanhoudt. Van 1876 tot 1930 vertrokken meer dan een miljoen Calabriërs uit hun vaderland naar Argentinië, Brazilië, Uruguay en de Verenigde Staten. Na de Tweede Wereldoorlog richte de emigratiestroom zich vooral op het noorden. Ongeveer 700.000 Calabriërs zochten vanaf de jaren 50 tot de jaren 70 van de vorige eeuw hun toekomst in het noorden van Italië, Zwitserland, Duitsland en Nederland, maar ook overzee. Tussen 1997 en 2008 zijn uit de hele Mezzogiorno nog altijd ca. 700.000 mensen geëmigreerd, vooral naar het noorden van Italië. Fataal aan deze zich tot op heden voortzettende trend is dat het bij een groot aantal van deze emigranten gaat om jonge en goed opgeleide arbeidskrachten (30% bezit een universitair diploma).

De meesten vertrekken met het voornemen geld te verdienen, te sparen en dan terug te keren. Slechts enkelen keren ook echt terug naar huis, de meesten vestigen zich permanent in den vreemde. Want ook het ver van hun vaderland in enkele jaren gespaarde en opgebouwde vermogen is doorgaans niet voldoende, om zich in het zuiden langdurig zonder inkomstenbron te kunnen redden. Bovendien zijn veel emigranten door hun leven in het buitenland vervreemd van de achtergeblevenen. **Tip:** een interessante tentoonstelling over het thema emigratie kunt u bekijken in het **Museo Narrante dell'Emigrazione** in Camigliatello (zie blz. 141).

De opstand van Reggio Calabria

Is het alleen lokaal patriottisme of steekt er meer achter de revolutionaire onlusten in het begin van de jaren 70 van de vorige eeuw in de stad aan de Straat van Messina?

Hoewel door de Italiaanse grondwet al in een wet uit 1948 aanvaard, vinden de eerste regionale verkiezingen in heel Italië pas in juni 1970 plaats (alleen vijf regio's met een speciale status bestaan dan al 20 jaar).

Gelijk met deze verkiezingen wordt ook de nieuwe hoofdstad van de regio bepaald: wordt het de ooit bloeiende cultuurstad Cosenza, Catanzaro met zijn strategische ligging op de landengte van Calabrië of Reggio Calabria, het antieke Rhegion? Ook hoewel het nog niet officieel is, wijzen de meeste stemmen erop dat het lot op Catanzaro

zal vallen. De toenmalige burgemeester van Reggio Calabria, Pietro Battaglia (Democrazia Cristiana) is verontwaardigd en roept de burgers op zich hiertegen vreedzaam maar resoluut te verzetten.

Staking en escalatie

Midden juli 1970 wordt een eerste **algemene staking** georganiseerd met een aanzienlijke deelname van de bevolking en worden de eerste barricades in de straten opgericht. Wanneer 's avonds het station bezet wordt, grijpt de politie met veel geweld in. Arrestaties en gewonden stoken de toch al gespannen bevolking verder op. Wanneer de dag erna het levenloze lichaam van de spoorwegman Bruno Labate gevonden wordt, proberen de officiële instanties het op een ongeluk te doen lijken. Maar het bericht doet onmiddellijk de ronde dat het hier om moord gaat. Slechts een week later ontspoort in het nauwelijks 50 km noordelijker gelegen **Gioia Tauro** een trein: 6 doden, 66 gewonden, waaronder 12 zwaargewonden. Meteen gaan stemmen op, die spreken van een aanslag. De officiële berichtgeving spreekt echter van een ongeluk, ook als gerechtelijke experts en de onderzoekscommissie van de Italiaanse spoorwegen een bom als oorzaak aanwijzen.

Ingrijpen door het leger en radicalisering

De Italiaanse regering besluit dan om soldaten in te zetten voor de bewaking van de spoorwegen. Tot dan toe had de gematigde vleugel rond burgemeester Battaglia de leiding in het conflict, dan krijgt de radicale vleugel rond **Ciccio Franco**, een van de leiders van de spoorwegvakbond Cisnal en lid van de **MSI** (de partij, die door de aanhangers van Mussolini werd opgericht) de overhand, samen met de **rechtsextremistische buitenparlementaire krachten** Avanguardia Nazionale en Ordine Nuovo.

De situatie in Reggio in de zomer van 1970 is uiterst gespannen: straatgevechten tussen demonstranten en ordetroepen, barricades, de hoofdwegen zijn door de politie en de carabinieri bezet en de stad is geïsoleerd. Wanneer bij een van de vele confrontaties de onschuldige toeschouwer Angelo Campanella door een kogel van de carbinieri gedood wordt, proberen diezelfde nacht 1000 demonstranten het hoofdbureau van politie te bestormen. Uiteindelijk lukt het de aartsbisschop met enkele andere burgers de demonstranten tot opgave te bewegen. Maar er zal nog een dode vallen. De onderofficier Vicenzo Curigliano sterft

bij een inzet aan een hartaanval. Nog in dezelfde nacht worden Ciccio Franco en anderen gearresteerd.

De beslissing

Maar er komt pas vijf maanden later een einde aan de opstand, na de beslissing van de regionale raad onder druk van de nationale regering: Catanzaro wordt de hoofdstad, Cosenza krijgt de universiteit en in Reggio Calabria krijgt de zetel van de regionale raad. Verder belooft men de inwoners van Reggia de uitvoering van het geplande staalindustriegebied in Gioia Tauro (wat echter nooit zal worden aangelegd en later zal worden getransformeerd tot een grote containerhaven). De barricades worden enkele dagen na de beslissende zitting door pantservoertuigen verwijderd. De stad blijft nog twee jaar lang door ordetroepen bezet.

De 'Ndrangheta en de 'strategie van spanning'

Giacomo Lauro, een spijtoptant van de 'Ndrangheta, zal later in 1993 verklaren dat hij de springstof voor de aanslag in Gioia Tauro heeft geleverd in opdracht van de aanvoerder van de opstand van Reggio. Zijn verklaring komt overeen met die van Carmine Dominici, een voormalige neofascist, die in 1970 tot de leiding van de Avanguardia Nazionale in Reggio Calabria behoorde. Enkele auteurs zoals Fabio Cuzzola (*Reggio 1970*, 2007, Donzelli) rekenen enkele gebeurtenissen van de opstand van Reggio Calabria tot de 'strategie van spanning', die in de jaren 60 en 70 van de vorige eeuw door aanslagen heel Italië angst en schrik aanjoeg, om op die manier een autoritaire staatspolitiek door te drukken en de rechtsstaat te ondermijnen.

Een omstreden monument – het amfitheater aan de lungomare van Reggio Calabria

Voor de aanslag in Gioia Tauro werden in 2001 drie neofascisten, die de aanslag pleegden (en inmiddels alle drie zijn overleden), veroordeeld. De spijtoptant Lauro, die naar eigen zeggen de springstof heeft geleverd, werd wegens verjaring van dit delict niet bestraft. De zoektocht naar de opdrachtgever bleef zonder resultaat.

Fascistische revolutie of volksopstand?

Toch zou het absoluut verkeerd zijn de revolutie van Reggio Calabria fascistisch te noemen. Want de opstand kwam uit alle delen van de bevolking, uit alle lagen, leeftijdsgroepen en partijen van de samenleving. Duidelijk is echter, dat extreemrechts de ellende en de verontwaardiging van het volk voor hun eigen doelen heeft misbruikt en ingezet.

Zorgwekkend is het daarom, dat de stad in 2006 het moderne amfitheater aan de *lungomare* naar de rechtsextreme leider van de opstand Senatore Ciccio Franco (hij werd in 1972 voor de MSI in de senaat gekozen) vernoemd heeft en voor hem zelfs een monument onder Villa Zerbi heeft opgericht. Als men bedenkt dat de toenmalige afgevaardigden tot de partij Alleanza Nazionale (de opvolger van de MSI) behoorden, evenals de in 2014 wegens ambtsmisbruik en valsheid in geschrifte veroordeelde burgemeester Scoppeliti, is dit echter niet erg verwonderlijk.

De maffia, in Calabrië 'Ndrangheta geheten, is veel meer dan een criminele organisatie. Ze vormt een bedreiging voor het vrijheidsgevoel van de mensen en de gehele ontwikkeling van het zuiden.

De maffia zet volgens schattingen van economen jaarlijks ca. 170 mld. euro om – verkregen o.a. met drugs- en wapenhandel, illegale stort van giftig afval, afpersing, woekerrentes, diefstal en roofovervallen. Nicola Gratteri, officier van justitie bij de maffiabestrijding van Reggio Calabria: 'De 'Ndrangheta is er ook mee bezig ondernemingen in Midden- en Noord-Italië te kopen: hotels, restaurants, pizzeria's. Dat gebeurt ook in Nederland, Duitsland en België en op het Amerikaanse continent. Het geld, dat van de 'Ndrangheta stamt en daarna in de legale markt wordt geïnvesteerd, verstoort de marktwerking, omdat de *mafioso* als ondernemer regels volgt, die het functioneren van de markt ondermijnen.' De 'Ndrangheta is het er vooral aan gelegen haar illegaal verkregen geld wit te wassen. Daarbij is ze graag bereid verliezen te nemen. Al dat geld maakte het mogelijk verkiezingscampagnes te financieren en bepaalde personen in het parlament te laten kiezen, die later hun rekening 'vereffenen'. Dit aan de kant schuiven van het democratische proces vindt overal plaats.

'Ndrangheta – niet alleen een probleem van Calabrië

Forza! – demonstratie tegen de maffia eind van de jaren 70 van de vorige eeuw

Pizzo en omertà

De 'Ndrangheta (Grieks: *andreios*, dapper, mannelijk) bestaat uit onafhankelijk van elkaar functionerende *'ndrine*, die overwegend uit leden van dezelfde familie bestaan en hiërarchisch zijn geordend. Het lidmaatschap ervan wordt van generatie op generatie overgedragen. Daarom bevinden zich onder de mensen die zich van de maffia hebben afgekeerd, zelden leden van de Calabrische maffia, want ze moeten dan hun naaste verwanten uitleveren. De *'ndrine* verzekeren zich door afpersing van beschermingsgeld van de controle over hun territorium. Volgens cijfers van het Italiaanse verbond voor handel en toerisme Conferescenti betalen op Sicilië 70% en in Calabrië 50% van alle ondernemingen de *pizzo*. In deze cijfers zijn de ondernemingen, die zich in handen van de maffia bevinden, niet meegeteld.

Hoe de maffioze praktijk functioneert, beschreef de in 1992 door de maffia vermoorde rechter Giovanni Falcone vlak voor zijn dood: 'Iedereen, die zich bezig houdt met het verkrijgen van openbare opdrachten in Sicilië en in de Mezzogiorno, weet heel goed, dat hij zijn materiaal van de ene leverancier en niet van de andere moet betrekken. Een ongeschreven wet, die wordt nageleefd. Wie dit niet naleeft wordt met bruut geweld bestraft.'

De kringloop van onderdrukking, angst, profiteurschap, gelatenheid, onmacht, wantrouwen tegenover de staat moet worden doorbroken om de criminele organisatie haar macht te ontnemen. Zo zei rechter Neri in 1994, 'dat daar, waar justitie echt geloofwaardig is, de beruchte *omertà* (het zwijgen) vanzelf ophoudt'. Dat aan justitie in Italië weinig waarde wordt gehecht, toont de meervoudige verkiezing van Silvio Berlusconi tot minister-president – ondanks vele aanklachten tegen hem van de officier van justitie, wegens belastingontduiking en vermeende connecties met de maffia. Veelzeggend is ook, dat de officier van justitie De Magistris, die in Catanzaro onderzoek deed tegen talrijke politici en ondernemers, van alle zaken werd gehaald wegens verduistering en contacten met de maffia.

Het ontstaan van de maffia kan o.a. uit de opkomst van de grootgrondbezitters worden verklaard. Deze zetten *gabellotti* (belastinginners) in, om bij de boeren de vereiste afdracht in te winnen of de landerijen in eigen beheer verder te verpachten. Op een bepaald moment moeten deze feodale heren zo veel druk hebben uitgeoefend, dat de boeren zich gedwongen voelden hun bescherming te kopen. Uit deze *gabellotti* zouden de *mafiosi* zijn voortgekomen. Een andere theorie ziet de oorsprong van de maffia in de *carbonari*, een geheim patriottisch-republikeins genootschap. En ook het romantische beeld van een maffia, die zich heeft ontwikkeld uit de kringen van briganten en functioneerde als wreker van de armen en de zwakken, wordt telkens weer genoemd. De briganten, overwegend boeren en herders, streden tegen de onderdrukking van de totaal verarmde boerenbevolking. Na de vereniging van Italië (1861) richtte hun guerillaoorlog zich ook tegen de nationale staat, omdat speciaal het zuiden erg leed onder de hoge belastingdruk. Deze rebellie tegen de als vijandig ervaren overheid moet ook het bepalende element van de 'Ndrangheta geweest zijn.

De cijfers

In 2014 stonden in Calabrië 25 gemeenten, waaronder Reggio Calabria (in heel Italië 51 gemeenten) wegens maffia-infiltratie onder overheidscontrole.

Antimaffiabewegingen

Sinds het begin van de 21e eeuw groeit in Calabrië het aantal mensen, dat openlijk de strijd met de maffia respectievelijk de 'Ndrangheta aangaat.

De coöperatie Valle del Marro bebouwt sinds 2004 in de laagvlakte van Gioia Tauro in beslag genomen land, dat ooit in handen van de maffia was. Met gecontroleerde biologische landbouw worden hier olijven, aubergines en chilipepers verbouwd en verwerkt tot kwaliteitsproducten. Het terrein is hun door de gemeente in bruikleen gegeven voor een periode van dertig jaar. Aan de leden van de coöperatie werd in 2004 elk een eigen inbreng van € 2500 gevraagd, om aan de werkzaamheden deel te kunnen nemen.

De coöperatie houdt op scholen voordrachten over het project en de maffia en organiseert zomerkampen, waarin werk op het veld wordt verricht, maar waartoe ook scholing op het gebied van de maffia behoort.

De maffiosi hun bezit af te nemen, het aan de staat te geven en dan door sociale coöperaties te laten beheren, is een duidelijk signaal, dat hier de staat regeert en niet meer de maffia. Daarom ook de naam Libera Terra (vrije aarde), onder welk label de producten via wereldwinkels en direct via de coöperatie verkocht worden (www.liberaterra. it). De coöperatie behoort net als andere in Zuid-Italië tot de vereniging Libera (www.libera.it).

Olijvenoogst bij de anti-maffiacoöperatie Valle del Marro

Intimidatie?

De nachtelijke aanslag op de coöperatie Valle del Marro in april 2007 kwam weliswaar niet onverwacht, maar zaaide toch weer veel angst: vernieling van de opslagloods, diefstal van landbouwwerktuigen en brandstof evenals een dichtgelaste toegangspoort met daarvoor kruisen gemaakt van snoeischaren. Een overduidelijke bedreiging en de boodschap 'de deuren zijn gesloten'. Maar de jonge medewerkers van de coöperatie hebben zich niet laten intimideren en hebben gewoon verder gewerkt.

Toen in oktober 2005 de vicepresident van de regio Calabrië, Francesco Fortugno (hij deed onderzoek naar en onthulde de banden tussen de plaatselijke gezondheidszorg en de maffia) op klaarlichte dag op de openbare weg doodgeschoten werd, organiseerden de inwoners van Locri spontaan een protestmars. Met het spandoek *'e adesso ammazzateci tutti'* (vermoord ons dan maar allemaal) trokken leerlingen en studenten door Locri en daagden de 'Ndrangheta openlijk uit. In februari 2009 werd met een gerechtelijk vonnis bevestigd, dat de maffia verantwoordelijk was voor de moord op de politicus.

Legale arbeid

Als jonge mensen werk vinden en een toekomst hebben, dan zijn ze minder vatbaar voor de maffia, die immers maar al te vaak als werkgever optreedt – dat bedacht Giancarlo Bregantini, de bisschop van het diocees Locri-Gerace. En zo hielp hij halverwege de jaren 90 van de vorige eeuw geëngageerde jongeren, om door middel van sociale coöperaties werkgelegenheid te creëren en te behouden (GOEL-consortium, zie blz. 245 en 287).

Antipizzo

'We beschermen de ondernemers, die geen beschermingsgeld (*pizzo*) betalen', luidt het devies, dat sinds 2004 in Palermo en sinds 2010 ook in Calabrië geldt. Op de website antiracket.info staan lijsten van winkels en bedrijven, die niet voor de maffia buigen. Kritische consumenten wordt opgeroepen, zich solidair te verklaren met deze bedrijven en daar hun inkopen te doen.

Herdenkingsmars

Ieder jaar op 22 juli vindt in de bossen boven San Luca de *Marcia della Memoria* in Aspromonte plaats. De circa vijf uur durende herdenkingsmars en kerkdienst voert naar de plek onder de Pietra Cappa, waar de resten van Lollo Cartisano gevonden werden. De fotograaf werd in 1993 door de 'Ndrangheta ontvoerd, om losgeld af te persen. Het geld werd betaald, maar Lollo keerde niet terug. Pas in 2003 verried een *mafioso* de plek, waar zijn lijk begraven lag (informatie: www.donmilanigioiosa. com; www.libera.it).

Cooperativa Valle del Marro

Via Pio La Torre 10, 89024 Polistena, tel. 09 66 93 12 68, www.valledelmarro. it. De coöperatie verbouwt biologische producten, zet diverse educatieve programma's op voor scholen en het is mogelijk voor leerlingen om aan (Italiaanstalige) zomerkampen deel te nemen. Op dit moment wordt door de coöperatie gebouwd aan een jeugdherberg, een restaurant en een biologische winkel in een op de maffia geconfisqueerd gebouw in Polistena.

Onderweg in Calabrië

Avondstemming bij het Castello Ruffo in Scilla aan de Costa Viola

Costa dei Cedri en Cosenza

Hoogtepunt ✳

Cosenza: een aantrekkelijke provincie-hoofdstad met talrijke kunstschatten: de dom uit de 12e eeuw, de burcht van de Hohenstaufen, de Nationale Galerie en de kerken San Francesco d'Assisi en San Domenico. In het modernere deel van de stad, aan de Corso Mazzini, kunt u een kunstwandeling maken in de openlucht langs sculpturen van onder andere Dalí, Mirò, Manzù en Rotella. Zie blz. 96.

Op ontdekkingsreis

Guardia Piemontese – in het spoor van de waldenzenvervolging: om hun geloof door de rooms-katholieke kerk vervolgd, vluchtten de waldenzen in 1315 naar het afgelegen Calabrië. Maar ook hier werden ze vervolgd en gedood. Het enige overgebleven waldenzen-dorp Guardia Piemontese houdt de herinnering aan hun geschiedenis levend en houdt tot op heden de Occitaanse taal in stand. Zie blz. 92.

Bezienswaardigheden

Vroege bewoning in Scalea: de grotten onder de toren van Talao waren al in het paleolithicum bewoond. In de Torre Cimalonga bevindt zich een kleine selectie vondsten, die getuigt van de antieke kolonie Laos. Zie blz. 81.

San Salvatore in Cosenza: al ongeveer 30 jaar staat deze kerk ter beschikking aan de Albanese kerkgemeente en geeft een inkijkje in de Grieks-Byzantijnse eredienst van de Albanezen. Zie blz. 97.

Museo del Presente: in Rende dicht bij Cosenza kunt u in het Museum voor Hedendaagse Kunst wisselende kunstexposities bezoeken. Zie blz. 104.

Actief

Paradijs voor outdoorsport: sportklimmen in Orsomarso, raften, hydrospeed, wandelen en klimmen in de Pollino of duiken en parapenten rond het Isola di Dino. Zie blz. 84.

Sfeervol genieten

Cirella Vecchia: hoog boven de zee geniet u vanaf de ruïnes van het verlaten dorp van een prachtig panorama. Zie blz. 85.

Diamante: het bedrijvige stadje is behalve om zijn muurschilderingen ook bekend om zijn peperoncino-festival. Het Green House verkoopt hier heerlijke Calabrische producten. Zie blz. 86 en 87.

Ristorante Le Clarisse: in het vroegere clarissenklooster in Amantea worden de fijne keuken, traditionele gastvrijheid, comfort en ontspanning met hoofdletters geschreven. Zie blz. 108.

Uitgaan

Teatro Aquario: dit alternatieve theater in Cosenza biedt muziek, theater en cabaret. Zie blz. 101.

Binnenstad van Cosenza: genieten van muziek, Caribische specialiteiten en lekkere cocktails. Zie blz. 101.

Langs de Costa dei Cedri

De Costa dei Cedri langs de noordelijke Tyrreense Zee nodigt niet alleen uit tot zonnebaden en zwemmen aan haar vele mooie stranden en baaien, maar biedt ook heel veel cultuur: de grotkerk in Praia a Mare, archeologische vondsten in het Antiquarium van Scalea, de ruïnes van Cirella Vecchia met schitterend panorama, muurschilderingen in het peperoncinofestival in Diamante, het waldenzendorp Guardia Piemontese en het bedevaartsoord San Francesco di Paola, beschermheilige van de Calabriërs.

Dit stuk kust heeft zijn naam en bekendheid te danken aan een merkwaardige citrusvrucht – de cedercitroen. Ze is een bestanddeel van veel gerechten en delicatessen en bovendien het onmisbare bestanddeel in de feestroes van het Joodse Loofhuttenfeest.

In het binnenland ligt de cultuurstad Cosenza, hoofdstad van de grootste provincie van Calabrië, in de buurt waarvan zich de universiteit en het plaatsje Rende met meer kunstschatten bevinden. Verder kunt u excursies maken langs de Tyrreense kust naar Amantea en Fiumefreddo Bruzio.

Praia a Mare ▶ A 2

Het kleine Praia a Mare in het uiterste noorden van de West-Calabrische kust is een populaire moderne badplaats. Stranden met fijn donker zand nodigen uit tot luieren, zwemmen en watersport. De gezellige vakantieplaats is o.a. geschikt voor diegenen, die niet zo veel willen lopen en veel klimmen en dalen willen vermijden. De plaats bevindt zich namelijk geheel op zeeniveau en het strand net als de verschillende bezienswaardigheden zijn gemakkelijk te bereiken.

INFO

Informatie over sport in Nationaal Park Pollino en bootexcursies langs de kust: Centro Lao Action Raft, Via Lauro 10-12, 87029 Scalea, tel. 098 59 10 33, mob. 33 82 23 67 44, www.laoraft.it **Gratis app (in het Engels):** www.turiscalabria.it/turiscalabria-mobile

Internet

www.cedrodicalabria.it: informatie over de productie van de cedercitroen en presentatie van de diverse gemeenten (Italiaans).
www.rivieradeicedri.it: informatie over diverse plaatsen in de regio (Italiaans) en het hotelaanbod.
www.lespiaggedisannicola.it: op deze commerciële website worden enkele van de mooiste stranden (incl. aanreisroutes) beschreven (Italiaans).

Heenreis en openbaar vervoer

Auto: de Costa dei Cedri is vanuit het noorden het snelst bereikbaar via de snelwegafrit Lagonegro (vervolgens op de SS585/SS18 naar de kust), uit het zuiden via de afrit Falerna, dan over de SS18.
Trein/vliegtuig: het dichtbijzijnde vliegveld en treinstation is Lamezia. De trein rijdt verder langs de kust en verbindt (met een overstap in Paola) alle kustplaatsen met Cosenza.
Bus: langs de kust en naar Cosenza.

Museo Comunale città di Praia

Via Dante Alighieri, tel. 098 5 77 70
20, 's zomers ma.-za. 9-12, 16-18 uur,
gratis toegang

Bij opgravingen in de grotkerk aan de
rand van Praia vond men sporen van
menselijke bewoning uit het paleolithicum. De vondsten zijn deels in het
Paleontologisch Museum in Rome te
bezichtigen en deels in het **Stedelijk
Museum van Praia,** dat o.a. beschikt
over een afdeling voor moderne kunst.

Santuario della Madonna della Grotta

Via Roma 7, www.madonnadella
grotta.org, overdag geopend

Een lange trap klimt omhoog naar de
grot- en bedevaartskerk. Ze huisvest
een miraculeuze Madonna met kind.
Volgens de legende kwam het beeld in
augustus 1326 hier terecht. Destijds liep
op zee onder de grot door onverklaar-
bare reden een schip uit Sicilië vast. Alle
pogingen het schip los te krijgen mis-
lukten. De bemanning gaf het zich aan
boord bevindende Madonnabeeld de
schuld van deze ramp en wilde het in
zee gooien. Maar de kapitein, een diep
gelovig man, liet het naar de grot omhoog brengen. Nadat ze daar neergezet
was, kon het schip zijn reis voortzetten.
Ieder jaar wordt op 15 augustus in Praia
a Mare het feest van de Madonna della
Grotta gevierd en het beeld in een processie door het dorp gedragen.

Bij de ingang van de grot is rechts
het rotsblok te zien, waar de kapitein
ooit over het standbeeld zou hebben
gewaakt. De grot is overigens slechts
de eerste van de drie, zich op verschillende niveaus bevindende grotten, die
door erosie in de Monte Vinciolo zijn
ontstaan. Via een trap komt u in de
grootste grot met een hoogte van ca. 19
m. De waterput met de metalen koepel
vangt een deel van het water op, dat van
het dak van de grot druipt. Links zijn de

bodemlagen te zien, aan de hand waarvan de bewonigsgeschiedenis van de
grot kon worden gereconstrueerd. Buiten is een klein terras, dat een mooi uitzicht geeft en tevens de toegang vormt
tot het huis van de kapelaan. Daar
bevindt zich ook een klokkentoren uit
de 18e eeuw.

Vanuit deze tweede grot voert het via
enkele trappen omhoog naar de **Grotta
Cappella,** die echter afgesloten is. Het
invallende daglicht achter het hoofdaltaar verlicht de kopie van het miraculeuze houten Madonnabeeld. Het
origineel werd in 1979 gestolen.

Aan zee

Een gezellige *lungomare* voert naar het
ca. 2 km zuidelijker gelegen stadsdeel
Fiuzzi, vooral bekend om het er voor
gelegen **Isola di Dino** (zie onder).

Schuin tegenover het eiland verheft zich de massieve Saracenentoren
Torre di Fiuzzi uit de 16e eeuw. Aan
het strand doet de omgeving bijna bizar aan: donker zand, omgeven door
zwarte rotsen, het oude vestingcom-
plex, de stralend blauwe zee, het groene
eiland en op de berghelling een futuris-
tisch vakantiedorp.

Het erboven gelegen **kasteel** uit
de tijd van de Normandiërs biedt tegenwoordig onderdak met een heel
speciale ambiance.

Isola di Dino

In de jaren 60 van de vorige eeuw kocht
de Fiatbaas Agnelli het eiland en wilde
van dit plekje een juweeltje voor het
toerisme maken. Uit deze tijd stammen
de kleine aanlegsteiger en enkele verlaten gebouwen. Helaas ontstond er niets
blijvends. Toch is dit slechts 200 m van
het vasteland gelegen eiland bezions-
waardig en beslist een bootexcursie
waard: het is rijk aan grotten, zoals de
blauwe, visrijke Grotta Azzura en de
Grotta delle Cascate met haar uit het

Romantische rotsdoorbraak – de Arco Magno in San Nicola Arcella

dak druppende kalksteenformaties. Tijdens een wandeling over het eiland stuit u op de ruïnes van een wachttoren van de Normandiërs. Van de hier groeiende mirte vervaardigt men likeur en confiture.

Recreatiepark Aquafans

Località Fiuzzi, 87028 Praia a Mare, tel. 09 85 77 98 70, www.aquafans.it, juni-sept. dag. 10.15-18.30 uur; entree ma.-za. vanaf € 15, zo. € 17, kinderen kleiner dan 125 cm € 10-12, duurder in aug.
Tegenover het Isola di Dino belooft het recreatiepark Aquafans met zijn reuzen glijbaan en tal van waterattracties plezier voor groot en klein.

Overnachten

In het groen – Azienda Agricola Nappi: Piano delle Vigne, tel. 098 57 43 05, mob. 33 86 09 26 37, www.agrinappi.it, hele jaar, appartement € 330-800 per week. Kookhoek, wifi, safe. Olijf- en wijnbouw op een 3 ha groot perceel. Beddegoed, stroom € 15 per persoon per week, eindschoonmaak € 30. Op verzoek ontbijt (€ 5), diner (ca. € 25).
Centraal – B & B Al Vecchio Pioppo: Via Turati 6, tel. 09 85 77 73 52, mob. 33 32 86 53 78, www.alvecchiopioppo.com, hele jaar, € 30-60 per persoon incl. ontbijt. Direct bij de Corso. Er worden bootexcursies en culinaire proeverijen in eigen huis aangeboden. Vier kamers met airco, badkamer, tv en koelkast.

Eten en drinken

Terras boven zee – Ristorante Il Furano: San Nicola Arcella (ca. 5 km ten zuiden van Praia), Loc. Marinella, tel.

09 85 30 06 44, www.ristorantefurano.
it, het hele jaar wo.-ma. 's middags en
's avonds, menu vanaf € 25, o.a. visspecialiteiten. In de zomer vaak livemuziek.
Ook bootexcursies (zie onder).

Winkelen

Specialiteiten – **Delizie di Calabria:**
Via L. Giugni 51, mob. 33 92 28 64 52,
dag. 9-13, 17-20 uur. Direct tegenover
de Chiesa Sacre Cuore. Grote keus aan
Calabrische specialiteiten, o.a. wijn,
likeur, kaas en worst.

Actief

Duiken – **Dino Sub:** Villaggio turistico
La Mantinera, Contrada Fiuzzi, 87028
Praia a Mare, mob. 34 93 62 42 01, www.
dinosub.it. Sinds 1994 biedt Giorgio
Maria Chiappetta duiktrips rond het
Isola di Dino aan.

Fiets en motor – **Bike Motor:** Via Diaz 1,
tel. 098 57 21 26, www. bikemotorpoint.
com. Verhuur en reparatie van tweewie-
lers.

Bootexcursies – **Minicrociere:** mob.
34 62 12 78 24, www.giteinbarcaarco
magno.it. Minicruises langs de kust (o.a.
naar de Arco Magno, het Isola di Dino
en de Golf van Policastro). Startpunt:
San Nicola Arcella.

Uitgaan

Bar & cabaret – **Asteria Club:** Contrada Fiuzzi, www.facebook.com/aste
riadinella. De Asteria Club biedt 's zomers een disco, bar en cabaret.
Discotheek – **Il Clubbino:** San Nicola
Arcella, Via Palmiro Togliatti 26, www.
ilclubbino.com. Discotheek in een park
boven zee, met diverse dansvloeren en
een restaurant.

Info en evenementen

**Toeristische informatie: Informa-
zione Accoglienza Turistica,** Via
A. Vespucci, 87026 Praia a Mare, tel. 098
57 38 23 (gemeente), ook bemiddeling
van stadsgidsen.
Internet: www.praiaamare.asmenet.it.
Trein: overdag van Praja-Ajeta-Tortora
elk uur naar Paola en Sapri/Salerno.
Bus: meerdere keren per dag (behalve
zon- en feestdagen) langs de Costa dei
Cedri en naar Cosenza (Preite) en terug.
Kroningsfeest van de Madonna: 3e zo.
van mei (processie).
**Festa della Madonna della Grotta (be-
schermheilige):** 13-18 aug., evenementen, jaarmarkt en processie op 15 aug.

Scalea ▶ A 3

Scalea behoort tot de oudste steden van
Calabrië. De plaats voert terug tot het
Griekse **Laos,** een in de 6e eeuw v.Chr.
door de Sybarieten gestichte dochterkolonie, die zich uitstrekte van de Capo
Scalea tot aan de Punta di Cirella. Bij
opgravingen in Santa Maria del Cedro
(in de wijk Perato) werd de antieke zuidelijke stadsmuur blootgelegd.

Na de verwoesting van Sybaris verbond Laos, waarheen veel inwoners
van de moederkolonie waren gevlucht,
zich met Thurioi tegen de Lucaniërs. In
een vernietigende veldslag in 389 v.Chr.,
waarin 10.000 soldaten sneuvelden, verloren de bondgenoten van de Lucaniërs.

Van Praia a Mare naar Scalea
Voor uw rit naar het zuiden is de bochtenrijke en spectaculaire provinciale
weg SP1 aan te raden, met onderweg
een mooi panoramisch uitzicht op de
Golf van Policastro en de Torre San
Nicola Arcella.

Dit betekende het einde van de kolonie Laos. Maar de eerste kolonisatie van het gebied vond lang voor de Grieken plaats. In de **Grotten van Talao** in de gelijknamige toren (momenteel vanwege de veiligheid alleen met een gids te bezichtigen) uit de 16e eeuw onderaan de oude binnenstad werden fossielen uit het pleistoceen gevonden en objecten, die getuigen van de kolonisatie van het gebied in het paleolithicum (60.000-40.000 v.Chr.). Bij opgravingen in de Località Foreste vond men daarentegen overblijfselen van de Romeinse vestiging Lavinium. Tijdens het Byzantijnse Rijk ontstond ten slotte rond 600 n.Chr. op een ca. 60 m hoge heuvel **La Scalea,** het huidige Scalea.

Centro storico

Van de Piazza Saverio Ordine naar de Piazza de Palma

Het middeleeuwse deel van het stadje is trapsgewijs (Italiaans *scala* = trap) tegen de berghelling gebouwd. Karakteristiek zijn de smalle steegjes en de vele poorten. Een rondwandeling kunt u bijvoorbeeld beginnen op de **Piazza Saverio Ordine,** waar een fontein staat met de figuur van de in Italië zeer vereerde Padre Pio. Ter oriëntatie dient de geelgeschilderde hoog oprijzende kerk. Het is de op een vesting lijkende **parochiekerk San Nicola in Plateis** (14e eeuw), die o.a. het mausoleum van de uit Scalea stammende admiraal Ademaro Romano herbergt.

Vanaf de *piazza* loopt u rechts omhoog in de Via Metastasio en klimt u langzaam naar boven, langs de parochiekerk en enkele oude *palazzi* (met fraaie portalen en smeedijzeren balkons). Zo komt u op de **Piazza de Palma,** waar links brede trappen verder omhoog voeren.

Torre Cimalonga (Antiquarium)

Largo Cimalonga 11, informatie tel. 09 85 92 00 69, di.-zo., 's zomers 9.30-13, 16-19, 's winters 9.30-13, 15-18 uur; gratis toegang

Vanaf de *piazza* moet u echter de **rechter steeg naar boven** nemen, want deze voert naar de Torre Cimalonga aan de zuidrand van de binnenstad, waarin het kleine Antiquarium is ondergebracht. De toren maakt deel uit van de oude vestingmuren van Scalea uit de 16e eeuw. In de kleine expositieruimte zijn objecten uit het middelste paleolithicum te zien. En verder ziet u er antieke vondsten, voornamelijk stukken keramiek uit de plaatsen Petrosa (7e/6e eeuw v.Chr.) en Foresta (vanaf de 4e eeuw v.Chr.) en Romeinse vondsten uit Monticello, evenals de voor de kust van Scalea van de zeebodem geborgen Romeinse amforen. De belangrijkste vondsten bevinden zich echter in het Nationaal Museum in Reggio Calabria.

Het middeleeuwse Scalea is pittoresk tegen een berghelling gebouwd

Castello en S. Maria d'Episcopio

Via Castello en Via Municipale
Van hier is het niet ver meer naar de **ruï-nes van het Normandische kasteel**, dat in de 11e eeuw op de resten van een vesting van de Langobarden (7e/8e eeuw) werd opgericht en later onder de Anjous en de Aragonezen werd herbouwd. De muren zijn overwoekerd en alleen op eigen risico begaanbaar.

In de **Chiesa Sta. Maria d'Episcopio** (17e eeuw) onder het kasteel wordt de Madonna del Carmine vereerd. Het houten beeld schijnt tijdens een cholera-epidemie in 1875 wonderen te hebben verricht. Te zien zijn verder de 'besnijdenis van Jezus' van Paolo de Matteis uit de 18e eeuw en fresco's (Madonna met engel) uit de 14e eeuw.

Chiesetta dello Spedale

Buiten het centrum ligt – hoog boven – de vervallen Chiesetta dello Spedale, een schepping van de basilianen met fresco's uit de 11e tot 13e eeuw.

Overnachten

Landelijk en chic – **B & B Lavinium:** Vico I Marittimo 12, tel. 098 52 01 31, www.bedandbreakfast-lavinium.it, 2 pk € 80-120. In de binnenstad ligt dit B & B met stijlvolle comfortabele inrichting en balkon met fraai panorama.
Functioneel – **B & B Cirelli:** Via Lauro 319, mob. 33 92 75 34 95 / 33 88 33 23 20, www.bedandbreakfastcirelli.it, 2 pk € 50 (sept.-juli) - € 80 (aug.). Functionele nieuwbouw in het nieuwe stadsdeel op ca. 700 m van het strand. De kamers hebben een tv, airco en balkon.

Eten en drinken

Vis – **Ristorante Tari:** Piazza M. de Palma 10, tel. 098 59 17 77, www.ristorantetari.it, mob. 34 96 48 57 61, hele jaar do.-di. 's middags en 's avonds, menu ca. € 30. Visspecialiteiten, goede wijnkelder, landelijke atmosfeer.

Traditie – Ristorante La Rondinella: Piazza Principe Spinelli 1, Via Vittorio Emanuele III 21, tel. 098 59 13 60, www. la-rondinella.it, 's middags en 's avonds, in de winter ma.-za., menu ca. € 28. Specialiteit: gefrituurde lekkernijen (*fritelle), taglioline con fave* (pasta met tuinbonen), als dessert *panicelli* (koekjes met cedercitroen).

Winkelen

Lekker – Bar Pasticceria Gelateria Dolci Pensieri de Chiara: Piazza Caloprese 23, tel. 098 52 02 70, dag. 7-21 uur, 's winters di. gesl., gebak, taarten en ijs met cedercitroen; in de moderne wijk ten zuiden van de binnenstad.

Actief

Outdoor sport – Centro Lao Action Raft: Via Lauro 10-12 (vlak bij de Piazza Caloprese), mob. 33 82 23 67 44, www. laoraft.it. raften, parapente, hydrospeed, kanoën, klimmen, trekking, mountainbikeverhuur en -tochten. Hier is ook een informatiepunt gevestigd van het Nationaal Park Pollino.

Info en evenementen

Toeristische informatie: Ufficio Turistico, Piazza Maggiore de Palma 7, 87029 Scalea, tel. 098 59 06 79, www.comune. scalea.cs.it.
Trein: overdag elk uur naar Paola en Sapri/Salerno.
Bus: meerdere keren per dag (behalve zon- en feestdagen) langs de Costa dei Cedri en naar Cosenza (Preite) en terug. Meerdere keren per week naar Rome (www.consorzioautolinee.it, of www. ibus.it).
Boot: zie Praia a Mare.

Carnaval: met feestelijke optocht
Feest van de stadspatrones Madonna del Carmine: 15-16 juli, met processie, concert en markt.
Festa della Madonna del Lauro: 7-8 sept., zeeprocessie van de vissers en markt (Fiera delle cretaglie) met terracottaproducten.

Santa Maria del Cedro ▶ B 3

De plaats, die *il cedro* (de cedercitroen) in zijn naam draagt, is bekend om zijn cedercitroenen, die langs de hele kuststrook verbouwd worden (zie blz. 61). In de jaren 50 van de vorige eeuw besloot men de oude plaatsnaam Cipollina ten gunste van de nieuwe te wijzigen. U kunt een wandeling maken door het dorp en een ijsje, een *granita* of een likeur met cedercitroen nemen op de **Piazza Casale.**

Carcere dell'Impresa (Museo del Cedro)

Van de SS18, km 268, richting Santa Maria del Cedro, vlak voor het spoorviaduct linksaf, tel. 098 54 25 98, mob. 33 84 31 18 58, www.cedrodicalabria. it, bezichtiging alleen mogelijk op afspraak, ook van de fabriek
In een paleis uit de 16e-17e eeuw, tijdens de napoleontische bezetting een gevangenis, is tegenwoordig het Museo del Cedro ondergebracht. Het is geen echt museum, maar meer een tentoonstellingsgebouw, waar vooral de producten van het Consorzio del Cedro di Calabria te koop zijn. Een film van 25 minuten (in het Italiaans) informeert over de moeizame verbouw, de verwerking, de productie en het culturele gebruik van de gele vrucht. In de zomer vinden hier ook diverse culturele manifestaties plaats.

Castello dell'Abatemarco

Langs de weg van Santa Maria del Cedro naar Marcellina liggen de **ruïnes van de burcht van Abatemarco** (11e eeuw), die kennelijk zijn naam kreeg van de hier stromende bergbeek, de Abatemarco.

Parco Archeologico Laos

1 km van Santa Maria del Cedro, Via degli Scavi, stadsdeel Marcellina. Informatie: ascpitagora.altervista. org of tel. 09 85 42 147 (gemeente)

Hier, bij de belangrijkste opgravingen van het **Parco Archeologico Laos**, 8 km ten zuiden van Scalea, 3 km van zee, tussen de rivieren Laos en Abatemarco, moeten de Grieken in de 6e eeuw v.Chr. Laos hebben gevestigd. Bij opgravingen zijn fundamenten van huizen, een vestingmuur, een brede weg – vergelijkbaar met die in Sibari – en een grafkamer rijk aan grafvoorwerpen gevonden. De laatstgenoemde vondsten uit de 4e eeuw v.Chr. bevinden zich in het Nationaal Museum in Reggio Calabria, waaronder bronzen wapens en een gouden diadeem.

Winkelen

Cedercitroen-specialiteiten – **Pasticceria Aronne:** stadswijk Marcellina, Via Orsomarso 13, tel. 098 54 25 77, www. pasticceriaaronne.it, ijs, *granite*, gebak, taarten, enz. met cedercitroen.

Wijn – **Viti e Vini:** Verbicaro, Contrada S. Francesco, tel. 09 85 60 292, mob. 33

Tip

Imposante ruïnes met een fraai panorama ▶ B 3

Spookachtig en hoog rijzen de ruïnes van het verlaten dorp **Cirella Vecchia** tussen Santa Maria del Cedro en Diamante op boven de zee. Zijn afwisselende geschiedenis begon in de 8e eeuw v.Chr. met de stichting van Cerillae als dochterkolonie van de Sybarieten. Meermalen werd de vesting verwoest: o.a. in de 3e eeuw v.Chr. door de troepen van Hannibal en in de 9e eeuw door de Saracenen. Pest en aardbevingen deden de rest. De doodssteek kreeg de plaats in 1806 van Napoleons vloot. Tegenwoordig zijn alleen nog de resten van het kasteel, de kerk en het klooster te zien. Het halverwege de 16e eeuw opgerichte klooster van San Francesco di Paola werd in 1810 na de confiscatie door de troepen van Napoleon door de monniken verlaten. In de zijkapellen van de ooit eenschepige Chiesa San Nicola Magno (15e eeuw) kunt u nog enkele fresco's herkennen. Ook de klokkentoren en de kruisgang zijn nog te zien.

Een contrast met de oude muren vormt het amfitheater van recentere datum, waarin culturele evenementen plaatsvinden (informatie over de verschillende evenementen bij de toeristenbureaus in Scalea, Diamante en Praia a Mare). Niet alleen vanwege de ruïnes (toegang op eigen risico) is Cirella Vecchia een bezoek waard, maar ook om het **panorama**, dat u vanaf hierboven geniet. Onder Cirella Vecchia liggen het nieuwe Cirella, een populaire vakantieplaats ten noorden van Diamante, en het Isola Cirella, deel van het zeereservaat Riviera dei Cedri. **Aanrijroute:** Ter hoogte van Cirella (ten zuiden van Santa Maria del Cedro) slaat u van de SS18 richting Maierà af (Via Tredoliche) en rijdt u naar de circa 2 km verder gelegen ruïnes omhoog.

88 16 54 51. In het ca. 10 km verder gelegen dorp Verbicaro wordt een krachtige, vrij bekende rode wijn met dezelfde naam geproduceerd.

Informatie

Toeristische informatie: Municipio (gemeente), Via Nazionale 16, 87020 Santa Maria del Cedro, tel. 09 85 54 54, www.comune.santamariadelcedro.cs.it.

Een pittig uitstapje
In Maiera (▶ B 3) draait alles in het **Museo del Peperoncino** (gehuisvest in het Palazzo Ducale) om de 'scherpe rode'. Tel. 098 58 11 30, mob. 34 85 69 84 13, openingstijden van 1-7 tot 15-9: 17.30-23.30 uur.

Diamante ▶ B 4

Behalve het hier ieder jaar in september plaatsvindende peperoncinofestival is het levendige stadje Diamante vooral bekend om zijn talrijke *murales* (zie blz. 89).

De muurschilderingen werden in de zomer van 1981 door circa 80 kunstenaars geschapen. In 1986 werd de plaats door dichters bezocht, die eveneens hun sporen nalieten op muren en huizen. Inmiddels zijn er meer dan 250 muurschilderingen en van jaar tot jaar komen er nieuwe bij, terwijl de oudere door weer en wind langzaam vergaan.

Diamante behoorde in de 15e eeuw tot het bezit van de Napolitaan Andrea Carafa, die zich – in tegenstelling tot de andere vorsten uit zijn tijd – niet gedroeg als feodale heerser. Omdat de inwoners van Diamante geen afdracht hoefden te doen aan de *principe*, bereikten ze zelf een zekere welvaart. Als gevolg van deze vroege, niet alleen economische vrijheid ontstond de typische liberale levenshouding, die de inwoners van Diamante kenmerkt.

Tijdens de Risorgimento vochtten burgers uit Diamante tegen koning Ferdinand II. Een van de beroemdste zonen van de stad is Arcangelo Caselli, die als Garibaldiaan aan de bevrijding van Calabrië deelnam. Zo wekt het geen verbazing, dat in het stadje enkele straten zijn genoemd naar vrijheidsstrijders en revolutionairen. In deze traditie staat ook de vernoeming van de *lungomare* naar Giacomo Mancini (overleden in 2002), de socialistische burgemeester van Cosenza, die zich decennialang heeft ingezet voor de stad en provincie Cosenza en voor de oplossing van de problemen van Zuid-Italië.

Chiesa dell'Immacolata Concezione

Behalve de *murales* is de in 1645 in

opdracht van Andrea Carafa opgerichte Chiesa dell'Immacolata Concezione bezienswaardig. Ze herbergt het door de gelovigen vereerde altaarbeeld van de **Madonna dell'Immacolata,** waarvan de geschiedenis gelijkenis vertoont met dat van de Madonna van Praia a Mare (zie blz. 79). Ook hier schijnt een schip op zee in nood geraakt te zijn, dat pas weer verder kon varen, nadat de bemanning een tot de scheepslading behorend beeld van de Madonna naar de kerk van het dorp gebracht had. Voortaan ontvingen de gelovigen van haar de bescherming tegen de drie 'Calabrische plagen' oorlog, de pest en aardbevingen. De kerkklok, het doopvont, het misboek en het houten beeld van de heilige Nicolaas in het interieur van het godshuis stammen uit de voorgaande Chiesa San Nicola.

Torre

Aan de monding van de Corvino in de binnenstad

Tot de oudste gebouwen van Diamante behoort de rond 1500 opgerichte toren aan de monding van de Corvino. Om de toren heen liet Andrea Carafa huizen bouwen voor de opstandelingen, die uit Napels, Maiera en Buonvicino waren gevlucht nadat ze tegen de plaatselijke vorsten hadden gerebelleerd. Van de vestingwerken rond de toren zijn alleen nog delen van trappen en muren bewaard gebleven.

Overnachten

Aan zee – **Club Hotel Poseidon:** Belvedere Marittimo (500 m ten zuiden van Diamante), Contrada Piano delle Donne, tel. 098 58 82 05, www.branda vacanze.com, 2 pk met balkon, badkamer en tv, incl. ontbijt € 152-252, volpension € 202-292 (per kamer, vanaf 3 nachten). Zwembad, tennisbaan, piano-

bar, parkeerplaats. Gelegen beneden de hoofdweg.

In het groen – **Agriturismo Fattoria di Arieste:** Cirella, Strada per Maierà, tel. 01 13 49 03 50 of 09 85 88 90 50, www.fattoriadiarieste.it, hele jaar, halfpension € 45-65 per persoon. Vlak bij Cirella Vecchia ligt deze gerestaureerde boerderij. Onderdak in 6 comfortabele kamers met airco en badkamer. Eigen productie van worst, olijfolie, jam, ingemaakte groente en likeur.

Eten en drinken

Bij het geluid van de golven – **Sabbia d'Oro:** Belvedere Marittimo (ca. 9 km ten zuiden van Scalea), Contrada Piano delle Donne, tel. 098 58 84 56, www. ristorantesabbiadoro.it, hele jaar wo.-ma. 's middags en 's avonds, menu vanaf € 30. In het naburige dorp te zuiden van Diamante worden direct aan het strand, bij mooi weer ook op het terras, lokale specialiteiten aangeboden. Aan de muren hangen tekeningen van de aan het peperoncinofestival meewerkende kunstenaars.

Panorama – **Ristorante Pizzeria La Guardiola:** Lungomare Riviera Blu, tel. 09 85 87 67 59, www.ristorante laguardioladiamante.it, do.-di 's middags en 's avonds, menu vanaf € 26. Terras met uitzicht op zee, specialiteiten zijn gerechten met peperoncino en *stufato di alici* (gerecht met ansjovis).

IJs – **Gelateria Pierino:** Corso Vittorio Emanuele II 24-25, wo.-ma. Hier vindt u heerlijke ijsspecialiteiten, bijvoorbeeld *granite al gelso nero* (ijs met zwarte moerbijbessen) en *tartufo al cedro.*

Winkelen

Calabrische lekkernijen – **Green House:** Largo Trione 1, ▷ blz. 90

Favoriet

Diamante – het dorp van de muurschilderingen ▶ B 4

Eigenlijk is Diamante een heel gewone kustplaats aan de Tyrreense Zee,
ware het niet dat het iets heel speciaals
heeft. Met een open oog voor de wereld
om zich heen heeft het levendige
dorp de laatste decennia steeds weer
kunstenaars aangetrokken, die hier op
de muren van de huizen uitdrukking
gaven aan hun ideeën en verlangens.
De bezoeker kan zodoende een fascinerende wandeling maken door het dorp
met circa 250 muurschilderingen.

tel. 09 85 87 65 02, www.prodotti-tipici-calabresi.eu. Typisch Calabrische producten, deels van eigen fabricaat (familietraditie), met als specialiteit: *pannicelli* en *fichi a croccetta* (vijgen met cedercitroenen).

Actief

Excursies – **Acacia Tur:** Via Amendola 17-19, tel. 09 85 87 63 05, www.agenzia viaggidiamante.it. Bij het reisbureau in de buurt van het gemeentehuis kunt u accommodaties, bus-, trein-, vlieg-tickets en excursies boeken.

Uitgaan

Lets dance – Aan de SS18 liggen drie discotheken: **Vecchia Fattoria** (Belvedere Marittimo) en **Sottosopra** (Diamante) en verder noordelijk in San Nicola Arcella, de discotheek **Il Clubbino** (zie blz. 81).

Info en evenementen

Toeristische informatie: Pro Loco Diamante Cirella, Via Gullo, 87023 Diamante, tel. 098 58 11 30, www. prolocodiamante.it (algemene informatie in het Italiaans en Engels).
Trein: overdag ieder uur naar Paola en Sapri/Salerno.
Bus: meerdere keren per dag (behalve zon- en feestdagen) langs de Costa dei Cedri en naar Cosenza (Preite) en terug.
Goede Vrijdag: processie.
Processie: op de 3e zo. in mei wordt de Madonna Addolorata door de vissers over zee gevaren.
Patroonsfeest, jaarmarkt: op 12 aug. en 8 dec. wordt de beschermheilige Madonna Immacolata geëerd. In Cirella viert men daarentegen op 15 augustus Madonna dei Fiori met een processie en een feest.
Peperoncinofestival: elk jaar vindt in Diamante in de eerste helft van september het Festival del Peperoncino plaats, onder het motto 'kunst, cultuur en gastronomie met een pikante saus'. Het is beslist een van de culturele hoogtepunten van deze populaire vakantieplaats. In het kader van het festival zijn tentoonstellingen en culturele optredens te zien en kunt u in diverse restaurants en standjes proeven van de met de rode peulen gekruide gerechten. Motor achter deze activiteiten is de in 1994 door de journalist Enzo Monaco gestichte **Accademia del Peperoncino** (Via Benedetto Croce, tel. 098 58 11 30, www.peperoncino.org), die zich ten doel stelt, dit belangrijke ingrediënt van de Calabrische keuken te promoten.

Guardia Piemontese en omgeving ▶ B 5

Het op een vesting lijkende **Guardia Piemontese** op circa 500 m hoogte werd in de 12e/13e eeuw gesticht door de uit Piemonte stammende waldenzen, die gevlucht waren voor de Inquisitie. Toen de aanhangers van deze lekenkerk zich in de 16e eeuw aansloten bij de Reformatie, werden ze ook in Calabrië vervolgd (zie blz. 92).

Terme Luigiane ▶ B 5

Enkele kilometers van zee, tussen Guardia Piemontese en Guardia Piemontese Marina, 87020 Acquappesa, tel. 098 29 40 54, www. termeluigiane.it, mei-nov.
Kuur- en wellnesscentrum Terme Luigiane heeft een breed aanbod voor kuurgasten en toeristen: lucht-, fysio-, ergo- en reumatherapie, modderbaden,

massages, thermaal zwembad en beautycentrum. De behandelingen zijn niet alleen bestemd voor zieken, maar voor iedereen, die zich een keer goed wil laten verwennen. Het thermencomplex ligt verscholen in de groene natuur in het dal van het riviertje de Bagni. Aan de voet van de Rupe del Diavolo (duivelsrots) borrelen uit de ondergrond de warmen bronnen op van de Caronte, de Minosse en Galleria Calda en de koude bron Galleria Fredda.

Eten en drinken

Rustiek-modern – **Ristorante Pizzeria Carnevale:** Guardia Piemontese Marina, Via Andrea Doria 8, tel. 098 29 01 83, www.ristorantelidocarnevale.com, wo.-ma. 's middags en 's avonds, menu ca. € 30. Direct aan het strand gelegen, lokale keuken, pizza's en zelfgemaakt ijs.

Overnachten

Pure luxe – **Grand Hotel San Michele Cetraro:** Cetraro (ca. 14 km ten noorden van Guardia), Loc. Bosco 8-9, tel. 098 29 10 12, www.sanmichele.it, hele jaar geopend, halfpension van ca. € 87-127 (in voor- en naseizoen) tot € 165-235 (hoofdseizoen). Exclusief, schitterend hotel aan zee met golfbaan, tuin, openluchtzwembad, eigen groentetuin en fruitkwekerij. Er zijn ook 21 mini-appartementen (2 personen € 650-1400 per week) in gerenoveerde landhuizen.

Kuurhotel – **Grand Hotel delle Terme:** 87020 Acquappesa (ca. 12 km ten noorden van Guardia) Via Terme Luigiane, tel. 098 29 40 52/53, www.grandhotel termeluigiane.it, juni-sept., volpension van € 67 (voor- en naseizoen) tot € 106 (hoofdseizoen). Kuurhotel met beautycentrum, fitnessruimte, restaurant, 125

modern ingerichte kamers met verwarming, airconditioning en (deels) eigen balkon.

Ouderwets – **Hotel Mediterraneo:** Guardia Piemontese Marina, Via Kennedy 19, tel. 09 82 94 12 23, in de winter 09 84 93 42 87, juni-sept., volpension ca. € 40-80. Hotel met 54 kamers met eigen strand en groot terras; wifi.

Winkelen

Aperitiefjes – **Stuzzicherie di Calabria:** Guardia Piemontese Marina, Via Nazionale (SS18) 25-27, tel. 098 29 01 20. Calabrische lekkernijen. Lokale specialiteit is de Amaro dell'Occitano, een kruidenlikeur.

Actief

Wellness – **Parco Termale Acquaviva:** Terme Luigiane, adres zie info hieronder, half mei-half okt., ma.-za., ca. 9.30-13, 15-19 uur, € 12. Drie baden met thermaal water, modderbaden.

Info en evenementen

Toeristische informatie: gemeentehuis, Via Municipio 1, 87020 Guardia Piemontese, tel. 098 29 40 46, www.comune.guardiapiemontese.cs.it. **Azienda Autonoma di cura soggiorno e turismo:** Terme Luigiane, 87020 Acquappesa, informatie en boeken van kuurverblijven: tel. 098 29 40 54, www.termeluigiane.it. **Trein:** van station Acquappesa meerdere keren per dag naar Paola en Sapri/Salerno. **Bus:** meerdere keren per dag (behalve op zon- en feestdagen) langs de Costa dei Cedri en naar Cosenza (Preite) en terug. ▷ blz. 95

Guardia Piemontese – in de sporen van de waldenzenvervolging

Waldenzen uit Piemonte zochten in de 12e en 13e eeuw hun toevlucht in het afgelegen Calabrië, om ongestoord te kunnen leven. Maar de inquisiteurs wisten hen ook hier op te sporen en doodden iedereen, die zijn geloof niet afzwoer.

Kaart: ▶ B 5
Informatie: Centro di Cultura Giovan Luigi Pascale: Piazza della Strage 2, juni-sept. 18-21 uur, of op aanvraag op tel. 34 75 46 55 46; Museo Occitano,

Via Municipio, juli-aug. di., do.-zo. 10.30-12.30, 17.30-19.30 uur, of op aanvraag; gratis toegang, informatie: tel. 098 29 40 46 (gemeentehuis, keuzenummer 3), www.comune. guardiapiemontese.cs.it

Startpunt/duur: Piazza della Strage, 1/2 dag

Bij het binnenrijden van Guardia Piemontese (de 'Wachter van Piemonte') op 500 m hoogte kan een fijngevoelige neus afhankelijk van het weer een vrij zwakke zwavelgeur waarnemen. Maar de zwavelhoudende bronnen van de Terme Luigiane waren niet de reden voor de waldenzen, zich hier, op ca. 1000 km afstand van hun vaderland, te vestigen. Ze trokken in de 12e eeuw uit Piemonte naar Calabrië, om o.a. in de afgelegenheid van **Guardia Piemontese, Montalto Uffugo** en **San Sisto** een nieuw thuis te vinden, waar ze volgens hun eigen geloofsregels in vrede konden leven. Want de rooms-katholieke kerk voelde zich door deze boete- en armoedebeweging, die in schrille tegenstelling stond tot de feodale heerschappij van de bisschoppen, bedreigd en vervolgde ze.

Het bloedbad van Guardia

De rondwandeling door het kleine dorp voert ons van de Piazza delle Strage eerst naar de stadspoort, ook **Porta del Sangue** 1 (poort van het bloed) genoemd, omdat het bloed van de waldenzen in de nacht van 5 juni 1561 tot hier moet hebben gevloeid. Maar wat was er gebeurd?

Nadat de gelovigen in hun nieuwe thuisland meer dan twee eeuwen ongestoord hadden geleefd – ze hadden zich schijnbaar naar de katholieke eredienst gevoegd – werden ze hier in Calabrië door de Inquisitie opgespoord. Aangespoord door de Reformatie van Luther, wilden de waldenzen hun ware geloof niet meer verstoppen en haalden hun predikers voorgoed naar Calabrië – deze waren tot dan toe om de twee jaar slechts enkele dagen incognito ter plekke geweest – en openden kerken in San Sisto en in Guardia. Toen kardinaal Ghislieri, de chef van de Inquisitie en de latere paus Pius V, daarvan kennis kreeg, gaf hij het bevel, de ketterij uit te roeien.

Ondanks het oppakken, martelen en vermoorden van hun geestelijke leiders in 1560 vielen de aanhangers van de reformatie niet van hun geloof. **San Sisto,** een waldenzenstadje met ca. 6000 inwoners, werd eind mei 1561 in brand gestoken, en iedereen, die vanwege zijn hoge leeftijd niet had kunnen vluchten, hing men op. Het waldenzendorp Guardia Piemontese viel daarentegen door een list. De feodale heerser **markies Spinelli,** voor wiens familie de inwoners sinds hun komst gewerkt hadden, probeerde de waldenzen over te halen om het katholieke geloof te aanvaarden. Toen dat niet lukte kwam hij begin juni 1561 met 50 mannen, die allen wapens onder hun kleding hadden verborgen, en vroeg het dorp om onderdak. De bewoners van Guardia boden hun feodale heer nietsvermoedend hun gastvrijheid. Maar toen de nacht aanbrak, namen Spinelli en zijn soldaten de stad in bezit, doodden een deel van de waldenzen, staken het dorp in brand, pakten de belangrijkste personen op en brachten ze naar de gevangenis in Montalto Uffugo.

De **Roccia del Val Pellice** 2, een rotsblok in de zustergemeente Torre Pellice in Piemonte, herinnert met het opschrift 'Aanschouwt de rots waaruit gij gehouwen zijt' (Jesaja 51.1) en een plaquette aan de 118 in die nacht vermoorde waldenzen. Een week later waren er in opdracht van de rooms-katholieke kerk al 2000 waldenzen vermoord. Maar men wilde nog een daad stellen, en daarom werden op 11 juni 1561 in **Montalto Uffugo** (▶ B 5) nog 88 waldenzen onthoofd. De gedenksteen ter nagedachtenis hiervan ligt op de **Piazza della Chiesa Valdese,** genoemd naar de enige, op deze plaats opgerichte waldenzenkerk.

Het leven na de slachtpartij

De predikers van de waldenzen, genoemd naar hun stichter Petrus Valdo (12e eeuw), stelden zich ten doel Jezus consequent te volgen, in de geest van

ren. Hier hield men de wandelprediker Pascale en de jonge prediker uit Guardia Piemontese, Marco Usseglio en andere waldenzen gevangen.

Taal en cultuur van Piemonte

Hier in het afgelegen Calabrië heeft de Occitaanse taal, circa 500 jaar geleden uit Piemonte ingevoerd, zich tot op heden gehandhaafd. En hoewel ze een licht Calabrisch accent heeft, is de communicatie met de Occitaniërs van zuidoostelijk Frankrijk en enkele gebieden in Ligurië en in Piemonte heel goed mogelijk. De gemeente spant zich, door middel van publicaties en onderwijs, in voor het behoud van de Occitaanse taal. De regio Calabrië subsidieert haar culturele minderheden en er wordt naar gestreefd de minderheidstalen van Calabrië (Occitaans, Arberesh en Grecaans) op te nemen op de Werelderfgoedlijst.

Meer informatie over de waldenzen

Voorbij het **Museo della Civiltà Contadina** 6 (wegens verbouwing tijdelijk gesloten) komt u bij de Piazza della Strage, die direct naast de Porta del Sangue ligt. Hier bevindt zich het naar de vermoorde waldenzenprediker genoemde cultuurcentrum **Centro di Cultura Giovan Luigi Pascale** 7 met bibliotheek, videoruimte, informatiepanelen over de geschiedenis en een oude waldenzer keuken.

Van hieruit komt u snel bij het multimediale **Museo Occitano** 8, dat aan de hand van foto's en informatie (ook in Occitaanse en Engelse taal) een goed beeld geeft van de geschiedenis van het dorp. Het museum bezit ook een uitgebreide bibliotheek en er worden traditionele vrouwelijke klederdrachten van de waldenzen tentoongesteld.

de Bergrede. De basis van hun geloof vormde de totale afwijzing van de sacramenten, rituele handelingen en de heiligenverering. Alleen wie in 1561 zijn oude geloof afzwoer, wist zich te redden. De overlevenden van het bloedbad werden in een getto dag en nacht door de inquisiteurs bewaakt. Bij de oude toegangsdeuren, bijvoorbeeld op de **Piazza della Chiesa Valdense 1, 11 en 22** 3 ziet u nog de originele *spioncini* (spionnen). Hierdoor controleerden de helpers van de rooms-katholieke kerk, of de overlevenden van het bloedbad werkelijk naar de regels van de katholieke kerk leefden. Zo namen de waldenzen gedwongen het katholieke geloof aan.

In de buurt bevindt zich ook de **parochiekerk Sant'Andrea Apostolo** 4, die in de 16e eeuw opgericht werd om het katholieke geloof te verstevigen. Boven het portaal is het wapen met de toren van Guardia te herkennen. Deze **middeleeuwse toren** 5 en de burchtruïnes rijzen op boven de Piazza P. Valdo naast een waterto-

Fiaccolata della Bella Stella: 6 jan., fakkeloptocht in Guardia Piemontese.
Carnaval 'Carnevale Occitano': met optocht in februari.
Herdenking van het bloedbad van 1561: 5 juni.
Feest van de beschermheilige Santa Maria Goretti van Guardia Piemontese Marina: begin juli.
Settimana Occitana: juli/aug. evenementenweek ter behoud van het historisch, taalkundig en cultureel Occitaans erfgoed.
Feest van Rosario in Guardia Piemontese: 1e zo. in okt.
Feest Sant'Andrea Apostolo: 30 nov., stadspatroon van Guardia Piemontese.

Paola ▶ C 5

Het 15.000 inwoners tellende stadje is bekend om zijn beroemdste zoon, **San Francesco di Paola** – de beschermheilige van Calabrië. Zijn beroemdheid verwierf Franciscus van Paola door zijn 'wonderen'. Zo wordt beweerd dat hij op zijn reis naar Sicilië de Straat van Messina is overgestoken doordat hij zijn mantel over het water uitspreidde.

Santuario S. Francesco di Paola

Largo San Francesco di Paola, aan de noordzijde van de bovenste stadswijk, okt.-maart 6.30-18, april-sept. 6.30-19 uur, www.santuariopaola.it
Hier, in de kloof van de Isca, stichtte Francisco in 1435 ter ere van Franciscus van Assisi een eerste kapel, tegenwoordig deel van de bedevaartskerk San Francesco di Paola. De in gotische stijl herbouwde en van kruisgewelven voorziene kerk werd meermalen uitgebreid en gewijzigd. Francesco werd door paus Leo X in 1519, slechts enkele jaren na zijn dood, heilig verklaard.

In de **Cappella del Santo** worden de relikwieën van de heilige bewaard, een van de afbeeldingen op het altaar toont rechts de door Dirck Hendricksz geschilderde Franciscus van Assisi.

Vanuit de voorhal van de bedevaartskerk komen de bezoekers rechts bij de plaats, waar de heilige wonderen schijnt te hebben verricht: bij de zogenaamde wonderoven liet Franciscus zijn lievelingslam Martinello weer tot leven wekken, nadat men het eerst had opgegeten en zijn botten in het vuur had geworpen.

De *macigno pendulo* op zijn beurt is een reusachtig overhangend rotsblok, waarvan het afbreken door de heilige schijnt te zijn verhinderd. In groot contrast staat naast de oude de nieuwe hypermoderne kerk, die naar aanleiding van het jubileum in het jaar 2000 opgericht werd.

Naast het bedevaartsoord zijn in Paola nog talrijke andere kerken, het **geboortehuis** van de heilige Franciso *(casa di nascita)* aan de Piazza XXIV Maggio, de ruïnes van het Aragonese kasteel en de Saracenentoren Torre del Soffio (16e eeuw) bezienswaardig. Een bijzonder juweeltje is de kerk langs weg 18 (Contrada Guadimare) richting Fuscaldo, die vanwege haar ligging **Chiesa Sotterra** (onderaardse kerk) genoemd wordt. De fresco's in de apsis zijn Byzantijnse schilderingen uit de 9e eeuw.

Overnachten

Gunstig gelegen – **Park Hotel:** Fuscaldo (ca. 6 km ten noorden van Paola), Località Cent'Acque, tel. 09 82 61 09 40, www.parkhotel.calabria. it, halfpension in 2 pk vanaf € 45 per persoon. Verkeerstechnisch gunstig gelegen hotel met 40 kamers en 21 in de achtergelegen dependance; met een restaurant, zwembad, tennisbaan en speeltuin.

Info en evenementen

Informatie op internet: www.comune.paola.cs.it (Italiaans), www.mobitaly.it (Engels).

Trein: verkeersknooppunt in Calabrië, meerdere keren per dag naar Rome, Lamezia, Reggio Calabria en Cosenza.

Bus: meerdere keren per dag (behalve zon- en feestdagen) langs de Costa dei Cedri en naar Cosenza (Preite) en terug. Meerdere keren per week naar Rome, Florence, Perugia, Siena en Milaan (www.consorzioautolinee.it).

Feest van Sint-Franciscus van Paola: 2 april (zeeprocessie).

Patroons- en pelgrimsfeest: 2-4 mei.

Cosenza ✳ ▶ D 6

De 68.000 inwoners tellende provinciehoofdstad geldt vanwege de vele kunstschatten als het culturele hart van Calabrië. Helaas zijn hier lang niet alle kerken en musea toegankelijk en valt de oude binnenstad tegenwoordig meer op door haar verval dan door haar pracht.

Waarschijnlijk in de 4e eeuw v.Chr. gesticht door de Bruttiërs, was Cosenza onder de Normandiërs, de Anjous en de Aragonezen het handels- en culturele centrum van Noord-Calabrië. De stad was tijdens de Risorgimento het centrum van de 'Italiaanse eenwording' in Calabrië. Uit Cosenza stamde ook de invloedrijke socialistische politicus Giacomo Mancini. Hij zette zich (o.a. als minister en voorzitter van de PSI) steeds in voor de belangen van Zuid-Italië en leidde van 1993 tot zijn dood in 2002 de lotgevallen van zijn thuisstad.

Het stadsbeeld wordt gekenmerkt door de samenvloeiing van de rivieren Crati en Busento midden in het centrum evenals de zeven heuvels die de stad omgeven. In de rivierbedding van de Busento schijnt de koning van de Visigoten, Alarik I, die op zijn veroveringstocht in 410 na Chr. hier stierf, te zijn begraven. Het *centro storico* is gebouwd tegen de helling van de Colle Pancrazio. Het nieuwere deel van de stad met zijn schijnbaar eindeloze rijen straten en nieuwbouwwijken ligt daarentegen in de vlakte langs de Crati.

Op de Corso Mazzini

Corso Mazzini en Piazza dei Bruzi

Door het nieuwe deel van de stad loopt de **Corso Mazzini**, de hoofdwinkelstraat van Cosenza, die bijna geheel tot voetgangerszone is getransformeerd en tegelijkertijd een kleine kunstexpositie in de openlucht vormt (van de Piazza Bilotti tot aan de Piazza de Bruzi). Hier staan sculpturen van Salvador Dalí, Mimmo Rotella, Joan Mirò, Giacomo Manzù en andere kunstenaars. Deze kunstwerken schonk de in 2006 overleden kunstverzamelaar Carlo Bilotti, die in de VS woonde, aan zijn thuisstad.

Over de Corso komt u op de **Piazza dei Bruzi**, genoemd naar de stichters van de stad, waar zich een meer dan levensgrote helm van brons op een fontein van zwart marmer bevindt – een kunstwerk van Mimmo Paladino.

San Domenico

Via S. Quattromani

Niet ver hiervandaan, ter hoogte van de uitmonding van de Busento in de Crati, ligt de **Chiesa San Domenico** **1** met het voormalige dominicanenklooster. Het werd in de 15e eeuw in opdracht van Sanseverino di Bisignano opgericht, in de 17e/18e eeuw herbouwd en is al van verre aan zijn groene koepel te herkennen. Boven de spitsbogeningang bevindt zich een fijnbewerkt roosvenster.

Opmerkelijk zijn het in barokstijl versierde **Oratorio del Rosario** en de door de bevolking zeer vereerde **Madonna della febbre** in de Cappella della famiglia Martucci.

De oostoever van de Crati

San Francesco di Paola 2

Corso Plebiscito

Als u over de **Ponte di Alarico** naar de andere oever van de Crati wandelt, komt u bij de Chiesa San Francesco di Paola uit de 16e eeuw. Aan de wanden van de sacristie tonen fresco's (16e/17e eeuw) scènes uit het leven van de heilige Franciscus van Paola. Hij geldt als de beschermheilige van de zeelieden. Toen hij ooit naar Sicilië wilde oversteken, spreidde hij volgens de overlevering zijn mantel uit en stak de Straat van Messina over.

San Salvatore 3

Via G. V. Gravina

Direct naast de kerk van de beschermheilige van Calabrië ligt de kleine Byzantijns-Albanese Chiesa S. Salvatore met een fraai veelkleurig houten plafond, fresco's van heiligen, de Madonna en de Heiland. Lager op de wanden zijn kleurige iconen, uitdrukking van de Byzantijnse eredienst, te zien. Het gebouw zelf werd in de 17e eeuw opgericht en was de gebedsruimte van de broederschap van de kleermakers. Dit verklaart ook de twee scharen boven het portaal. Deze locatie staat al ongeveer 30 jaar ter beschikking van de Albanese gemeenschap.

Palazzo Arnone 4

Via G. V. Gravina, tel. 09 84 79 56 39, di.-zo. 10-18 uur, gratis toegang

Langs de Corso Plebiscito, voorbij het monument voor Skanderbeg, de nationale held van de Albanezen uit de 15e

eeuw, komt u bij de Ponte S. Francesco, de naar het oude centrum van Cosenza voert. Voor u de Crati richting de dom oversteekt, is het echter aan te raden zich eerst naar het iets hoger gelegen Palazzo Arnone te begeven. Want hier bevindt zich de **Galleria Nazionale** met werken van onder meer de Calabriers Pietro Negroni (16e eeuw) en Mattia Preti (17e eeuw) en de Napolitaan Luca Giordano (17e eeuw).

Museo dei Brettii e degli Enotri 5

Complesso S. Agostino, Via dei Martiri, tel. 098 42 33 03, www.museodei brettiiedeglienotri.it, di.-zo. 10-13, 16.30-18.30 uur, toegang € 3

Het aan de Bruttiërs en de Enotriërs gewijde museum toont in tien zalen o.a. vondsten uit het nabije Torre Mordillo (ten noorden van Spezzano Albanese) van de opgegraven necropolis uit de ijstijd. Er worden tevens wisselende kunstexposities gehouden.

Wandeling door het centrum

Op de Piazza XV Marzo

Op de centrale Piazza XV Marzo is van alles te zien. In het midden eert een monument de in Cosenza geboren filosoof Bernardino Telesio (1509-1588), een andere monument de in 1844 in de strijd voor een verenigd Italië gestorven burgers. Eronder bevindt zich het **Palazzo della Provincia** 6 uit de 19e eeuw, dat werd opgericht op de resten van het oude klooster Santa Maria di Costantinopoli. Direct aan de *piazza* ligt ook het bomen- en schaduwrijke park van de **Villa Comunale** 7 .

Teatro Rendano 8

Piazza XV Marzo, tel. 098 42 28 35, www.comune.cosenza.it

Cosenza

Tegenover het regeringspaleis bevindt zich het **stadstheater Rendano** uit 1909, dat werd genoemd naar de pianist Alfonso Rendano. Het gebouw bezit een classicistische façade en een prachtig interieur.

Accademia Cosentina 9

Eveneens aan de Piazza XV Marzo bevindt zich de in de 16e eeuw gestichte **Accademia Cosentina,** die zich bezig houdt met de bevordering van de cultuur. In hetzelfde gebouw bevindt zich een van de belangrijkste bibliotheken van Zuid-Italië, de **Biblioteca Civica Cosentina**, o.a. met perkamenten (13e-18e eeuw) en eerste boekdrukken uit de 15e/16e eeuw.

Duomo Santa Maria Assunta en omgeving

Piazza Duomo

De eveneens naar de filosoof Telesio genoemde, omlaag voerende Corso Telesio was ooit de hoofdslagader van de stad, die zich onderscheidde door handel en ondernemerszin. Als u deze straat volgt, komt u bij de **Duomo Santa Maria Assunta** 10 met drie gotische portalen. De kathedraal werd in de 12e eeuw opgericht en in 1222 in de aanwezigheid van Frederik II ingewijd. Bezienswaardig is de **kapel de Madonna del Pilerio** (eerste links), de beschermheilige van Cosenza. Ze schijnt de stad te hebben behoed voor de pest van 1576 en de aardbevingen van 1783 en 1854.

In het rechter zijschip bevindt zich de originele vloer in Normandische stijl uit de 12e eeuw. Bovendien is hier de Romeinse sarcofaag uit de 4e eeuw te zien, waarop de 'Jacht van Meleager' afgebeeld is. Daarin schijnen de beenderen van Hendrik VII, de oudste zoon van Frederik II, bewaard te zijn. Het grafmonument van Isabella van Aragon in de linker dwarsbeuk toont de overledene met haar man koning Philips III, knielend naast de Madonna met Jezus.

Aan de achterkant van de dom (Piazzetta Toscano) ligt een modern plein met een glazen vloer, waaronder fundamenten uit de tijd van de Bruttiers zijn blootgelegd. Boven de dom is in het Palazzo Cicala een **bisschopszetel** uit de 15e eeuw ondergebracht.

Idria

Via Isonzo

Via Livenza

Via Piave

Via Monte Santo

Viale Trieste

Corso Mazzini

Viale G. Mancini

Via Daua Parma

Interspar

Stazione di
Cosenza Centro

Via Catanzaro

Crati

Lungocrati Palermo

SS107

Colle
Triglio

Piazza
della
Vittoria

Corso Umberto I

Via Trento

Via Mazzini

Piazza
dei Bruzi

Via S. Quattromani

Ponte di Alarico

Via Catanzaro

Via Andreotti

Via

Rivocati

Piazza
Campanella

1

Corso Plebiscito

2

3

Piazza
Crispi

Ponte M. Martire

1

Via G. V. Gravina

4

San Giovanni in Fiore

Sila, Rovito,

Lungo Busento Oberdan

Busento

Piazza
Valdesi

Corso Telesio

Ponte
S. Francesco

Via dei Tribunali

Via Garibaldi

Via Tarsia

Piazza
dell'Arenella

1

Via (Grotte)

S. Francesco d'Assisi

15

16

Lungo Crati Miceli

Crati

5

Ponte di
San Lorenzo

Via del Seggio

Piazza d.
Duomo

2

10

Piazzetta
Toscano

11

Piazza
Parrasio

Piazza
Spirito Santo

Via Giostra Vecchia

Via Padolisi

Colle
Pancrazio

Corso Vittorio Emanuele II

13

Piazza d.
Cuculli

Via Serra

Corso Telesio

Via G. Pezzullo

Paola, Amantea,
Teatro Acquario

3

Largo
Vergine

12

Via Argento

9

6

Via del Castello

14

Piazza
XV Marzo

8

7

SS19

Vallone dei Sei

Via Paradiso

Via Siniscalchi

Colle
Vetere

100   200 m

Catanzaro

Museo Diocesano/Stauroteca 11

Piazza Aulo Giano Parrasio 16,
tel. 098 46 87 71-71 of -72, ma.-za.
9-12 uur, gratis toegang

Naast het bisschoppelijk paleis ligt het
in 2013 geopende **Bisschoppelijk Museum** met schilderijen en bisschoppelijke gewaden. Maar het belangrijkste
expositiestuk is zonder twijfel de **Stauroteca**. Het gaat hierbij om een kruis uit
de 12e eeuw, dat de koning Frederik II
aan de kerk schonk ter inwijding van
de dom, een kunstwerk van goud, messing, emaille en edelstenen met vijf medaillons. In het midden wordt de Pantokrator ('allesheerser') afgebeeld, eromheen de heiligen Marcus, Mattheus,
Johannes en Lucas. Op de achterkant is
de gekruisigde Jezus afgebeeld.

Tussen dom en burcht

In 30 min. wandelt u naar de burcht
boven de stad. U loopt door de steegjes boven de dom, over de Salita Liceo,
langs het **Largo Vergine** met het klooster en de **Chiesa Santa Maria delle Vergine** 12 met zijn prachtige portaal. In
dit klooster, dat in het begin van de 16e
eeuw werd gesticht door de cisterciënzerinnen, leefden ooit meisjes en vrouwen uit adellijke kringen. Onderaan de
piazza staat het in renaissancestijl gebouwde **Palazzo Gaspare Sersale** 13
(Largo Vergini, 15e eeuw), waar u het
marmeren familiewapen van Sersale
kunt bewonderen. Hier schijnt keizer
Karel V tijdens zijn verblijf in de stad
te hebben overnacht.

Castello Normanno Svevo 14

Via del Castello, tel. 09 84 181 12
34, www.castellocosenza.it, di.-zo.
9.30-13, 15.30-19.30 uur, entree € 4,
kinderen (6-14) en 65+ € 2, audiogids
(Italiaans/Engels) € 1; boekwinkel.
Tijdens openingstijden rijdt er elke
20 min. een shuttlebus van de Piazza
XV Marzo naar de burcht

Hoog boven op de Colle Pancrazio verrijst het **Castello Normanno Svevo**,
waarvan de eerste aanleg waarschijnlijk door de Normandiërs werd gesticht.
Onder Frederik II van Hohenstaufen,
de Anjous en ten slotte ook onder de
Aragonezen werd het kasteel uitgebreid en verstevigd. Het verval van de
burcht begon met de aardbeving van
1638. De vesting werd in het verleden
onder andere als priesterseminarie en
als gevangenis gebruikt. De achthoekige toren, de enige nog te herkennen
toren van de vroegere vier, moet onder de Hohenstaufen zijn opgericht en
heeft model gestaan voor het Castel del
Monte in Apulië.

San Francesco d'Assisi 15

Via Grotte San Francesco d'Assisi 7,
dag. 7-12.30, 15.30-20 uur

Bezienswaardig zijn ook de **kerk en
het klooster San Francesco d'Assisi**,
in 1217 gesticht door Pietro Catani,
een vertrouweling van Franciscus van
Assisi. In 1657 werd de kerk verbouwd
in barokstijl en na de aardbeving van
1874 werd ze weer opgebouwd. De drieschepige kerk herbergt waardevolle
kunstschatten, o.a. werken van Daniele
Russo (17e eeuw). Het klooster huisvest
tegenwoordig de werkplaats van de inspectiedienst voor cultureel erfgoed.

Casa natale di Bernardino Telesio 16

Via Grotte San Francesco d'Assisi

Tegenover de chiesa di San Francesco
d'Assisi staat het **geboortehuis van
Bernardino Telesio**, de filosoof en wiskundige. Hij vertegenwoordigde een
nieuwe kijk op de natuur. Die heeft zijn
eigen wetten, die de mens dient te kennen en te respecteren. Zijn natuurfilosofie keerde zich af van de theologische
kijk op de natuur (de mens als heerser
van de aarde en de natuur) en vormt een
overgang naar de moderne wetenschap.

Overnachten

Centraal – Royal Hotels 1: Via delle Medaglie d'Oro 1, 87100 Cosenza, tel. 09 84 41 21 65, 09 84 41 17 77, www.hotel royalsas.it, 2 pk € 130-150 incl. ontbijt, 40 kamers met badkamer, airconditioning, tv, radio, wifi, telefoon en minibar. Net hotel met een gedistingeerde sfeer voor zowel toeristen als zakenlieden. Er is ook een bijbehorend ouder hotel in de Via Molinella; met parkeerplaats.

Klein maar fijn – B & B Tribunale 2: Via Cesare Gabriele 43, tel. 09 84 39 26 75, mob. 33 43 50 61 73, www.bbtribu nale.it, 2 pk incl. ontbijt ca. € 60. Stijlvolle ambiance in het nieuwere deel van de stad, vlak bij het gerechtsgebouw. Een zolderetage met 4 kamers, alle met airconditioning, LCD-tv en wifi.

Eten en drinken

Uitstekende service – Ristorante Pizzeria Al Vicoletto 1: Via Simonetta 11, tel. 09 84 79 16 09, ma.-za. 's middags en 's avonds, menu vanaf € 30. Vis- en vleesspecialiteiten, 's avonds ook pizza. Aanbevolen: tagliatelle met Calabrische *tartufo bianco.*

Rustiek – Trattoria La Graticola 2: Via Capoderose 13-15, hoek Piazza Kennedy, tel. 09 84 79 03 18, mob. 33 95 81 12 60, ma.-za. 's middags en 's avonds, menu ca. € 28. In een gezellige sfeer worden gerechten uit de Calabrische en Italiaanse keuken geserveerd. Specialiteit: *carne alla brace* (gegrild vlees), maar ook vegetarische pastagerechten, salades en voorgerechten.

Zoetigheid – Bar Caffé Zenith 3: Corso Mazzini 85, dag. 6-23 uur. Lekkere *pasticini,* goede service, gezellige sfeer.

Markt – Mercato dell'Arenella 1: elke 1e en 3e zo. in de maand, kleurige markt op de Piazza dell'Arenella (centrum).

Actief

Excursies – Le Vie della Perla 1: Brunella Brusco, Viale Giacomo Mancini, Palazzo Falbo e la Neve, tel. 098 43 42 17, mob. 33 92 13 01 53, www.leviedella perla.it. Excursies in heel Calabrië: trekking, raften, bezichtiging van wijnkelders en producenten van Calabrische specialiteiten, culturele rondleidingen in alle plaatsen van Calabrië.

Uitgaan

Cosenza heeft een echt druk nachtleven, hoewel het zich vooral op het weekend concentreert. Pubs en bars bevinden zich in de binnenstad, disco's buiten het centrum en in het nabije Rende.

Cubaans – El Mojito 1: Piazza Valdesi 4, tel. 34 92 60 27 93, www.elmojito. it, di.-zo. 20-2 uur. In het centrum ligt deze Cubaanse pub met drie verdiepingen. Muziek, cocktails, Caribische en Argentijnse keuken.

Jong publiek – Beat Pub 2: Piazza Duomo 6, tel. 098 42 95 48. Populair trefpunt voor jongeren. Drie zalen, dansvloer, snacks.

Cultuur – Teatro Acquario 3: Via Galluppi 15-19, tel. 098 47 31 25, www. teatrodellacquario.com. Bekend alternatief adres met volkstheater, cabaret, muziekoptredens en cursussen.

Info en evenementen

Toeristisch informatiebureau: Piazza XI Settembre (in de voetgangerszone), www.cosenzaturismo.it, info@cosenza turismo.it, dag. 10-13, 17-20 uur.
Klein infopaviljoen: stedelijk infopunt op de *piazza* nabij de San Domenico.
Trein: meerdere keren per dag naar Sibari, elk uur naar Paola en van daar sneltreinen naar het noorden en zuiden.

Cosenza met zijn vele historischen schatten geldt als het culturele hart van Calabrië

Bus: stadsbus: www.amaco.it, tel. 09 84 30 80 05. Dagelijks naar Napels, Salerno, Rome en Florence (IAS). Dagelijks naar Rende, Sibari, Trebisacce, Amendolara, Roseto Capo Spulico en Rocca Imperiale (Saj) langs de Costa dei Cedri via Paola (Preite). Meerdere keren per dag naar vliegveld Lamezia (Romano), met aansluitende vluchten naar o.a. Napels, Reggio Emilia, Udine, Rome, Bologna (La Valle) en Milaan.
Autoverhuur: Autonoleggio Maggiore Nuova Stazione FF.SS. (centraal station van Cosenza), Via Popilia, tel. 09 84 48 21 44, www.maggiore.it
Processie van de Madonna del Pilerio: 12 feb., herinnert aan de aardbeving van 1854, waarvan de stad 'dankzij de Madonna' gespaard bleef.

Feest van San Giuseppe: midden maart. Met een van de oudste en beroemdste markten van Zuid-Italië (meerdaags). **Estate Cosentina:** juli, o.a. het Festival delle Invasioni met literatuur-, muziek- en theateroptredens.

Rende ▶ C 5

Het circa 33.000 inwoners tellende stadje werd waarschijnlijk in de 6e eeuw v.Chr. door de Enotriërs gesticht. Op het hoogste punt van de plaats richtten de Normandiërs in de 11e eeuw een **kasteel** op, dat tegenwoordig het nieuwe Museum Bilotti Ruggi voor hedendaagse kunst huisvest (museobilottiruggi.it).

een Latijns kruis. In de twaalf zijkapellen bevinden zich o.a. werken van Cristoforo Santanna.

Bezienswaardig is ook de aan de aartsengel Michaël gewijde **Chiesa del Ritiro** (Piazza Carlo Pisacane). Ze bezit een schilderij van Giuseppe Pascaletti uit de 18e eeuw, dat de Heilige Drie-eenheid met de aartsengel Michaël voorstelt.

Fraai gelegen is het **Santuario di Santa Maria di Costantinopoli**. De inwoners van Rende wendden zich tijdens de pest van 1656 en tijdens de ijzige winter van 1670 in hun vertwijfeling tot de Madonna en richtten later ter ere van haar het bedevaartsoord op. In de koepel beeldde Achille Capizzano de Madonna af.

Palazzo Zagarese (Museo Civico – Sezione folklorica en Pinacoteca)

Via R. De Bartolo, tel. 09 84 44 35 93, ma.-vr. 9-13, di/do. 16-18 uur, gratis

In het Palazzo Zagarese uit de 18e eeuw bevinden zich het **Folkloremuseum** en de **Pinacotheek**. In de naar de plaatselijke schilder **Achille Capizzano** genoemde pinacotheek zijn 30 kunstwerken (17e-20e eeuw) tentoongesteld. Daaronder bevinden zich kunstenaars als Mattia Preti, Cristoforo Santanna, Dirk Hendricksz, Achille Capizzano e.a.

De omvattende etnografische collectie, die circa 3000 voorwerpen uit de 19e en 20e eeuw omvat, geeft treffend het dagelijks leven van de bevolking weer: landbouw en herders, het boeren huis, Calabrische klederdracht, de winning en verwerking van wol, handnijverheid, emigratie en immigratie, evenals het religieuze en sociale leven.

Palazzo Vitari

Via Raffaele de Bartolo 1, tel. 09 84 44 41 13, www.maon.it, di.-za. 10-13.30, 15.30-19 uur, gratis toegang

Historisch centrum

Kerken

Onder het kasteel strekt zich de Piazza degli Enotri uit met de **Chiesa del Rosario** (17e eeuw). In het interieur van deze eenschepige kerk met barokke façade vindt de bezoeker afbeeldingen van de plaatselijke schilder Cristoforo Santanna en een altaarbeeld van Gabriele De Paola (19e eeuw).

De **Chiesa Santa Maria Maggiore** aan de Piazza Dante Alighieri werd in het begin van de 16e eeuw opgericht en meermalen verbouwd. De vrij eenvoudige façade met drie stenen portalen is verfraaid met een mooie grote steenrozet. Het laatbarokke interieur heeft drie beuken, geordend in de vorm van

In het nabijgelegen Palazzo Vitari bevindt zich het **Museo d'arte dell'otto e novecento MAON** met kunst uit de laatste twee eeuwen. Naast werken van de lokale kunstenaar Achille Capizzano o.a. grafiek van Pablo Picasso, Salvador Dalí, Max Ernst en Georges Braque.

Buiten het centrum

Convento dei Francescani

Beneden het centrum van Rende, in een dominante positie boven het dal, bevindt zich het voormalige **franciscaner klooster.** In de 16e eeuw opgericht, meermalen verwoest en herbouwd, wordt het complex tegenwoordig door de universiteit gebruikt. Bezienswaardig zijn een schilderij van Cristoforo Santanna, het altaarbeeld van Francesco de Mura, en de kruisgang met fresco's van de plaatselijke kunstenaar Francesco Pellicore. In de aan Franciscus van Assisi gewijde kerk wordt op 14 kleine schilderijen de kruisweg weergegeven.

Museo del Presente

Aan de SS19 naar Cosenza, Via Lenin, Rende, Loc. Roges, tel. 09 84 46 24 93, www.museodelpresente.it, di.-za. 9.30-12.30 en 17-20, zo. 17-20 uur, wisselende openingstijden, gratis
Interessant is ook het **Hedendaags Museum** met wisselende tentoonstellingen hedendaagse kunst, maar ook fotoexposities, boekpresentaties en congressen. Dit moderne museum in het nieuwe deel van Rende lokt veel kunstliefhebbers met acht zalen en circa 2500 m² tentoonstellingsruimte.

Overnachten

Congreshotel met buitenzwembad – **Hotel Europa:** Via J. F. Kennedy, 87036 Rende, stadswijk Roges, tel. 09 84 46 50 64, www.hoteleuropa-cs.it. Het hele jaar, 2 pk met badkamer, grootbeeld LCD-tv, € 55 (incl. ontbijt). 87 kamers met airconditioning en wifi, in verschillende klassen; met restaurant en buitenzwembad; huisdieren toegestaan.

In familiesfeer – B & B Il Portichetto: Loc. San Biase (ca. 3 km van de universiteit en Rende), Via Germania 34, tel. 09 84 44 74 22, mob. 338 98 18 758, www.portichetto.com, hele jaar, 2 pk met ontbijt € 70 (zonder eigen badkamer € 50-60). Onderdak in een gerenoveerde boerderij, verwarming, gebruik van de tuin, fietsverhuur, transfers. Meenemen van huisdieren op aanvraag.

Eten en drinken

Smakelijk – **Hostaria De Mendoza:** Piazza degli Eroi 3, tel. 09 84 44 40 22, hele jaar wo.-ma. middag en avond, in juli zo. gesloten, menu vanaf € 28. Deze nette kleine trattoria in het hart van Rende biedt lokale seizoensgerechten. Specialiteiten: zelfgemaakte pastagerechten en desserts.

Uitgaan

Populair trefpunt – **Plaza Café:** stadswijk Commenda, Piazza Matteotti 2, tel. 09 84 46 30 00, dag. vanaf 19 uur. Birreria en pub, die door alle leeftijdsgroepen wordt bezocht en ook een restaurant heeft.

Dancing – **Discotheek Akropolis:** Contrada Concio Stocchi, mob. 33 38 28 74 21, alleen op za., ouder publiek.

Film, dans, muziek – **Cinema Garden:** stadswijk Roges, Via Torino 8-20, www.cinemagarden.net, tel. 098 43 39 12.

Theater – **Teatro Auditorium:** Rende, Via Pietro Bucci, tel. 09 84 49 44 59, www.unical.it. In het auditorium van

de universiteit worden dans- en thea-
tervoorstellingen opgevoerd.

Info en evenementen

Toeristische informatie: Pro Loco,
Parco Robinson, 87036 Rende, tel. 098
41 72 03 61, www.prolocorende.org.
Bus: op werkdagen meerdere keren
naar Cosenza en het vliegveld Lamezia
(Consorzio Autolinee, tel. 098 43 11 05;
Autolinee Romano tel. 096 22 17 09).
Feest voor de patrones Immacolata:
20 feb.
**Feest van de Madonna di Costantino-
poli:** laatste weekend in aug., met drie-
daagse markt.

Amantea ▶ C 7

Het levendige handelsstadje aan de
Tyrreense Zee, verenigt oudheid en
moderne tijd. Aan dit gedeelte van de
kust, op de heuvels boven de rivier de
Savuto zijn wapens en graven ontdekt,
die getuigen van een vroege bewoning in de brons- en ijzertijd. Onder de
Saracenen was de stad berucht om zijn
slavenhandel en de bloedige stroop-
tochten, die van hieruit in het binnenland en naar het noorden werden
ondernomen. Van moderne barbarij getuigt de stort van giftig afval, die hier
de grond heeft vervuild met cesium 137
en zware metalen.

Centro storico

Het middeleeuwse centrum is dicht tegen de helling gebouwd. Er bovenuit
steken de ruïnes van het kasteel. Het is
aan te raden uw auto beneden het *centro
storico* op het parkeerterrein in de Via E.
Noto te parkeren.

Piazza del Duomo en San Biagio

Piazza del Duomo

De barokkerk **Chiesa San Biagio**
(17e eeuw) is gewijd aan de heilige
Blasius. In het interieur bevinden zich
prachtig gekleurde plafond- en indrukwekkende wandschilderingen, die epi-
soden uit het leven van de heilige uit-
beelden. Tijdens de traditionele processie op Goede Vrijdag, die voor het eerst
in 1776 in een oorkonde werd vermeld
en nog steeds de belangrijkste sociale
en religieuze gebeurtenis van de stad
is, worden de negen standbeelden, die
zich in de kerk bevinden, door de stad
gedragen.

Naar het Castello

Het *centro storico* met zijn smalle steegjes
en lastig te vinden doorgangen strekt
zich uit over de helling. Talrijke bordjes
wijzen op *proprietà privata* (privé bezit),
omdat het in dit labyrint alleen voor de
oplettende bezoeker duidelijk is, welke
straatjes privé of openbaar zijn.

De klim voert naar een straat met
kasseien, onder een boog van de oude
stadsmuur door, en komt uit op een asfaltweg. De wandeling eindigt hier op
een onverhard plein, waar u alleen over
een nauwelijks begaanbaar, met struik-
gewas overwoekerd pad verder kunt
(stevige schoenen en lange broek aanbevolen!). Boven aangekomen geniet u
behalve van het uitzicht op de **ruïnes
van het kasteel** – waarschijnlijk van
Byzantijnse oorsprong – van een panorama over de groene heuvels, de blauwe
zee en de benedengelegen stad.

Halverwege de helling onder het
vroegere kasteel staan de overblijfselen van **de kerk en het klooster van
Francesco d'Assisi** (13e eeuw). Nog verder noordelijk verheft zich de **Chiesa
Sant'Elia Profeta** uit de 17e eeuw. Van
het kasteel kunt u afdalen in zuidelijke
richting over de Via Castello, langs de
Chiesa del Carmine uit de 17e eeuw.

San Bernardino da Siena

Als u de Corso Umberto in zuidelijke richting volgt, komt u via een afdaling over trappen aan de rechter kant bij de **kerk en het klooster San Bernardino da Siena** uit de 15e eeuw. Het gebouw is een van de weinige nog in laatgotische stijl bewaard gebleven bouwwerken van Zuid-Italië. Het gebouw is onderverdeeld in een heldere kerk, een klokkentoren, een schitterende kruisgang, het **Oratorio dei Nobili** (gebedshuis) en andere bij het klooster behorende ruimtes zoals de keuken en verblijven voor de priesters en pelgrims. Het naar zee gerichte hoofdportaal met zijn vijf gotische bogen nodigt uit om de kerk te betreden. Binnen ziet u een marmeren beeld van de 'Madonna met Kind' van Antonello Gagini (1505), de 'Engel van de aankondiging' van Francesco da Milano en andere kunstschatten. In het gebedshuis, dat oorspronkelijk voor de *nobili* (edellieden) was gereserveerd, staat een fraaie door Rinaldo Bonanno geschapen kribbe. Opmerkelijk is het marmeren reliëf van Pietro Bernini, dat de geboorte van Christus voorstelt (begin 17e eeuw). Tijdens de restauratiewerkzaamheden werd een systeem van kanalen blootgelegd, dat getuigt van de vroegere olie- en wijnproductie in het klooster. Bovendien werden onder de bestaande muren antieke muren en ruimtes gevonden, waaruit men afleidt dat men op dezelfde plek vroeger al eredienstren hield.

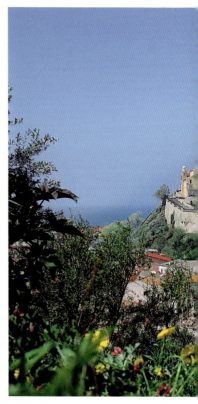

De nieuwe benedenstad

In het laaggelegen, zuidwestelijke deel van de stad treft de bezoeker een groot contrast aan met het oude ommuurde centrum: in de levendige, architectonisch niet zeer fraaie nieuwe stad is duidelijk te merken, dat het toerisme hier in tegenstelling tot de meeste kuststeden een ondergeschikte rol speelt ten opzichte van de handel. De winkels bieden hier een uitgebreid palet aan producten aan. Aan de voet van de binnenstad in het noordelijke deel zorgt een klein park met een speeltuin voor ontspanning en geeft uitzicht op een grot (Villa delle Grotte).

Boven de grot, in de noordelijke binnenstad, bevindt zich het in 1988 gerestaureerde en tot hotel-restaurant verbouwde voormalige **Convento delle Clarisse** (Via Indipendenza 27). In het gebouw uit het begin van de 17e eeuw

Amantea biedt behalve winkelen en flaneren ook mooie vergezichten

bevindt zich een marmeren steen met een Arabisch opschrift (11e eeuw). Deze vondst uit Amantea is een fragment van een islamitisch graf, en vormt een van de weinige getuigenissen van de Arabische aanwezigheid in Calabrië.

Scogli di Isca ▶ C 7

Op 800 m afstand voor de kust liggen twee rotseilandjes, overblijfselen van een oud voorgebergte. Op de rotsen rusten vaak meeuwen, steltlopers en soms ook reigers. De streek wordt ook regelmatig door dolfijnen doorkruist en ook de onechte karetschildpad (*caretta caretta*) is hier gespot. Op de zeebodem op ca. 25 m diepte liggen uitgestrekte velden zeegras, maar er leven hier ook parazoanthus, buiswormen en sponzen, naast baars, brasem, inktvis en murene. De regio heeft in totaal 69 ha in de omgeving van de rots tot regionaal zeereservaat verklaard (vissen en duiken zonder gids zijn verboden, www.parcomarinoscogliisca.it).

Tip

Smullen in het klooster

In het sfeervolle voormalige Convento delle Clarisse wordt hele jaar gekookt volgens een geraffineerde lokale keuken, steeds aangepast aan het seizoen. Een menusuggestie (ca. € 40): als voorgerecht Gamberi alla Lakritz met zoetzure andijviesalade. Als *primo* een *risotto* met pompoen, eekhoorntjesbrood en inktvissalade, als hoofdgerecht een zwaardvisfilet met amandel en citroen. Als dessert een *semifreddo* met bergamot.

Ristorante Le Clarisse: Palazzo delle Clarisse, Via Indipendenza 27, tel. 098 24 20 33, www.palazzodelleclarisse. com, 's avonds behalve wo. en zo., en zondagmiddag geopend.

Overnachten

Charmant – **Palazzo delle Clarisse:** Via Indipendenza 27, tel. 098 24 20 33, mob. 32 99 76 46 89, www.palazzodelle clarisse.com, hele jaar, 2 pk met ontbijt ca. € 80-110. Klein hotel in het *centro storico* met een historische sfeer en alle comfort. Het vroegere clarissenklooster belooft met zijn ontbijtterras, elegante restaurant en een weldadige sfeer een aangenaam verblijf.

Familiaal – **Pensione Margherita:** Via Margherita 179, tel. 098 24 13 37, mob. 32 82 68 01 87, pensionemargherita@ pec.it. Centraal gelegen, eenvoudig familiepension met goede burgermanskost. April-nov., halfpension € 28-48 per pers.; volpension € 33-63.

Eten en drinken

Wijn en meer – **Enoteca Due Bicchieri:** Via Dogana 92, tel. 09 82 42 44 09, hele jaar di.-za. 's avonds, zo. ook 's middags geopend, menu ca. € 35. Exclusieve gerechten, bijv. *pesce spada alla bagnarese,* zwaardvis met kappertjes, paprika en rode ui. Ruime selectie aan lokale en nationale wijnen.

Vers gevangen vis – **Trattoria Locanda di mare:** Via Stromboli 20, tel. 09 82 42 82 62, hele jaar di.-zo. middag en avond, menu ca. € 28. In het centrum van Amantea presenteren Maria en Maurizio dagelijks wisselende visspecialiteiten. Aanbevolen: *pasta con le alici* (pasta met ansjovis) en de *fichi ricoperti di cioccolato* (gedroogde vijgen met chocolade) of zelfgemaakte tiramisu.

Culinair genieten – **Magnatum La Degusteria:** Via Indipendenza 56, Longobardi (10 km ten noorden van Amantea), tel. 098 27 52 01, frances cosaliceti@virglio.it, 's middags en 's avonds (zondagavond gesloten), reserveren noodzakelijk, proeverij ca. € 30-35, excl. wijn. Het gourmetrestaurant van Francesco Saliceti en Giovanna Martire biedt fijne exclusieve gerechten, overwegend uit Calabrië, evenals 400 wijnen en 40 soorten olijfolie. Het fijnproeversmenu hangt af van het jaargetijde, een deel van het menu is vastgelegd, het andere naar keus. Vanwege een beperkt aantal plaatsen (16) is reserveren noodzakelijk. Aanbevolen zijn de *insalata cannaruta* met de heerlijke Belmontetomaat, het gefrituurde aardappelpannetje *frittata di patate* en *tartufo al cedro* (ijsspecialiteit met cedercitroen).

Winkelen

Vijgen – **Fratelli Marano:** direct aan de SS18, Via Garibaldi 9-11, tel. 098 24 12 77, www.fichimarano.it, delicatessenwinkel met likeur, gekonfijte vijgen, marmelade en veel meer.

Zoetigheid – **Pasticceria Caprice:** Piazza Mercato Vecchio 14. In het centrum, dagelijks vers gebak, specialiteit: *bocconotti* (met chocolade en amandelen). **Markten** – zo. (boeren- en handnijverheidsproducten). Eind okt./begin nov. grote markt in de straten van de nieuwe stad.

Sieraden – **Gioielli Basso:** Corso V. Emanuele II 64-68, Amantea, tel. 098 24 11 20, www.bassogioielli.com. Volgens oude familietraditie worden hier op de centrale Corso sieraden en horloges aangeboden. Een ander verkooppunt vindt u in de Via Margherita 72 bij Basso Fashion.

Info en evenementen

Toeristische informatie op internet: www.comune.amantea.cs.it.
Trein: meerdere keren per dag naar Paola en Lamezia Terme.
Bus: meerdere keren per dag naar Paola en Cosenza (Preite, Sat).
Carnaval: moderne optocht met wagens, muziek en maskers.
Pasen: feestweek met traditionele processie op Goede Vrijdag (*Varette*).
Feest voor de stadspatroon S. Antonio da Padova: 13 juni.

Fiumefreddo Bruzio ▶ C 6

Dit dorp (87030 Fiumefreddo Bruzio) van middeleeuwse oorsprong is opgenomen op de lijst van de mooiste dorpen van Italië. U kunt een aangename, ontspannen wandeling maken door het dorp op 200 m hoogte boven zee, met zijn gedeeltelijk bewaard gebleven stadsmuur en burchtruïne.

Normandische burcht

In 1054 nam de Normandische koning Roberto il Guiscardo het plaatsje in, voorzag het van een **vesting** en zette van hieruit zijn veroveringstocht naar het zuiden voort. Te zien zijn nog delen van de burcht, o.a. de ruïnes van twee ronde torens, die in de 16e eeuw de vroegere vierkante vervingen.

Om het dorp te verkennen, kunt u naar believen rondstruinen door de steegjes. Er zijn fraaie uitzichtpunten op zee, bijv. de Largo Torretta, waarop in de 11e eeuw de eerste eredienst werd gehouden. Tegenwoordig staat hier de **Chiesa Addolarata** met barokke façade. De sculptuur op het plein stamt van de grote kunstenaar **Salvatore Fiume** (1919-1997), die vaker in deze plaats werkte en ook frescocycli in de burcht en in de Chiesa San Rocco achterliet.

Vlakbij bevindt zich ook de Chiesa **San Francesco da Paola** uit de 18e eeuw, eveneens met een barokportaal. In het ernaast gelegen vroegere klooster zetelt tegenwoordig de gemeente.

Op de **Piazza Vittorio Veneto** verheft zich het Palazzo Pignatelli (16e eeuw), ooit de residentie van diverse feodale heersers. Bezienswaardig is hier de aan de aartsengel San Michele gewijde kerk met schilderijen van de Calabriërs Francesco Solimena en Giuseppe Pascaletti (17e/18e eeuw).

Smakelijke tomaten

Zeer aan te raden is de van juni tot okt. in de regio verbouwde *pomodoro di Belmonte.* Deze zogenaamde ossenharttomaat is zeer groot, lichtrood, zoet en smaakt heerlijk. De 'gigante' di Belmonte komt oorspronkelijk uit America en werd in de 20e eeuw meegenomen door Guglielmo Mercurio, een emigrant uit Calabrië, die terugkeerde uit de Verenigde Staten. De tomaat blijkt het uitstekend te doen in het Calabrische kustklimaat, groeit tot op 600 m hoogte en kan uitgroeien tot exemplaren van meer dan een kilo.

Pollino en Alto Ionio Cosentino

Hoogtepunt ✳

Valle del Lao: in de Grotta del Romito midden in het Nationaal Park Pollino is een ca. 15.000 jaar oude rotsteke-ning te zien, die de kolonisatie van het gebied vanaf het vroege paleoliticum aantoont. Een uitstapje in de geschie-denis, midden in een adembenemend landschap, gevormd door de rivier de Lao. Zie blz. 119.

Op ontdekkingsreis

Arbëria – Albanese cultuur in Calabrië: al meer dan 500 jaar bestaan in Zuid-Italië de Albanese dorpen, die tot op heden hun cultuur, hun taal en – hoewel tevens katholiek – de Grieks-Byzantijnse eredienst hebben weten te bewaren. Een van de mooiste en meest karakteristieke dorpen is Cività in het Pollinogebergte. Het naburige dorp Fra-scineto bezit een indrukwekkende ex-positie van miniatuurklederdrachten. Zie blz. 128.

Roseto Capo Spulico · Pollino · Grotta del Romito · Rotonda · Monte Sellaro · Cerchiara di Calabria · Valle del Lao · Frascineto · Santuario delle Armi · Morano Calabro · Civita · Albanese cultuur in Calabrië · Altomonte

Bezienswaardigheden

Museo Naturalistico Il Nibbio: de flora en fauna van het natuurpark van Pollino worden in het museum natuurgetrouw gepresenteerd. In origineel ingerichte werkplaatsen komt het verleden weer tot leven. U kunt overnachten in een van de typische huisjes midden in de binnenstad van Morano. Zie blz. 115 en 116.

Roseto Capo Spulico: de fraaie en intacte burcht van de Hohenstaufen uit de 13e eeuw rijst imposant op uit zee. Zie blz. 135.

Actief

Autorit door het Pollinogebergte: een rit met schitterende panorama's, waarbij u zin krijgt in wandelen. Zie blz. 118.

Wandeling naar het Santuario delle Armi en naar de Monte Sellaro: een afwisselende tocht over de bergen naar een klein bedevaartsoord; onderweg veel typisch mediterrane bomen. Zie blz. 124.

Sfeervol genieten

Azienda Acampora: vakantie op een boerderij midden in de vlakte van Cerchiara, omgeven door olijfbomen – de Azienda Acampora staat met zijn prettige sfeer, goede burgerlijke keuken en comfortabele kamers garant voor pure ontspanning. Zie blz. 125.

Uitgaan

Avondwandeling door Morano: afgezien van de zomermaanden gaat het er in deze streek 's avonds rustig aan toe. Maak een heerlijke avondwandeling door het fraaie centrum van Morano, gecombineerd met een traditionele avondmaaltijd. Zie blz. 113 en 118.

In de Pollino en langs Albanese dorpen naar de Mar Ionio

Het Pollinogebergte heeft veel cultuur en een spectaculaire natuur te bieden: door de fraaie Valle del Lao naar Papasidero, prehistorie in de Grotta del Romito, een bezoek aan het bergdorp Morano, of raften op de rivier de Lao. De ca. 35 km lange Raganello ontspringt boven in het Nationaal Park Monte Pollino, slingert tussen de hoge bergen van de Pollino door een dal met karstgrotten en mondt ten slotte uit in de Ionische Zee. Op de Grande Porta op 2000 m hoogte groeien *pini loricati*, een dennensoort, die behalve op de Balkan en in Calabrië nergens ter wereld voorkomt. Sinds 2015 is het Pollinogebergte erkend als UNESCO Global Geopark, een gebied van grote, internationale geologische waarde. Aan de voet van de Pollino ligt Altomonte, dat net als Morano en Cività op de lijst van mooiste dorpen van Italië staat, en met zijn stadsmuseum met talrijke kunstwerken een echt juweeltje vorm. Hier in het noorden van Calabrië zijn ook nog enkele Albanese dorpen, die ook na 500 jaar hun cultuur en taal hebben weten te bewaren.

De rit door de Cosentino langs de Ionische Zee wordt gedomineerd door de uitlopers van het Pollinogebergte. De highlights in het noordoosten van Calabrië zijn de burchten van de Hohenstaufen, kleine bergdorpen als Oriolo en het indrukwekkende landschap.

INFO

Informatie

Ente Parco Nazionale del Pollino: Complesso monumentale Sta. Maria della Consolazione, 85048 Rotonda, tel. 09 73 66 93 11, www.parcopollino. gov.it.
Wandelen en klimmen: Club Alpino Italiano CAI, Via C. Pepe 74, 87012 Castrovillari, mob. 33 41 00 50 54, www.caicastrovillari.it.
Gratis app: de regio geeft praktische reisinformatie en wetenswaardigheden over cultuur en natuur van Calabrië op: www.turiscalabria.it/turis calabria-mobile (Engels).

Internet

www.parcopollino.it: de website van het Ente Parco Nazionale del Pollino geeft in het Italiaans informatie over het park en zijn flora en fauna.
www.galaltojonio.it: op deze website zijn onder 'Territorio' alle gemeenten van de Alto Ionio Cosentino gerangschikt (Italiaanstalige video's).
www.caicastrovillari.it: de website van de Club Alpino Italiano CAI geeft o.a. wandeltips (in het Italiaans).

Heenreis en openbaar vervoer

Auto: de snelweg voert midden door de Pollino. Op de SS105 rijdt u naar de Ionische kust en daar verder op de SS106 naar de Alto Ionio.
Bus: vanuit het gebied starten diverse buslijnen naar het noorden van Italië.
Trein: spoorlijnen zijn er alleen langs de kust.
Vliegtuig: Aeroporto Lamezia Terme, V. Aeroporto, tel. 09 68 41 41 11.

Morano Calabro ▶ C 2/3

Het bijna op 700 m hoogte, lieflijk tegen de berg gevlijde dorp Morano Calabro met ongeveer 5000 inwoners heeft al zoveel bezoekers betoverd, dat het niemand zal verbazen dat ook de Nederlandse kunstenaar M. C. Escher het getekend heeft. Het dorp schijnt al in 317 v.Chr. door de Romeinen te zijn ingenomen en was om zijn strategisch belangrijke ligging een tussenstation op de Via Popilia.

De beneden gelegen stadswijk en het centrum

Chiesa San Bernardino

In de onderste wijk, langs de SS19, ligt de **Chiesa San Bernardino** met een kruisgang. De kerk werd in 1452 opgericht in opdracht van Antonio Sanseverino, vorst van Bisignano. Door een entreehal die met fresco's is versierd, komt u in het interieur, dat voorzien is van een cassetteplafond in Venetiaanse stijl en houtsnijwerk uit de 16e/17e eeuw. Ooit bevond zich hier een vleugelaltaar van Bartolomeo Vivarini uit de 15e eeuw, dat tegenwoordig in de Chiesa Maddalena bewaard wordt. Te zien is verder ook de figuur van San Bernardino da Siena, de beschermheilige van Morano. In het schaduwrijke **park** tegenover de kerk kunt u zich ontspannen en opfrissen bij de kleine fontein.

Chiesa Maddalena

Piazza Papa Giovanni XXIII
De weg omhoog volgend, komt u in het centrum, dat u het beste te voet kunt verkennen. Het is aan te raden, uw auto ter hoogte van de Chiesa Maddalena (te herkennen aan het kleurige koepeldak) te parkeren. Bezienswaardig zijn in de drieschepige barokkerk vooral de kunstwerken van Gagini (sculptuur

'Madonna degli angeli' uit 1505) en Pietro Bernini (biddende engel op het hoofdaltaar uit de 16e eeuw). En natuurlijk het houten veelluik van Vivarini uit de Chiesa San Bernadino: de 'Madonna met kind' tussen de heiligen San Francesco d'Assisi en San Bernardino da Siena. In totaal bevat het 25 schilderingen op de goudkleurige ondergrond. Het werk werd in 1477 voltooid en in 1923 gerestaureerd. Daarna werd het nog enkele keren verwijderd en gerestaureerd, voor het in 1995 definitief naar Morano terugkeerde.

Omhoog naar de burchtruïnes

Chiesa dei Santi Pietro e Paolo

Largo San Pietro
Om bij de ruïnes van de burcht te komen, klimt u boven de Maddalenakerk via smalle steegjes en trappen naar boven. Niet ver van het kasteel rijst de Chiesa dei Santi Pietro e Paolo met zijn koepeldak op. Ze werd hoogstwaarschijnlijk rond het jaar 1000 opgericht. Gedurende lange tijd was deze kerk het enige godshuis in het oude, geplaveide deel van het dorp. In de loop der eeuwen verzamelde men hier waardevolle kunstwerken: beelden van Santa Lucia, Catharina van Alexandrië, Petrus en Paulus van Pietro Bernini (16e/17e eeuw), het schilderij 'Madonna met Kind en vier heiligen' van Giovan Battista Colimodio (17e eeuw), een houten crucifix (15e eeuw), een kostbaar kruis van zilver en goud en veel meer. De beelden van Santa Lucia en Santa Catharina stammen net als andere kunstwerken in de plaatselijke kerken uit het augustijnenklooster van Colloreto (16e eeuw), waarvan u de ruïnes tussen de snelwegafritten van Campotenese en Morano boven een tunnelingang ziet liggen.   ▷ blz. 116

Favoriet

Museo Naturalistico Il Nibbio ▶ C 2/3

In de schaduw van de burchtruïne van Morano Calabro ligt het Natuurmuseum Il Nibbio (Vico II Annunziata 11). Zeer natuurgetrouw worden hier de fauna en flora van het Nationale Park Pollino gepresenteerd – begeleid door natuurgeluiden. Het museum is onderverdeeld in drie afdelingen, voor vogels, zoogdieren en insecten. Door de uitgebreide toelichtingen en een interessante film krijgt u zin in een excursie naar de fascinerende wereld van de Monte Pollino (zie ook blz. 116).

De burchtruïnes

Van het Largo San Pietro loopt u door de Via Castello, die u uiteindelijk naar de burchtruïnes brengt. Ten tijde van de Romeinen stonden op deze plek al wachttorens. Onder de heerschappij van de Normandiërs werd er een vesting gebouwd. De huidige ruïnes zijn echter grotendeels overblijfselen van de burcht, die de vorst Sanseverino naar het voorbeeld van het Castel Nuovo van Napels liet bouwen. In drie decennia (1514-1545) ontstond onder zijn heerschappij een burcht met ronde torens en een gracht.

Museo Naturalistico en bezoekerscentrum Il Nibbio

Vico II Annunziata 11, 's zomers 10-13, 15-20 uur, 's winters di.-zo. 10-13, 15-18 uur, mob. 33 48 80 32 92, 34 71 98 91 23, www.ilnibbio.it, entree ca. € 4

Iets onder de burchtruïnes ligt het Natuurmuseum (zie blz. 115) en bezoekerscentrum Il Nibbio. In de karakteristieke *borgo* is hier een veelzijdig toeristisch aanbod gecreëerd. Alles begon in 1997 met een particulier initiatief van de gebroeders Bloise, die de bezoekers in contact met de natuur van de Pollino wilden brengen. Ze kochten meerdere huisjes in het oude centrum, restaureerden die en schiepen het eerste natuurmuseum van Morano. Tegenwoordig heeft Il Nibbio een informatiecentrum, worden er rondleidingen georganiseerd door het museum evenals bezoeken aan kleine nagebouwde werkplaatsen met originele werktuigen, zoals die van de schoenmaker, de smid, de timmerman en de wijnbouwer. Overnachten kunt u in de typische woningen en huisjes van Morano (zie hieronder).

Museo di Storia dell'Agricoltura e della Pastorizia

Palazzo Salmena, Via Giudea, tel. 098 13 06 04, di.-zo. 9.30-12.30, 15.30-18.30 uur, toegang ca. € 3

In het museum in het Palazzo Salmena bij de Chiesa San Nicola vindt u in 17 zalen talrijke voorwerpen over vooral – maar niet alleen – het leven van de boeren en de herders van de Monte Pollino. Te zien zijn verder ook een uurwerk van de klokkentoren van de San Bernardino uit de 18e eeuw, de originele keuken, vuurplaats en waterput van het *palazzo*, net als de originele houtoven voor het bakken van brood en pizza, een koets uit de 19e/20e eeuw en klederdracht uit Morano. De voorwerpen worden toegelicht met foto's en documenten, de uitleg is in het Italiaans (op aanvraag zijn ook rondleidingen in het Engels of Duits mogelijk).

San Nicola

Via San Nicola

Naast de eenschepige **Chiesa San Nicola** met de eronder gelegen crypte bevindt zich de **fontein van San Nicola** uit 1590. In steen gebeiteld ziet u hier de kop van een Moor, die symbool staat voor de overwinning van de inwoners van Morano op de Saracenen – en tegenwoordig het wapen vormt van het dorp. Deze plaats schijnt ooit de zetel van de Università di Morano geweest te zijn, de vergaderplaats van de stadsraad. Iets lager bevindt zich de **Porta San Nicola**, ooit een deel van de vestingmuur.

Overnachten en eten

Duitse gastvrijheid – **La Panoramica**: Contrada Mangioppo, tel. 098 13 31 65, mob. 34 64 21 37 63 (Duits), www.la panoramicabb.it, 2 pk met royaal ontbijt ca. € 50. Zwembad, tuin, excursies. De Duitse gastvrouw geeft veel tips voor uitstapjes en excursies.

Albergo Diffuso – **Case Albergo** Il **Nibbio:** boekingen via het museum, zie blz. 116. In het oude centrum zijn diverse huizen gerestaureerd, met behoud van de originele indeling en in de typische stijl van vroeger ingericht. Met verwarming, tv en internet. B & B (ontbijt in de zomer op het gezamenlijke terras onder de burcht). Appartement (2 pers.) ca. € 60 per dag, incl. eindschoonmaak, een lidmaatschap van de vereniging is inbegrepen in de kamerprijs.

Veelgeprezen – Trattoria La Locanda di Alia: in het naburige dorp Castrovillari, Via Ietticelle 55, tel. 098 14 63 70, www.alia.it, hele jaar ma.-za. Een van de beroemdste restaurants van Calabrië, waar de gebroeders Alia de gasten in een stijlvolle ambiance ware meesterwerken uit de Calabrische keuken voorschotelen, menu ca. € 50. Onderdak in charmante kunstzinnig ingerichte kamers, 2 pk incl. ontbijt € 90-110. Met zwembad. Huisdieren toegestaan (excl. eindschoonmaak € 13).

Stijlvol – Ristorante Villa San Domenico: Via sotto gli Olmi 10, tel. 09 81 39 99 91, www.albergovillasandomenico.it, Reserveren noodzakelijk, menu vanaf € 24. Locale keuken in een elegante ambiance, 2 pk met ontbijt € 110.

Authentiek – La Cantina: Contrada Terra Rossa, tel. 098 13 10 34, di.-zo. 's middags en 's avonds, menu ca. € 20. Traditionele keuken in ongedwongen sfeer. Specialiteit: zelfgemaakte pasta (*fusilli, cavatelli), lagana e fagioli* (zelfgemaakte pasta met witte bonen).

Winkelen

Kunstnijverheid – Pierremporio: Via Maddalena 18, in de straat boven de Chiesa Maddalena, tel. 098 13 11 44, www.pierremporio.it, dag. 9-13, 16-20.30 uur. Kunstwerken van de bekende goudsmid Gerardo Sacco uit Crotone in de vorm van maskers of met Byzantijnse decoraties. Verder Calabrisch aardewerk uit Bisignano en pijpen uit Brognaturo.

Actief

Wandelen – Alba Tempone: 85100 Potenza (ca. 150 km ten noorden van Morano), tel. 09 71 28 22 28, mob. 34 92 64 33 56 ('s avonds), www.giro-vagando. it. Deze officiële gids van het nationaal park begeleidt wandelingen door het nationaal park, organiseert excursies en o.a. rondleidingen door de Albanese dorpen (in het Italiaans).

Culturele excursies – Coöperatie Perla del Pollino: Contrada Cultura 2, tel. 098 13 03 72, mob. 34 06 60 66 20, perladelpol lino@museoagropastoralemorano.org. Organisatie en gidsen voor excursies in Morano en naar het nationaal park van Pollino (zwaartepunt cultuur), boekingen van accommodaties, bezoeken aan wijnkelders en wijnproeverijen.

Langlaufen – In **Novacco di Saracena** boven Morano bevindt zich 's winters een netwerk van ca. 20 km langlaufloipes.

Calabrisch carnaval

Op slechts een steenworp afstand van Morano ligt het 23.000 inwoners tellende stadje **Castrovillari** (▶ C 3). In de carnavalstijd komen hier veel toeristen naar toe om deel te nemen aan het al ongeveer een halve eeuw oude **Carnevale di Castrovillari.** Feestwagens, ruiters, maskers en een breed cultureel aanbod zorgen voor een bijzondere belevenis. Het spektakel is verbonden met een internationaal **folklorefestival.** Maar niet alleen tijdens carnaval, ook in de zomer gaat het er in Castrovillari feestelijk aan toe: folkloristische groepen uit de hele wereld houden hier dan een rendez-vous.

Uitgaan

Theater en muziek – San Bernardino-klooster: www.allegraribalta.altervista. org of www.comunemoranocalabro.it. De stad organiseert gedurende het hele jaar theater- en muziekoptredens, die plaats vinden in het San Bernardino-klooster.

Info en evenementen

Informatie op internet: www.comune moranocalabro.it.
Patroonsfeest van San Bernadino da Siena: 20 mei, met processie.
Feest van de Madonna del Carmine: 15-16 juli, met processie.
Festa della Bandiera: eind mei, optocht en palio herinneren aan de slag tegen de Saracenen in de 11e eeuw.
Feest van de Madonna del Carmine: midden juli, processie.

Feest van de Madonna della Grazie: 2e zo. van sept.
Feest van de Madonna Addolorata: 3e zo. in sept.
Carnevale di Castrovillari: carnaval en internationaal folklorefestival van do. tot di. (optochten, maskerades, concerten en folkloristische optredens) www. carnevalecastro villari.it.
Internationaal folklorefestival: eind aug. in Castrovillari.
Morano Blues Festival: juli.

Autorit door het Pollino-gebergte ▶ C 2

Ca. 30 km, het hele jaar mogelijk, behalve bij sneeuw en ijs. Rifugio Fasanelli, 85048 Rotonda, Localita Pedarreto, tel. 09 73 66 73 04, www. rifugiofasanelli.it, hele jaar wo.-ma. (aanmelden aangeraden), menu vanaf € 25, halfpension € 60

Autorit door het Pollinogebergte

De rotstekening 'Bos primigenius' in de Grotta del Romito is ongeveer 15.000 jaar oud

Vanaf de snelwegafrit Campotenese rijdt u richting Rotonda. Enkele kilometers verder komt u bij een Madonnafiguur, waar u rechts afslaat (wegwijzer 'Rifugio de Gasperi' of 'Ruggio') en de 11 km lange weg volgt naar **Rifugio de Gasperi,** die momenteel wordt verbouwd. Onderweg kunt u op enkele uitzichtpunten stoppen, om te genieten van het fantastische uitzicht op het landschap. Wie wil wandelen, kan het beste bij Rifugio de Gasperi parkeren en een van de gemarkeerde wandelroutes volgen. Een aangenaam pad voert in 1,5 uur naar het **Belvedere del Malvento,** waar enkele exemplaren van de Pino Loricato te zien zijn.

Volgt u de weg links omlaag richting Rotonda, bereikt u na ca. 4 km de **Rifugio Fasanelli,** een gerenoveerde berghut, die lijkt op een berghotel. Vanaf hier gaat u verder continu omlaag, beneden ziet u Rotonda liggen, een plaats in de regio Basilicata. Steeds links aanhouden en op de hoofdweg weer links richting Castrovillari af-

slaan. Over de SP137 rijdt u terug naar Campotenese en naar de snelweg. Deze rondrit geeft onderweg schitterende panorama's en geeft een goede eerste indruk van de bergwereld van de Pollino, waarbij u zin krijgt om te gaan wandelen.

Valle del Lao ✳ ▶ B 2/3

De Valle del Lao is beslist een van de mooiste landschappen van Calabrië: boven de dichte bossen steken kale bergtoppen uit, de rivier stroomt soms lieflijk, dan weer als woeste bergbeek tussen steile rotsen de zee tegemoet. Op wandelingen of tochten per rubberboot kunt u genieten van de ongerepte natuur (raften, canyoning en trekking wordt o.a. aangeboden door het Centro Lao Action Raft in Scalea, zie blz. 84).

Grotta del Romito

Informatie: Comune di Papasidero (gemeentehuis), tel. 098 18 30 78,

www.papasidero.info, voorjaar/
zomer 9-19, 's winters 10-17.30
uur, toegang € 4 (tijden en entree
wisselen van jaar tot jaar)

Het is onbetwist, dat in de grotten
van het dal al in de vroege steentijd
mensen geleefd moeten hebben. Het
belangrijkste bewijs van steentijdbewo-
ning van deze streek is de rotsinscriptie
van de 'Bos primigenius' (letterlijk: de
allereerste stier, ca. 13.000 v.Chr.) in de
Grotta del Romito met druipsteenpla-
fond. Een smalle weg voert omlaag naar
de bodem van de Valle del Lao (heenrit
vanaf Morano ca. 1 uur), waar zich de
grot met de beroemde rotstekening –
de oudste van Italië – bevindt. Bij verschillende opgravingen kwamen enkele skeletten te voorschijn, waarvan
hier kopieën te zien zijn. De originelen
bevinden zich in diverse musea; enkele daarvan in het Nationaal Museum
in Reggio Calabria. Het op dit moment
oudste skelet stamt van een jonge jager,
die ongeveer 16.000 jaar geleden moet
hebben geleefd. De grot geldt op grond
van de vondsten uit verschillende tijd-
perken (20.000-10.000 v.Chr.) als een
van de belangrijkste archeologische
vindplaatsen van Zuid-Europa.

Altomonte ▶ C 3

'Hoge berg' *(alto monte)*, de naam van het
circa 5000 inwoners tellende stadje, beschrijft treffend haar ligging boven het
dal van de Esaro. In het noorden domineren de hoge toppen van de Monte
Pollino het landschap. Bij de Romeinen was de plaats onder de naam Balbia bekend, door de Saracenen werd het
Brahalla genoemd en pas in de 14e eeuw
kreeg Altomonte zijn huidige naam. Altomonte heeft zijn kunstzinnige bloeitijd te danken aan de adellijke familie
Sanigineto, die destijds veel kunstwerken in opdracht liet vervaardigen.

Centro storico

Het *centro storico* is grotendeels goed bewaard gebleven, hoewel verschillende
huizen leeg staan en zijn vervallen.

San Giacomo Apostolo
Via San Giacomo

Als u op de Piazza Balbia links afslaat
komt u bij de gerestaureerde Chiesa
San Giacomo Apostolo, die terugvoert
op een bouwwerk van Byzantijnse oorsprong. In het interieur zijn een houten
beeld van San Giacomo, een Madonnafiguur en een meerkleurig marmeren
altaar te bewonderen.

Torre Pallotta (Museo Franco Azzinari)
Piazza Castello 4, www.francoazzi
nari.it, mob. 33 92 57 57 70, dag. 9.30-
12.30, 16-18.30 uur, toegang ca. € 1

De vierkante zogenaamde Normandische toren, de **Torre Pallotta,** waarvan de oorsprong rond het jaar 1050
ligt, werd in de 14e eeuw door Filippo
Sangineto tot woontoren verbouwd en
huisvest tegenwoordig het **Museum
Franco Azzinari,** waarin de natuur-
landschappen van de hedendaagse
Calabrische schilder te bezichtigen zijn.

Castello

Aan de Piazza Castello bevindt zich het
kasteel uit de 12e eeuw, respectievelijk
wat daarvan na vele verbouwingen en
uitbreidingen nog over is. Behalve ter
verdediging diende het al sinds de 16e
eeuw als woonhuis en behoorde het aan
de families Pallotta di Sangineto, Ruffo
en Sanseverino. Tegenwoordig bevindt
zich in het kasteel o.a. een hotel. Al lang
niet meer gebruikt, maar ooit zeer belangrijk was de observatiepost, die zich
naast de poort bevindt: door de opening in de muur konden de naderen-
den door de wachters in ogenschouw
worden genomen.

Hoog boven de binnenstad van Altomonte verheft zich de Santa Maria della Consolazione

Santa Maria della Consolazione

Piazza Tommaso Campanella

Het in gotische stijl opgerichte spitsbogenportaal van de Chiesa Santa Maria della Consolazione (14e eeuw) is net zo prachtig als het zestienbladige roosvenster. Het kruisribgewelf in het koor en in de dwarsbeuken is eveneens een uitdrukking van de gotiek. De eenschepige kerk met enkele zijkapellen werd in opdracht van de feodale heerser van Altomonte, Filippo Sangineto gebouwd. De graaf, die in dienst stond van het huis van Anjou, werd hier in een bijzondere sarcofaag bijgezet. In 1443 kwam de kerk in het bezit van de dominicaner orde.

Een monument voor het gebouw herinnert aan Tommaso Campanella, die in het klooster studeerde en leefde.

Museo Civico di Santa Maria della Consolazione

Piazza Tommaso Campanella, tel. 09 81 94 82 16, ma.-zo. 10-13, 16-19 uur, toegang ca. € 3, rondleidingen op aanvraag bij de gemeente

Door een poort komt u bij de vroegere kruisgang, waar antieke overblijfselen getuigen van haar lange historie. Hier is ook het **Museo Civico di Santa Maria della Consolazione** met talrijke kunstschatten ondergebracht: kleine houten panelen uit de 14e eeuw (waarschijnlijk van Bernardo Daddi), een voorstelling van San Ladislao van de schilder Simone Martini (14e eeuw), twee panelen (14e eeuw), een polyptychon (veelluik) van Antonio en Onofrio Penna (15e eeuw), misgewaden van brocaat, een tabernakel uit de 18e eeuw, een imposante apothekerskast uit de 17e eeuw en veel andere kunstschatten.

Vanaf het ruime plein voor de Chiesa Santa Maria geniet u van een schitterend uitzicht op het groene heuvellandschap en het mooie stadje.

Convento dei Minimi

Bezienswaardig is ook het Convento dei Minimi (aanhangers van St.-Franciscus van Paola), tegenwoordig zetel van de **Municipio** (gemeente), met een mooie kruisgang en een barokkerk met een 24 m hoge klokkentoren.

Museo Storico Aziendale Moliterno

Via Giacobini 133, tel. 09 81 94 87 53, www.liquoremoliterno.it, ma.-zo. 9-13, 15-19 uur

De Altomonte kent een lange traditie in de vervaardiging van terracotta, koper en manden van wilgentenen evenals de productie van olijfolie en likeur.

In het Museo Storico Aziendale Moliterno worden voor de wijn- en likeurproductie gebruikte instrumenten en voorwerpen en werktuigen uit het dagelijkse leven van de boeren tentoongesteld. Hier kunnen zelfgebrouwen likeuren worden geproefd en gekocht.

Overnachten en eten

Exclusief – **Hotel Il Castello di Altomonte:** Piazza Castello 6, tel. 09 81 94 89 33, www.castellodialtomonte. it, hele jaar geopend, halfpension in 2 pk ca. € 90, in suite (met whirlpool) ca. € 100, kleine huisdieren toegestaan. Luxehotel in middeleeuwse sfeer, met exclusief en navenant duur restaurant (selecte wijnkaart).

Het platteland beleven – **Agriturismo La Quercia:** Contrada Boscari 59, mob. 32 88 26 56 60, 38 07 95 01 80, www.la querciadelbarone.it, hele jaar geopend, halfpension/volpension ca. € 55/70. Dit ca. 5 km ten zuidoosten van Altomonte gelegen onderdak midden in de natuur (met een klein zwembad) organiseert ook kookworkshops en deelname aan de olijfoogst en druivenpluk. Restaurant met lokale keuken en producten uit de biologische landbouw (in het voor- en naseizoen beslist reserveren!).

Veel geprezen – **Hotel Ristorante Barbieri:** Via Italo Barbieri 30, tel. 09 81 94 80 72, www.barbierigroup.it, hele jaar 's middags en 's avonds geopend (in de zomer reserveren aanbevolen), menu ca. € 45. In een elegante ambiance bieden Enzo en Patrizia een hoogwaardige keuken met een selectie van de beste Calabrische wijnen. Wat de keuken van Barbieri zo authentiek maakt, is de eigen teelt van groenten. In de kleine Bottega naast het restaurant wordt een selectie van culinaire specialiteiten om mee te nemen aangeboden. De gastronomen bieden ook onderdak aan in 50 modern ingerichte kamers (halfpension op 2 pk € 60-80 per persoon). Met eigen zwembad en wellnesscentrum.

Eten en drinken

In de oude binnenstad – **Osteria San Franceso:** Largo Fuscaldo 1, mob. 34 61 80 22 36, maart-dec. di.-zo. middag en avond, menu vanaf € 20, www.osteria sanfrancescoaltomonte.it. In het hart van de binnenstad serveren de tweelingen Francesco en Massimo Di Leone in de eenvoudige sfeer van een voormalige kelder een goede lokale keuken. In de zomer eet u op het terras met uitzicht op de *piazza*.

Info en evenementen

Toeristische informatie: Assessorato al turismo, Comune di Altomonte (gemeentehuis), Largo della Solidarietà 1, 87042 Altomonte, tel. 09 81 94 80 41, www.comune.altomonte.cs.it.
Bus: o.a. naar Reggio Emilia, Salerno, Bologna en Rome (La Valle).
Feest van de beschermheilige San Francesco di Paola: 2e zo. in mei.
Pasen: processie op Goede Vrijdag.
Feest van San Giuseppe: 19 maart, aan de vooravond is er een traditioneel kampvuur met proeverij.
Gran Festa del Pane (feest van het brood): in de maand mei speelt ieder jaar het basislevensmiddel brood de hoofdrol. Bij talrijke kraampjes kunt u diverse broodsoorten en lokale lekkernijen proeven.
Festival Euromediterraneo: van juni tot aug. vinden in het openluchttheater in de binnenstad 'Teatro Costantino Belluscio' met 1000 zitplaatsen muziek-, theater- en dansuitvoeringen plaats (www.comune.altomonte.cs.it).

Cerchiara di Calabria

▶ D 2

In het zuidoosten van het Pollinomassief is het kleine dorp **Cerchiara di Calabria** (ca. 3000 inwoners) op 650 m hoogte trapvormig tegen de helling gebouwd. Archeologische vondsten doen vermoeden, dat de plaats al in het paleolithicum bewoond was. De huidige stad schijnt in de middeleeuwen onder de naam Circlarium te zijn ontstaan,

toen de bevolking op de vlucht voor de Saracenen en malaria uit de vruchtbare laagvlakte de bergen in trok. Rond de ontstaangeschiedenis gaan net zo veel verhalen als rond de naam. Volgens enkele historici is die afgeleid van de eik (*quercia*), die in de streek veel voorkomt.

Het dorp is een ideaal startpunt voor excursies naar de Alto Ionio, naar Cività, naar het strand, en om te wandelen.

Karstgrotten in de omgeving van Cerchiara

De omgeving is rijk aan karstgrotten, die onderdak boden aan de eerste bewoners. Tegenwoordig zijn ze een waar paradijs voor speleologen en avonturiers.

De **Abisso del Bifurto** valt 683 m verticaal omlaag en geldt als de moeilijkste grot van heel Zuid-Italië. De **Grotta Serra del Gufo** met 139 m diepte strekt zich uit over meer dan 1200 m en is net als de eerder genoemde voor-

Tip

Thermale baden in de Grotta delle Ninfe ▶ D 2

Op de helling van de Monte Sellaro in het Pollinogebergte liggen de **Thermen van Cerchiara di Calabria.** Uit het kalkgesteente borrelt warm zwavelhoudend geneeskrachtig water op. De bijbehorende modder wordt speciaal aangewend bij reumatische aandoeningen en bij huid- en gewrichtziektes. Het grote thermale zwembad met zwavelhoudend water biedt bij 30 °C ontspanning voor jong en oud. Juni-eind sept. dag. 7-20 uur, entree ca. € 6; kinderen tot 6 jaar gratis, tot 12 jaar ca. € 3. Informatie bij de gemeente op tel. 09 81 99 10 07, www.comune.cerchiara.cs.it.

behouden aan grotonderzoekers. De **Grotta del Panno Bianco** in de buurt van het bedevaartsoord is rijk aan druipsteenformaties (stalactieten en stalagmieten) en kan worden bezocht onder leiding van een gids (zie blz. 125). In een van deze grotten werden ooit Byzantijnse iconen gevonden, in de **Grotta delle Ninfe** daarentegen borrelen zwavelbronnen op.

Parco della Cessuta ▶ D 2

In het Parco della Cessuta in de buurt van het Santuario delle Armi (zie blz. 125) en rond de top van de Sellaro (1439 m) strekt zich een bosgebied uit van ongeveer 300 ha groot, dat door de gemeente is beplant met donseiken, oleanders, steeneiken en

Wandeling naar het Santuario delle Armi en naar de Monte Sellaro

Hongaarse eiken. Hier starten diverse wandelroutes en er zijn ook enkele picknickplaatsen.

Wandeling naar het Santuario delle Armi en de Monte Sellaro

Het hele jaar mogelijk, duur 2 uur 45 min., houten wegwijzers en markeringen naar 'Santuario' en 'Monte Sellaro'. Het eerste deel tot aan de bedevaartsplaats is eenvoudig, het tweede deel naar de Monte Sellaro is zwaar vanwege het grote hoogteverschil. Gemakkelijke kleding, goede schoenen en stokken aanbevolen. Start: Cerchiara di Calabria, parkeerplaats Parco della Cessuta (vanuit Cerchiara over de SS92); hetzelfde pad terug

Vanaf de parkeerplaats volgt u de bordjes 'Santuario' (ca. 1,5 uur) en komt u over een geplaveid pad na ca. 15 min. boven in het bos. Langs de rand van het pad groeit hier en daar de rode peonia, of pioenroos. Het wandelpad stijgt verder en ca. 25 min. vanaf het begin ziet u links onder u Cerchiara liggen. Circa 15 min. verder komt u uit op het wandelpad, dat uit Cerchiara omhoog voert (Nr. 946) en dat de pelgrims afleggen ter gelegenheid van het feest op 24 en 25 april. Het is nog ca. 20 min. lopen voor u het uitzichtpunt bij het kruis boven Cerchiara bereikt, waar op de feestdag een mis ter ere van de Madonna gehouden wordt. Vanaf hierboven kijkt u uit over de laagvlakte van Sibari en de Ionische Zee. Vijf minuten verder ziet u beneden de Raganello en spoedig daarna rijst rechts boven het Santuario delle Armi (1015 m) op.

Na de bezichtiging van het Santuario (zie rechts) gaat het verder omhoog naar de Monte Sellaro. Het aangegeven wandelpad 'Monte Sellaro' voert links van de pelgrimsplaats tussen dennen in ca. 45 min. omhoog naar de pas van de Panno Bianco. Aan de linker hand ligt de **Monte Sellaro** (1439 m), rechts de **Panno Bianco** (1330 m). Hoe hoger u komt, des te opener wordt de vegetatie en lijkt u zich in een steenwoestijn te bevinden, het resultaat van de in de Pollino door erosie veroorzaakte karst. Vanaf hier wandelt u in circa een halfuur over de bergkam (geen gemarkeerd pad) omhoog naar de top van de **Monte Sellaro**. U geniet hier van een schitterend panorama op de westelijke uitlopers van het Pollinogebergte en in het oosten op de Ionische Zee. Op deze afwisselende wandeling ziet u onder andere ceders, dennen, donseiken, zomereiken, elzen en essen.

Santa Maria delle Armi

87070 Cerchiara di Calabria, www. santuariomadonnadellearmi.it, dag. 8-20 uur

Het **Santuario di Santa Maria delle Armi** ligt ca. 10 km buiten Cerchiara en werd op 1015 m hoogte tegen de helling van de Monte Sellaro gebouwd. U kunt het bedevaartsoord vanuit Cerchiara te voet bereiken via de zuidoostkant (ca. 2 uur lopen, langs het metalen kruis boven Cerchiara). Wie met de auto komt kan 500 m voor het Santuario parkeren.

De kleine kerk werd in de 15e eeuw rond een basiliaanse grot opgericht en later tot een klooster uitgebreid. In de talrijke gebouwen werden voorraden opgeslagen, om de monniken tijdens de wintermaanden in het afgelegen berggebied van voldoende voedsel te verzekeren. De monniken hebben het bedevaartsoord al twee eeuwen geleden verlaten. Daarom vinden er alleen nog op feestdagen en 's zomers op zondag kerkdiensten plaats. Tijdens de mis is het niet toegestaan de kerk te bezichtigen; gepaste kleding en stilte gewenst.

De kerk biedt allerlei verrassingen. Wat kunst betreft ligt de nadruk op de fresco's in de gewelven van de kerk en het paneel 'De beproeving' van Orfeo Barbalimpida (1591). Het portret aan de linker kant stelt de kunstenaar voor. Aan de familie Pignatelli, die zorgde voor de restauratie van de kerk in de 17e eeuw, herinnert de kapel aan de linker zijde (1756). Naast het altaar (1776) bevindt zich een prachtige kapel van marmer, waar het in een donkere steen gegraveerde altaarbeeld van de Madonna delle Armi te zien is. Volgens een legende ontstond het beeld, toen twee boeren bij werkzaamheden een uit de bodem stekend rotsblok in tweeën sloegen. In het achterste, rechter deel van de kapel laten de gelovigen in een muuropening van de sacristie hun wensen aan de Madonna achter.

Overnachten

Pure ontspanning – Azienda Agrituristica Acampora: buurtschap Piana di Cerchiara, tel. 09 81 99 13 20, Duitstalige inlichtingen op mob. 34 78 49 24 19, www.agriturismoacampora.it, B & B € 35, halfpension € 45. Tien km ten zuiden van Cerchiara op de helling van de Pollino met een fraaie panoramaligging, 10 km van zee. In de gerestaureerde boerderij geniet u van een rustieke ongedwongen sfeer. Producten uit de gecontroleerde biologische landbouw, kamperen met tent of camper, excursies, fietsverhuur, maaltijden op verzoek; kleine huisdieren toegestaan.

Actief

Excursies in het nationaal park – De parkwachter Luca Franzese, tel. 09 81 99 10 41, mob. 33 96 19 70 05, franzesel@ yahoo.it begeleidt wandelingen en organiseert canyoningtochten en grotbezichtigingen (in het Italiaans en het Frans).

Info en evenementen

Bus: dagelijks naar de Ionische kust, Cività, Castrovillari en Cosenza (Saj).
Feest van de Madonna delle Armi: 25 april.
Feest van de beschermheilige San Bonifacio: processie op 14 mei.
Pinksteren: traditionele processie.
Estate Cerchiarese: in de zomer vinden diverse culturele evenementen plaats: sagre, film- en muziekavonden, foto- en kunstexposities.

Albanese dorpen

In Calabrië zijn in totaal 32 Albanese dorpen, die al meer dan 500 jaar hun taal en cultuur bewaard hebben. In meer dan de helft van deze dorpen wordt nog de Byzantijns-Griekse eredienst gehouden. In de Pollino liggen twee van deze dorpen, in de nabij gelegen Sila Greca de overige (zie blz. 160).

Cività ▶ D 3

Dit dorp in het Nationaal Park Pollino behoort zeker tot de boeiendste Albanese dorpen van Zuid-Italië en nodigt uit tot een verkenning (zie blz. 128). Tijdens Pasen klinken hier de *kalimere, arbëreshë,* volksliederen. Tijdens zonsopgang op paaszondag vindt tevens een processie plaats en op dinsdag na Pasen wordt de *vallja* gedanst.

Dal van de Raganello

Maar naast cultuur biedt Cività ook een waar natuurspektakel: in groot contrast tot het serene dorpje staat het dal van de Raganello, dat geldt als een van de mooiste en fascinerendste van het hele nationale park. Een mooi uitzicht hebt u vanaf het **panoramapunt** op de rotsen ten westen van het centrum.

De afdaling in de kloof en de aanblik van de steil oprijzende rotswanden, zoals de spectaculaire Timpe, doen velen duizelen. Deze steile ambiance heeft de rivier ook zijn naam gegeven. *Ragas* (Grieks) betekent rotsige afgrond. Uit deze naam uit de Byzantijnse tijd heeft zich uiteindelijk de huidige naam ontwikkeld. De in 1998 ingestorte **Ponte del diavolo** (duivelsbrug) uit de Romeinse tijd is inmiddels weer opgebouwd.

Vlak bij de duivelsbrug staat de in de 19e eeuw opgerichte **spinnerij Filardi**, tegenwoordig Museum voor Industriële Archeologie (rondleidingen: Emanuele Pisarra, zie blz. 127). Hier werd ooit de wol van de in het Pollinogebergte levende schapen verwerkt. Vanaf hier wandelt u het pad weer omhoog – een vrij pittige, maar zeer interessante rondwandeling (circa 1,5 uur inclusief rustpauzes).

Wie deze moeizame tocht niet wil ondernemen, kan vanaf het **Belvedere Djepeza** (ten oosten van de kerk) ook genieten van een fraai panorama, daarna tot halverwege de kloof afdalen en in een ruim halfuur teruglopen naar het voorplein van de kerk.

Het pittoreske dorp met zijn opvallend vele schoorstenen is eveneens een rondwandeling waard: de harde wind (*tramontana*) die hier vaak waait maakte de bouw van verschillend geconstrueerde *comignoli* (schoorstenen) noodzakelijk – afgestemd op de ligging van de huizen – voor een goede afvoer van de rook. Tevens schijnen ze naar verluidt, door hun eigenaardige vormen, boze geesten te verjagen en het huis te beschermen tegen het kwaad.

Overnachten

Fraai uitzicht – B & B Il Belvedere: Corso Cavallotti 27b, tel. 098 17 32 32, mob. 34 09 99 37 14, www.bebparco delpollino.it, hele jaar, € 35-40 per persoon. Klein bedrijf met 4 kamers, alle met airco, badkamer, tv, telefoon en internet; een kamer ingericht voor mindervaliden.

Functioneel – **Affittacamere Nido d'Aquila:** Via Cavallotti 21 B, tel. 098 17 33 16, mob. 33 33 11 08 76, www.affitta camerecivita.com, hele jaar, vanaf €20 per persoon per nacht. Midden in het dorp ligt deze kleine en vriendelijke kamerverhuurder met panoramater- ras. Kamers met airconditioning, eigen badkamer, tv en koelkast.

(zonder wijn). Direct aan de *piazza* kunt u in een karakteristieke sfeer Albanese en Calabrische specialiteiten eten, bijv. *Dromesat*, zelfgemaakte pasta in toma- tensaus en vleesbouillon, of het ont- bijt van de herder *Kangariqra kothra e ve* (roerei met paprika en spekzwoerd).

In het groen – **Ristorante Pizzeria Il Pino Loricato:** buurtschap Acqua Chiara, Contrada Scariano, mob. 33 38 28 63 21, hele jaar wo.-ma. 's middags en 's avonds, menu € 18-25, pizza's € 4,50. Enkele kilometers boven Città worden in een rustieke ambiance pizza's en lo- kale gerechten geserveerd.

Eten en drinken

Arabësh – **Ristorante La Kamastra:** Piazza Municipio, tel. 098 17 33 87, www.kamastra.net, do.-di., menu €28

Actief

Natuur en cultuur – **Emanuele Pisarra:** Città, mob. 33 38 73 28 29, www.acalandrostour.it. ▷ blz. 131

Het Albanese dorp Città ligt midden in het wilde en romantische landschap van de Pollino

Arbëria – Albanese cultuur in Calabrië

Wandelen in de voetstappen van de Albanese minderheden kunt u in het fraaie dorp Cività – typisch eten en een miniatuurklederdracht-tentoonstelling in Frascineto in-begrepen.

Kaart: ▶ D 3
Informatie:
Museo Etnico Arbëresh, Piazza Municipio, Cività, tel. 098 17 31 50, 098 17 30 32, www.museoetnicoarbresh.it, juni-sept. dag. 9-12, 17-20 uur, in de winter op aanvraag, gratis toegang, giften welkom
Mostra del Costume Arbëreshë: Via della Montagna, Frascineto, tel. 098 13 25 49, mob. 34 91 07 32 20, op afspraak, toegang € 3

Al ongeveer 500 jaar bestaan in Calabrië 32 Albanese dorpen, waaronder Cività, Frascineto en San Demetrio Corone (zie blz. 160). De eerste Albanezen kwamen aan het begin van de 15e eeuw als soldaten naar Zuid-Italië, om de troepen van Alfons V van Aragon in de strijd tegen de Anjous te steunen. Als dank voor hun hulp kregen zij verschillende territoria geschonken, waarop ze zich vestigden. Na de defi-nitieve verovering van hun vaderland door de Turken in 1478, waartegen ze zich onder leiding van hun aanvoerder

Giorgio Castriota lang hadden verzet, kwam een grote emigratiestroom op gang vanuit Albanië.

Etnografisch Museum in Cività

Cività is waarschijnlijk het populairste Albanese dorp van Calabrië, omdat het op een klein oppervlak een spectaculaire natuur en een rijk cultureel aanbod heeft. De goede infrastructuur maakt deze kleine plaats ook tot een ideaal uitgangspunt en een standplaats voor excursies in het noorden van Calabrië. Al bij aankomst in het dorp stuit de bezoeker op afbeeldingen van de Albanese nationale held: een muurschildering toont de tegen de Turken strijdende Giorgio Castriota, ook Skanderbeg genoemd. Ook op een borstbeeld staat hij afgebeeld.

Om een eerste inblik te krijgen in de cultuur van de Arbëreshë kunt u een bezoek brengen aan het kleine Etnografisch Museum. Op de begane grond springt vooral de typische klederdracht van de Arbëreshvrouwen in Cività in het oog: een rode onderrok, een azuurkleurige overrok, daarop een witte tot op de knieën reikende lange, met kant bewerkte katoenen blouse. Daaroverheen droegen de vrouwen een soort vest (*xhipun*) van met goud afgezette zijde. Tegenwoordig wordt de klederdracht alleen nog op feestdagen gedragen, bijvoorbeeld bij de bekende dans *vallja* op dinsdag na Pasen. Een fotowand in het museum toont naast deze feestelijke aspecten ook de spectaculaire natuur van het gebied. De andere expositievoorwerpen vertellen over het vroegere dagelijkse leven van de mensen van Cività.

Katholieken met een Grieks-Byzantijnse eredienst

De Albanezen in Italië zijn katholiek en behoren tot de Roomse kerk, maar ze voeren de Grieks-Byzantijnse eredienst uit, die ze gemeenschappelijk hebben met de Orthodoxe kerk. Deze eredienst onderscheidt zich vooral wat betreft liturgie en kerkinrichting van de Latijnse.

Tegenwoordig hebben in Italië alleen Lungro (Calabrië) en Piana degli Albanesi (Sicilië) elk een eigen eparchie (kerkgemeente, vergelijkbaar met het katholieke bisdom) en is er een territoriale abdij in Latium. Omdat de Albanezen tot 1732 geen eigen bisschop hadden, is een deel van de Albanese kerkgemeentes van de Byzantijnse naar de Latijnse eredienst overgegaan. Ook de taal van de Albanezen heeft zich in de loop der tijd met het Italiaans en het lokale dialect vermengd. Omdat de taal op dit moment alleen in het collegium van San Demetrio Corone (pilotstudie) wordt onderwezen, verloopt de overlevering voornamelijk mondeling.

Het Albanese godshuis

Vlak bij het museum bevindt zich de Chiesa **Maria Ss. Dell'Assunta** uit de 17e eeuw. Al bij het betreden van de kerk valt haar bijzonderheid op. Tevergeefs zoekt u naar het wijwaterbekken. In plaats daarvan bevindt zich hier een beeld van de Madonna, dat door de gelovigen wordt aangeraakt, waarna ze een kruis slaan. Zelfs dat gebaar

verschilt van de Latijnse traditie: volgens de Grieks-Byzantijnse ritus slaat men een kruis van rechts naar links.

De drieschepige kerk is architectonisch niet in de Byzantijnse stijl gebouwd, d.w.z. de apsis is niet naar het oosten gericht, zoals dat bij de typisch Byzantijnse kerk het geval is, bijvoorbeeld bij de Cattolica in Stilo.

Niet te missen is de houten iconostasis, het karakteristieke element van orthodoxe kerken en degenen, die de Grieks-Byzantijnse eredienst vieren. Ze scheidt het kerkschip van het heilige gedeelte, waar zich het altaar bevindt. Daarop ligt het evangelium en er staat een tabernakel – een Byzantijnse kerk in miniatuurformaat – onder de baldakijn. Een uit de koepel (de 'hemel') afdalende duif symboliseert de Heilige Geest. In veel kerken wordt het zicht op het heilige gedeelte verborgen door dichtgetrokken gordijnen en wordt het alleen tijdens de kerkdienst vrijgegeven.

Opvallend en eveneens karakteristiek is in het kerkschip de rijk met iconen versierde kandelaar (*polyeleos*), die de twaalf apostelen afbeeldt. Van recentere datum is het doopvont (*kolymvithra*) van ingelegd kersenhout, waarin de kinderen tijdens de doop met het onderlichaam worden gedompeld.

De mis wordt in Cività deels in Arbëresh deels in het Italiaans gelezen, omdat niet alle van de circa 1200 inwoners van Albanese afkomst zijn. De kerkdienst is zeer feestelijk en wordt gekenmerkt door de vele gezangen en het gebruik van wierook. Tijdens de dienst staat de priester overwegend met zijn rug naar de gemeente, 'hij gaat voorop en de gemeente volgt hem', zoals een geestelijke het treffend beschreef.

Albanees eten

Na een bezoek aan de kerk kunt u van het middageten genieten in **Ristorante** **La Kamastra** (Piazza Municipio, Cività, tel. 098 17 33 87, www.kamastra. net, wo. gesloten, menu zonder wijn ca. € 28). Direct aan de *piazza* geniet u in karakteristieke sfeer van Albanese en Calabrische specialiteiten, bijv. *Dromësat*, het 'gerecht van de armen', het herdersontbijt *Kangariqra kothra e ve* (roerei met paprika en spekzwoerd) of zelfgemaakte pasta in tomatensaus met vleesbouillon.

Miniatuurklederdrachten in Frascineto

Liefhebbers van folklore moeten de 53 Albanese klederdrachten in miniatuurformaat en enkele originele klederdrachten in de enkele kilometers verder gelegen naburige plaats Frascineto in geen geval overslaan. Afhankelijk van de streek van oorsprong in Albanië onderscheiden zich de verschillende klederdrachten van de diverse Albanese dorpen. Vol trots bewaarden de Arbëreshë hun bijzonderheden, en daardoor bestaat er ook tegenwoordig nog, 500 jaar later, in Zuid-Italië een grote verscheidenheid aan traditionele kostuums.

De klederdrachten zijn gerangschikt naar de verschillende immigratiegolven. De eerste Albanezen kwamen in 1448 onder Skanderbeg naar Zuid-Italië, een tweede golf was er van 1460 tot 1462 (de strijd tegen de Angevijnen), en meer volgden er in 1468, 1534, 1647-1680, 1744 en 1759-1825.

De Albanese vrouwen van Frascineto dragen een lange witte blouse met tule, daaroverheen de *skolje,* een soort stropdas, en een rok met een versierde band. Wie een keer de typische klederdracht van de Frascineto's wil dragen en ter herinnering een foto wil laten maken, kan dat voor ca. € 20 doen. Bij aanmelding van te voren kan voor groepen een muzikale folklorevoorstelling worden gegeven (vanaf € 80).

Deze gids organiseert wandelingen en landrovertochten door het nationaal park Pollino. Ook rondleidingen door Città, canyoning en birdwatching (Italiaans/Engels).

Info en evenementen

Toeristische informatie: www.borghi delpollino.it
Museo Etnico Arbëresh: zie blz. 128.
Bus: op werkdagen naar Castrovillari, Cerchiara, Cosenza, Rende, Roseto Capo Spulico en Rocca Imperiale (Saj).
Paasfeest: bij het opkomen van de zon op paaszondag.
Vallja: di. na Pasen. De dans symboliseert de overwinning van Skanderbeg op de Turken.
Danze dei falò: 1-3 mei. Traditioneel kampvuur, ter herinnering van de aankomst van de Albanezen in Città, toen ze de bladeren van de mastiekboom verbrandden, om zich aan het vuur te warmen.
Feest van de Ss. Maria del Rosario: met markt, 2e zo. in okt.

Frascineto ▶ D 3

Op slechts enkele kilometers afstand van Città ligt nog een Albanees dorp, dat tussen 1478 en 1492 onder de vroegere naam Casalnuovo door Albanese vluchtelingen werd gesticht.

Chiesa di Santa Maria dell'Assunta
Via Roma
In de hoofdkerk **Ss. Maria Assunta** wordt de Grieks-Byzantijnse eredienst gevierd. In tegenstelling tot Città is deze kerk geheel volgens de Byzantijnse stijl gebouwd: de apsis wijst naar het oosten en de hoofdingang naar het westen. Ook hier schittert in het inte-rieur de kunstig bewerkte iconostasis voor het hoofdaltaar.

Museo delle Icone e della Tradizione Bizantina
Piazza Albania 1, tel. 098 13 26 88, mob. 33 81 13 22 13, www.comune. frascineto.cs.it, di.-za. 10.30-13.30, 17-19.30 uur (voor de zekerheid van te voren opbellen), op zo. alleen voor groepen en op afspraak, toegang € 3
Naast de kerk toont het rolstoeltoegankelijke **Museum van de Iconen en de Byzantijnse Traditie** een rijke collectie iconen (17e-20e eeuw). Vaak werd en wordt de iconenschilderkunst door monniken uitgevoerd. Zulke iconen zijn daaraan te herkennen, dat ze niet gesigneerd zijn. Voor het begin van hun werk trokken de monniken zich drie dagen lang terug in gebed, om 'rein' te worden. De Griekse teksten op de iconen beschrijven de motieven nader. In de kelderverdieping is een klein laboratorium van de iconenschilderkunst en een film van tien minuten over de verschillende fasen van de iconenschilderkunst te zien.

Iconen kunnen worden onderscheiden in schilderijen die voor de kerk werden gemaakt, en schilderijen die voor particuliere opdrachtgevers gemaakt zijn. Kerkiconen tonen vaak sterke slijtagesporen, omdat het voor de orthodoxe gelovigen gebruikelijk is, het gezicht van Christus aan te raken, zoals bijvoorbeeld goed is te zien bij de Madonna van Kazan. Hetzelfde geldt ook voor enkele bronzen kruizen. Bij andere iconen zijn soms ook brandplekken te zien, als gevolg van het gebruik van permanent brandende kaarsen in de kerk.

Naast de iconen zijn ook zogenaamde *rizà* te zien, dat zijn verschillende omlijstingen van brons, goud of zilver, die slechts delen van de iconen laten zien.

Mostra del Costume Arbëreshë

Via della Montagna, tel. 098 13 25 49, mob. 34 91 07 32 20 (Engels), alleen op afspraak, toegang €3

Een bezienswaardig aanbod heeft ook het **Kostuummuseum** van Frascineto met miniatuurklederdrachten (zie blz. 128 en 130). Op aanvraag kunnen ook Engelstalige rondleidingen worden georganiseerd.

Overnachten en eten

Smaakvol – **B & B Pieffe:** Viale Europa 10, 87010 Frascineto, mob. 34 71 01 67 91 of 32 88 18 22 68, www.bbpieffe.it. B & B € 28-35. Kleine B & B met huiselijke sfeer in een nieuwbouwhuis. Kamers met balkon, tv en badkamer. Uitgebreid ontbijt. Tuin en fietsen staan ter beschikking. Organiseert ook transfers en wandelingen met parkgidsen.

Info en evenementen

Agenzia Viaggi Destinazione Mediterraneo: Piazza Skanderberg 6, 87010 Frascineto, tel. 09 81 90 23 51, mob. 34 91 07 32 20. De geëngageerde medewerkers (Duits/Engels) verkopen een groot aanbod: pakketreizen, shuttleservice van/naar vliegveld Lamezia Terme, Napels, Bari, excursies, canyoning, wijn- en gastronomische proeverijen en entree voor het Kostuummuseum.
Bus: op werkdagen o.a. naar Cività, Trebisacce, Amendolara, Roseto, Rocca Imperiale, Castrovillari, Cosenza (Saj).
Feest van de beschermheilige San Basilio Magno: 1 jan., processie.
Palmzondag: processie.
Pasen: dinsdag na Pasen wordt in Frascineto en in Cività de *vallja* gedanst. Op de **2e zondag na Pasen** wordt in de wijk Eiannina in de middag nog een *vallja* gedanst, bovendien

vindt naar aanleiding van het feest van de **Madonna di Lassù** op zaterdag een processie plaats.
San Pietro e San Paolo: 29 juni, met processie en markt.

Alto Ionio Cosentino

Ingeklemd tussen de Pollino in het westen en de Ionische Zee in het oosten ligt deze langzaam naar zee aflopende landstreek, die vooral bekend is om zijn burchten. Talrijke bergbeken stromen door het gebied en voeren elke winter en voorjaar grote hoeveelheden stenen mee naar de kust boven de Piana di Sibari. Op de hellingen groeien mastiekbomen, oleanders, aleppodennen en eiken.

Amendolara ▶ E 2

Amendolara beschikt – net als bijna alle plaatsen hier langs de kust – over twee dorpskernen, één in het binnenland en één aan zee (de laatste uitgebreid met een jachthaven) en over een oeroude geschiedenis. Lang voor de Griekse vestiging van Lagaria, een van de satellieten van Sybaris, was hier al in de 9e/8e eeuw v.Chr. een nederzetting van de inheemse bevolking – aangetoond door graven en vondsten. Tot op heden zijn in Amendolara drie nederzettingen en drie necropolen gevonden: een pre-Griekse, een Griekse en een Romeinse.

Kapellen

Ongeveer halverwege tussen de kustplaats en de plaats in het binnenland staat aan de linker kant de Byzantijnse **Cappella dell'Annunziata** uit de 9e/10e eeuw met een aanbouw uit de 16e eeuw. Het originele gebouw, met Byzantijns grondplan en een koepel, werd op de resten van een heidense tempel opgericht en diende waarschijnlijk als verzamelplek voor de kluizenaars die in de omringende grotten leefden. Boven de deuropening is de in tufsteen uitgehouwen kop van Sileno, de zoon van de herdersgod Pan, te herkennen. Ten westen van de kapel liggen de bovenste muren van een rond waterreservoir uit de Romeinse tijd. Ze zijn een erfenis van de Romeinse stad Vicesimum.

Verder omhoog richting Amendolara bevindt zich links van de weg de kleine **cappella di San Rocco**, waarin de leden van de familie Andreassi zijn begraven. In het interieur beeldt een fresco uit 1576 San Leonardo af. Midden in het dorp, eveneens links, ligt de cappella di Sant'Anna van de **Familie Lamanna.**

Palazzo Pucci

Corso Umberto I 30

Iets verder naar boven bevindt zich rechts het Palazzo Pucci uit 1736. De familie Pucci had voor hun verdiensten voor het koningshuis van Napels de titel van baron verkregen en beheerde van hieruit de hun toegewezen landerijen. Aan de ingestorte façade is nog het familiewapen bij het portaal te herkennen.

Museo Archeologico V. Laviola

Piazza Giovanni XXIII, tel. 09 81 91 13 29, di.-za. 9-17, zo. 9-13 uur, gratis

Het wordt aangeraden uw auto op de centrale Piazza Giovanni XXIII te parkeren. Direct aan de *piazza* bevindt zich het Archeologisch Museum V. Laviola. Het kleine overheidsmuseum is genoemd naar de geëngageerde arts en hobbyarcheoloog Vincenzo Laviola, die hier op eigen initiatief aan het eind van de jaren 50 van de vorige eeuw begon met archeologische studies en opgravingen. Geëxposeerd worden in een grote zaal o.a. de oudste vondsten van de prehistorische nederzetting, terracottavazen, wapens, sieraden en

werktuigen, die rond de 12e eeuw v.Chr. gedateerd zijn. Uit de tijd van de Griekse vestiging stammen de talrijke grafvondsten met brons- en keramiekvoorwerpen uit de 8e-6e eeuw v.Chr. De in vitrine 5 tentoongestelde weefstoelgewichten (6e eeuw v.Chr.) zijn voorzien van letters van het Griekse alfabet en getuigen van de weefkunst ten tijde van de Griekse bewoning.

Chiesa Madre Santa Margherita

Via Chiesa, in het oude centrum

Boven de *piazza* voert een straat naar de Chiesa **Madre Santa Margherita,** die ondanks de vele verbouwingen nog sporen van de middeleeuwse bouw vertoont, zoals bijvoorbeeld het stenen portaal (13e/14e eeuw) en het stenen doopvont. Hier preekten de dominicanen, tot Leo X hun in 1521 toestemming gaf om buiten de toenmalige plaats een klooster te bouwen, het huidige **Convento San Domenico** tegenover de centrale Piazza Giovanni XXIII. Bezienswaardig is ook de bijbehorende kerk uit de 15e eeuw met een kunstzinnig altaar en enkele fresco's.

Castello

In het centro storico

Achter de kerk slingeren smalle steegjes omhoog naar de oude burcht, die in de 8e/9e eeuw op de resten van een vesting van de Langobarden opgericht werd. Herhaaldelijk verbouwd, geldt ze met haar driehoekige basis en veelhoekige toren als een Normandische burcht. In 1239 werd ze door Frederik II gerestaureerd en werd het zijn belangrijkste keizerlijke huis (*domus imperiale*) in het gebied van Calabrië tot Apulië. Na de Hohenstaufen leefden hier de Anjous en talrijke adellijke families. Te zien zijn nog de toegangsbrug, die de oorspronkelijke hefbrug verving, de toren en de Aragonese zuilen. Via de gracht komt u terug op de centrale *piazza*.

Terug naar de kust

Boven Amendolara (richting Oriolo, Contrada Giovanni, voorbij de vuurtoren) bevinden zich de spaarzame ruïnes van de **Chiesa San Giovanni,** waarschijnlijk de enige Armeense kerk van Italië. Ze werd in de 10e eeuw gebouwd in de vorm van een trikonchos, een kruisvorm met drie absiden, die rond een centrale ruimte zijn gebouwd en in verschillende richtingen wijzen. Tegenwoordig staan er nog slechts twee muren en een absis.

Voor de terugweg naar de kust neemt u de hoofdweg SS481, die na het viaduct over de SS106 direct naar de ruïne voert van de **Torre Spulico,** ook wel **Torre Spaccata** genoemd. Deze in 1517 door Fabrizio Pignatelli, vorst van Cerchiara, opgerichte toren maakte samen met de Torre di Albidona en de burcht van Roseto Capo Spulico deel uit van het waarschuwingssysteem langs de kust tegen de overvallen van de Saracenen.

Ter hoogte van de ruïnes bevindt zich een rotsformatie in zee, de **Banco**

De statige burcht van Roseto Capo Spulico op de rotsen boven de kust

di **Amendolara**. Het schijnt hier te gaan om het antieke, door Homerus beschreven eiland Ogigia, waar de godin Calypso Odysseus zeven jaar lang gevangen hield. De dichter beschrijft het door de turkooiskleurige zee omgeven eiland als bedekt 'met weelderige groene velden en bossen en geurende cipressen en viooltjes'. Op bevel van de god Zeus liet Calypso haar geliefde ten slotte vertrekken.

Overnachten en eten

Fraaie ambiance – **Agriturismo La Lista:** SS106, Amendolara Marina, mob. 34 00 89 00 89, www.lalista.it, april-sept., vakantiewoning voor 2 pers. € 70-110 per dag, ontbijt € 5, diner € 20. Onderdak in eenvoudig ingerichte stenen huisjes op een groot terrein, waar ook een kleine kerk staat. Slechts 500 m van zee, met restaurant. Verder ook duikcursussen, sport en spel (o.a. golf). In aug. minimum verblijf zeven, daarbuiten twee dagen.

Info en evenementen

Toeristische informatie: Comune di Amendolara, Assessorato del turismo (gemeentehuis), Piazza Sassone, 87071 Amendolara, tel. 09 81 91 10 50, www.comune.amendolara.cs.it.
Trein: meerdere keren per dag naar Catanzaro Lido, Crotone, Rossano, Sibari, Trebisacce, Roseto Capo Spulico, Rocca Imperiale, Taranto (richting noorden vaak vervangend busvervoer).
Bus: op werkdagen naar Roseto Capo Spulico, Rocca Imperiale, Trebisacce, Sibari en Cosenza; 1 keer per dag naar Castrovillari, Genua, Bari e.a. (Saj).
Patroonsfeest San Vincenzo: laatste zo. in april, processie, markt op za.
Feest van San Francesco di Paola: eind

juli, zeeprocessie.
Madonna del Bosco: 1e zo. in sept. (stadswijk Straface), processie in het bos bij de gelijknamige kerk.

Roseto Capo Spulico ▶ E 2

Slechts enkele kilometers noordelijker verheft zich de burcht van Roseto Capo Spulico, sprookjesachtig mooi gelegen direct boven zee. De geschiedenis van de plaats voert terug tot in de 6e eeuw v.Chr. Ze was een dochterkolonie van Sybaris en een belangrijke grensstad met Siritide, het gebied van de concurrerende Siris in het noorden. De inwoners schijnen destijds de in de streek groeiende rozen geruild te hebben tegen olijfolie en wijn van de Sybarieten. De Sybarieten, die hun geld over de balk smeten, schijnen de edele bloemen niet alleen als decoratie, maar ook als heerlijk geurende matrasvulling te hebben gebruikt. Onder de Romeinen kreeg de plaats de naam Civitas Rosarum (stad van de rozen).

Castello federiciano

Via Nazionale, www.castellofedericiano.it, wo.-ma. 9.30- 13, 18.30-20 uur, toegang € 3
Frederik II liet in de 13e eeuw deze burcht op een uitstekende rotspunt bouwen. Wat er daarvoor op deze plek stond is onduidelijk. Vast staat echter, dat de plaats onder de Normandiërs van strategisch belang was. De **Porta di Roseto** vormde de grens tussen de bezittingen van de Normandische koning Robert Guiscard in het noorden en dat van zijn jongere broer Rogier I in het zuiden. De vesting had een vierkante plattegrond, muren met kantelen en twee hoge torens. Het interieur van de ruimtes is in historische stijl gehouden, hoewel bijna alle tentoongestelde voorwerpen van recentere datum zijn. De

burcht wordt tegenwoordig ook commercieel gebruikt: in het restaurant worden o.a. huwelijken voltrokken.

Bovenste stadswijk

Direct tegenover de burcht voert een steile weg omhoog naar de bovenste stadswijk. Het is aan te bevelen als u eenmaal in het dorp aangekomen bent, uw auto beneden te parkeren en te voet door de steegjes tussen de huizen omhoog te lopen. Zo komt u op de *piazza* met mooi uitzicht en met de kleine **Chiesa San Immacolata** (Piazza Immacolata Concezione).

Museo Etnografico

Piazza La Ragione 4 (in het gemeentehuis), tel. 09 81 91 30 85, ma.-vr. 9-13, 15-19 uur, gratis toegang

In het kleine 2000 inwoners tellende dorp is het rijk geoutilleerde **Etnografisch Museum** een bezoek waard, waar foto's, werktuigen en huishoudelijke voorwerpen een indruk geven van het vroegere boerenleven. Het huidige gemeentehuis was oorspronkelijk een burcht, die in de loop der eeuwen compleet werd gewijzigd.

Overnachten en eten

Ton sur ton – **B & B La Dimora:** Salita Sant'Antonio 18 (tegenover de Chiesa Sant'Antonio), mob. 34 72 57 97 80, 32 94 67 48 21, www.bebladimora.it, het hele jaar, vanaf € 20-35 per persoon. Klein, maar vriendelijk en keurig onderdak. Vijf kamers met elk een andere kleurstelling; met airconditioning/verwarming, douche/wc, tv en minibar.

Historie – **Trattoria da Lucrezia:** Trebisacce, Via XXV Aprile 46, tel. 098 15 74 31, wo.-ma., menu ca. € 35. Ca. 12 km verder naar het zuiden serveren Giuseppe en Antonella buitengewoon smakelijke visspecialiteiten.

Info en evenementen

Toeristische informatie: Pro Loco, in de zomermaanden is er een informatiekiosk van het toeristenbureau op de strandpromenade, www.rosetocapospulico.info.

Trein: dag. meerdere keren naar Catanzaro Lido, Crotone, Rossano, Sibari, Trebisacce, Amendolara-Oriolo, Rocca Imperiale, Taranto (richting noorden vaak vervangend busvervoer). Op werkdagen rijdt 6 x per dag een vervangende bus naar Amendolara, Trebisacce en Sibari en naar het noorden (Rocca Imperiale, o.a. naar Taranto).

Bus: op werkdagen naar Amendolara, Cassano, Cosenza, Montegiordano, Rocca Imperiale, Sibari en Trebisacce; 1 x per dag naar Castrovillari en naar bestemmingen in Noord-Italië (Saj).

Feest van de beschermheilige San Nicola di Bari: 6 dec.

Rocca Imperiale ▶ E 1

Vlak voor de grens met Basilicata in het binnenland ligt het dorp Rocca Imperiale ('keizerlijke vesting'), dat wordt gedomineerd door de burcht van Frederik II van Hohenstaufen, door sommigen beschreven als een 'schip van steen'. De burcht rijst hoog op boven het dorp, waarvan de huizen dicht naast en onder elkaar gepakt liggen tegen de helling. De ca. 4 km lange weg erheen voert vanaf zee steil omhoog; de rit wordt beloond met een schitterend uitzicht.

Een wandeling door de smalle steegjes van het tegen de helling gebouwde plaatsje doet vermoeden, hoe moeizaam het dagelijks leven hier ooit is geweest. Midden in het dorp ligt de parochiekerk **Santa Maria Assunta**, gebouwd in de 13e eeuw en herbouwd in de 18e eeuw.

Delicatesse van het kleine dorp is de vrijwel pitloze citroen met een sterke en intense smaak – een kwaliteit, die sinds 2012 wordt onderscheiden met het keurmerk van beschermde herkomst 'IGP'.

Castello

Via Trevie, juli-sept. 10-12.30, 17-20.30 uur, in de winter op aanvraag geopend, tel. 32 86 87 91 72, toegang ca. € 3

De burcht van de Hohenstaufen werd in de 13e eeuw opgericht, in de 15e eeuw onder de Aragonezen uitgebreid en in de loop van de 19e eeuw verlaten en vervolgens lange tijd aan roofbouw en verval overgelaten. Tegenwoordig nog te herkennen zijn de hoofdtoren, een van kantelen voorzien bastion, een 8 m brede gracht, twee ronde torens, een externe en een interne ophaalbrug.

Kerk en klooster Frati Osservanti

Via Cantinella, in de zomer ma.-vr. 16-19, zon- en feestdagen 10-13, 16-20 uur, in de winter ma.-vr. 18-21 uur, het beste van te voren informeren op tel. 09 81 93 33 88 of mob. 34 89 36 88 12, toegang € 5, kinderen € 2,50

Het kerk- en kloostercomplex met een in Byzantijnse stijl gebouwde koepel aan de ingang van het dorp voert waarschijnlijk terug op een oorspronkelijk gebouw uit de 13e eeuw. In het klooster Frati Osservanti strijden op de benedenverdieping diverse **musea** om de bezoekers. Bezienswaardig is het wasfigurenkabinet met voorstellingen van paus Johannes Paulus, moeder Theresa, Padre Pio, Charlie Chaplin, Che Guevara, Verdi, Picasso, Mussolini en anderen. De andere musea hebben kleine geïmproviseerde tentoonstellingen over onderwerpen als zeep, mineralen, mosselen en zeesterren.

Overnachten en eten

Uitnodigend – **La casa incantata:** Corso Vittorio Emanuele 62, tel. 09 81 93 30 88, mob. 33 81 90 96 44, www.lacasaincantata.net, www.gruppodileo.com; hele jaar, € 30 per persoon incl. ontbijt. Klein B & B midden in dorp. Het gezellige restaurant (in het Palazzo Pucci, Via Cincinnato 14, 's winters do.- di 's avonds, za. en zo. ook 's middags, menu ca. € 25) serveert een goede lokale keuken. Aan te raden zijn de heerlijke *antipasti* (schotel met voorgerechten), die op verzoek ook vegetarisch zijn. Er is een vast menu met groenten van het seizoen. 's Avonds is er ook pizza (ca. € 5). Tip: *pizza al limone* (pizza met citroen).

Verrassend – **Ristorante Settimo Cielo:** Montegiordano Marina (ca. 10 km ten zuiden van Rocca), aan de SS106, tel. 09 81 93 51 42, di.-zo., menu ca. € 25. Piepklein restaurant met terras. Aan te raden zijn de visspecialiteiten. Speciale tip: *fusilli al settimo cielo.*

Info en evenementen

Toeristische informatie: gemeentehuis, tel. 09 81 93 63 91, www.galaltojonio.it.
Trein: op werkdagen rijdt 6 keer per dag een vervangende bus naar Roseto Capo Spulico, Amendolara, Trebisacce en Sibari en naar het noorden (Taranto).
Bus: op werkdagen naar Amendolara, Cosenza, Montegiordano, Roseto Capo Spulico, Sibari en Trebisacce; 1 x per dag naar o.a. Cassano, Castrovillari, Genua en Bari (Saj).
Goede Vrijdag: Via Crucis (kruiswegprocessie).
Patroonsfeest ter ere van de Madonna della Nova: 1-2 juli en 13 aug.

Sila en Piana di Sibari

Hoogtepunt ✳

Bisschoppelijk Museum in Rossano: een van de belangrijkste schatten van Calabrië is de Codex purpureus, die in 2015 werd opgenomen op de Werelderfgoedlijst van de UNESCO. De 188 kunstzinnig bewerkte perkamentbladen van het Griekse evangeliarum, die in de kathedraal van Rossano bewaard worden, zijn vermoedelijk 1400 jaar oud. Zie blz. 155.

Op ontdekkingsreis

Het zwarte goud – Dropmuseum van Rossano: zacht, taai, hard of met chocolade overdekt? Talloze dropvariëteiten en de geschiedenis van de dropproductie zijn – bij aanmelding van te voren – te zien in het museum en in de Amarellifabriek in Rossano. Zie blz. 158.

Sibari – in de sporen van Copia, Thurioi en Sybaris: de resten van het Romeinse Copia en de Griekse nederzettingen Thurioi en Sybaris liggen in het archeologische park van Sibari in bodemlagen boven elkaar en nodigen uit tot een boeiende ontdekkingsreis door de oudheid. Zie blz. 164.

Bezienswaardigheden

Taverna: een bezoek aan Taverna, de geboorteplaats van de beroemde barok-schilder Mattia Pretti uit de 17e eeuw, is een *must* voor kunstliefhebbers. Zie blz. 151.

Actief

Wandelen in de Sila: wandelliefhebbers kunnen in het nationaal park tochten maken op gemarkeerde paden en natuurleerpaden, bijvoorbeeld vanaf de bezoekerscentra van Cupone of Antonio Garcea. Zie blz. 143, 149 en 150.

Rondwandeling Lago Ariamacina: langs het meer en over de stuwdam, langs weilanden en akkers en door het bos ... Zie blz. 145.

Per auto of fiets over de Strada delle Vette: de 'weg van de toppen' is gezegend met smalle wegen en fantastisch uitzicht – u rijdt hem gemakkelijk met de auto of als u een goede conditie hebt op de fiets. Zie blz. 148.

Sfeervol genieten

Lupus in fabula in Lorica: dit restaurant is een culinair juweeltje aan het Lago Arvo met verfijnde lokale lekkernijen. Zie blz. 147.

Naar de giganten: een wandeling naar de reusachtige bomen van de Sila Greca in de WNF-oase vormt een onderdompeling in de oneindige stilte van het bos. Zie blz. 156.

Uitgaan

Avondwandeling door Rossano: een wandeling in het donker door de steegjes van de binnenstad van Rossano – langs de dom en de Byzantijnse kerken – met aansluitend een diner op het tuinterras van Trattoria La Bizantina, is een waar genot. Zie blz. 154 en 157.

De Grieken noemden het gebied *Hyle*, wat 'woud' betekent en een oorspronkelijk landschap doet vermoeden. De Romeinen gebruikten het hout van de *silva bruttia* (het Bruttische woud) voor de scheepsbouw. Na Langobarden, Normandiërs, Hohenstaufen en Anjous veroverden de Spanjaarden het gebied en verboden iedere houtkap. Tijdens de Franse revolutie werd de Sila staatseigendom en kon iedereen voor landbouw, maar ook industriële doelen grond verkrijgen. In het kader van een landhervorming in het midden van de 20e eeuw werden de landerijen in kleine percelen opgedeeld en als landbouwgrond aan boerenfamilies toegewezen.

De Sila kan worden onderverdeeld in de Sila Greca, Grande en Piccola. Vanuit het aardige vakantieplaatsje Camigliatello in de Sila Grande is het niet ver naar de Croce di Magara, de Fossiata, het weversstadje San Giovanni in Fiore, het Lago Arvo met het wintersportcentrum Lorica. In de Kleine Sila bevinden zich de vakantieplaatsen Racise, Mancuso en het kunstenaarsstadje Taverna. De noordelijker gelegen Sila Greca ontleent haar naam aan de Griekse kolonisatie van het gebied. Dit is het land waar het byzantinisme zijn waardevolle erfgoed heeft nagelaten. Slechts ongeveer 20 km verder naar het noorden ligt de archeologische vindplaats, die getuigt van de eerste Griekse kolonisatie in de 8e eeuw v.Chr. – Sybaris.

Op culinair gebied heeft de streek ook het een en ander te bieden: uitstekend zijn zonder twijfel de paddenstoelensoorten *porcino* en *rosito,* beroemd ook de Silanese aardappelen en de kaassoorten *caciocavallo, provola, buzzini, mozzarella* en *ricotta.*

INFO

Parco Nazionale della Sila: tel. 09 84 53 71 09, www.parcosila.it.
Informatiepost over de Sila: Torre Camigliati, 87052 Camigliatello, tel. 09 84 57 82 00, 09 81 66 75 99, www.old calabria.org. Zetel van het culturele park Old Calabria, met een fotoexpositie over de steden van de zogenaamde *Grand Tour.*

Internet

www.caicatanzaro.it: tips voor wandelingen en mountainbikeroutes en video's (o.a. van de Sila). De Italiaanse alpenclub CAI organiseert gedurende het hele jaar groepswandelingen onder leiding van een gids.

Heenreis en openbaar vervoer

Met de auto naar de Sila: uit het noorden komend slaat u bij de snelwegafrit Cosenza op de SS107 af. De kleine provinciale wegen zijn zeer bochtig en u komt er langzaam vooruit, plan daarom altijd voldoende reistijd.
Met de auto naar Piana di Sibari en Rossano: neem vanaf de autostrada de wegafrit Spezzano Albanese-Sibari, rijd op de SS534 langs de kust en verder op de SS106.
Trein/vliegtuig: het dichtstbijzijnde vliegveld en station van de autotrein uit het noorden is Lamezia.
Bus: er zijn dagelijkse busverbindingen met Noord-Italië.

Fietsverhuur in de Sila

Zie blz. 142, Altipiani; en verder kunt u ook fietsen huren bij enkele hotels.

Sila Grande en Sila Piccola

Camigliatello Silano ▶ E 5

Het aantrekkelijke kleine vakantiedorp op 1278 m hoogte, een buitenwijk van Spezzano della Sila, is op grond van zijn gunstige ligging (slechts 30 km van Cosenza) een geschikt uitgangspunt voor ontdekkingstochten in de Sila. Camigliatello is ook een wintersport-centrum en beschikt over 20 km lang-laufloipen en twee skipistes (2200 m resp. 2050 m lang) op de Monte Curcio (1768 m) en op de Monte Scuro (1633 m).

Langs de hoofdweg van het dorp, de Via Roma, liggen talloze bars, hotels en winkels, waar Calabrische speciali-teiten worden aangeboden. In het bo-venste deel zorgt een park met dennen en een fontein voor verkoeling. Bene-den de kerk (zie onder) verloopt de Via Repubblica parallel aan de Via Roma. U wandelt er langs prachtige, met bomen omgeven houten huizen.

Chiesa Santi Roberto e Biagio

Via della Chiesa 1

Op de Piazza Misasi slaat u rechts af en loopt u door een klein dennenbosje naar de Chiesa Santi Roberto e Biagio met een hoge klokkentoren. Hier is in 1999 een monument neergezet ter ere van Padre Pio, een van de meest ver-eerde heiligen van Italië. In het inte-rieur van de eenvoudige houten kerk zijn een puntdak met steunbogen, grijze zuilen en een houten altaar te zien. Opmerkelijk is het houten cruci-fix, dat ooit op de Monte Scuro stond (tegenwoordig staat daar een van staal), daarna gerestaureerd werd en nu wordt beschermd en bewaard in de kerk. Een prachtig mozaïek van Padre Ugolino da Belluno stelt Maria met de engel voor.

Naar de giganten

Riserva Biogenetica Guidata 'Pini Giganti della Sila', Loc. Croce di Magara, 87052 Spezzano della Sila, informatie: Coop. Sociale L'Alba, tel. 098 41 63 49 86, mob. 32 71 76 62 33, www.igigantidellasila.it, mei-okt. dag. 9-19 uur, nov.-april op afspraak, toegang € 2 (met korting € 1,50)

Ca. 3 km ten oosten van Camigliatello kunt u in een 5 ha groot reservaat bij Croce di Magara de **giganten van Fallistro** zien. Naast zeven enorme es-doorns ziet u er de verschillende groei-stadia van de Corsicaanse den. Enkele

Cultuurpark en Emigratiemuseum

Ter nagedachtenis aan auteurs als Norman Douglas, die beeldend over Calabrië geschreven hebben, is in Camigliatello het **Parco Letterario Old Calabria** in het leven geroepen. In het bezoekerscentrum in de **Torre Camigliati** (R. Lago di Cecita) zijn een foto-expositie, een kleine bibliotheek en een winkel voor Calabrische hand-nijverheidsproducten ondergebracht. De eerste verdieping van het voorma-lige adellijke paleis uit de 18e eeuw is ingericht als een B & B (zie blz. 142). Het indrukwekkende **Museo Narrante dell'Emigrazione** met talrijke foto's, documenten en muziekfragmenten geeft een inkijkje in de wereld van de emigranten. Via Camigliati, Parco Old Calabria, 87052 Camigliatello Silano, tel. 09 84 57 82 00, 081 66 75 99, www. oldcalabria.org, juli/sept. vr.-zo. 10-14, 15.30-18.30 uur, aug. dag. 10-14, 15.30-19.30 uur, 15 aug. gesloten, overige tijd op aanvraag, toegang € 2.

bomen moeten maximaal 380 jaar oud zijn. Gemiddeld zijn ze 35 m hoog, enkele zijn zelfs meer dan 40 m hoog.

Overnachten

Aardig hotel in het centrum – **Hotel Aquila & Edelweiss:** Via Stazione 15, tel. 09 84 57 80 44, www.hotelaquila edelweiss.com, hele jaar, halfpension in voor- en naseizoen ca. € 55, in het hoofdseizoen € 80 per persoon, korting bij langer verblijf. Midden in het dorp gelegen hotel-restaurant met 48 kamers met badkamer, tv en telefoon.

Charmant – **B & B in de Torre Camigliati:** tel. 09 84 57 82 00 (juli-sept.), 081 66 75 99, www.torrecamigliati. it (zie cultuurpark en Emigratiemuseum blz. 141), hele jaar € 55-60 per persoon. Stijlvol ingerichte kamers en suites met tv en internet, appartement voor 2 personen in de dependance ca. € 600 per week (in de winter € 650), in een 60 ha groot park. Voor huisdieren geldt een toeslag.

Tip

Alles voor de bergsport

Aan het onderste deel van de Via Roma ligt de (berg)sportwinkel **Altipiani.** Hier kunt u wandel- en mountainbiketochten, sneeuwschoen- en langlaufexcursies boeken. Bij tijdige aanmelding zijn Duits-/Engelstalige excursies mogelijk. Verhuur van mountainbikes, sneeuwschoenen en ski's. Te koop is o.a. de wandelkaart met mountainbikeroutes (Italiaans/Engels), schaal 1:25.000, uitgave 2007, € 10. **Altipiani eventi e turismo:** Via Roma 98, 87052 Camigliatello, tel. 09 84 57 87 66, mob. 33 92 64 23 65, www.inalti piani.it, dag. 9-20 uur.

Eten en drinken

Stijlvol – **Ristorante La Tavernetta:** Contrada da Campo San Lorenzo 14 (aan de weg naar Lago di Cecita), tel. 09 84 57 90 26, hele jaar di.-zo. 's middags en 's avonds, menu ca. € 45. Verfijnde keuken, met wijnkelder. Specialiteit: gerechten met paddenstoelen, in het bijzonder eekhoorntjesbrood-soufflé.

Lokaal – **Ristorante Aquila & Edelweiss:** Via Stazione 11, tel. 09 84 57 80 44, hele jaar wo.-ma. 's middags en 's avonds, bij voorkeur reserveren, menu ca. € 26-40. Beschaafd restaurant met lokale keuken met als specialiteit: paddenstoelen.

Winkelen

Delicatessen – **Blu Sila:** Via Roma 188, tel. 09 84 57 08 87, 10-13, 16.30-18.30 uur, do.-di. wijnen, likeur en verse producten zoals worst, kaas, zelfgemaakte pasta. Specialiteiten zijn vooral paddenstoelen en kaas uit de Sila.

Actief

Skiverhuur – **Sci Club:** Via Roma, tel. 09 84 92 97 55, skiverhuur direct naast de Pro Loco.

Info en evenementen

Toeristische informatie: Pro Loco, Via Roma 5, 87052 Camigliatello, tel. 09 84 57 81 59, www.camigliatellosilano.it. **Bus:** op werkdagen meerdere keren per dag naar Cosenza, Rossano, S. Giovanni in Fiore, San Demetrio Corone, Corigliano, Catanzaro (IAS, Romano). **Feest van de Madonna Assunta:** op 15 aug. wordt de hemelvaart van Maria in de Chiesa Santi Roberto e Biagio zeer feestelijk gevierd.

Het Lago di Cecita vormt een van de poorten tot het Parco Nazionale della Sila

Feest van de beschermheilige San Francesco di Paola: 3e zo. in sept., met processie.

Lago di Cecita ▶ E 5

Het Lago di Cecita, ook Lago Mucone genoemd, bevindt zich ten noordoosten van Camigliatello op 1230 m hoogte. Met een oppervlak van circa 13 km² is het de grootste van de kunstmatig opgestuwde meren van de Sila. Het werd in de jaren 50 van de vorige eeuw voor de stroomopwekking aangelegd.

Parco Nazionale della Sila ▶ E 5

Bezoekerscentrum Cupone

Loc. Cupone, 87052 Spezzano della Sila, tel. 09 84 57 97 69, www. parco sila.it, overdag geopend

Vanaf de oostelijke oever van het Lago Cecita strekt zich het Nationaal Park van de Sila uit. In de gebouwen van het Corpo Forestale bij de ingang van het park zijn exposities over de flora en fauna. Boven de kantoorgebouwen starten goed gemarkeerde wandelroutes naar het binnenste van het nationaal park en naar wildparken, waar reeën, herten en met een beetje geluk ook de wolf is te observeren. Langs de wandelpaden staan informatiepanelen over de flora en de fauna van de Sila. In de buurt van het bezoekerscentrum is ook een geologisch leerpad.

De **botanische tuin** met zijn oppervlak van 10.400 m² toont 115 planten uit Calabrië. In het nieuwe natuurmuseum **Museo della Biodiversità** (dag. 9-13, 14-18 uur, toegang € 6, kinderen 6-13 jaar en senioren € 4, kinderen tot 6 jaar gratis) krijgt u een inkijkje in de flora en fauna van Italië. Hier is na decennialange wetenschappelijke arbeid een collectie bijeengebracht van alle soorten muizen, vleermuizen, insecten, amfibiën, slangen en veel meer. De collectie bevat ook 22.000 insecten van Zuid-Italië, waaronder alle soorten vlinders. Tentoongesteld zijn ook de giftigste slangen en schorpioenen en grootste vlinders ter wereld.

Rondwandeling op het natuurleerpad

Gemakkelijke wandeling (1,5-2 uur), het hele jaar door te voet (sport-schoenen zijn voldoende), met de fiets of in de winter op sneeuwschoe-nen mogelijk; hoogteverschil: 109 m; markering: Sentiero 1 en wandelpad 434 (rood-witte markering); start-punt: parkeerplaats van het bezoe-kerscentrum van Cupone aan het Lago Cecita (toegang per auto: van-uit Camigliatello over de SS177)

Vanaf de parkeerplaats steekt u de hoofdweg over en komt u direct bij het bezoekerscentrum van Cupone met talrijke door het Italiaanse Staatsbos-beheer goed gemarkeerde wandelrou-tes en natuurleerpaden. Een ca. 3 km lang natuurleerpad (Sentiero 1) voert omhoog naar het dennenbos. Er le-ven hier tal van planten en dieren, die op informatieborden in het Italiaans beschreven zijn. Het interessantst is zeker de Corsicaanse den, die hier rijk

vertegenwoordigd is. Maar u ziet hier ook beuken, donseiken, essen, zilver-sparren, jeneverbessen, wilde kersen-en appelbomen, meidoorn-, braam- en rozenbottelstruiken en veel meer. Ook is hier te zien hoe de pijnbomen ooit voor de harswinning gebruikt werden. Bij de naaldbomen werd aan drie kan-ten van de boom de bast verwijderd en in de harshoudende stammen een vis-graatpatroon gekerfd. De hars vloeide door het middelste kanaal weg, werd in terracottavaten verzameld en voor de productie van verf en terpentine gebruikt. Tegenwoordig hebben syn-thetische harsen de natuurlijke hars vervangen, zodat dit procédé in de Sila niet meer wordt uitgevoerd.

Te zien zijn ook de resten van een kolenmeiler, die hier is nagebouwd en tentoongesteld. Ook ziet u er een hut van de kolenbranders, die tijdens het zware en ingewikkelde proces van de houtskoolproductie door het lang-zame verkolen van het hout hier in het bos woonden. Dit handwerk, dat ooit wijdverbreid was, wordt tegenwoor-dig alleen nog in de Serre uitgeoefend (zie blz. 243).

De rondwandeling voert langs en-kele wildparken, waarin reeën en her-ten leven. Deze dieren bevinden zich slechts tijdelijk in de omheinde parken en worden na verloop van tijd weer in de vrije natuur losgelaten en door an-dere dieren vervangen. De wolven in het wildpark werden daarentegen hier geboren en blijven in gevangenschap.

In vrijheid leven hier dassen, zwarte eekhoorns, wilde katten, vossen, we-zels en bunzingen. In de Sila leven ook aspisadders, giftige slangen, die zich vooral op zonnige en stenige hellin-gen thuis voelen. Maar geen paniek: slangen zijn zeer schuw en mijden de mensen. Beste voorzorgsmaatregel: op de paden blijven en kijken, waar u uw voeten zet.

Wandeling op het natuurleerpad

Bos van Fossiata ▶ E 5

Op de SP282 richting Longobucco rijdt u door het bos van Fossiata op 1400 m hoogte. Het is een van de grootste bossen van Zuid-Italië en geldt tevens als het mooiste van de Sila Grande. Terwijl Corsicaanse dennen op deze hoogte domineren, mengen ze zich op lagere hoogtes met eiken, kastanjes en beuken. Vanaf de afslag richting San Giovanni in Fiore voert rechts een bochtenrijke panoramaweg omlaag door het dal van de Neto en ten slotte naar de hoofdweg 107 (Camigliatello-S. Giovanni in Fiore).

Lago Ariamacina ▶ E 5

Het meer met een oppervlak van 1,2 km² is een van de kunstmatige meren van de Sila en werd in de jaren 50 van de vorige eeuw aangelegd. Het vangt sindsdien het water op van de rivier de Neto en leidt het naar de waterkrachtcentrale bij Vaccarizzo en al naar behoefte verder naar het Lago di Cecita.

Rondwandeling aan het meer

Het hele jaar mogelijk, te voet of met de fiets, in de winter met sneeuwschoenen, 7 km, ca. 3 uur, hoogteverschil: 190 m; markering: rood-wit, nr. 412; wat betreft de hoogteverschillen is het een gemakkelijk wandelpad, u moet echter enkele weilanden oversteken (de hekken zorgvuldig sluiten alstublieft), sportschoenen volstaan; startpunt: station van San Nicola (SS107 afslag Silvana Mansio San Nicola)

Nadat u de auto bij het oude station geparkeerd hebt, wandelt u terug naar de brug, die naar de SS107 richting Cosenza voert. Aan de rand van het bos voert de gemarkeerde wandelroute 412 links omlaag het dennenbos in. Langzamerhand buigt het pad van

Rondwandeling aan het Lago Ariamacina

de hoofdweg af en voert omlaag naar hooilanden, die liggen ingebed in het glooiende heuvellandschap. Het landbouwweggetje volgend, kijkt u na een bocht uit op het **Lago Ariamacina**. Het pad voert langs de oever van het meer in noordoostelijke richting en na ca. 1 uur komt u in de buurt van de **stuwdam** (op 1310 m hoogte). Hier vormt een klein zandstrand een geschikte pauzeplek.

Ter hoogte van de stuwdam passeert u een hek en lijkt het wandelpad op te houden in het omheinde weiland. Het loopt echter in zuidoostelijke richting omhoog naar het hek (markering op een boom). Daar komt u door een houten hek weer op het bospad uit. Boven aangekomen, voert het bospad links verder door het dennenbos en klimt dan gestaag omhoog.

Voorbij het hoogste punt, de **Valico delle Differenze** (1520 m), voert het pad weer omlaag, een paar honderd meter verder onder de elektriciteitsleiding door, rechts langs een poeltje en tussen hooilanden en akkers omlaag naar de SS107. Na het viaduct rechts aanhoudend bereikt u na circa 10 min. het afgedankte treinstation van San Nicola, waar u iets kunt eten en drinken in het bar-restaurant.

San Giovanni in Fiore ▶ F 6

Het 20.000 inwoners tellende stadje San Giovanni in Fiore is vooral als landbouwcentrum en om zijn weverijen beroemd. Naast de vroegere producten uit de weverij biedt de stad tegenwoordig nog andere specialiteiten: de Grappa Paisanella, het kruidenelixer Amaro dell'Abate, de anijslikeur l'Ananzu en de Magna Grecia (mirtelikeur).

Abbazia Florense

Via Monastero 2, dag. 8-12.30, 15-19 uur

De naam en het ontstaan van de plaats voeren terug op de abt **Gioacchino da Fiore**. Hij stichtte in 1189 de Abbazia Florense en een strenge kloosterorde, afgeleid van de cisterciënzer orde. De Florenser Orde werd in 1196 door paus Celestinus III erkend en verspreidde zich over Calabrië, tot hij in 1570 weer werd ontbonden. Rond de abdij van Fiore ontstond later een stadje. Het lichaam van de in 1202 gestorven abt werd naar de abdijkerk San Giovanni in Fiore overgebracht en eerst in de crypte, later in de kerk zelf bijgezet. De huidige kerk is sinds haar ontstaan in de 12e eeuw meermalen verbouwd. Het interieur maakt indruk met zijn soberheid en fraaie houten plafond. Links vooraan is de kapel met een standbeeld van het lijk van Gioacchino da Fiore. Rechts kunt u in de crypte afdalen.

Museo demologico dell' economia, del lavoro e della storia sociale silana

Tel. 09 84 97 00 59, hele jaar ma.-za. 8-19 uur, 15 juni-15 sept. ook zo. 9.30-12.30, 15.30-18.30 uur, rest van het jaar zo. op aanvraag, entree ca. € 1,50

Aan de achterkant van het klooster, in het **Volkenkundig Museum van de economie, arbeid en sociale geschiedenis van de Sila**, worden de historie, economie, de folklore en de verschillende vormen van landbouw van de Sila aanschouwelijk gedocumenteerd. Op de begane grond geven de opnames van de fotograaf Saverio Mazza uit San Giovanni in Fiore inzicht in het leven van de mensen, vooral in de jaren 30 van de vorige eeuw. Op de bovenste verdieping zijn in verschillende kleine afdelingen werktuigen en gereedschappen uit de varkenshouderij, schapenteelt, wolbewerking, steenhouwerij, wijnbouw, olijfteelt, graanproductie en de goudsmeedkunst te zien. Verder zijn er typische lokale sieraden, traditionele klederdrachten en het weefwerk van het stadje tentoongesteld. Tijdens de stadsfeesten kunt u met een beetje geluk nog vrouwen in traditionele klederdracht bewonderen.

Overnachten en eten

Klassiek & elegant – **Hotel Ristorante Biafora:** Bivio Garga 9, langs de SS107, tel. 09 84 97 00 78, www.hotelbiafora. it, halfpension ca. € 55-60 per persoon. Een paar km ten westen van San Giovanni biedt dit goed geleide hotel onderdak, maaltijden en excursies aan. Met fitness- en wellnesscentrum, bar en tuin. Het restaurant is het hele jaar 's middags en 's avonds geopend (zo.-avond en ma.-middag gesloten), menu's circa € 28-50.

Winkelen

Likeur – Sapori Silani di Alessio: Via
Montagna Grande 19, tel. 09 84 99 16 92.
Geheel in de traditie van de abdij van
Fiore wordt hier de Amaro dell'Abate
geproduceerd. En verder likeuren van
mirte en anijs.

Tapijten – Tessitura Mimmo Caruso:
Via Gramsci 195, tel. 09 84 99 27 24,
www.tappetiartigianalicaruso.it.
Tapijtproductie, o.a. de beroemde
lappendekens – *a pizzulune.*

Info en evenementen

**Toeristische informatie: Comune
di San Giovanni in Fiore (gemeen-
tehuis)**, Piazza Municipio, 87055 San
Giovanni in Fiore, tel. 09 84 97 71 11,
www.comune.sangiovanniinfiore.cs.it.
Bus: op werkdagen meerdere keren
naar Camigliatello, Cosenza, Rossano,
San D. Corone (IAS Romano).
Carnaval: *frassie* (satirische muzikale
voorstellingen).
Goede Vrijdag: traditionele processie.
Feest van de Madonna del Carmine:
13-16 juni, met markt.
**Feest van de beschermheilige San
Giovanni Battista:** 24 juni.
Fiera di San Giovanni in Fiore: eind
aug. De oorspronkelijke veemarkt is
veranderd in een markt met allerhande
(handnijverheids)producten.

Lago Arvo en Lorica ▶ E 6

Het **Lago Arvo** (1278 m) biedt een aangenaam panorama: op de omringende
weilanden grazen koeien, daarachter
strekt zich een gemengd bos van loof-
en naaldbomen uit. Het meer doet lief-
lijker en natuurlijker aan dan het Lago
Cecita, hoewel ook dit meer in de jaren

30 van de vorige eeuw kunstmatig werd
aangelegd. Helaas ligt het kleine dorp
Lorica er buiten het hoofdseizoen wat
verlaten bij en legt het af tegen het concurrerende dorp Camigliatello: met gesloten hotels en restaurants maakt het
een desolate indruk. Dat toont ook een
rit om het meer, langs de stuwdam en
het groepje huizen in Pino Collito.

Monte Botte Donato ▶ E 6

*Cabinovia Cavaliere-Monte Botte
Donato, 87050 Serra Pedace. In 2016
is een nieuwe kabelbaan gebouwd.*
Het hoogste punt van de Sila, de **Monte
Botte Donato** (1928 m), bereikt u zonder moeite in circa 20 minuten met de
kabelbaan (vanaf Lorica de borden richting 'funivia/impianti risalita ca. 3 km
volgen). Hoog boven geniet u van een
grandioos vergezicht, zoals u dat niet
veel vindt in Calabrië: in het noorden
ziet u de Sila Grande, in het zuidoos-

Tip

Simpele maar verfijnde keuken

Een waar genot biedt het kleine goed
verzorgde restaurant in Lorica aan het
Lago Arvo. Ook na een wisseling van
de eigenaar wordt de sinds jaren be-
proefde traditie van deze 'geweldige'
keuken en de goede service in Lorica
voortgezet. Om uw vingers bij af te likken zijn de traditionele *pietanze,* die
op een innovatieve manier worden
bereid. Specialiteit van het huis: forel
(Italiaans *trotta,* bijv. hamburger met
forel), zelfgemaakte pasta en brood.
Ristorante Lupus in fabula, tel. 09
84 53 61 00, mob. 36 63 37 58 63, ma.-
wo. 's middags, do.-zo. 's middags en
's avonds geopend. Zelf gekozen à-la-
cartemenu's circa € 20-30.

ten de Sila Piccola, links en rechts de beide zeeën. Bij heel helder zicht is in het zuiden zelfs Sicilië te herkennen. Vanaf hierboven is het slechts 9 km in vogelvlucht naar de 160 m lager gelegen **Monte Curcio**. De beide toppen zijn, net als de **Monte Sorbello** (1856 m), ook vanaf de panoramische **Strada delle Vette** te bewonderen (zie onder).

Na genoten te hebben van het prachtige uitzicht skiet u 's winters razendsnel omlaag naar het **Lago Arvo**. Op de direct naast de kabelbaan gelegen **rodelbaan** kunt u het hele jaar op weekenden (onafhankelijk van het weer) spannende ritjes maken, net als in het nieuwe **avonturenpark Silavventura** boven het meer (www.silavventura.it): in tweepersoons sleetjes op rails!

Met de auto of op de fiets op de Strada delle Vette

Autorit

Afstand/tijd ca. 27 km/ca. 1,5 uur. De weg is smal, deels zeer steil en vol kuilen. Bovendien moet u goed opletten, omdat hier steeds weer los-lopende koeien de weg oversteken.

Een mooie rondrit dwars door de bossen en over de toppen biedt de Strada delle Vette. Komend uit Silvana Mansio, buigt voor Lorica de bergweg af, omhoog naar de **Monte Botte Donato**. Na ca. 11 km en een klim van rond 600 m komt u bij de **Rifugio** (berghut) op 1928 m hoogte, waar u zich bij de fontein kunt opfrissen. Het uitzicht reikt vanaf hier over het Lago Arvo heen tot aan de Sila Piccola.

Na de steile klim verloopt de rest van de rit rustig en voert gestaag omlaag: eerst over een uitgestrekt open gebied langs de toppen van de **Monte Sorbello** (1853 m) en de **Monte Curcio** (1768 m), dan omlaag naar de **Monte Scuro** (1633 m). Vanaf de crucifix geniet u nog een keer van het geweldige vergezicht over de hoogvlakte van de Sila, voor u via het dorp Moccone terugrijdt naar Camigliatello.

Fietstocht

Afstand ca. 60 km, afhankelijk van uw conditie 6-8 uur

Wie met de fiets een rondrit wil maken, start in Camigliatello en fietst over de

Met de auto of op de fiets over de Strada delle Vette

oude SS, die parallel aan de nieuwe SS107 loopt, richting Lorica. Na 7 km komt u bij het dorp Sculca (1366 m). 4 km verder slaat u ter hoogte van de hoofdweg SS107 rechts naar Lorica af. De tocht voert door de kleine nederzetting Silvana Mansio (1460 m), langs het wintersportgebied Carlo Magno en omlaag naar het Lago Arvo (steeds richting Lorica). Na enkele kilometers komt u rechts bij de wegwijzer 'Strada delle Vette' (vanaf hier is de tocht identiek aan de hiervoor beschreven autorit).

Overnachten

Comfort – **Hotel Park 108:** Lorica, Via Nazionale 86, tel. 09 84 53 70 77, mob. 32 88 95 90 41, www.hotelpark108.it, hele jaar, halfpension in 2 pk € 70-110 per persoon. Kamers met telefoon, minibar, satelliet-tv, wifi, met uitzicht op de bossen of het meer. Wellnesscentrum met sauna, fitnessruimte, restaurant met uitzicht op het meer.

Actief

Skiën – **Alpine afdaling** van de Monte Botte Donato over meerdere pistes. Ook **langlaufloipes** van 2-7 km in het skigebied Carlo Magno (zijweg van de SS107 van Silvana Mansio naar Lorica).

Info en evenementen

Toeristische informatie: Pro Loco, Via Nazionale, 87050 Lorica.
Bus: op werkdagen 1-2 x per dag naar San Giovanni in Fiore, Catanzaro, Rossano en Corigliano (IAS).
Feest van de Madonna dell'Assunta: 15 aug., *ferragosto,* wordt in Lorica zeer feestelijk gevierd.

Villaggio Mancuso

▶ E 7

Ten zuiden van het Lago Ampollino voert de SS179 door sparren- en loofbossen naar de kleine vakantieplaatsen **Racise** en **Mancuso.** Het zuidelijker gelegen dorp draagt de naam van Eugenio Mancuso, een pionier van het toerisme in de Sila, die hier in 1928 een vakantiedorp liet bouwen. De oude chalets in de stijl van het Zwarte Woud zijn inmiddels in vervallen staat, maar er worden pogingen ondernomen om het dorp weer op te knappen.

Parco Nazionale della Sila, bezoekerscentrum Antonio Garcea

Loc. Monaco, tel. 09 61 92 20 30, www. parcosila.it, overdag geopend
In het bezoekerscentrum bevinden zich twee musea (dag. 11-13, 15-19 uur, gratis entree), die gewijd zijn aan de bossen van de Sila: het **Museo le Foreste della Sila** geeft op informatiepanelen in het Italiaans het complexe ecosysteem van de Sila Piccola weer. In een houten paviljoen is de expositie **Le Foreste e l'uomo**, 'Het bos en de mens', te zien. Hier staat het gebruik van het bos, een belangrijke inkomstenbron van de Sila, in het middelpunt. U moet beslist een wandeling maken door het omringende bos (zie blz. 150)!

Overnachten en eten

Idyllisch – **Albergo della Posta:** Villaggio Mancuso, Via E. Mancuso, tel. 09 61 92 20 33, www.albergodellaposta. net, hele jaar, B & B € 59-130. Klein hotel met wellnesscentrum in het hart van Villaggio Mancuso met 20 comfortabele kamers met satelliet-tv, telefoon, wifi, badkamer, minibar en airconditioning.

Favoriet

Parco Nazionale della Sila – bezoekerscentrum Antonio Garcea ▶ E 7

Van hieruit (zie blz. 149) kunt u korte of lange wandelingen maken in de Sila. Op verschillende natuur-leerpaden, waaronder een speciaal voor slechtzienden aangelegde rondwandeling (ca. 1 uur), dringt u door in het bos. In een wildpark zijn reeën en herten te zien.

Enkele informatieborden laten dichters en filosofen spreken, andere informeren u over de dieren, bloemen, bomen, paddenstoelen en kruiden van het bos. Aan de hand van een hier opgebouwde kolenmeiler wordt gedemonstreerd hoe houtskool geproduceerd wordt.

Het goed verzorgde ristorante (dag. 's middags en 's avonds, menu € 13-25) onderscheidt zich met een lokale keuken en selecte wijnen. Specialiteiten: wild en gerechten met paddenstoelen. Ook glutenvrije gerechten.

Familiair – **Hotel Ristorante Ragno D'Oro:** Villaggio Racise (ca. 2 km ten noorden van Villaggio Mancuso), tel. 09 61 92 20 43, hele jaar, halfpension € 40, volpension ca. € 50, restaurant di.-zo., menu vanaf € 20. Goed verzorgd familiebedrijf, kamers met badkamer, centrale verwarming en telefoon.

Taverna ▶ E 7

Het ontstaan en de geschiedenis van de plaats zijn tot op heden niet helemaal opgehelderd, waarschijnlijk voeren ze terug op een Griekse nederzetting. Taverna Vecchia, dat tussen San Giovanni en Sellia lag, werd in de 14e eeuw verwoest. Van de rond de 10e eeuw opgerichte nederzetting zijn nog de ruïnes van de wachttoren en de vestingwal te zien. Daarna vestigden de inwoners van Taverna zich in het huidige nieuwe stadsgebied.

De nieuwe plaats (ca. 2600 inwoners) dankt zijn bekendheid zonder twijfel aan de schilder **Mattia Preti,** die hier in 1613 werd geboren. Overal in het dorp wordt u aan de belangrijke barokschilder herinnerd. Het speelt daarbij geen rol dat Mattia Preti zijn thuisstad al als jonge man verlaten had en slechts eenmaal voor korte tijd hierheen terugkeerde. Op de straten en pleinen stuit u op talrijke installaties van hedendaagse kunstenaars.

Chiesa San Domenico

Toegang, zie Museo Civico
De wandeling door het dorp begint in de regel op de centrale *piazza* met de kerk en het in 1464 gestichte klooster

San Domenico. Na de verwoestende aardbeving van 1662 werd de kerk in barokstijl herbouwd. Boven het weelderig bewerkte portaal troont de figuur van Sint-Dominicus. In het interieur van de basiliek bevinden zich diverse kunstschatten: een cassetteplafond, een houten altaar uit de 18e eeuw, een crucifix uit de 15e eeuw, stucwerk en vooral de schilderijen van de *Cavaliere calabrese,* zoals Mattia Preti genoemd werd: o.a. 'De bliksemslingerende Christus', 'Het martelaarschap van Sint-Sebastiaan', 'De prediking van Johannes de Doper' en 'Madonna van de Zuiverheid'.

Museo Civico

Palazzo San Domenico, tel. 09 61 92 10 58, www.museiditaverna.it, di.-zo. 9.30-12.30, 16-19 uur; entree (incl. Chiesa San Domenico) € 5, ouder dan 65 jaar € 3
De bezichtiging van de werken van Mattia Preti kunt u in het Museo Civico, direct ernaast in het voormalige dominicanenklooster, voortzetten. Zijn schilderij van de heiligen Petrus en Paulus wordt hier tentoongesteld, net als een houtskooltekening. Ook van zijn oudere broer, Gregorio Preti, ook een beroemde schilder, zijn enkele werken te zien. Daarnaast zijn er werken van andere plaatselijke schilders uit de 18e en 19e eeuw te zien. Onduidelijk is nog steeds de oorsprong van het schilderij 'Sisara e Jaele', dat enkele kunsthistorici eerder aan Gregorio toeschrijven. Anderen zien het als een gemeenschappelijk werk van Mattia Preti en een van zijn leerlingen.

Andere kerken

Direct tegenover de San Domenico bevindt zich de sobere **Chiesa San Nicola,** die na meerdere uitbreidingen in de 20e eeuw voorzien werd van een neoclassicistische façade. Vanaf de centrale *piazza* loopt u via een stenen trap naar de Via Ieriense, en uiteindelijk klimt u over de Viale Guglielmo Marconi naar de hoog boven Taverna oprijzende **Chiesa Santa Barbara**, die in 1427 werd opgericht en diverse keren is verbouwd. Ze maakt veel indruk met haar interieur met prachtige schilderijen.

Boven het altaar bevindt zich het imposante 'Il Patrocinio di Santa Barbara' (De glorie van de heilige Barbara) uit 1688 van Mattia Preti. Naast andere werken van de *Cavaliere calabrese* zijn er ook schilderijen van de kunstenaars Fabrizio Santafede en Giacinto Brandi uit de 16e en 17e eeuw te zien. Verder zijn er opmerkelijke houten beelden te bewonderen, zoals bijvoorbeeld de Immacolata uit de 18e eeuw van D. D. Laurentis (1,65 m hoog), evenals enkele grafmonumenten, o.a. het graf van Ignazio Poerio Pitere. Het werd in 1868 door een onbekende kunstenaar in meerkleurig marmer en groensteen uit Gimigliano geschapen.

Niet onvermeld blijft hier ook de **Chiesa Santa Maria Maggiore** (Piazza Santa Maria) uit de 15e eeuw, de eerste kerk die in het 'nieuwe' Taverna werd opgericht. U kunt er werken zien van de schilders Giovanni Balducci en Bernardo Azzolino (beide 16e/17e eeuw) en van Cristoforo Santanna uit Rendese (18e eeuw).

Eten en drinken

Eenvoudig – **Mattia Pub:** Via Ierinise 16, tel. 09 61 92 36 33 19, vanaf 19 uur, hele jaar di.-zo. 's avonds, 's middags afhankelijk van het seizoen of op aanvraag, pizza ca. € 5. Landelijk gelegen restaurant met terras. In de zomer ook liveconcerten, trefpunt voor jongeren. Kaasplateau's, belegde broodjes, paddenstoelengerechten, enz.

Evenementen

Feest van de beschermheilige San Sebastiano: 20 jan./15 okt., met processie.

Cropani ▶ F 7

Op een wandeling door Cropani hebt u telkens weer tussen de huizenblokken door uitzicht op de groene bergen van

Tip

Voor natuurliefhebbers en Bourgondiërs

Rustig gelegen midden in de natuur en ver van alle toeristische drukte, verzorgt de kleine Bed & Breakfast La Pecora Nera in Buturo individueel onderdak. Het heeft bovendien een gezellige trattoria met een ruim wijnassortiment en lekkere specialiteiten. In Buturo is een bezoekerscentrum van het nationaal park in aanbouw. Van hieruit starten diverse wandelroutes, o.a. een wandelpad naar Villaggio Mancuso (ca. 4 uur).

La Pecora Nera: Villaggio Buturo, 88055 Albi, mob. 33 94 22 25 31, www.villaggiobuturo.com, in de zomer di.-zo., in de winter za./zo. en verder op aanvraag. 2 pk met ontbijt € 60, menu ca. € 25, speciaal fijnproeversmenu € 28 (reserveren aanbevolen).
Let op: hoewel Buturo behoort tot de gemeente Albi, ligt het ca. 35 km buiten het centrum. Erheen rijdt u via Sersale of over Villaggio Mancuso.

de omgeving en het blauw van de in de verte glinsterende zee. De rust geeft de door de steegjes slenterende bezoekers de indruk, dat de tijd hier heeft stilgestaan. In Cropani worden nog bedden, kaarsenhouders en ijzeren lampen gesmeed. In deze traditie staan ook de vele van gietijzer vervaardigde balkons van de prachtige adellijke paleizen, waarvan u er verschillende tegenkomt op een rondwandeling door de 3500 zielen tellende gemeente.

Duomo S. Maria Assunta

Via Duomo

Het belangrijkste gebouw is zonder twijfel de schitterende, aan de Assunta (Hemelvaart) gewijde dom. De in de 15e eeuw gebouwde kerk is versierd met een roosvenster, dat in twaalf segmenten is onderverdeeld. De façade is gebouwd van vierkante blokken van graniet en tufsteen. Ernaast verheft zich een 43 m hoge klokkentoren. Aan de noordzijde bevindt zich een marmeren portaal uit de 16e eeuw.

Het eenschepige interieur herbergt o.a. het houten paneel 'Dormitio Virginis' uit de 15e eeuw. Het kunstwerk stelt de dood en de hemelvaart van Maria voor: op het onderste deel ziet u de overledene met de in gebed verzonken apostelen en de Heiland met de engelen. Op de bovenste voorstelling verschijnt Christus met de maagd. Verder ziet u er het marmeren standbeeld van de 'Madonna delle Grazie' van Benedetto Moiano. De plafondschildering, die de Assunta uitbeeld en het grote schilderij over de verdrijving van de handelaren uit de tempel zijn geschapen door Cristoforo Santanna in de 18e eeuw.

Vanaf het plein naast de kerk opent zich een prachtig vergezicht op het benedengelegen dorp en de Ionische Zee.

Andere kerken

Eveneens bezienswaardig is de in romaanse stijl gebouwde **Chiesa Santa Lucia** (Via Dante Alighieri) uit de 13e eeuw. Het wapen beeldt naast de drie bloemen, die het dorp Cropani symboliseren, ook de leeuwen van Venetië af. De **Chiesa Santa Caterina d'Alessandria** (Corso Umberto I) uit de 16e eeuw herbergt een mooi houten altaar uit de 18e eeuw.

Antiquarium

Corso Umberto I nr. 6, bezichtiging op aanvraag (bij de gemeente: tel. 09 61 96 57 14), toegang € 1

Direct naast de Chiesa Santa Caterina d'Alessandria is in het voormalige Oratorio Santa Anna het kleine antiquarium met vondsten uit Cropani ondergebracht. Te zien zijn onder andere kleine 5000 tot 7000 jaar oude bijlpunten, maalstenen en aardewerk uit de Griekse tijd en verder kleine schalen en een *askos* (een vat voor het bewaren van olijfolie) uit de 6e/5e eeuw v.Chr. Teksten, foto's en plattegronden documenteren de opgravingen.

Museo dell'Olio di Oliva in Zagarise

In een oude verbouwde olijfoliemolen in het centrum van het dorp Zagarise maken oude gebruiksvoorwerpen, molenstenen en wandplaten de traditionele productie inzichtelijk van olijfolie, dat zeker kan worden beschouwd als het belangrijkste levensmiddel in de mediterrane keuken (Via Guglielmo Marconi, 88050 Zagarise, mob. 33 16 53 64 12, half maart-half nov. di.-zo., 9.30-18 uur, rest v/h jaar op aanvraag, entree € 2, kinderen tot 12 jaar gratis).

Van de Sila Greca naar de Piana di Sibari

Rossano ▶ E 4

Het levendige landbouw- en handelsstadje met circa 36.000 inwoners op de noordhelling van de Sila Greca droeg ooit als een van de belangrijkste plaatsen van de Byzantijnse cultuur de bijnaam 'Ravenna van het zuiden'. De eerste kolonisten waren vermoedelijk de Enotriërs in de 9e/8e eeuw v.Chr., gevolgd door het tijdperk van Magna Graecia en de verovering door de Romeinen. Onder het Byzantijnse Rijk bereikte de stad haar grootste bloei (540-1059).

De aankomst van de Normandiërs in Rossano luidde de neergang van dit Byzantijnse centrum van Calabrië in. De complete ondergang begon echter pas tijdens de feodale heerschappij onder de Anjous (1266-1442). Daarna, van 1417 tot het begin van de 19e eeuw, regeerden de vorstelijke families van de Ruffo, Marzano, Sforza, Aldobrandini en Borghese over de stad, tot de Fransen in het begin van de 19e eeuw het feodalisme afschaften. Maar de stad wist nauwelijks van de nieuw verworven vrijheid te profiteren, voor er nieuwe rampen uitbraken: de aardbevingen van 1824 en 1836. Na de tweede beving werd de bevolking bovendien door de pest gedecimeerd.

Rossano is tegenwoordig niet alleen om zijn natuurlijke schoonheid en zijn kunstschatten beroemd, maar heeft ook een grote culinaire reputatie. De clementines van Rossano zijn beroemd om hun zoetheid. En de clementineolie en de volgens traditioneel recept vervaardigde clementinelikeur zijn van de hoogste kwaliteit. En natuurlijk niet te vergeten het lekkere drop uit Rossano (zie blz. 158).

Centro storico

Het historische centrum bereikt u vanaf de kustweg 106 op de SS177 richting Rossano (niet naar het beneden gelegen Rossano Scalo afslaan). Het is aan te raden om vanaf de Piazza Matteotti rechts door de tunnel te rijden en uw auto neer te zetten op de daar aangegeven parkeerplaats.

Kaartspelers in de pittoreske oude binnenstad van Rossano

Duomo

Piazza Duomo 19, dag. 7.30-13, 16.30-20.30 uur

De eerste kerk op deze plaats gaat terug tot de 6e/7e eeuw. Na meermalen te zijn uitgebreid en verbouwd, kreeg de kathedraal in de 17e eeuw haar huidige vorm onder aartsbisschop Sanseverino. Het drieschepige interieur heeft een bezienswaardig cassetteplafond en de **fresco van de Madonna Achiropita** (8e/9e eeuw) op een van de linker zuilen van het hoofdschip (in een marmeren nis uit de 18e eeuw). Het is een voorbeeld van Byzantijnse kunst en waarschijnlijk in de 9e/10e eeuw ontstaan. De Madonna Achiropita wordt door de gelovigen zeer vereerd. Het Griekse woord *acheiropoietos* betekent 'niet met de handen gemaakt' en verwijst ernaar dat het werk door Gods hand moet zijn geschapen.

Museo Diocesano di Arte Sacra Rossano ✳

Via Largo Duomo 5, www.artesacra rossano.it, half sept. t/m juni di.-za. 9.30-12.30, 15-18, zo. 10-12, 16-18 uur; juli-half sept. dag. 9.30-13, 16.30-21 uur, entree ca. € 5

Rechts onder de dom is in het bisschoppelijk paleis het **Diocesaan Museum.** Hier is de waardevolste schat van Rossano, de **Codex purpureus Rossanensis,** te bewonderen. Het Griekse evangelieboek is waarschijnlijk in de 6e eeuw in Palestina geschreven en een eeuw later naar Calabrië gebracht. Het bestaat uit 188 fijne purperrode perkamentbladen, die versierd zijn met talrijke miniaturen. In 2015 werd de codex opgenomen op de Werelderfgoedlijst van de UNESCO. Het nieuwe multimediale museum wijdt drie zalen aan de codex. Naast deze schat zijn er schilderijen, een Griekse bronzen spiegel uit de 5e eeuw, paramenten (liturgische gewaden) en zilverwerk tentoongesteld.

Andere kerken

Vlakbij vindt u ook de kleine **Chiesa Panaghia** (Via S. Giovanni di Dio) uit de 12e eeuw. De op het oosten gerichte apsis en de opbouw van de muren zijn typisch voor de Byzantijnse bouwwijze. Een fresco in het interieur stelt de heilige Johannes Chrysostomus voor, die een schriftrol van de Griekse liturgie in de hand houdt.

Een ander voorbeeld van de Byzantijnse architectuur bevindt zich aan het andere eind van het als een doolhof gebouwde stadje. Het beste gaat u eerst terug naar de Piazza Duomo, dan links langs de klokkentoren (Torre dell'Orologio) en over de Piazza Steri en het kleine plein Piazzetta de Rosis, steeds rechtdoor op de **Corso Garibaldi.** Aan de linker hand staat hier de **Chiesa San Bernardino** (Via Plebiscito) uit de 15e eeuw met een gotisch spitsboogportaal. Het barokke interieur herbergt o.a. een crucifix uit de 16e eeuw en een mooie houten kansel. Het was de eerste rooms-katholieke kerk, die hier in het bolwerk van het Byzantijns-orthodoxe geloof opgericht werd. En ten slotte komt u bij de Byzantijnse **Chiesa San Marco** (Corso Garibaldi) die waarschijnlijk rond de 10e eeuw werd opgericht en meermalen werd uitgebreid en verbouwd. Het interieur is zeer sober, aan de wanden bevinden zich resten van fresco's. Met haar vijf kleine koepels en de drie apsides lijkt de kerk op de beroemde Cattolica van Stilo (zie blz. 247).

Rondleidingen

Rondleidingen door de binnenstad en het Diocesaan Museum (in het Italiaans en Engels) worden aangeboden door de **Cooperativa Neilos,** tel. 09 83 52 52 63, mob. 34 04 75 94 06.

Omgeving van Rossano

Santa Maria del Patire

Contrada montana di Ronconiate Rossano. Heenreis met de auto: op de SS106 naar het noorden tot Piragineti en verder naar Contrada Patire

Tot de belangrijkste persoonlijkheden van de middeleeuwen behoren de **heiligen Nilus** en **Bartholomeus van Simeri**. Nilus (910-1004), stichter van meerdere kloosters in Italië, is zeker de beroemdste zoon van de stad. Zijn leerling Bartholomeus (980-1055) stichtte het **klooster Santa Maria del Patire** (ook Patir, Patirion), dat gold als een centrum van de Byzantijnse cultuur.

Het voormalige klooster ligt ten westen van Rossano midden in een bos. En hoewel het een bochtige rit van ca. 15 km is, is de excursie erheen de moeite waard, want de kerk is een indrukwekkend voorbeeld van de romaanse bouwkunst. De deels uit marmer vervaardigde vloer in het zeer harmonieuze kerkinterieur bezit antieke mozaïeken met afbeeldingen van dieren.

Oasi dei Giganti di Cozzo di Pesco

Rossano

Vier kilometer ten zuiden van het klooster bevindt zich de oase van het WNF, waarin de **Giganten van de Griekse Sila** te zien zijn. Parkeer uw auto langs de kant van de weg en wandel over een goed begaanbaar pad naar het midden van de oase. Bij een splitsing van het pad slaat het onderste pad af naar de *Rifugio Finaita* en mondt uit op de SS177. Het bovenste pad eindigt bij een uitzichtpunt, dat u een fraaie blik geeft op het dal van de bergbeek de Cino. In het 6,5 ha grote natuurreservaat op de berg **Cozzo di Pesco** (1183 m) staan 76 monumentale esdoorns en 102 reusachtige kastanjes en exemplaren van de *Ilex aquifolium* (hulst), die tot wel 18 m hoog

kan worden. Tot op 990 m hoogte zien we eiken, daarboven domineert de Corsicaanse den of *Pinus nigra laricio*. Enkele van deze majestueuze bomen zijn 700 jaar oud. Omdat de natuur hier streng beschermd is, is het verboden honden mee te nemen naar de oase, de omgeving te veranderen en lawaai te maken.

Nederzetting van de Enotriërs

Toegang: de SS177 vanuit Rossano, dan vanaf het dorp Paludi de borden volgen, tot het eind van de weg na 2,5 km, www.comune.paludi.cs.it

Slechts enkele kilometers ten zuiden van Rossano liggen de ruïnes van het vestingscomplex **Castiglione di Paludi**, dat ondanks zijn historische betekenis aanzienlijk verwaarloosd werd.

Het schijnt hier te gaan om de nederzetting Cossa van de Enotriërs uit de 8e eeuw v.Chr. Het complex bestaat uit een machtige muur van rechthoekige zandsteenblokken (6e eeuw v.Chr.) en de resten van enkele wachttorens. In deze voormalige nederzetting zijn bij enkele fundamenten twee bouwfasen te onderscheiden: in de oudste fase gebruikte men zandsteenblokken als materiaal, in de nieuwere riviergrind. Het in de heuvel uitgehouwen, getrapte plein kon tot 200 personen opnemen en diende vermoedelijk als openbare vergaderplaats en theater. Getuigen van een nog eerdere bewoning zijn de ca. 50 graven uit de ijzertijd (10e-8e eeuw v.Chr.), waarvan de kostbare grafgiften zoals mantelspelden, gedecoreerde tabletten, armbanden e.a. in het Nationaal Museum in Reggio Calabria tentoongesteld zijn.

Overnachten

Praktisch – **Hotel Scigliano:** stadswijk Rossano Scalo, Viale Margherita 257, vlak bij het station, tel. 098 35 11 84

64, www.hotelscigliano.it, halfpension vanaf € 55. In het onderste deel van de stad ligt dit hotel met eigen parkeerplaats, lift, bar, restaurant (lokale keuken) en kamers met telefoon, tv, wifi en airconditioning.

Elegant – **Hotel San Nilo Rossano:** Via Interzati, tel. 09 83 53 02 07, mob. 38 89 52 34 16, halfpension ca. € 43. Klein hotel in het hart van de het *centro storico* in een gerestaureerd *palazzo* uit de 19e eeuw; kamers met airconditioning, badkamer, telefoon en tv.

Sfeervol – **Azienda Agrituristica Il Giardino di Iti:** Contrada Amica, tel. 098 36 45 08, mob. 38 89 52 33 35, www.giardinoiti.it, halfpension in 2 pk ca. € 45-55. Enkele kilometers buiten Rossano ligt dit kleinschalige onderdak. Producten uit biologische landbouw, workshops in biologische teelt, weven, koken en excursies.

Eten en drinken

Klassiek – **Ristorante Pizzeria Le Macine:** stadswijk Rossano Scalo, Via G. di Vittorio 13, tel. 09 83 53 03 37, di.-zo. 's middags en 's avonds, menu ca. € 25, pizza's (alleen 's avonds) € 5-10. In het grote restaurant worden nationale en lokale gerechten geserveerd: vlees- en visgerechten, zelfgemaakte pasta.

Sfeervol – **Trattoria La Bizantina:** in het centrum, Corso Garibaldi 246 c, tel. 09 83 53 02 07, mob. 38 89 52 34 16, dag. 's avonds ('s middags op aanvraag), menu ca. € 20. Direct naast de Chiesa San Marco ligt dit uitnodigende restaurant met lokale specialiteiten, terras en een modern rustieke ambiance.

Actief

Waterpret – **Acquapark Odissea:** Contrada Zolfara, tel. 09 83 56 93 23, www.odissea2000.it. Groot waterpretpark. Half juni-half sept. 10-18.30 uur, entree ma.-za. ca. € 16, op zo. en in aug. duurder; kinderen tot 140 cm € 12 (kinderen tot 105 cm gratis), ouder dan 70 jaar en invaliden eveneens gratis.

Trekking en canyoning – **Club Trekking Rossano:** Piazza A. de Gasperi 33, tel. 09 83 51 29 02, mob. 33 87 74 59 31, www.trekkingrossano.it. Lorenzo Cara organiseert trekkings in de Sila en de Pollino, canyoning in de vallei van de Raganello en het dal van Colognati. Het wandelprogramma is ook te boeken voor kleine groepen (eventueel met tolk).

Uitgaan

Aan zee – **Frederik on the Beach:** Loc. Gammicella, Lido S. Angelo (ca. 5 km ten noorden van Rossano), www.frederikonthebeach.com. In de zomer een restaurant en openluchtdisco.

▷ blz. 160

Castello di Corigliano Calabro

Circa 15 km ten noorden van Rossano ligt een door de Aragonezen in de 15e eeuw gebouwd kasteel, dat later meermalen tot woonhuis werd verbouwd. Op deze plaats stond eerder een vesting van de Normandiërs (12e eeuw). Na een omvangrijke restauratie kunt u het kasteel nu bezichtigen. Te zien zijn o.a. de spiegelzaal, de eetzaal, de kapel, de keuken uit de 19e eeuw en de verdedigingstoren van de Aragonezen (87064 Corigliano Calabro, Piazza Campgana 1, tel. 098 38 16 35, www.castellodicoriglianocalabro.it, 's winters di.-zo. 9.30-13, 15-18 uur, 's zomers di.-zo. 10-13, 16.30-20.30 uur, entree € 5, kinderen tot 6 jaar gratis).

Het zwarte goud – Dropmuseum van Rossano

Drop, het zwarte goud, wordt in Rossano al sinds de 18e eeuw geproduceerd. Het bedrijfsmuseum van de firma Amarelli gunt u een blik in de geschiedenis van het populaire zoethout.

Kaart: ▶ E 4

Informatie: aanmelden verplicht voor museumbezichtiging en rondleiding door de fabriek, op aanvraag ook mogelijk in het Engels of Duits, tel. 09 83 51 12 19, www.museodellaliquirizia.it, toegang gratis

Startpunt: Museo della Liquirizia Giorgio Amarelli, Rossano, direct langs de SS106 gelegen (parkeerplaats).

Al meer dan twee eeuwen wordt in Rossano de als onkruid groeiende zoethoutwortel geoogst en gekookt, tot de zwarte dropmassa ontstaat. In vormpjes gegoten, gestanst, gedroogd en ten slotte met waterdamp behandeld – en klaar is de kleine smakelijke pastille, die langzaam smelt in de mond.

Geneesmiddel of snoepgoed?

De zoethoutplant, met de botanische

naam *Glycyrrhiza glabra*, is in veel landen van Europa en Azië inheems en groeit voornamelijk langs de kust. Deze meerjarige plant van de familie van de vlinderbloemigen wordt maximaal 1,5 m hoog en heeft lange uitlopers met felblauwe bloemtrossen, die in de vroege zomer bloeien. De oogst van de nevenwortels, waaruit het extract gewonnen wordt, vindt plaats vanaf de herfst tot aan het voorjaar. Al sinds de oudheid wordt de plant als geneesmiddel gebruikt, want zoethout is slijmoplossend, bestrijdt kramp en is ontstekingsremmend. Oppassen is echter ook geboden, omdat te veel zoethout de bloeddruk opdrijft. Pas in de 18e eeuw – als gevolg van de dalende vraag naar het geneesmiddel – experimenteerde een apotheker met het toevoegen van suiker en ontdekte hij drop als snoepgoed: een succesnummer!

Bezoek aan het Dropmuseum

Sinds 2001 kunt u een bezoek brengen aan het **Museo della Liquirizia**, dat werd bekroond met de Guggenheim-cultuurprijs. Het is ondergebracht in een *palazzo* uit de 15e eeuw, ooit de residentie van de grootgrondbezitter Amarelli. Het rijk uitgeruste museum vormt een uitdrukking van de ondernemerszin van het familiebedrijf en toont gereedschappen, voorwerpen en documenten over de zoethout- en dropproductie en de handel erin. Een bundel zoethoutwortels en een ketel herinneren aan de oude wijze van de dropproductie, waarbij de in stukjes gesneden zoethoutwortels twaalf uur lang onder voortdurend roeren werden gekookt, tot uit het extract een dichte brij ontstond.

Marketing – vroeger en nu

Naast het aanschouwelijk maken van de productiemethoden ziet u in het museum ook een interessante reconstructie van een winkel uit de 19e eeuw en een vertegenwoordigerskoffer met de verschillende dropblikjes – een belangrijk kenmerk van de Amarellidrop. Te zien is ook een in 2004 door de Italiaanse post uitgebrachte speciale postzegel, die de Amarellifabriek, een vijzel met stamper voor de dropproductie en de zoethoutwortel en het familiewapen van de Amarelli's afbeeldt.

Andere tentoonstellingsobjecten geven inzicht in het leven van de familie Amarelli, die tot de elite van het Koninkrijk Napels behoorde. Geheel in deze traditie staat ook het lidmaatschap (sinds 1996) van de Club Les Hénokiens, waarin slechts 36 florerende en belangrijke familiebedrijven vertegenwoordigd zijn, die al minstens 200 jaar bestaan. In de museumshop kunt u naast zoethoutstangen natuurlijk drop kopen in alle soorten, smaken en aroma's: snoepgoed, dropthee, droplikeur, drop-grappa, drop-tandpasta, drop-spaghetti en nog veel meer.

Bedrijfsbezichtiging

Wie zich voor het huidige productieproces van drop interesseert, kan zijn kennis vergroten op een rondleiding door de fabriek (alleen ma.-vr. 10-11 uur, van te voren aanmelden verplicht).

Info en evenementen

Toeristische informatie: Pro Loco, Palazzo delle Culture (voormalig Convento San Bernardino), Via Plebiscito 1, 87067 Rossano, tel. 09 83 03 07 60, mob. 34 92 52 12 91, www.prolocorossano.it. Voor informatie, stadsplattegrond, hotelboekingen en stadsrondleidingen (op aanvraag, ook mogelijk in het Engels of Duits).
Internet: www.comune.rossano.cs.it.
Trein: van Rossano Scalo ca. elke 2 uur naar Catanzaro Lido (via Crotone) en Sibari.
Bus: op werkdagen meerdere keren naar Rossano Scalo, Corigliano, San Giovanni in Fiore, Cosenza. Dagelijks naar Camigliatello, Catanzaro, Crotone, G. Piemontese, Bologna, Milaan, Rome, Napels, Bergamo, Pisa, Padua, Modena e.a. (Simet, IAS Romano).
Goede Vrijdag: 's avonds Processione dei Misteri, begeleid door een muziekkapel en gelovigen.
Fuochi di San Marco: 24 april. Volksfeest, dat in alle wijken van Rossano gevierd wordt en herinnert aan de verschrikkingen van de aardbeving van 24 april 1836, toen de inwoners van de stad zich warm hielden bij kampvuren. Kampvuren, dans, eten en drinken in de binnenstad.
Festa del Patir: 3e vr. in mei in de kleine kerk in de vallei van Colognati.
Festa di S. Onofrio: 3e zo. in mei in de kleine kerk in de vallei van Colognati, met processie en vuurwerk.
Internationaal bluesfestival: juli, www.marcofiumebluespassion.it.
Feest van Maria Stella del Mare: begin aug., zeeprocessie in de wijk S. Angelo, met vuurwerk.
Feest van de stadspatrones Achiropita: 15 aug.
Feest van S. Nilo: 26 sept.
Feest van S. Bartolomeo: 11 nov.

San Demetrio Corone ▶ D 4

In het noorden van de Sila Greca, boven het dal van Crati, vestigden zich in de 15e eeuw Albanezen op een vruchtbare heuvel. Maar al lang voor deze tijd moet hier een nederzetting hebben bestaan, die onder de naam Situ Sancti Dimitri bekend was. Waarschijnlijk breidde de nederzetting zich uit door de werkzaamheden van de basilianen.

In het centrum van het circa 4000 inwoners tellende stadje is een bezoek de moeite waard aan de **parochiekerk** met een iconostasis, die gewijd is aan de patroonheilige **San Demetrio Megalomartire**.

Sant'Adriano

Via Dante Alighieri, de kerk wordt door een beheerder bewaakt en afgesloten. Om de kerk te laten openen dient u vooraf te bellen met het gemeentehuis: mob. 32 71 74 89 58, of 33 14 75 18 08
Het belangrijkste gebouw van de plaats is de **Chiesa Sant'Adriano** uit de 11e/12e eeuw, die echter door de verschillende verbouwingen sterk is gewijzigd en van buiten niet erg uitnodigend is. Op deze plaats stichtte San Nilo in 955 een klooster, dat door de Saracenen verwoest en in de 11e eeuw weer opgebouwd werd. Na een bloeitijd begon men vanaf de 13e eeuw aan een complete verbouwing van de kerk. De vroegere façade en de apsides werden verwijderd en de koepel werd verplaatst. Tegenwoordig ziet de kerk er als volgt uit: drieschepig, gedeeld door twee zuilen en zes pijlers, die spitsbogen dragen. De linker zuil heeft een Byzantijns kapiteel, dat mogelijk uit het Griekse Thurioi stamt. De bogen zijn met fresco's versierd, die heiligen en abten voorstellen. Door de oorspronkelijke monofora en een klein

roosvenster uit de 12e eeuw valt licht in de kerk. Het voormalige Griekse altaar met de iconostasis werd door een altaar uit de 18e eeuw in rooms-katholieke stijl vervangen.

In de vloer bevinden zich vier kunstzinnige mozaïeken (waarschijnlijk uit de 13e eeuw): de leeuw en de slang symboliseren de strijd tussen goed en kwaad, verder zijn er een opgerolde slang, een panter en een slang in de vorm van een acht. Het magische getal acht staat voor de oneindigheid. Opmerkelijk zijn ook drie fraaie marmeren altaren met afbeeldingen uit de 17e en 18e eeuw waarvan de mozaïeken leeuwen en slangen afbeelden. Bezienswaardig is de achterste zij-ingang met een indrukwekkende deurlijst. Twee stenen maskers stellen een katten- en menselijk gezicht voor en doen denken aan Gorgonenmaskers.

In de Sant'Adriano was van 1794 tot 1923 ook het collegium ondergebracht waarin de Albanese priesters werden opgeleid voor de uitoefening van de Grieks-Byzantijnse ritus. Pas in 1919 werd in Lungro in de buurt van Altomonte een eparchie opgericht en kregen de op dat moment al meer dan 400 jaar in Calabrië verblijvende Albanezen eindelijk hun eigen eparch of bisschop. De naburige plaatsen Vaccarizzo, S. Giorgio, S. Cosmo en S. Sofia zijn eveneens van Albanese oorsprong en houden ook hun tradities in ere.

Info en evenementen

Arbitalia: Via Domenico Mauro 80, 87069 San Demetrio Corone, tel. 09 83 51 16 58, www.arbitalia.it. De vereniging voor het behoud van de Albanese cultuur informeert u uitgebreid over dit onderwerp.
Trein: vanaf het station van Sibari overdag elke 2 uur naar Catanzaro Lido, Crotone en Cosenza.

Bus: op werkdagen o.a. naar Catanzaro, Camigliatello, San Giovanni in Fiore en Cosenza; dagelijkse verbindingen met Noord-Italië (IAS).
Driekoningen: 6 jan., het feest van de Openbaring wordt door de Albanezen met de *Festa e Dritës*, met een processie en de zegening van het water gevierd.
Pasen: vr. en ma. processies, za. om middernacht vuurwerk (als symbool voor de opstanding van Jezus).
Festival della Canzone Arbëreshë: liederenfestival in augustus in het amfitheater, informatie: www.festival arberesh.it.
Feest van Sant'Adriano: 26 aug. 3-daags feest met markt voor de Chiesa Sant'Adriano.
Feest van de beschermheilige San Demetrio Megalomartire: 26 okt., met processie.

Sibari ▶ D/E 3

Alle attracties van dit onopvallende plaatsje zijn of liggen een beetje verborgen: de jachthaven, een lang strand van fijn zand, een natuurreservaat en vooral de bijna 3000-jarige geschiedenis en de archeologische opgravingen.

Tussen de rivieren Crathis (Crati) en Sybaris (Coscile) vestigden zich hier in de 8e eeuw v.Chr. de Grieken, die er alle nieuwe burgers welkom heetten. Daardoor groeide de stad snel en werd het met circa 100.000 inwoners en 510 ha de grootste Griekse nederzetting in Zuid-Italië. Alleen al de stadsmuren hadden een lengte van 10 km. De macht van Sybaris bereikte in 530 v.Chr. met de verwoesting van Siris (het huidige Nova Siri) haar hoogtepunt. De invloedssfeer strekte zich volgens de Griekse historicus Strabo uit tot 25 steden in Zuid-Italië. Maar de stad was niet alleen vanwege haar economica bloei en haar talrijke veroveringen beroemd,

Foce del Crati en Parco del Cavallo bij Sibari

maar vooral om haar luxe: schaduwgevende baldakijnen langs de straten, badhuizen met stoombaden, talrijke feesten en culinaire lekkernijen hebben gezorgd voor de ook nu nog gangbare uitdrukking **Sybariet** (genotzoeker). Vergeleken met de toenmalige omstandigheden nauwelijks te geloven, maar waar: de vrouwen van Sybaris konden ogenschijnlijk zelf hun mannen uitkiezen en konden zonder toestemming van hun voogd trouwen. Ze konden ook ongehuwd met een man samenleven, zonder aanzien te verliezen.

Daarom zal het niet verbazen, dat dit weldadige en vrijzinnige leven de afgunst en woede van de buren opwekte. De filosoof **Pythagoras** uit Croton verklaarde de Sybarieten schuldig, omdat 'ze genoten van het leven, zonder zich veel zorgen te maken'. De concurrerende Griekse kolonie Croton benutte in 510 v.Chr. een politieke onrust in Sybaris, om zijn hegemonie te breken. Onder leiding van Milo van Croton, een beroemde Griekse atleet en reisgezel van Pythagoras, en met de deelname van 500 aristocraten uit Sybaris werd de stad overwonnen en werden de overlevenden verjaagd. Volgens Herodotus werd zelfs de rivier de **Crati** omgeleid, om de stad te overstromen.

Pas ongeveer 70 jaar later, na enkele mislukte pogingen, lukte het halverwege de 5e eeuw v.Chr. de stad opnieuw te stichten onder de naam **Thurioi**. De acute bedreiging door de Lucaniërs en Bruttiërs noopte Sybaris ertoe, Rome om hulp te vragen. Als bondgenoot streed men zij aan zij tegen **Hannibal**. In 194 v.Chr. benoemden de Romeinen de stad tot Romeinse kolonie met de naam **Copia**. Pas in de 5e/6e eeuw n.Chr. beleefde de stad haar definitieve ondergang. Dit keer zijn het de toenemende moerasvorming en de daardoor optredende malaria, waarvoor de inwoners op de vlucht slaan.

Opgravingen en natuurreservaat

Parco del Cavallo

Loc. Parco del Cavallo, tel. 098 17 93 91, di.-zo. 9 uur tot 1 uur voor zonsondergang, vrije toegang (voor een rondleiding dient u zich in het gastenboek in te schrijven)

Vanaf het verkeerslicht bij de bar (SS106R), rijdt u een paar honderd meter naar het zuiden tot u aan uw rechter hand de inrit ziet van het **parco archeologico di Sibari**.

Aan het eind van de 19e eeuw begon men in de buurt van de monding van de rivier de Crati met opgravingen en identificeerde daar het antieke Sybaris. In het archeologische **Parco del Cavallo 1** (zie blz. 164) zijn een in noord-zuidrichting verlopende weg uit de 4e eeuw en een naastgelegen kanaal blootgelegd. Aan de oostkant bevinden zich de opgravingen van een dodenstad. Ten noorden van het Parco del Cavallo vond men de resten van de an-

Laghi di Sibari
Foce del Crati
begin van
het wandelpad
Casa Bianca
begin van
het wandelpad
startpunt
de wandelroute
**Natuurreservaat
Foce del Crati**
Fiume Crati
Ionische
Fiume Crati
eind van
het wandelpad
Ponte
Crati
eind van
het wandelpad
Zee
Foggia
Corigliano
0   400   800 m

tieke handwerkersbuurt van Sybaris. In het opgravingsgebied **Parco dei Torri** (ook 'Stombi' genoemd) verwijzen ovens naar de toenmalige aardewerkproductie.

Museo Nazionale Archeologico della Sibaritide 2

Loc. Casa Bianca, tel. 098 17 93 91, www.beniculturalicalabria.it, di.-zo. 9-19.30 uur, entree € 2, tot 18 jaar gratis

Bij het verkeerslicht bij de bar slaat u naar het oosten af en komt u na 500 m bij het moderne gebouwencomplex van het **Nationaal Archeologisch Museum.** Het in het noordoosten van de opgravingen in de buurt van de Laghi gelegen museum toont de kostbaarheden van de opgravingen van Sybaris, Thurioi en Copia (zie blz. 164).

Wandeling naar het natuurreservaat Foce del Crati

Vlak bij het museum liggen de **Laghi di Sibari,** een exclusieve woonwijk en jachthaven. Om bij het natuurreservaat Foce del Crati (zie blz. 167) te komen, parkeert u uw auto aan het einde van de weg naar de Laghi di Sibari en loopt u van daar naar de dijk omhoog. Als u het pad eenmaal gevonden hebt, wandelt u stroomafwaarts tot de monding van de Crati. Het wandelpad op de zuidelijke oever bereikt u echter het beste via de brug over de Crati.   ▷ blz. 167

Rondleiding door de opgravingen van Sibari

De archeologe Maria Grazia Manolio geeft rondleidingen in het Italiaans door de opgravingen van Sibari, tel. 33 38 66 21 30.

Sibari – in de sporen van Copia, Thurioi en Sybaris

Drie lagen nederzettingen liggen in Sibari over elkaar: de Griekse steden Sybaris en Thurioi en het Romeinse Copia. Een rondgang door het opgravingsterrein en een bezoek aan het Nationaal Museum geven inzicht in het leven in de oudheid.

Kaart: ▶ E 3

Informatie en openingstijden: zie blz. 162 (opgravingsterrein) en blz. 163 (Nationaal Archeologisch Museum)

Startpunt: archeologisch park, aan de SS106-radd.; rijd daarna verder naar het noorden en sla op de kruising rechts af naar het museum (richting Laghi di Sibari).

Hier, tussen de rivierlopen van de Crati en de Coscile (in de oudheid Sibari geheten), vlak bij zee, begon de archeoloog **Umberto Zanotti Bianco** in 1932 met zijn opgravingen naar de antieke stad **Sybaris.** De vanwege politieke redenen naar de omgeving van Sibari verbannen antifascist was ervan overtuigd, dat de ooit bloeiende handelsstad aan zee moest hebben gelegen – en hij zou gelijk krijgen: nieuwsgierig geworden door een uit het moeras stekend fragment van een zuil, legde hij een Romeins gebouw met drie monolithische zuilen bloot en vond de bronzen paardenhoef, die in het archeologische museum tentoongesteld wordt en die het opgravingsterrein haar naam gaf: Parco del Cavallo (park van het paard).

Maar zijn beweringen werden pas in de jaren 60 van de vorige eeuw bevestigd, toen bij verdere opgravingen onder dit gebouw fundamenten uit de tijd tussen de 6e en 3e eeuw v.Chr. werden blootgelegd. Nadat het oude Sybaris als gevolg van een overstroming verwoest was, stichtten de Atheners op deze plaats in 444 v.Chr. de stad Thurioi.

In 2013 brak de dijk van de rivier de Crati en raakten de antieke fundamenten bedekt met lagen modder. Er werd een nieuw drainagesysteem ontwikkeld, om het water weg te pompen en de voortdurend hoge grondwaterstand door pompen te verlagen (de opgravingen liggen onder het niveau van het grondwater). Op dit moment is het opgravingsterrein nog niet heropend.

Rondgang door het Parco del Cavallo ▮1

Onder de Romeinse nederzetting van **Copia** liggen de resten van het Griekse **Thurioi** en die van de eerste Griekse kolonie **Sybaris** uit de 8e eeuw v.Chr.

De rondgang voert eerst naar het door Bianco ontdekte **Domus** (Romeins stadshuis) uit de 1e eeuw v.Chr., dat ooit een oppervlakte had van meer dan 1500 m². Behalve de afmetingen wijst ook de ligging vlak bij het theater erop, dat het huis aan een zeer belangrijk persoon moet hebben toebehoord. In een van de ruimtes, het **triclinium** (eetkamer), is een vloermozaïek voor restauratie verwijderd en geeft een blik vrij op een andere nederzettingslaag: te

herkennen is een fundament van een gebouw uit Thurioi. De bedden van het triclinium waren rondom langs de wanden geplaatst, waarop men in half liggende positie at.

Te herkennen is ook het grondplan van een ontvangstkamer en die van een **cubiculum** (kleine slaapkamer) met een mozaïek en fresco's aan de wanden. Een van de vloeren bezit het motief van de in moerasgebieden bloeiende lotusbloem – het ook in het museum vaker terugkerende symbool voor schoonheid en reinheid.

Moderne stadsplanning

Toen de Atheners in de 5e eeuw v.Chr. de kolonie Thurioi planden, stuurde Perikles uit eigen beweging de architect **Hippodamos van Milete** naar de laagvlakte. De architect en stadsplanner ordende vier noord-zuid- en drie oost-westassen met rechte hoeken ten opzichte van elkaar en deelde de stad in volgens een schaakbordpatroon. De Romeinse stad Copia behield later het stratensysteem van Thurioi, alleen was de nederzetting aanzienlijk kleiner dan haar voorloper. De *plateiai* (hoofdweg), veel groter dan de meeste van zijn soort in andere opgravingsplaatsen, loopt daardoor ook door buiten de Romeinse vestingmuur. De Romeinen bouwden in de buurt van het Romeinse stadshuis

op de Griekse weg een tempel, met een brede toegangstrap aan de buitenkant. Op de kruising stuit de noord-zuidas op de oost-westas, die zich richting de zee voortzet en onder de hoofdweg begraven ligt. Ongeveer 500 m verder naar het oosten is een identiek kruispunt opgegraven.

Ten noorden van de oost-westas groef men de restanten op van een **Romeins theater**, dat rond 50 n.Chr. opgericht werd en plaats bood aan 2000 toeschouwers. Ertegenover bevinden zich het **Forum**, het marktplein van de Romeinse stad, evenals de resten van de **thermen**, die deels op noord-zuidas gebouwd werden. Bij opgravingen in 2000 zijn de ruïnes van een kleine **vroegchristelijke kerk** te voorschijn gekomen, die in de 5e eeuw n.Chr. werd opgericht op de overblijfselen van de thermen. Op de vloeren zijn hakenkruizen te zien. Deze swastika's (Oud-Indisch = geluk) zijn al duizenden jaren in Afrika, Azië, Amerika en Europa verspreide gelukssymbolen, die het leven en de wisselingen van de jaargetijden representeren. Misbruikt door de nazi's, wordt dit teken tegenwoordig vooral met het mensonwaardige bewind van Hitler en zijn aanhangers geassocieerd.

Nationaal Archeologisch Museum 2

Slechts een paar minuten met de auto van het opgravingsterrein vandaan ligt het in 1996 geopende **Museo Nazionale Archeologico della Sibaritide** met talrijke vondsten uit de opgravingen van Sybaris, Thurioi en Copia. Van de nederzettingen van de Enotriërs op de heuvels rond de vruchtbare laagvlakte van Sibari getuigen de in **zaal I** tentoongestelde vondsten: nog zeer simpel bewerkt aardewerk (17e-14e eeuw v.Chr.), een kam van ivoor, weefstoelgewichten en een voorraadkruik van klei (*dolio*) uit de ijzertijd, waarin ooit een kind begraven was. Interessant is de vergelijking van de grafuitrusting van een vrouw met bronzen sieraden en een rijk versierde Phoenicische bronzen schaal (8e eeuw v.Chr.) met die van een man uit de ijzertijd (o.a. met scheermes en mantelhouder).

In **zaal II** zijn vondsten uit Sybaris te zien, bijna alle gedateerd rond de 6e/5e eeuw v.Chr.: divers aardewerk, borstversieringen, een collier van bladgoud en -zilver en een huisaltaar.

Zaal III toont vondsten van een necropool uit Francavilla Marittima (7e-5e eeuw v.Chr.): o.a. Corinthische lekythoi (vaten voor olie) en een klein vrouwelijk standbeeldje van de Dama di Sibari. Ze is de afbeelding van een godin met lang haar, Grieks-oriëntaalse gelaatstrekken en een polos (hoge hoofdbedekking). Het bronzen tablet in de **vitrine 2** werd door de atleet en Olympische winnaar Kleombrotos aan de godin Athene gewijd met de belofte, haar een tiende deel van zijn prijs af te staan.

In **zaal IV** zijn vondsten uit de tijd van de stad Thurioi en uit andere opgravingen tentoongesteld. De grafuitrusting van een krijger van de Brettii (330 v.Chr.) omvat naast een pantser, een helm en een koppel ook een loden schraper (*strigile*), die diende voor het reinigen van het geolieede lichaam. Interessant is, dat het aardewerk niet meer alleen strijdtaferelen, maar ook vrouwen afbeeldt. Een van de belangrijkste vondsten van het museum is het bronzen standbeeld van een stier (5e/4e eeuw v.Chr.), het symbool van de stad Thurioi, dat in 2004 bij opgravingen in het **Parco Casa Bianca** werd gevonden.

In **zaal V** zijn de opgravingsstukken uit Copia te zien en verder de eerste vondst uit het Parco del Cavallo, de bronzen paardenhoef en een Ionisch kapiteel uit de 1e/2e eeuw.

Overnachten en eten

Bioboerderij – Az. Agriturismo Al Vecchio Biroccio [1]: 87064 Corigliano Calabro, Villaggio Frassa (ca. 16 km ten zuiden van Sibari), Contrada Frassa, tel. 09 83 85 42 33, www.alvecchiobiroccio.it, hele jaar, halfpension ca. € 70. Onderdak in gerenoveerde stallen, omgeven door olijf-, citroen- en mandarijnenbomen (biologische teelt). Negen kamers, alle met badkamer, verwarming, airco, tv en minibar. Restaurant met regionale keuken en biologische ingrediënten (reserveren noodzakelijk). Tip: maccheroni met kastanjes en ricotta ('s avonds, menu ca. € 26).

Camping en vakantiedorp – Villaggio Thurium [2]: 87060 Cantinella di Corigliano Calabro, C. da Ricota Grande, bij Marina Schiavonea (ca. 16 km ten zuiden van Sibari), bereikbaar via de SS106R, tel. 09 83 85 19 55, 09 83 85 11 01, mob. 32 80 72 80 61, www.camping thurium.com, hele jaar, vakantiedorp, 300 m van het strand, in een schaduwrijk dennenbos, met zwembad en diverse sport- en recreatiemogelijkheden (deels tegen bijbetaling) en animatie. Naar keuze: kamperen (tent incl. auto per persoon ca. € 3-12, of camper incl. stroom per persoon ca. € 8-27), 4-persoons bungalows (ca. € 180-1500 per week), of hotel (volpension per persoon ca. € 270-720 per week).

Winkelen

Rijst – Hier, in het voormalige moerasgebied, worden verschillende rijstsoorten verbouwd. Een van de producenten is de biologische boerderij **Azienda Agricola Terzeria** [1], Piazza Divina

Tip

Draslanden

Ca. 600 ha, verdeeld over het regionaal beschermde natuurgebied aan het **Lago di Tarsia** in het binnenland en de **monding van de Crati,** die met een lengte van meer dan 90 km uit de Sila door het noordoosten van Calabrië stroomt, het bovengenoemde meer vormt en uitmondt in de Ionische Zee. Hier, bij de **Foce del Crati,** bevinden zich draslanden met een **moerasbos,** dat zich ooit uitstrekte over de gehele laagvlakte van Sibari. Vanaf de **observatieposten** [3] kunt u het hele jaar door blauwe reigers, zilverreigers en kleine zilverreigers spotten. Maar ook trekvogels als de gewone of zwarte ooievaar, lepelaar en rode ibis laten zich hier waarnemen. Het mondingsgebied is een belangrijke overgangszone van zoet- naar zoutwater.

Op deze plaats zwemt bijvoorbeeld de paling het binnenwater in en leven ook de grootkopharder, de zeebrasem (dorade) en diverse karpersoorten. In het natuurreservaat zijn o.a. vissen, jagen, kamperen, honden, motorvoertuigen, zwemmen en het plukken van planten verboden.

In de voormalige kustwachttoren **Torre del Cupo** in **Schiavonea** (enkele kilometers zuidelijker) is een natuurmuseum ingericht (ma.-vr. 9-13 uur, gratis toegang). Hier kunt u in de aquaria de zeebodem en zijn ecosysteem observeren. Andere natuurcentra bevinden zich in de buurt van het Lago di Tarsia.

Informatie en aanmelding: tel. 09 83 87 88 12, of 09 81 95 21 85, www.riserve tarsiacrati.it.

Provvidenza 1, Francavilla Marittima, tel. 09 81 99 42 90, terzeria@gmail.com. De 'Riso della Sibaritide' en 'Riso di Sibari' is in levensmiddelenwinkels en supermarkten te vinden.

Informatie

Toeristische informatie: zie Cassano (Sibari behoort tot de gemeente Cassano allo Ionio).
Trein: overdag elke 2 uur naar Catanzaro Lido, Crotone en Cosenza.
Bus: op werkdagen meerdere keren naar o.a. Trebisacce, Amendolara, Rossano, Cassano, Castrovillari, Rende en S. Demetrio Corone (Saj, IAS). Dagelijkse verbindingen met Noord-Italië.

Cassano allo Ionio ▶ E 4

Op ongeveer 20 km afstand ligt het landbouw- en handelsstadje Cassano allo Ionio (17.000 inwoners). De oorsprong van de stad is niet precies meer te achterhalen. Aangetoond werd echter, dat in de belangrijkste karstgrotten al ongeveer 90.000 jaar geleden onze voorvaderen leefden. De naam 'Cassanium' duikt op in de 9e eeuw, toen de plaats door de Langobarden overheerst werd en een bisschopszetel was. In 1031 werd de stad door de Saracenen in brand gestoken en in de 13e eeuw kwam het onder de feodale heerschappij van de Angevijnen en later o.a. onder die van de familie Sanseverino.

Centro storico

Cattedrale Natività di Maria en Torre dell'Orologio

Piazza San Eusebio
In het onderste deel van de op de helling van de Monte San Marco gebouwde stad staat de **kathedraal,** die vermoedelijk afstamt van een gebouw uit de tijd van de Normandiërs en in de loop der eeuwen meermalen verbouwd is. In het interieur zijn twee zuilen met Ionische kapitelen te zien, die stammen uit het antieke Sybaris.

Aan de wand van de apsis is de **Madonna van Cassano** afgebeeld, die geschilderd moet zijn door de Hollandse schilder Dirk Hendricksz. Zeer opvallend is de op de rotsen gebouwde **klokkentoren,** die in 1776 op kosten van de gemeente werd opgericht.

Museo Diocesano

Piazza S. Eusebio, van te voren aanmelden op tel. 098 17 72 62, www. diocesicassanoalloionio.it, 's winters di.-za. 10-13, 's zomers 10-12.30, 17-19.30 uur, entree gratis, giften welkom
Direct naast de kerk bevindt zich het **Bisschoppelijk Museum** met een grote collectie schilderijen, sculpturen, liturgische objecten en paramenten, waaronder ook enkele kunstschatten, zoals bijvoorbeeld het vleugelaltaar van Pietro Negroni en het triptychon van Pietro Befulco, beide uit de 16e eeuw.

Ook van de Calabrische schilder Pietro Negroni is de **Annunciazione** (de aankondiging) uit 1552. Te zien zijn ook enkele koperen schalen (15e/16e eeuw) van Duitse afkomst, die bij de communie dienen voor het uitdelen van de hosties.

Terme Sibarite

Via Terme 2, tel. 098 17 13 76
In het onderste deel van de stad bevindt zich dit thermencomplex, waarvan het water rijk is aan lithium, natrium, kalium, calcium, strontium, magnesium, aluminium, ijzer, koper, chloor, sulfaten, carbonaten, polyfosfaten en polysulfaten en wordt ingezet bij reumati-

sche, gynaecologische, ademhalings- en huidaandoeningen.

Omgeving van Cassano

Grotte di Sant'Angelo

Boven het oude stadscentrum van Cassano, richting Castrovillari; rondleidingen op aanvraag: tel. 09 81 78 02 81, in het Italiaans/Frans/Engels. Informatie op Facebook: 'Grotte di Sant'Angelo', entree € 5

In de rotsen boven Cassano zijn in totaal 16 uithollingen ontdekt. Er wordt een onderscheid gemaakt tussen de onderste en de bovenste grot van Sant'Angelo en een derde grot daar weer boven. Deze zijn allemaal met elkaar verbonden door een netwerk van ca. 2500 m aan onderaardse paden.

Santa Maria della Catena

Via Madonna della Catena 58, Cassano allo Ionio

2 km ten noorden van de stad ligt in een fraaie omgeving het bedevaartsoord Santa Maria della Catena uit de 17e eeuw met zijn uitgebreide arcaden en een grote koepelkerk. Het schijnt te zijn opgericht op de plaats van een voormalig basilianer godshuis. In het drieschepige kerkgebouw bevinden zich vier houten altaren met gouden versieringen in barokstijl. Een erfenis uit de Byzantijnse periode is de icoon van de **Madonna della Catena** (Grieks: *katinai* = leiderschap).

Overnachten en eten

Kuurhotel – **Hotel Ristorante Terme Sibarite:** Via Terme 2, tel. 09 81 78 11 51, www.hoteltermesibarite.it, hele jaar, halfpension € 50-65. Direct in het thermale complex ligt dit hotel met ca. 70 kamers, met badkamer, tv, tele-

foon en balkon. Het restaurant (ma.-za. 's middags en 's avonds, reserveren aanbevolen, menu ca. € 25) serveert lokale gerechten, erg lekker zijn de *orecchiette con ricotta fresca* ('oortjespasta' met ricotta).

Info en evenementen

Toeristische informatie:

Ufficio Turistico, Palazzo municipale, Via G. Amendola, 87011 Cassano allo Ionio, tel. 09 81 78 02 81, www.sibariturismo.it. Voor algemene informatie en rondleidingen in de grot van San Angelo.

Bus: op werkdagen naar Castrovillari en Frascineto (Ferrovie della Calabria). Vanuit Sibari dagelijkse verbindingen naar Noord-Italië.

Feest van de beschermheilige San Biagio: 3 feb.

Ss. Crocefisso: 1e vr. van maart. Processie (ter herdenking van de Tweede Wereldoorlog, toen de inwoners beloofden deze processie te houden, als hun dorp gespaard zou blijven van bombardementen).

Pasen: processie op Goede Vrijdag van 's morgens vroeg tot in de namiddag.

Feest van de Madonna della Catena: 2e zo. in mei. Na de kerkdienst wordt het Madonnabeeld tijdens een indrukwekkende processie omlaag naar het dal en weer terug gedragen.

Crotone, Catanzaro en de Golf van Squillace

Hoogtepunt ☀

Capo Colonna: hier verhief zich de tempel van Hera Lacinia, ooit het belangrijkste heiligdom van Magna Graecia. Tegenwoordig staat er van de 48 tempelzuilen nog maar één direct boven de zee. De opgravingen rond het tempelgebied geven een indruk van de vroegere omvang en de betekenis van deze plaats. In het museum bevinden zich belangrijke vondsten van de opgravingen. Zie blz. 176.

Op ontdekkingsreis

Le Castella – middeleeuwse vesting in zee: de vesting uit de 13e eeuw op het Isola di Capo Rizzuto met zijn intacte muren en zijn markante toren vormde lange tijd het schouwtoneel van oorlogszuchtige twisten. De toegangspoort, die ooit streng werd bewaakt om aanvallers af te weren, staat tegenwoordig open voor bezoekers. Zie blz. 180.

Cirò en Val di Neto – bij de plaatselijke wijnboeren: 'Wijn en Calabrië' – een duizenden jaren oude traditie en vast met elkaar verbonden. Een excursie naar wijnproducent Librandi en naar de biowijnboer Ceraudo geeft een inkijkje in de moderne wijnproductie. Zie blz. 188.

naar de plaatselijke wijbouwers

Cirò Marina
Strongoli
Val di Neto
Santa Severina
Crotone
Capo Colonna
Tiriolo
Isola di Capo Rizzuto
Catanzaro
Le Castella
Parco Archeologico di Scolacium
Squillace
Soverato

Bezienswaardigheden

Nationaal Archeologisch Museum in Crotone: het museum toont de belangrijke tempelschat van Hera Lacinia aan de Capo Colonna, waaronder een bronzen scheepje uit de 7e eeuw v.Chr. en een sfinx uit de 6e eeuw v.Chr. Zie blz. 174.

Museum voor Moderne en Hedendaagse Kunst in Catanzaro: het MARCA biedt veel ruimte aan de in 2006 overleden popartkunstenaar Mimmo Rotella, maar toont ook werken van o.a. Mattia Preti. Bezienswaardig is bovendien het geboortehuis van Rotella in de binnenstad. Zie blz. 194.

Actief

Isola di Capo Rizzuto: ontdek de wonderen van dit natuurreservaat tijdens een excursie met een schip met glazen bodem, een duiktrip of bij een bezoek aan het aquarium. Zie blz. 178 en 183.

Sfeervol genieten

Santa Severina: met zijn domplein en kasteel is het een van de mooiste dorpen van Italië en nodigt uit tot een aangename wandeling. Zie blz. 183.

Parco Archeologico di Scolacium: in het park langs de Golf van Squillace wandelt u in de sporen van het verleden. Niet ver daarvandaan ligt het dorp Squillace, met zijn kleine keramiekwinkels ideaal om te winkelen. Zie blz. 199 en 200.

Uitgaan

Lungomare van Soverato: flaneren en dansen – een wandeling langs de *lungomare* en uitgaan in een van de daar gelegen bars behoren tot het standaardavondprogramma van de bezoekers van dit drukke stadje. Zie blz. 206.

Cultuur en natuur aan de oostkust

De provinciehoofdstad Crotone aan de Mar Ionio verenigt de oudheid en de moderne tijd op een fascinerende manier: het drukke leven in de binnenstad en de aandachtige stilte bij de laatste nog bewaard gebleven tempelzuil van het antieke Croton op de Capo Colonna. Het Isola di Capo Rizzuto lokt met zijn onderwaternatuurreservaat, talrijke mooie rode stranden en natuurlijk de Angevijnse vesting Le Castella in de kleine gelijknamige vakantieplaats. Een omweg naar het noorden voert naar Santa Severina en het wijnbouwgebied van Cirò.

Aan de landengte tussen de beide zeeën ligt de Calabrische hoofdstad Catanzaro. Met zijn mix van cultuur, verkeer en groen is ze even chaotisch als fascinerend. Verder naar het zuiden, aan de Golf van Squillace, bevinden zich de opgravingen van het Romeinse Scolacium, en rijzen de machtige ruines op van de Basilica Santa Maria della Roccella. In het binnenland ligt het aantrekkelijke Squillace met zijn keramiekkunst. Zwemmen en zonnebaden daarentegen kunt u in de prachtige baaien van Staletti en in Soverato.

Crotone ▶ H 7

Met zijn circa 61.000 inwoners is Crotone tegenwoordig een van de grootste steden van Calabrië en is met zijn levendige vissershaven, jachthaven en industriehaven de belangrijkste havenstad aan de Ionische zijde van de regio. De torens, die voor de kust uit zee oprijzen, zijn overigens bestemd voor de gaswinning.

Stadsgeschiedenis

Op zoektocht naar drinkwater en nieuw akkerland trokken de Grieken in de 8e eeuw naar Zuid-Italië. Betere leefomstandigheden vonden ze in het gebied van het huidige Calabrië, en al spoedig ontwikkelden zich bloeiende Griekse steden, waarvan Croton een van de grootste en belangrijkste was. De geschiedenis van de stad begon echter vrij tragisch, als u geloof wilt schenken aan de volgende overlevering: per vergissing had Heracles Croton doodgeslagen, de zoon van Lakinius. Als boetedoening richtte Heracles een monumentaal graf op en doopte de stad met de naam Croton (rond 710 v.Chr.). Hij voorspelde de stad een roemrijke toekomst – een wens die in vervulling ging. Eerst moest ze echter een bittere nederlaag verwerken: rond het jaar 560 v.Chr. werd ze in de slag aan de Sagra (ten noorden van Locri) door de verreweg zwakkere Locriërs verslagen. Met de overwinning op Sybaris in 510 v.Chr. werd Croton ten slotte het belangrijkste centrum in Magna Graecia. Toen de Romeinen een eind maakten aan de Griekse hegemonie, werd de stad in de 2e eeuw v.Chr. een Romeinse kolonie.

Al in de oudheid beschikte Crotone over een 18 km lange stadsmuur en een belangrijke haven. Van de antieke stadsmuur zijn tegenwoordig slechts enkele fragmenten bewaard gebleven, omdat ze door talrijke oorlogen en natuurrampen bijna volledig verwoest werd.

Stadswandeling

Castello en park

Piazza Castello, ingang kasteel en museum in de Via Risorgimento, di.-za. 9-13, 16-19, zo. 9.30-12.30 uur, gratis toegang; ingang Villa Comunale aan de oostzijde, dag. 8-19 uur

Het imposante **kasteel** 1, door de lokale bevolking ook Castello di Carlo V genoemd, werd in 1541 door Don Pedro di Toledo, de Spaanse vicekoning van Napels, opgericht en beschikt over intacte buitenmuren en twee ronde torens. Het gold destijds als een van de belangrijkste vestingen van het koninkrijk Napels. U kunt een wandeling over de muren maken en in het **Museo Civico** in de toren een tentoonstelling met aardewerkvondsten, adellijke familiewapens en wapens bezoeken.

Het park van de **Villa Comunale** 2 (Discesa Castello), gebouwd tegen de muren van het kasteel, nodigt uit tot een wandeling of een picknick in het groen. Enkele passen ten noorden van de ingang van het park bevindt zich een kleine speeltuin in de schaduw van de burchtmuren.

Duomo Santa Maria Assunta 3

Piazza Duomo

Wie de karakteristieke straatjes van het *centro storico* wil leren kennen, slingert vanaf de Piazza Castello via de Largo Covelli door de smalle steegjes en komt zo bij de onder het kasteel gelegen, in de 16e eeuw opgerichte dom. De façade van de kathedraal van Santa Maria Assunta werd in de 17e/18e eeuw in classicistische stijl verbouwd. In het interieur, in de rijk versierde **Cappella Privilegiata,** is het gratiebeeld van de Madonna di Capo Colonna te zien, de beschermheilige van de stad. Volgens een legende is het beeld door de evangelist Lucas geschilderd. Ooit bevond het heiligenbeeld zich in de kapel op de Capo Colonna. Vanwege de vele overvallen van de Saracenen brachten de gelovigen het kunstwerk veiligheidshalve naar de dom. Slechts eenmaal per jaar – op haar feestdag (zie blz. 176) – keert de Madonna naar haar vroegere thuisbasis terug.

Piazza Pitagora

Als u de dom in westelijke richting verlaat komt u op het verkeersknooppunt van de stad, de **Piazza Pitagora,** genoemd naar de beroemdste burger van Croton. De wiskundige en filosoof Pythagoras emigreerde rond 532 v.Chr. uit zijn vaderland Samos naar Calabrië. In een kring van ingewijde volgelingen onderwees hij in Croton naast zijn mathematische theorieën ook deugdzaamheid, ascese en bescheidenheid, waarbij hij geen tegenspraak duldde. Zo wist hij de inwoners van Croton ervan te overtuigen, het verdorven Sybaris, waarvan de bewoners 'hun leven leidden, zonder

Crotone

veel na te denken', te verwoesten. Na aanvankelijk enthousiasme voor de filosoof verenigden de democraten zich tegen de voor hen al snel onuitstaanbaar geworden aristocraat en staken de villa van de atleet Milon aan, waarin de Pythagoreërs elkaar troffen. Pythagoras en de meeste van zijn aanhangers verlieten daarop de stad.

Palazzo Albani en Chiesa dell'Immacolata

In het *centro storico* van Crotone zijn behalve talrijke kerken ook veel bezienswaardige paleizen, bijvoorbeeld het **Palazzo Albani** 4 (Piazzetta Albani) uit de 18e eeuw met neoclassicistische façade. De eenschepige **Chiesa dell'Immacolata** 5 (Via A. Cosentino) uit de 16e eeuw (vernieuwd in de 18e eeuw) is ingericht in barokstijl en heeft onder meer fraai stucwerk, enkele mooie schilderijen en een neoclassicistische façade.

Museo Archeologico Nazionale 6

Nationaal Archeologisch Museum, Via Risorgimento 121, tel. 096 22 30 82, di.-zo. 9-20 uur, toegang ca. € 2, tot 18 jaar gratis

Vlak bij het imposante kasteel bevindt zich het moderne Nationaal Archeologisch Museum, met twee verdiepingen.

Tentoongesteld zijn naast prehistorische vondsten ook voorwerpen uit de Griekse kolonies. Direct na de ingang bevindt zich aan de rechter zijde een schedel uit het neolithicum (3500-3000 v.Chr.). Interessant zijn ook de vier vitrines met de grafvoorwerpen, die uit de 6e/5e eeuw v.Chr. dateren: amforen, schalen en lekythoi (olijfolievaten). Op de bovenste verdieping zijn o.a. marmeren grafstenen uit de 1e/2e eeuw n.Chr., een buste van de godin Demeter (4e eeuw v.Chr.) en de zeer interessante schat van de tempel van Hera Lacinia op de Capo Colonna te zien: een diadeem, een bronzen beeld van Sirena (7e eeuw v.Chr.), een gevleugelde Gorgone en een zittende sfinx (beide 540 v.Chr.), de unieke barchetta nuragica (bronzen scheepje uit de 7e eeuw v.Chr., afkomstig uit Sardinië) evenals terracottabeeldjes (6e eeuw v.Chr.), inwijdingsgaven, resten van marmeren sieraden en een muntenverzameling.

Tegenover het museum ligt het eveneens in neoclassicistische stijl gebouwde **Palazzo Morelli** 7 (1885).

Overnachten

Aan de lungomare – **Palazzo Foti Hotel** 1: Via C. Colombo 79, tel. 09 62 90 06 08, www.palazzofoti.it, 2 pk met

ontbijt € 120-150. Modern hotel met lift en eigen parkeerplaats; kamers met badkamer, tv, telefoon, minibar, wifi, airconditioning, safe en balkon.

Basic – Hotel Tortorelli 2: Viale Gramsci, tel. 096 22 99 30, www.hotel tortorelli.it, 2 pk met ontbijt € 65-85. Vlak bij het centrum en bij de zee, 16 kamers met douche, satelliet-tv, telefoon, airconditioning, minibar en safe.

Eten en drinken

Veelgeprezen – Ristorante Da Ercole 1: Viale Gramsci 122, tel. 09 62 90 14 25, www.ristorantedaercole.eu, hele jaar ma.-za. 's middags en 's avonds, menu vanaf € 55. Hier kookt de bekende chefkok Ercole, die oude gerechten met veel raffinement nieuw leven inblaast.

Klassiek – Ristorante Pizzeria Lido degli Scogli 2: Viale Magna Grecia 49, tel. 096 22 55 49, www.albergodegli scogli.com, hele jaar dag. 's middags en 's avonds, reserveren aanbevolen, menu vanaf € 30. Mooi restaurant en hotel direct aan zee, terras, discotheek Tortuga (zomer), pub, visspecialiteiten.

Lekker – Caffè Italia 3: Via Messinetti 14, tel. 096 22 11 63. Al vier generaties verkoopt men hier gebak en ijs. Een aanrader is de *pitta* (met rozijnen).

Winkelen

Sieraden – Gerardo Sacco 1: Via S. Paternostro 21, tel. 096 22 06 61, www. gerardosacco.com. De wereldberoemde goudsmid ontwerpt hier sinds 1966 gouden en zilveren sieraden.

175

Wijnhandel en champagneria – **Enoteca Marino** 2: V. Nicoletta 3, tel. 096 22 17 98, ma.-za. 8.30-13, van 16 uur tot laat in de avond geopend. In het centrum ligt deze wijnhandel met circa 800 lokale, nationale en internationale etiketten. 's Avonds zijn er wijnproeverijen op de bovenverdieping.

Antiekmarkt – elke 1e zo. in de maand wordt de hele dag rond de **Piazza Duomo** antiek verkocht.

Actief

Wiskunde inzichtelijk gemaakt – **Themapark Pitagora:** ter herinnering aan haar beroemdste zoon heeft de stad in samenwerking met een architect en een wiskundige in het voormalige Pignerapark 16 installaties ingericht, die o.a. de wet van Pythagoras inzichtelijk maken.

Uitgaan

Dansen – **Discotheek Babylon** 1: Strada per Capo Colonna (km 2). In juli en aug. vr.- en zaterdagavond geopend. Op een rots direct boven de zee.

Bruisend trefpunt – **Enoteca Marino** 2: zie boven. Hier kunt u tot laat in de avond in een inspirerende omgeving wijnen, champagne en chocolade proeven.

Info en evenementen

Toeristische informatie: Pro Loco, Via Molo Sanità 2 (Lega Navale), 88900 Crotone, tel. 09 62 95 50 02, www.proloco crotone.it. Algemene informatie, boeken van onderdak en excursies ('s zomers). De gemeentelijke website geeft tips voor excursies en een lijst van accommodaties: www.comune.crotone.it.

Trein: ca. elke 2 uur naar Sibari, Taranto en Catanzaro Lido.

Bus: op werkdagen naar Cirò, Cirò Marina en het vliegveld van Lamezia; naar Capo Colonna met I. C. Rizzuto; stadsbussen (Romano, www. autolineeromano.com).

Vliegtuig: Aeroporto Lamezia Terme, V. Aeroporto, tel. 09 68 41 41 11.

Schip: minicruises langs de kust van het Isola di Capo Rizzuto met prachtige stranden worden aangeboden door Enea Service en Ostro (schip met glazen bodem) in Le Castella (zie blz. 183).

Autoverhuur: AVIS Autonoleggio, Via Tedeschi A. 57, 88900 Crotone, tel. 096 22 91 02.

Processie naar Capo Colonna: talloze gelovigen begeleiden op de 3e zo. in mei de Madonna di Capo Colonna naar de kaap. Op de volgende dag wordt het genadebeeld in een vissersboot naar de dom teruggebracht. Een enorm spektakel!

Festival dell'Aurora: in mei vindt ieder jaar een serie evenementen plaats met concerten en exposities in Crotone en op de Capo Colonna. Het afsluitende concert wordt bij opkomende zon aan de voet van de tempelzuil gehouden.

Film- en muziekvoorstellingen: in de zomer in de Villa Comunale.

Feest van San Dionigi l'Areopagita: 9 okt., processie ter ere van de beschermheilige.

Capo Colonna ✳ ▶ H 7

De belangrijkste en indrukwekkendste getuigen van het verleden van Crotone bevinden zich bij de 11 km zuidelijker gelegen Capo Colonna. Hier werd in de 5e eeuw v.Chr. de tempel van de godin Hera Lacinia opgericht, die gold als het belangrijkste heiligdom van Magna Graecia. Livius bericht rond het jaar van Christus geboorte over een **heilig** woud, dat het heiligdom moet hebben omgeven. Wetenschappelijk onderzoek bevestigt deze beschrijving: ooit groeiden hier niet alleen steeneiken, essen en sparren, maar ook granaatappel- en perenbomen, wijnranken en lelies. In dit bos moet volgens de legende Milon, de latere winnaar in Olympia, door de wolven zijn opgevoed. De Romeinen vestigden zich hier vanaf de 2e eeuw v. Chr., ook in het vroegere tempelgebied.

Tempelgebied

Parco Archeologico Capo Colonna, Viale Magna Grecia, 88900 Crotone
Van de imposante tempel met ooit 48 zuilen staat tegenwoordig nog eenzaam en verlaten één Dorische zuil direct boven zee. De vroegere omgrenzing van het heilige terrein, de temenos, is

nog te zien. Ook te herkennen zijn de resten van de Romeinse vestingmuren, die met hun torens en de toegangspoort dienden voor de verdediging van het voorgebergte. Tegenover de vroegere tempel (aan de westzijde) bevonden zich Griekse huizen, waarvan het grondplan deels werd blootgelegd. Het was waarschijnlijk een herberg met vier gastenkamers rond een binnenhof (katagogion) en een zuilenhal (stoa).

Romeinse resten

Een paar honderd meter ten noorden van het voormalige heiligdom bevinden zich de **Chiesa della Madonna di Capo Colonna,** het pelgrimsdoel van de inwoners van Crotone tijdens het feest van de Madonna in mei, en de Saracenentoren **Torre Mariello di**

Antieke nederzetting – het archeologische park bij Capo Colonna

Nao uit de 16e eeuw. In 2003 werden vondsten naast de kleine kerk als resten van Romeins tegelwerk geïdentificeerd. Verder werden er resten van woonhuizen blootgelegd van de 2e eeuw v.Chr. tot de 1e eeuw n.Chr. De muren op locatie 12 ten westen van de voormalige tempel behoorden toe aan thermen uit de Romeinse tijd. Het daar gevonden vloermozaïek bevat een geometrisch schaakbordpatroon, omringd door vier dolfijnen.

Archeologisch Museum

Viale Magna Grecia, 88900 Crotone, tel. 09 62 93 48 14, www.archeocala bria.beniculturali.it (Italiaans), di.-zo. 9-13, 15.30-19 uur, gratis toegang

De **afdeling La Terra** is gewijd aan de Romeinse nederzetting, die in het gebied rond de cultusplaats uit de 2e eeuw v.Chr. circa drie eeuwen lang heeft bestaan. Naast talrijke munten is een terracottabuste van een ongeïdentificeerde Romeinse godin te zien.

In de **afdeling Il Sacro** geven architectonische brokstukken van de tempel (waaronder een reconstructie van de balken), marmer- en terracottasculpturen en votieven inzicht in het vroegere tempelleven. Zeer waardevol is een voet van een zuil uit de 6e eeuw v.Chr. met een inscriptie, gewijd aan de godin in een achaïsch schrift.

De **afdeling Il Mare** ten slotte toont onderwatervondsten uit de tijd voor de Grieken tot aan scheepswrakken uit de Tweede Wereldoorlog – geordend naar de verschillende vindplaatsen. Onder meer fragmenten van marmeren badkuipen, tempelzuilen, huishoudelijke waren, een sarcofaag en een marmerfiguur met de afbeelding van Amor en Psyche. De belangrijkste vondsten van het park zijn echter in het Nationaal Archeologisch Museum van Crotone (zie blz. 174) te bezichtigen.

Isola di Capo Rizzuto ▶ G/H 7/8

De kuststrook tussen Capo Colonna en Le Castella met zijn rotskliffen en zandbaaien en zijn kristalheldere zee is een van de populairste vakantiegebieden van Calabrië en is grotendeels beschermd natuurgebied. Het 13.500 ha grote **Riserva Naturale Marina Capo Rizzuto**, is grotendeels bedekt met *macchia mediterranea*: mirte, thijm, kappertjesplant, jeneverbes, brem, wilde olijf en veel meer soorten planten. Fraai is ook het tussen Capo Piccolo en Le Castella gelegen bos van **Soverito**, dat tot aan het strand doorloopt. Aan de rand van het dennenbos bloeien in de zomer langs de kust witte lelies (*Pancratium maritimum*). Heerlijk relaxen is het ook op de **'rode stranden' van Le Cannella** en **Marinella**.

Paradijs voor duiken

Voor de aantrekkelijke kust opent zich voor duikers een fascinerende onderwaterwereld: uitgestrekte velden zeegras en koraalrif. Hier leven zeepaardjes, tandbaarzen, Europese baccacuda's, die in de zomermaanden zilveren scholen vormen, en papegaaivissen. In het voorjaar zijn met een beetje geluk ook dolfijnen en de onechte karetschildpadden te spotten. In de tot 100 m diepe zee bevinden zich bovendien overblijfselen van marmeren zuilen, scheepswrakken uit de Romeinse tijd en amforen. De meeste van deze relicten liggen echter op de zeebodem in de beschermde 'zone A', d.w.z. in de gebieden met de hoogste bescherming. In deze zone zijn zwemmen, duiken, het varen met alle soorten vaartuigen, het ankeren, vissen (ook onderwatervisserij) verboden. Toegestaan zijn alleen excursies onder leiding van een gids, ook onder water (alleen snorkelen). In de zones B en C daarentegen zijn bijna alle bovengenoemde activiteiten mogelijk, met de volgende beperkingen: duiken is alleen toegestaan via de plaatselijke duikcentra, voor anker gaan mag alleen in de daartoe aangewezen gebieden en de onderwatervisserij is ook hier verboden.

Capo Rizzuto ▶ H 8

De kerk en het heiligdom **Santuario Madonna Greca** (Loc. Capo Rizzuto, Piazza Santuario, 88841 Isola di Capo Rizzuto) tegenover het aquarium (zie onder) beschikt over een kribbe, die in jarenlange arbeid met de hand werd vervaardigd van plantenmateriaal, stenen en hout uit de kuststrook. Langs de zee staan hier ook de kustwachttorens **Torre Nuova** en **Torre Vecchia**.

Aquarium

Loc. Capo Rizzuto, Piazza Santuario, 88841 Isola di Capo Rizzuto, tel. 09 62 79 90 94, hele jaar dag. 9.30-12.30, 15.30-18 uur, in de zomer langer, toegang € 4, kinderen tot 5 jaar gratis, 6-12 jaar en ouder dan 65 jaar € 3

Ook niet-duikers kunnen een bezoek brengen aan de onderwaterwereld van Capo Rizzuto in het in 2002 in gebruik genomen aquarium. Het toont in 22 bassins de fauna en flora van de kust. De vissen worden in hun natuurlijke omgeving gevangen en hier tijdelijk tentoongesteld. Dat wil zeggen wanneer het voor de vissen vanwege bijv. hun groei in de bassins te klein wordt, worden ze weer in hun natuurlijke leefgebied teruggezet. In de entreehal vindt u informatie over de geomorfologie en de geologie van het Bacino Crotonese evenals een driedimensionaal model met rivierlopen, ondieptes en risicogebieden (onderzeese bergstortingen).

Le Castella ▶ H 7

De bekronende afsluiting van een rit langs de kust vormt een bezoek aan het Aragonese kasteel Le Castella (zie blz. 180) – een van de weinige in Zuid-Italië, dat niet hoog gelegen boven op de rotsen staat, maar op zeeniveau is aangelegd. In de **Via Duomo** bevinden zich talrijke bars, winkels en de Pro Loco. Naar een domkerk zoekt u echter tevergeefs: de enige kerk is die van de Madonna van Guadalupe.

Overnachten

Villa met tuin – **Hotel Villa Aurora:** Le Castella, Via Volandrino, tel. 09 62 79 51 37, tel. 09 62 79 51 37, www.hotelvilla aurora.it, hele jaar geopend, 2 pk met ontbijt vanaf € 90, halfpension vanaf €65 per persoon, tv, aircondition, safe. Klein gerenoveerd hotel met restaurant en een aanbod aan duiktrips.
Vakantiedorp – **Villaggio Camping Costa Splendente:** Le Castella, Ctr. Peta, tel. 09 62 79 51 31, www.costasplen dente. it. 4- en 5-persoons bungalows ca. € 250-850 per week, 2 personen met tent € 16-32 per dag, stroom € 2-3 per dag. Op een groot terrein in het groen, vlak bij strand, supermarkt en bar.

Eten en drinken

Degelijk – **Hotel Ristorante Annibale:** Le Castella, Via Duomo 35, tel. 09 62 79 50 04, mei-sept. 's middags en 's avonds geopend, menu ca. € 40. Traditioneel en stijlvolle sfeer. Specialiteit: visgerechten, bijv. *spaghetti alle alici* (met ansjovis) en zwaardvis. In de zomer tuinterras.
Panorama – **Ristorante Aragonese:** Le Castella, Via Duomo 1, tel. 09 62 79 50 13, dag. 's middags en 's avonds geopend, menu ca. € 25.   ▷ blz. 183

Le Castella – middeleeuws fort in zee

Op een schitterende locatie in het Riserva Naturale Marina Capo Rizzuto ligt Le Castella. Een wandeling door de vesting, over het vroegere marktplein en de beklimming van de drie verdiepingen hoge wachttoren biedt interessante inkijkjes en fraaie uitzichten.

Kaart: ▶ H 7

Informatie: Castello Aragonese, Loc. Le Castella, 88841 Isola di Capo Rizzuto, di.-zo. 9.30-13, 16-18 uur ('s zomers langer open, ook op ma.), voor rondleidingen aanmelden bij de Pro Loco (zie blz. 183), tel. 09 62 79 51 60, www.prolocolecastella.it, entree € 3, 7-14 jaar € 2, tot 6 jaar gratis

Startpunt: centrum van Le Castella

De Angevijnen richtten in de 13e eeuw, circa 30 km ten zuiden van de Griekse tempel Hera Lacinia op een strategisch belangrijke positie bij Capo Colonna een eerste kasteel op. Het kasteel heeft en bewogen verleden maar ligt er tegenwoordig vreedzaam en uitnodigend bij en is te bezichtigen. Over een smalle landtong steekt u over naar het eiland en door de toegangspoort (1) komt u binnen de vestingmuren.

Werkplaatsen en marktkramen

Langs de boekwinkel (2) en de toiletten (3) aan de linker kant loopt u links omhoog naar de **Borgo Antico** (4), die onder de Aragonezen in de 16e eeuw ontstond – een kleine nederzetting, compleet met werkplaatsen en marktkramen, waar de bewoners goederen produceerden en verhandelden. Op het terrein zijn de resten van een kleine eenschepige **kapel** (5) met fresco's (ook uit de 16e eeuw) te herkennen, de vroegere kerk van de hier levende soldaten en burgers. In het onderste gedeelte van de kapel werden kalksteenblokken uit de Griekse tijd (4e eeuw v.Chr.) blootgelegd.

Naar de toren

Een **ophaalbrug** (6) vormt de toegang tot het oudste en het sterkst verdedigde gedeelte van de burcht. Voor u naar binnen gaat kunt u rechts van de ingang de muren bekijken: het opmerkzame oog neemt een verticale inkeping waar, met behulp waarvan het regenwater werd opgevangen en naar een cisterne geleid.

Links voor de toren bevindt zich een **voorraadkamer** (7) uit de 16e eeuw, waarin vroeger o.a. wapens werden bewaard. Hier getuigen verschillende soorten muren van de aanwezigheid van Grieken, Romeinen en Aragonezen.

De **wachttoren** (8) voert terug op een grondplan uit de 13e eeuw uit de tijd van de Angevijnen. In zijn huidige vorm is hij door de Aragonezen in de 16e eeuw opgericht, om vroegtijdig schepen van overvallers te kunnen signaleren. Samen met de andere wacht-

torens langs de kust bij Capo Rizzuto, Capo Pellegrino en Capo Colonna vormde het een waarschuwingssysteem tegen de overvallen van de Saracenen. De Aragonezen lieten ook een tweede ringmuur en bastions met kantelen en versterkingen toevoegen en maakten de burcht op deze manier vrijwel onneembaar. Over een stenen wenteltrap klimt u de drie verdiepingen omhoog. Het licht valt naar binnen door smalle vensters, die naar binnen toe breder worden. Zo kon men naar buiten kijken, zonder van buitenaf gezien te worden. Tegenwoordig hebt u van hierboven een prachtig uitzicht.

Direct tegenover de toren werden behalve Romeinse muren ook kalksteenblokken uit de 4e eeuw v.Chr. blootgelegd. Men vermoedt dat het hierbij gaat om de kademuur van een vroegere **aanlegsteiger** (9).

Geschiedenis en legende

Al voor de bouw van de vesting moet de plek van groot strategisch belang zijn geweest. Men gaat er zelfs vanuit dat in de baai ooit meerdere vestingen op kleine eilanden stonden. Hiervan getuigen fundamenten op twee rotsen, die inmiddels door de zee zijn overstroomd. Daarmee wordt ook de meervoudsvorm *Le Castella* verklaard.

De aanhangers van deze theorie citeren de historicus Plinius, die in zijn *Naturalis Historia* spreekt over verschillende eilanden, o.a. het eiland Ogigia, waarop volgens Homerus Odysseus door Calypso gevangen werd gehouden. Plinius vertelt in het bovengenoemde werk eveneens dat Hannibal tijdens de Tweede Punische Oorlog op deze plek een toren oprichtte, om de Romeinen te weerstaan.

Zeker is daarentegen dat deze plaats van de 9e tot de 11e eeuw werd bezet door de Arabieren, die in het zuidelijker gelegen Squillace in de 10e eeuw

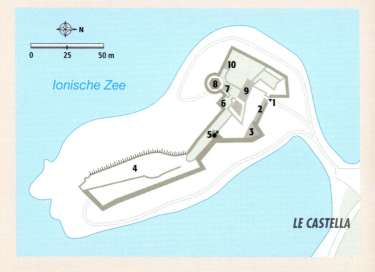

Ionische Zee

0   25   50 m

10
8 7 9
6
2 1
5
3
4

LE CASTELLA

een emiraat oprichtten en zo de controle verkregen over de gehele Golf van Squillace. Le Castella was in de volgende eeuwen steeds weer het toneel van gruwelijke strijd, zoals tussen de Anjous en de Aragonezen, en werd ook meermalen door de Turken aangevallen en geplunderd. In 1536 overviel Barbarossa, een Osmaanse korsaar, de vesting, stak haar in brand, nam vrouwen en kinderen gevangen en nam hen mee naar Turkije.

Een van deze kinderen was **Giovanni Dionigi Galeni.** Hij bekeerde zich later tot de islam en veranderde zijn naam in Uluç Ali. Als gevreesde admiraal van de rijksvloot van Constantinopel nam hij in 1571 deel aan de zeeslag van Lepanto tegen de christelijke machten van de Middellandse Zee en overleefde deze. De Heilige Liga kwam als winnaar uit de slag en verwierp hiermee de aanspraken van de Osmanen op het westelijke deel van de Middellandse Zee. Ondanks de nederlaag werd Uluç Ali door de sultan met de eretitel Kilic (zwaard) onderscheiden. Hij stierf in 1587 als een

rijk man. Aan hem herinnert een monument schuin tegenover het kasteel.

Neergang van de burcht

In de 17e eeuw vervalt het leengoed, dat Le Castella en andere gemeenten omvatte, steeds meer. In 1799 wordt de burcht zelf nog eenmaal een belangrijk toneel in de strijd om de hegemonie tussen de Bourbons en de Fransen. Na de overwinning van de Fransen wordt onder Napoleon de feodale heerschappij afgeschaft. In 1816 wordt Le Castella een deel van de Comune dell'Isola, later van het Isola di Capo Rizzuto.

Onder water

Als symbool van het natuurreservaat Riserva Marina Capo Rizzuto, geeft Le Castella ook een inkijkje in de onderwaterwereld. In de **videozaal (10)** kunt u films bekijken over de (onderwater) flora en fauna. En wie zin heeft gekregen in de verkwikkende zee, kan direct tegenover de burcht een duik nemen of gewoon relaxen aan het strand.

Goed lopend restaurant tegenover het kasteel. Specialiteit: *maccheroni allo scoglio* (verse pasta met zeevruchten). In de zomer 's avonds pizza's.

Actief

Duiken – **Centro Sub Le Castella:** Punta Le Castella, Via Fosso, tel. 09 62 79 52 68, mob. 34 82 85 17 00, www. divinglecastella.it. Duiktrips in diverse moeilijkheidsgraden (tot ca. 35 m), ook naar scheepswrakken.

Sport en excursies – **Ostro:** Le Castella, Via Duomo 13, tel. 096 27 95 63 20, mob. 33 57 72 92 35, www.ostro.it, info@ostro. it. Zeiltochten en -cursussen, verhuur van zeilboten, duiken, verkenning van de onderwaterwereld per boot met glazen bodem. Verder ook trekking, raften en andere excursies.

Excursies – **Enea Service:** Le Castella, Via Brasolo 1, tel. 09 62 79 50 60, www. laperladelloionio.it. Dit bureau organiseert o.a. excursies met een minicruiseschip.

Uitgaan

Discotheek – **Le Castella:** in de buurt van de haven. In de zomer is deze disco zaterdags een populair trefpunt om te dansen.

Info en evenementen

Toeristische informatie: Pro Loco, Le Castella, Via Duomo 38, tel. 09 62 79 51 60, www.prolocolecastella.it, tickets voor bussen, treinen, vluchten, rondleidingen door het kasteel en andere excursies, op aanvraag ook in het Engels (www.lecastella.info).
Riserva Marina Capo Rizzuto: Le Castella, Piazza Ucciali, tel. 09 62 66 52 54, www.riservamarinacaporizzuto.it (o.a. films). Bezoekerscentrum tegenover het waterslot (informatie en kaarten van het natuurreservaat), ma.-vr. 9-13, di. en do. 15-18 uur.
Bus: meerdere keren per dag naar Crotone en Catanzaro (Romano).
Feest van de Madonna Greca: 1e zo. in mei, op Capo Rizzuto.

Omgeving Crotone
Santa Severina ▶ G 6

46 km ten noordwesten van Crotone torent Santa Severina met zijn Normandische kasteel op als een onneembare vesting hoog boven de tufsteenrotsen (het beste kunt u uw auto in de burchtgracht parkeren!). Het goed bewaarde dorp (dat is opgenomen op de lijst van de mooiste dorpen van Italië) met ca. 2200 inwoners is geïdentificeerd als het antieke **Siberene.** Nog voor de Grieken vestigde zich in dit gebied het Italische volk van de Enotriërs. Van 840 tot 886 werd de plaats door de Arabieren bezet en was het een Arabisch **emiraat,** tot het in 886 onder Nicefurus Focas – net als Amantea en Tropea – heroverd werd en weer in het Byzantijnse Rijk werd opgenomen. Onder het Byzantijnse Rijk kreeg de geboorteplaats van paus Zacharias (8e eeuw) ook zijn huidige naam: Santa Severina. Op een rondwandeling door het dorp wandelt u in de sporen van de bewogen geschiedenis.

Castello

Piazza Campo, tel. 096 25 10 69, mob. 33 94 05 16 32, www.aristippo.it, 's zomers dag. 9.30-12.30, 15.30-19, rest v/h jaar tot 18 uur, 's winters ma. gesloten, entree ca. € 4, audiogids (Engels/Duits)

Het kasteel in zijn huidige vorm gaat terug tot de 16e eeuw toen het werd verbouwd tot woonplaats en vesting onder de heerschappij van Andrea Carafa. Maar al in het Byzantijnse Rijk moet hier een vesting hebben gestaan, die door de Normandiërs gebouwd was. Hier zijn naast het imposante bolwerk o.a. een collectie middeleeuwse wapens, een pinacotheek en een tentoonstelling over de Calabrische vestingen en Saracenentorens te bezichtigen.

Cattedrale Sant'Anastasia

De kathedraal Sant'Anastasia (13e eeuw) ligt aan de uitgestrekte Piazza Campo. In het interieur komt u door een kleine deur in het linker kerkschip bij de **Byzantijnse doopkapel** (8e/9e eeuw) met fresco's van San Girolamo uit de 15e eeuw, een doopbekken en vier zuilen uit de voorchristelijke tijd, die de koepel dragen. Om de kerk te laten openen kunt u zich wenden tot het Bisschoppelijk Museum (naast de kerk, zie rechts).

Tip

Smullen op z'n Calabrisch ▶ H 6

In een chique sfeer biedt het landelijke Ristorante Dattilo een hoogwaardige regionale keuken met een moderne en innovatieve *touch* (fijnproeversmenu € 55-70). Ruime keus aan nationale en internationale wijnen (wijnproeven € 18). Specialiteiten o.a.: *sfogliatelle* met *provola silvana* (kaaspasteitje), tonijnfilet met gember en munt. **Azienda Agricola Dattilo:** Marina di Strongoli, Contrada Dattilo, www. dattilo.it, tel. 09 62 86 56 13, mob. 32 84 82 30 88, juni-aug. dag. 's avonds geopend, rest v/h jaar do.-za. 's avonds, zo. 's middags en op aanvraag. Ook onderdak (zie blz. 187).

Chiesetta dell'Addolorata en Museo Diocesano

tel. 096 25 10 69, mob. 33 94 05 16 32, www.aristippo.it, zelfde openingstijden als het Castello, entree ca. € 4
Links van de kathedraal voert de via Bizantina naar de **Chiesetta dell'Addolorata.** De kerk uit de 17e eeuw werd gebouwd op de resten van een Byzantijnse kathedraal uit de 11e eeuw. De kerk wordt daarom ook wel Vescovato Vecchio of Cattedrale Vecchia genoemd. Van de oorspronkelijke bouw zijn alleen nog de bogen boven de pijlers bewaard, die in het barokke kerkinterieur werden geïntegreerd. De hier gevonden Byzantijnse geschriften zijn nu – naast een belangrijke collectie sacrale kunst – in het **Bisschoppelijk Museum** te zien.

Chiesetta Santa Filomena

Bij de Chiesetta Santa Filomena uit de 11e eeuw gaat het om twee, waarschijnlijk gelijktijdig opgerichte kapellen. De onderste betreedt u door de vooringang met een biforenvenster. In de bovenste kapel komt u via twee zijportalen van Normandische oorsprong.

Overnachten

Biologisch – **Agriturismo Le Puzelle:** Loc. Puzelle, SS107bis, 88832 Santa Severina, tel. 096 25 10 04, www.lepuzelle.it, overnachting incl. ontbijt vanaf € 30 per persoon. In de vlakte 1 km buiten Santa Severina ligt deze nette Azienda (biologische landbouw) met zwembad. In de vroegere hooischuur worden traditionele gerechten geserveerd (wo.-ma., menu ca. € 22).

Eten en drinken

Aan de piazza – **Ristorante La Locanda del Re:** Discesa P. Orsi 6, tel. 096 25 16 62,

Hoog boven land en zee – het kasteel van Santa Severina

mob. 34 71 71 45 58, hele jaar 's middags en 's avonds, menu vanaf € 25. Direct naast het kasteel biedt Ciccio Guzzi (40 jaar ervaring) traditionele gerechten, aangepast aan het seizoen. Specialiteit: *carne cotta al forno con i funghi porcini* (in de oven gebraden vlees met eekhoorntjesbrood).

Info en evenementen

Coop. Aristippo: Piazza Campo, Museo Diocesano, tel. 096 25 10 69, mob. 33 94 05 16 32, www.aristippo.it. Reisbureau Aristippo gaat over de bezichtigingen en rondleidingen van het kasteel en het Bisschoppelijk Museum. Ook rondleidingen in het Engels (meldt u van te voren aan).
Bus: meerdere keren per dag naar Crotone (Ferrovie della Calabria, www.ferroviedellacalabria.it).
Feestmarkt: ma. en di. na de 2e zo. in mei.

Feest van de beschermheilige Santa Anastasia: 29 okt.

Torre Melissa ▶ H 5

De rit door de Marchesato wordt gedomineerd door olijf- en citrusboomgaarden en wijngaarden in een overwegend glooiend heuvellandschap. Circa 25 km ten noorden van Crotone, direct boven de kustweg SS106, staat de kustwachttoren Torre Melissa. De stevige kasteeltoren werd in 1480 door de Aragonezen opgericht en in de jaren 90 van de vorige eeuw gerestaureerd.

Mostra della civiltà contadina

In de Torre Melissa, hele jaar ma.-vr. 9-12 uur, rest v/h jaar op afspraak: tel. 09 62 90 87 36 (Gal Croton) Binnen in de torens zijn in een **tentoonstelling over de boerencultuur** de vele door Antonio Rosati bijeengebrachte vondsten te zien: werktuigen en voorwerpen voor de wijnproductie, maar ook gebruiksvoorwerpen van herders, o.a. ricottamanden van wilgentenen, die op een hellende plank te drogen werden gezet. Verder zijn er een slaapkamer en diverse werktuigen te zien. Interessant zijn ook de grote rietmanden voor het bewaren van graan.

Wijnbouw rond Cirò ▶ G/H 5

Cirò, dat vooral om zijn gelijknamige DOC-wijn bekend is, kijkt terug op een lang verleden en wordt vereenzelvigd met het Griekse **Crimisa**, dat later tot Zirò en uiteindelijk tot Cirò verdoopt werd. Onderzoekers hebben bewoning vanaf de ijzertijd tot in de Romeinse tijd kunnen aantonen. Ze vonden o.a. een necropool in Cirò Superiore (uit de 8e eeuw v.Chr.) evenals aardewerk en bronzen voorwerpen (7e/6e eeuw v.Chr.), die getuigen van de aanwezigheid van de Grieken. De ruïnes van de tempel van Apollo bevinden zich buiten het antieke Crimisa, aan de kust ten zuiden van Punta Alice. In het Nationaal Museum van Reggio zijn de marmeren voeten en het hoofd van een acroliet (beeld, dat is samengesteld uit verschillende materialen) en een bronzen standbeeld van Apollo ondergebracht. Meer vondsten uit de **Tempio di Apollo Aleo** en uit het gebied bij Punta Alice, waaronder bouwstenen, helmen en gouden oorringen, zijn in het plaatselijke archeologische museum in Cirò te zien (Museo archeologico, Piazza Diaz 17, Cirò, tel. 09 62 37 00 56, ma.- wo. 9-13, do./vr. 16-20, gratis toegang).

Punta Alice ▶ H 5

In het noorden van de landtong ligt het populaire uitzichtpunt Punta Alice

met de kleine **kapel Madonna di Mare** (88811 Cirò Marina, bereikbaar over de SS106 in noordelijke richting). Direct ernaast ligt de **Saracenenmarkt** uit de 16e eeuw, die na zijn restauratie in de zomer voor evenementen wordt gebruikt. Eronder staat de Saracenentoren **Torre Nuova,** van waaraf u kunt genieten van een fraai vergezicht over de kuststreek.

Cirò Superiore ▶ G 5

Vanuit de levendige, helaas enigszins volgebouwde handelsstad Cirò Marina met circa 15.000 inwoners voert een ca. 6 km lange weg onder de SS106 door en door een heuvellandschap met overwegend olijfbomen omhoog naar Cirò. Links van de weg, vlak boven de SS106, ligt het nieuwe **bedevaartsoord Madonna d'Itria,** dat in de 20e eeuw werd opgericht op de resten van de oude, door aardbevingen verwoeste kerk. Een eerdere kerk moet er op deze plaats al in de 11e eeuw hebben gestaan. Aangekomen in het kleine, 5000 inwoners tellende stadje op 350 m hoogte, parkeert u uw auto het beste langs de kant van de weg.

Museo Archeologico

Via Arenacchio, tel. 096 23 20 23, ma.- vr. 8.30-13 uur, rolstoeltoegankelijk, entree ca. € 2, ook geldig voor het Wijnbouwmuseum (zie rechts)

Het kleine, maar fijne **Archeologisch Museum** is in een gebouw ondergebracht, dat aan de maffia behoorde en werd geconfisqueerd. Het museum toont amforen, skyphen, lekythoi, gewichten voor weefgetouwen en andere vondsten – deels grafvondsten – uit de tijd van de Grieken (vanaf de 8e eeuw v.Chr.) tot aan de Romeinse tijd. De overzichtelijke tentoonstelling is in twee talen (Italiaans/Engels). Bij de ingang is een graf met een skelet uit de tweede helft van de 4e eeuw v.Chr. te zien.

Historisch stadscentrum

Vanaf hier volgt u de weg links ongeveer 500 m omhoog naar het historisch stadscentrum. Het hoog boven in de stad gelegen kasteel werd in 1496 opgericht door Andrea Carafa, graaf van Santa Severina. Helaas zijn de burchtruïnes niet te bezichtigen en moet u genoegen nemen met het buitenaanzicht.

Op de centrale *piazza* onder de burcht staat de **Chiesa Santa Maria da Plateis**, die terug schijnt te voeren tot de 13e eeuw. Door overvallen en aardbevingen meermalen verwoest, werd ze onder koning Ferdinand II in 1843 weer opgericht.

Interessant is een wandeling door de wirwar van steegjes van het oude centrum (*antico borgo*). Hier stuit u o.a. op de kleine **Chiesa San Giuseppe** en de **Chiesa S. Menna** met een klokkentorentje.

Museo del vino e dell'arte contadina

Piazza della Repubblica, tel. 09 62 33 88 07, ma.-vr. 8.30-13 uur, toegang ca. € 2, ook geldig voor het Museo Archeologico (zie links)

Als u de weg naar boven volgt, komt u bij het **Wijnbouwmuseum**. Naast een houten wijnvat en twee ploegen zijn o.a. een kleine smalle kar, waarmee de druiven tussen de wijnranken getransporteerd werden, en de installaties voor de verwerking van de druiven te zien. De kleine smalle vaten (*varrila*) dienden tijdens het moeizame plukken van de druiven als waterproviand. In de met de hand aangedreven ontstelingsmachine werden de druiven van de steeltjes ontdaan, zodat de wijnsmaak niet door de houtige bestanddelen beïnvloed werd. Ook ziet u een pomp voor het overhevelen van de wijn en trechters voor het vullen van de flessen. En ten slotte de kurkapparaten, waarmee de kurken in de flessen gedrukt werden. In een andere zaal zijn de belangrijkste wijnen van de streek tentoongesteld.

Overnachten

Charme – **Agriturismo Dattilo:** Marina di Strongoli (zie de tip, blz. 184). Het hele jaar overnachting met ontbijt € 45-50 per persoon, halfpension € 75-90. Aangename accommodatie in de natuur, met kleine appartementen met terras, zwembad en kapel uit de 17e eeuw. Verhuur van mountainbikes. Ook kookworkshops en deelname aan de wijnoogst mogelijk.

In het groen – **B & B Villa Lilium:** Cirò, Contrada Cappella, mob. 33 91 69 88 18, 32 79 56 95 16, B & B ca. € 28 per persoon. Dit gastvrij onderdak (met uitgebreid ontbijt) bevindt zich enkele kilometers onder Cirò in het gehucht Cappella.

Eten en drinken

Populair – **Trattoria Pizzeria Aquila d'Oro:** Cirò Superiore, Via Sant'Elia 7, tel. 096 23 85 50, di.-zo. 's middags en 's avonds, menu € 30. Overwegend vleesgerechten, bijv. geitenvlees. Specialiteiten: *antipasto rustico* (schotel met lokale voorgerechten) en als dessert *pittanchiusa* (gebak met rozijnen, noten en amandelen).

Klassieke visgerechten – **Trattoria Pizzeria Max:** Cirò Marina, Via Pola, tel. 09 62 37 30 09, di.-zo. 's middags en 's avonds, menu vanaf € 35. Behalve lekkere pizza's serveert men mediterrane visgerechten. Aanraders zijn de *antipasti* (voorgerechten) en de desserts met ricotta. Ook glutenvrije gerechten.

▷ blz. 191

Op ontdekkingsreis

Cirò en Val di Neto – op bezoek bij de plaatselijke wijnboeren

Enotria, land van de wijn, zo noemden de oude Grieken Zuid-Italië. Een bezoek aan de wijnkelder van Librandi in Cirò Marina en de biologische wijnboer Ceraudo in Strongoli geven – naast het proeven – een boeiend inzicht in de wijnproductie.

Kaart: ▶ H 5/6

Informatie: wijnkelder Librandi, Cirò Marina, buurtschap San Gennaro, Contrada San Gennaro, www.librandi. it (uit het zuiden komend, de 2e afrit 'Cirò Marina', onder de snelweg door en weer de snelweg op, daarna direct rechtsaf). Bedrijfsbezichtiging inclusief wijnproeverij ma.-vr. 9-13, 15-18 uur, 1-2 dagen van te voren aanmelden op tel. 096 23 15 18 of op d.abenante@ librandi.it; Azienda Agricola Dattilo, zie de tip op blz. 184. Bezichtiging na aanmelding, wijnproeverij € 18;

Ooit verbouwde bijna elke boer in Calabrië zijn eigen wijn, en als gevolg daarvan vinden we ook tegenwoordig nog bijna overal langs de kust wijngaarden, maar ook in de hogere zones tot op 800 m hoogte.

Bij de wijnproducent Librandi

De bezoeker wordt in Cirò Marina ontvangen door een van de medewerkers van de wereldberoemde wijnkelders van Librandi en rondgeleid over het moderne industriële bedrijf, waar de gebroeders **Nicodemo** en **Antonio Librandi** onder andere hun beroemde rode DOC-wijn Cirò produceren van 100% gaglioppodruiven met een delicaat bouquet en een droge, harmonische en volle smaak. Te zien zijn de moderne machines, die de druiven van de stelen scheiden, zodat de smaak van de wijn niet wordt vertroebeld door de houtige bestanddelen. Vervolgens worden de druiven gekneusd en in een van de wijnpersen tot most geperst. De zo ontstane vloeistof wordt dan in de verschillende stalen vergistingstanks geleid, waarbij afhankelijk van de soort wijn verschillende vinificatieprocessen plaatsvinden.

Een ideaal klimaat

Een gemiddelde jaartemperatuur van 15,8 °C, een neerslag van circa 748 mm per jaar met een extreme droogte in de zomer en een bodem rijk aan kalk en klei vormen ideale omstandigheden, om de druiven te laten rijpen. Op dit moment bestaat circa 85% van de wijnproductie van dit DOC-gebied uit gaglioppo en 10% uit greco bianco. Van deze laatste wordt de witte DOC-wijn Cirò met een strogele kleur en een droge, frisse en harmonische smaak geproduceerd. Bij deze wijnen worden antieke druivenrassen verbouwd, die door de Grieken werden ingevoerd. Nu, ca. 2800 jaar later, gelden ze als inheemse druivensoorten van Calabrië.

Bijna vergeten druivensoorten

Maar de gebroeders Librandi proberen ook de oude, bijna vergeten druivensoorten te herontdekken, zoals de **magliocco** en de **mantonico**. Daartoe worden circa 30 km verder naar het zuidwesten op proefwijngaarden bij Casabona meer dan 100 verschillende druivensoorten verbouwd, bestudeerd en ten slotte geperst. De witte **Efeso** met 13,5% alcohol bestaat uit 100% mantonicodruiven uit het Val di Neto. Hij gist eerst in staal, dan in eikenhouten vaten en wordt aansluitend nog acht maanden in de vaten bewaard, voor hij wordt afgevuld en na enkele maanden in de handel komt. Optimale rijpheid om te drinken: drie tot vijf jaar na de oogst.

Rood, wit of rosé?

Bij de productie van rode wijn worden de gekneusde druiven direct vergist. De hierbij ontstane alcohol haalt uit de schillen van de druiven de stoffen, die de rode wijn zijn kleur geven. Bij de productie van witte wijn daarentegen worden de gekneusde druiven slechts enkele uren opgeslagen, waarna de brij verder wordt uitgeperst. Alleen de zo ontstane most wordt dan in metalen tanks vergist. Een roséwijn krijgt men overigens, als men bij het procédé van de wittewijnproductie in plaats van witte rode druiven gebruikt.

De topwijnen van Librandis

In de eikenhouten vaten worden bij Librandi alleen de waardevolste wijnen opgeslagen, dat zijn momenteel de

rode Magno Megonio en Gravello en de witte Efeso en Le Passule. Speciaal aan te bevelen: de **rode Magno Megonio**, met een rijk bouquet van vruchten en kruiden en een droge, volle en frisse smaak (ca. € 13). De goudkleurige **witte Efeso** heeft een fruitige toon van citrus en een warme, droge en krachtige smaak (ca. € 13). De **roséwijn Terre Lontane** met amberkleurige reflexen heeft een delicaat bouquet en een frisse harmonische, volle smaak (ca. € 7).

In de winkel kunnen enkele wijnen worden geproefd en natuurlijk ook worden gekocht. Naar wens is een excursie met gids door de wijngaarden en een proeverij van typische plaatselijke producten mogelijk (informeer ernaar bij uw aanmelding).

Naar Ceraudo in Strongoli

Wie wil kennismaken met een kleine wijnbouwer, die wijn produceert volgens biologische landbouw, wordt een bezoek aan de ca. 20 km zuidelijker gelegen wijnkelder van Ceraudo zeer aanbevolen. Na zich van te voren te hebben aangemeld kunt u hier eten en zich daarna door de heer des huizes Roberto Ceraudo over het landgoed laten rondleiden (u kunt er ook overnachten en deelnemen aan excursies of aan de druivenpluk).

Biologische wijn en -olijfolie

Ingebed in een lieflijk heuvellandschap, omgeven door wijn- en olijfboomgaarden, ca. 6 km van de lawaaierige SS106 vandaan, ligt de kleine **Agriturismo Dattilo** met restaurant van de familie Ceraudo. Op de heuvels rond Strongoli verbouwd de bioboer op 60-100 m hoogte de inheemse druivensoorten gaglioppo, magliocco, greco bianco, mantonico, pecorella maar ook chardonnay en cabernet sauvignon. De uitstekende wijnen (IGT Val di Neto) van Ceraudo zijn er het bewijs van, dat niet alleen de DOCG- of DOC-wijnen van eerste klas kwaliteit kunnen zijn.

In vergelijking met de industriële wijnproducent Librandi met een jaarproductie van ca. 2,5 mln. flessen gaat het er hier met 80.000 flessen aanzienlijk rustiger aan toe. In de biologische landbouw groeien de kostbare druiven zonder gebruik van pesticiden en andere chemische en synthetische middelen. De wijnranken worden met behulp van natuurlijke stoffen verzorgd. Zo worden bijvoorbeeld tussen de wijnranken rozen geplant, waar zich de tegenstanders van de schadelijke organismen kunnen vestigen en zo dienen als natuurlijke bescherming tegen parasieten. Als zodanig fungeren ook zogenaamde lokvallen.

Behalve wijn wordt hier overigens een van de beste olijfolies van Italië geproduceerd: biologische kwaliteit, een zuurgraad van slechts 0,33%, een fruitige intensieve smaak en een nasmaak van amandelen zorgen voor een streling van het gehemelte.

Topwijnen

De strogele **witte Imyr** met een harmonisch en lang bouquet en een frisse afgewogen smaak heeft een alcoholpercentage van 14% (vier maanden rijping in eikenhouten vaten, ca. € 18). De **roséwijn Grayasusi** van de rode gaglioppodruiven met het zilveren etiket heeft een intens en lang bouquet, een frisse ronde smaak en een alcoholpercentage van 14% (4 maanden rijping in barriques, ca. € 18). De **robijnrode Petraro** heeft een harmonisch bouquet van bosvruchten en een frisse, fluwelen en ronde smaak. Hij wordt 18 maanden in eikenhouten vaten opgeslagen en heeft een alcoholpercentage van eveneens 14% (prijs ca. € 23).

Winkelen

Zoetigheden – **Bar Pasticceria di Maurizio Carolei:** direct na de afslag van de SS106 naar Cirò Marina, voorbij het spoor rechts koopt u heerlijke *pasticcini* (gebakjes) en soms *pittanchiusa*, traditioneel Calabrisch gebak met rozijnen, noten en amandelen.

Info en evenementen

Toeristische informatie: Pro Loco, Piazza Diaz 17, 88811 Cirò Marina, tel. 09 62 37 07 30, www.prolocociromarina. it. Hotelreserveringen, internet.
Pro Loco Cirò Superiore (in het Wijnbouwmuseum): tel. 09 62 33 88 07, stads- en museumrondleidingen.
Trein: meerdere keren per dag naar Crotone en Rossano.
Feest van San Cataldo: 10 mei, processie ter ere van de beschermheilige van Cirò Marina, feest met vuurwerk.
Festa Madonna del Carmine: midden juli.
Feest van SS. Francesco en Nicodemo: 1e zo. in sept., met markt.
In de zomermaanden zijn er diverse evenementen, o.a. **muziekuitvoeringen** en de **Sagra del Pesce Azzurro e del Vino** (feest van de ansjovis en de wijn).

Catanzaro ▶ E 8

De hoofdstad van Calabrië, Catanzaro, ligt circa 77 km ten zuidwesten van Crotone op een 340 m hoog rotsachtig voorgebergte tussen de bergbeken Fiumarella en Musofalo. Talrijke bruggen verbinden de naburige heuvels met elkaar, onder andere de Ponte Morandi een van de grootste boogbruggen van Europa. Smalle, doorgaans verstopte straten en weinig parkeergelegenheid in de binnenstad vragen veel geduld bij een bezoek met uw auto aan het centrum (zie tip blz. 194).

Catanzaro is met zijn oppervlak van ca. 111 km² een van de grootste gemeenten van Calabrië. Gedwongen door de geografische ligging op enkele heuvels heeft de stad zich in de loop der tijd steeds meer in het dal richting de Ionische Zee uitgebreid. Tegenwoordig strekken de stadswijken zich vanaf de historische bovenstad uit tot aan Catanzaro Marina (ook Lido genoemd). Ooit was het oude spoorlijntje **Littorina** een veel gebruikt vervoersmiddel om uit de heuvels van de stad naar de zee te komen. Deze spoorlijn voert landinwaarts naar de Sila, langs pittoreske plaatsen als Gimigliano tot aan Soveria Mannelli. In Catanzaro stopt de trein o.a. bij de haltes 'Catanzaro Lido', 'Catanzaro Pratica' en bij de Piazza Matteotti.

Stadsgeschiedenis

Het ontstaan van Catanzaro voert vermoedelijk terug tot de Byzantijnse herovering van Calabrië in de 9e eeuw onder Niceforo Foca (Nikephoros Phokas), toenmalig commandant van de Venetiaanse troepen. In de middeleeuwen ontwikkelde de stad zich tot een bloeiend centrum van de zijdeproductie. Met de 'wet op de zijdekunst' schonk Karel V de stad talrijke privileges. De in de omgeving geproduceerde zijde werd in de hier aanwezige fabriekjes verwerkt. Rond de 16e eeuw beleefde de productie haar hoogtepunt: volgens een telling zwoegden 7000 arbeiders aan 1000 weefgetouwen. Toen de verwoestende pestepidemie in 1668 aan 16.000 inwoners het leven kostte, kromp als gevolg daarvan ook de zijdeproductie aanzienlijk. Bovendien kreeg het welvarende Catanzaro door vernietigende aardbevingen (in 1638 en in 1783) steeds weer te maken met grote

Catanzaro

tegenslagen. Tegenwoordig is de hoofdstad van de regio Calabrië met haar circa 91.000 inwoners de zetel van tal van instanties en overheidsinstellingen.

Stadswandeling

Langs de Corso Mazzini

Direct aan de Corso Mazzini ligt het **Teatro Masciari 1**, een fraai *palazzo* in libertystijl, dat tegenwoordig vooral dienst doet als filmhuis. De voormalige hoofdingang bevindt zich aan de achterkant van het gebouw (Via Iannoni) en bereikt u over een prachtige, stenen wenteltrap. Schuin aan de overkant, in de vroegere residentie van de Bourbonkoningin Margherita, het **Palazzo de Nobili 2**, is tegenwoordig het gemeentehuis gevestigd. Bij de toegangspoort herinnert een gedenkplaat aan de vrijheidsstrijders Giuseppe Mazzini en baron Scalfaro uit Catanzaro, een voorouder van de Italiaanse oud-president Scalfaro.

Villa Margherita 3

Langs een mooi *palazzo* in jugendstil (Via Iannoni 89) komt u via de Piazza Trieste in het park van Villa Margherita (vroeger Villa Trieste). Onder de grote schaduwgevende bomen kunnen bewoners en toeristen ontspannen en recreëren. Enkele marmeren bustes gedenken de verschillende zonen van de stad, o.a. de schilder Andrea Cefaly (19e eeuw) en de volksheld Grimaldi. Het centrale monument in het park (geschapen door Francesco en Vincenzo Jerace) gedenkt enkele belangrijke filosofen, onder wie Giordano Bruno, Francesco Fiorentino, Bernardino Telesio, Tommaso Campanella en Pasquale Galluppi.

Bibliotheek en Museo Provinciale

www.comunecatanzaro.it, Piazzale Trieste, bibliotheek: ma.-vr. 9.30-13.30, 15.30-19.30 uur; Provinciaal Museum: ma.-vr. 9-13, 17-19, za. 9-13, zo. 9-12 uur, gratis toegang
Wie zijn kennis over de cultuur en geschiedenis van de stad en de regio verdiepen wil, vindt in het park de **Biblioteca Filippo de Nobili 4** met literatuur in het Italiaans. In de entreehal is het stadswapen van Catanzaro te zien. Het toont de drie heuvels, waarop de stad werd opgericht.

Het opschrift *sanguinis fusione* vertelt van de bloedige slag tussen de Anjous en de Spanjaarden. In hetzelfde gebouw bevindt zich ook het **Provinciaal Museum** met kunstwerken en archeologische vondsten, waaronder een uitgebreide muntencollectie.

Dom en Diocesaan Museum

Diocesaan museum: tel. 09 61 72 13 39, ma.-vr. 10-12 uur, toegang € 1

Terug naar de Corso Mazzini komt u langs de Piazza Le Pera en bij de **Duomo** 5 (Piazza Duomo), die in het begin van de 19e eeuw werd opgericht op de plaats van een 12e-eeuwse kerk, die door de aardbeving van 1783 zwaar werd beschadigd. Maar ook de nieuwe kathedraal zou niet lang staan. Het monument bij de ingang herinnert aan de verwoesting in de Tweede Wereldoorlog, die 132 dodelijke slachtoffers eiste.

De in de jaren 60 van de vorige eeuw herbouwde kerk bezit o.a. een borstbeeld van Sint-Vitalianus, de stadspatroon, en een uit de 16e eeuw stammende marmeren beeldengroep van Maria met het Jezuskind. Belangrijke kunstwerken van de beroemde barokschilders Mattia Preti en Biagio di Vico zijn in het **Museo Diocesano** `6` (Via Arcivescovado 13) in het aartsbisschoppelijk paleis te bewonderen.

Chiesa del Rosario `7`

Piazza del Rosario

Niet ver van het domplein staat de Rozenkranskerk (Chiesa del Rosario of San Domenico) uit de 15e eeuw. Ze herbergt in haar interieur naast waardevolle marmeren standbeelden een paneel van Dirk Hendricksz: 'Madonna della Rosario e dei Misteri' (1615).

Van het Palazzo Fazzari naar de Piazza Matteotti

Terug op de Corso Mazzini volgt u

Een stressvrij stadsbezoek

Om het centrum zonder stress te bezoeken is het aan te raden uw auto onder de stad op de parkeerplaats (Viale dei Bizantini) bij de *funicolare* (kabelbaan) neer te zetten en de trein naar het centrum te nemen (ma.-za. 7-21 uur elke 10-15 min.). Toegang per auto: op de SS280 richting Catanzaro. Op de rotonde richting Catanzaro/A3/Catanzaro Lido (Viale Lucrezia della Valle), na 1 km rechtsaf op de Via della Stazione en de borden 'funicolare' volgen.

---

de straat naar het noorden naar het **Palazzo Fazzari** `8` (Corso Mazzini 121) uit de 19e eeuw. Op deze plaats stond ooit een synagoge, want achter het gebouw bevond zich vroeger de Joodse wijk Giudecca. Aan de achterkant van het paleis rijst het moderne, door Paolo Portoghesi geschapen **Teatro Politeama** `9` op (Piazza Michele Le Pera 6; toneel, opera, ballet, concerten).

Als u de Via Iannoni verder omhoog volgt, komt u bij de Piazza Grimaldi weer uit op de Corso, die langs de Basilica Immacolata naar de **Chiesa Sant'Omobono** `10` (Via Vincenzo de Grazia) uit de 12e eeuw voert. Deze oudste nog bewaard gebleven kerk van de stad was ooit de gildekerk van de zijdewevers en toont op de buitenmuren sporen van Byzantijnse blinde arcades. Op de ongeveer 300 m verder noordelijk gelegen **Piazza Matteotti** staat een kunstwerk in de vorm van een trap en een zeil.

San Giovanni

Klooster: di.-zo. 10-13, 16-19 uur, tel. 09 61 79 43 88, gratis toegang, rondleiding in het Engels/Duits op aanvraag

Een klein stuk onder de *piazza* bevindt zich ook de **Chiesa San Giovanni Battista** `11` (Piazza Garibaldi) en daarnaast het voormalige **Convento San Giovanni** `12` (Piazza Garibaldi 21) uit de 16e eeuw, dat later als kazerne en gevangenis en tegenwoordig als expositieruimte gebruikt wordt. Op deze plek stond ooit een door de Normandiërs in de 12e eeuw opgerichte burcht, die in de loop der eeuwen verwoest werd. Slechts bewaard bleef de vierkante toren, die onder Robert Guiscard gebouwd werd.

MARCA – Museo delle Arti di Catanzaro `13`

Via Alessandro Turco 63, tel. 09 61 74 67 97, www.museomarca.info, di.-zo.

9.30-13, 15.30-20 uur, toegang ca. € 6

Circa 300 m naar het westen ligt het nieuwe Museum voor Moderne en Hedendaagse Kunst **MARCA,** met een belangrijke collectie kunstwerken uit de 16e tot de 20e eeuw. Hier is een kwart van de werken van de bekende Calabrische schilder Andrea Cefaly tentoongesteld, maar zijn ook werken te zien van o.a. Mattia Preti, Battistello Caracciolo en Salvator Rosa. Op de begane grond worden exposities van hedendaagse kunstenaars gehouden.

Casa natale di Mimmo Rotella 14

Vico delle Onde 7, tel. 09 61 74 58 68, ma.-vr. 10-13 uur, gratis toegang

In het geboortehuis van de in 2006 gestorven beroemde popartkunstenaar Mimmo Rotella zijn naast een aantal van zijn werken een kleine bibliotheek en een herinnering aan zijn kinderjaren te zien.

Parco della Biodiversità mediterranea 15

Via V. Cortese 1, Militair Museum: tel. 09 61 79 28 99, di.-zo. 10-13, 16-19 uur, toegang € 3 (tot 18 jaar, ouder dan 65 jaar en invaliden gratis)

Het **Parco della Biodiversità mediterranea** in het meer dan 60 ha grote park van de landbouwschool biedt voor elk wat wils met o.a.: een botanische tuin, twee kleine meertjes, een grote avontuurlijke speeltuin, een bar, een meer dan 4 km lang jogging- en fietsparcours, een scatingbaan en uitgestrekte grasvelden. In het park bevinden zich ook het **Centro Recupero Animali Selvatici** (opvangcentrum voor wilde dieren), een sculpturenpark en het **Museo Storico Militare** (Historisch Militair Museum) met documentatie uit de tijd van Napoleon tot aan de Tweede Wereldoorlog. Te zien zijn uniformen, wapens en een op ware schaal nagebouwde loopgraaf.

De gevarieerde collectie van het Museo delle Arti di Catanzaro

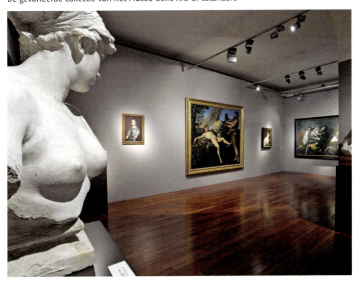

Overnachten

Pure luxe – **Hotel Guglielmo** 1: Via A. Tedeschi 1, tel. 09 61 74 19 22, www. hotelguglielmo.it, 2 pk met ontbijt ca. € 150. Modern hotel met lift en 33 comfortabele kamers. Bij bushalte Via Aldo Barbaro (div. lijnen).

In de binnenstad – **B & B La Residenza dei Nobili** 2: Vico Alberghi 12, mob. 32 06 42 14 00, www.residenzadenobili.it, 2 pk ca. € 90. Direct aan de Corso Mazzini zijn op de begane grond van een *palazzo* uit de 17e eeuw zeven kamers ingericht, alle met badkamer, tv, wifi en minibar.

Vlak bij het station – **Grand Hotel Lamezia** 3: Piazza Lamezia, 88046 Lamezia Terme, tel. 096 85 30 21, www. grandhotellamezia.it, 2 pk met ontbijt vanaf € 75. Zeer comfortabel hotel vlak bij het station van Lamezia. 100 kamers met tv, telefoon, wifi, airconditioning; American bar en eigen parkeerplaats.

Eten en drinken

Proeflokaal – **Le Delizie della Cascina** 1: Via Corace 29/31, Catanzaro Lido, tel. 096 13 38 28, okt.-aug. alleen 's avonds, zo. gesloten, menu ca. € 30. Uitnodigende ambiance, kleine menukaart, o.a. kaas- en worstplateaus, soepen, vleesgerechten en desserts.

Authentiek – **Trattoria da Pepe** 2: Vico I, Piazza Roma 6, tel. 09 61 72 62 54, mob. 34 74 56 41 52, ma.-za., menu ca. € 25. Traditioneel restaurant, specialiteiten: soep en *morseddhu,* een pikant vleesgerecht.

Centraal – **Trattoria Da Salvatore** 3: Salita I del Rosario 28, tel. 09 61 72 43 18, di.-zo. 's middags en 's avonds, juli/ aug. di.-za., menu ca. € 22. Keuken met veel zelfgemaakte producten. Aanbevolen is de *tiana di capretto* (geitenvlees met artisjokken, erwten, aardappelen

en brood). U kunt ook overnachten in de bijbehorende B & B (2 pk € 60, www. sangiuseppehotel.it).

Zoetigheid – **Caffè Imperiale** 4: Corso Mazzini 161. Hier eet u lokale lekkernijen als de *nepitelle* en *susumelle* (gebak met rozijnen).

Uitgaan

Het uitgaansleven in Catanzaro speelt zich van vrijdag tot zondag af. In het oude centrum zijn pubs en lounge bars.

Muziekcafé – **Fazzari-Café** 1: Corso Mazzini 18-20. Lekkere cocktails en livemuziek in het hart van Catanzaro.

Dansen – **No Mas** 2: Via Padula, Loc. Martelletto, 88040 Settignano. Muziekclub met bar, dansvloeren en chambre séparée, muziek uit de jaren 70 en 80 en disco.

Info en evenementen

Toeristische informatie: Pro Loco, Via XX Settembre 26, 88100 Catanzaro, tel. 09 61 70 20 03, www. proloco-catanzaro. org.

Internet: www.visitcatanzaro.it

Trein: overdag elk uur naar Lamezia Terme en Catanzaro Lido; vanuit Catanzaro Lido meerdere keren per dag verder naar Crotone, Sibari, Taranto (busaansluiting vanaf Sibari), Squillace, Soverato, Locri en Reggio Calabria.

Bus: stadsbus (www.amcspa.it, tel. 09 61 78 14 67). Meerdere keren per dag naar vliegveld Lamezia (Romano). Op werkdagen naar Cosenza, Camigliatello, San Giovanni in Fiore en Rossano (IAS). Van Lamezia dagelijks naar Rome en Aquila en 3 keer per week naar alle grote steden in Noord-Italië (www. autolinee.baltour.it).

Vliegtuig: Aeroporto Lamezia Terme, V. Aeroporto, tel. 09 68 41 41 11. Hele jaar

dagelijkse vluchten op Rome en Milaan.
Autoverhuur: AVIS Autonoleggio, Via Aeroporto, Lamezia Terme, tel. 096 85 15 08, www.avisautonoleggio.it; Europcar Italia, Via Aeroporto 1, Lamezia Terme, tel. 096 85 39 18.
A Naca: Goede Vrijdag, processie met traditionele klederdrachten op de Corso Mazzini.
Festa della Madonna dei Marinai: eind juli, zeeprocessie van het Madonnabeeld in Catanzaro Lido (Porto Salvo).
Feest van de beschermheilige San Vitaliano: 16 juli, met processie.
Wijnfestival: in de herfst, met optochten, folklore en voorstellingen op de Corso Mazzini/Piazza della Prefettura.
Festa dell'Immacolata: 8 dec.

Tiriolo ▶ E 8

De bijnaam 'Città dei due mari' draagt Tiriolo vanwege zijn centrale positie op het smalste stuk van Calabrië. Op 680 m hoogte geniet u van het uitzicht op de Tyrreense Zee en de Liparische Eilanden evenals op de Ionische Zee – slechts circa 30 km ligt er tussen de Golf van Squillace en die van Sant'Eufemia. Het kleine ingeslapen stadje met zijn 4300 inwoners op de zuidelijke uitlopers van de Sila Piccola biedt een idyllische aanblik met zijn dicht tegen de berg gebouwde huisjes.

In Tiriolo worden nog veel oude ambachten en andere traditties levend gehouden. Weefsters vervaardigen *vancali* (zie blz. 198), handwerklieden maken oude Calabrische muziekinstrumenten, maskers tegen het *malocchio* ('boze oog'), meubels en voorwerpen van aardewerk en terracotta. Ook traditionele volksmuziek en theater worden hier beoefend.

Monte Tiriolo
De eerste nederzetting lag op de oos-telijk gelegen Monte Tiriolo, waar u ook nu nog de oude vestingmuren en de ruïne van een Byzantijnse kerk uit de 11e/12e eeuw kunt zien. De in de vele grotten van de Monte Tiriolo gevonden geslepen bijlen en beitels wijzen op menselijke bewoning vanaf de steentijd. Vastgesteld is inmiddels, dat hier in de 4e eeuw v.Chr. een nederzetting van de Bruttiërs bestond. Aan het eind van de 11e eeuw volgde de kolonisatie van het huidige stadsgebied. In de 12e eeuw richtten de Normandiërs er een kasteel op, waarvan de resten van de ringmuur, drie torens en een grote cisterne nog te zien zijn.

Beklimming Monte Tiriolo
De klim van ca. 30 minuten naar de top (838 m) is zeer de moeite waard. U wandelt tussen antieke muren en door wilde natuur en kijkt vanaf de top uit op de beneden gelegen stad en de omgeving (parkeer uw auto langs de weg richting Gimigliano, ca. 300 m na de kruising, bij de fontein).

Centro storico
Links van de Piazza Italia (daar parkeren) bevindt zich in de Via Cigala de kleine **Chiesa Madonna Coeli** uit de 15e eeuw. Aan het eind van deze straat ligt op een heuvel achter de school een picknickplaats. Door de **stadspoorten** wandelt u via een wirwar van met kinderkopjes geplaveide steegjes omhoog naar de historische binnenstad, die wordt overheerst door de burcht, waarvan slechts enkele muren zijn overgebleven. Op de **Piazza Italia** (Palazzo Alemanni), in de **Via Castello** (Palazzo Schettini) en in de **Via Trieste** ziet u op de wanden van de huizen maskers tegen het *malocchio* ('het boze oog'). In de Via de Filippis 1 eert een gedenkplaat met de woorden '... geleefd voor de wetenschap, gestorven voor de vrijheid' de beroemdste zoon van de stad,

de wiskundige en filosoof **Vincenzo De Filippis**. Hij was korte tijd minister, maar betaalde zijn sympathie voor Napoleon met zijn leven, toen hij in 1799 samen met andere aanhangers van de Fransen werd opgehangen.

Het monument op de **Piazza IV Novembre** stelt de naar twee kanten kijkende Odysseus voor. Homerus bericht van het 'verbazingwekkende uitzicht' (uit Duitse vertaling) op de twee zeeën. De mythische figuur Homerus schijnt zich hier aan het hof van de Phaeaken te hebben opgehouden. Daarom wordt de stad ook omschreven als *terra dei feaci*.

Antiquarium

Aanmelden in het gemeentehuis, Viale Pitagora, tel. 09 61 99 08 36, ma.-vr. 10-13, di., do. 15.30-18 uur, entree gratis

De geëxposeerde voorwerpen werden voor deels toevallig tijdens bouwwerkzaamheden, deels bij opgravingen gevonden. Zo diende de tentoongestelde helm uit de Griekse tijd een boer jarenlang als bloemenvaas, omdat hij niet vermoedde wat voor schat hij bezat. Munten uit Crotone, Locri en Syracuse getuigen van de opkomst van de handel in Tiriolo. Achter het gebouw zijn de resten een nederzetting van de Bruttiërs te zien.

Overnachten en eten

Panorama – **Hotel-Ristorante Due Mari:** Viale Cavour 46, tel. 09 61 99 10 64, www.duemari.com, in de winter di.-zo., 2 pk met ontbijt ca. € 80, menu ca. € 25. Residentie met 8 kamers (waarvan 4 suites), alle met eigen badkamer, enkele met kookhoek en balkon. Restaurant met lokale keuken.

Winkelen

Kunstnijverheid – **La Maschera:** boven de Piazza Italia, in de winter ma. gesloten; cadeauartikelen van terracotta, olijfhout en *vancali.*

Info en evenementen

Toeristische informatie: Pro Loco, Piazza Italia 12, 88056 Tiriolo, web.tiscali.it/prolocotiriolo.

Tip

Traditionele stoffen

De van zijde of wol geweven sjaal *vancali* was ooit een kenmerkend kledingstuk van de vrouwen van Tiriolo. Hij werd als deel van de *pacchiana* (traditionele dracht) over de schouders geslagen. Terwijl de ongetrouwde vrouwen een sjaal in bonte kleuren droegen, was die van de getrouwde vrouwen zwart. Een weefgetouw maakte vroeger deel uit van elk huishouden. Tegenwoordig weven nog maar enkele vrouwen de *vancali*. Mirella Leone geeft de van haar moeder verkregen kennis in haar workshops door aan enkele jonge vrouwen. Om een *vancali* te maken hebben de weefsters ca. 13 uur nodig. In de werkplaats van Mirella Leones worden met de hand ook *pezzare* (tapijten), handdoeken, traditionele kostuums en sculpturen vervaardigd (**TessilArt,** Via Cigala 2, tel. 09 61 99 14 94, Facebook 'Tessilart').
In het gebouw van het antiquarium (voor openingstijden en entree zie rechts) zijn 35 lokale klederdrachten tentoongesteld, die met de hand zijn vervaardigd met traditionele patronen en decoraties. Een groot deel van deze kleine kunstwerken stamt uit de Bottega TessilArt.

Bus: op werkdagen naar Catanzaro (Ferrovie delle Calabrie).
Carnaval: theater op pleinen en straten.
Pasen: Goede Vrijdag, volkstheater *A pigghiata*.

Golf van Squillace

Parco Archeologico di Scolacium ▶ E 8

Via Scylletion, 88021 Borgia, dag. van 10 uur tot een uur voor zonsondergang, gratis toegang
Op deze plek stond ooit de Griekse stad **Skylletion**. Het is nooit definitief opgehelderd, of het hierbij om een Atheense stichting ging of om een kolonie van het Griekse Croton. In elk geval was de plaats van grote strategische betekenis, want van hieruit kon men de landengte van Catanzaro en de Golf van Squillace controleren en naar de Tyrreense Zee was het maar 30 km – voor de handel van doorslaggevend belang.

Na het verval van de stad in de 2e eeuw v.Chr. stichtten de Romeinen hier **Minervia Scolacium,** een aan de godin Minerva gewijde kolonie, die in de volgende twee eeuwen aan invloed won. Maar de Grieks-Gotische Oorlog (535-552 n.Chr.) luidde uiteindelijk de ondergang van Skylletion in, hoewel haar beroemdste zoon, **Cassiodorus,** de stad aan het eind van de 6e eeuw nog steeds als 'bloeiend' beschreef. In de 7e eeuw vluchtte de bevolking naar de omliggende gebieden en het binnenland, om zich daar beter tegen de invallen vanaf zee te kunnen beschermen. Vermoedelijk kreeg het huidige Squillace zijn naam van de vroegere Griekse kolonie. In de laatste jaren werden in het Archeologische Park in de zomer telkens kunstexposities in de openlucht gehouden (www.intersezioni.org).

Santa Maria della Roccella (Roccelletta)

Gedurende enkele decennia keerde in de 11e en 12e eeuw het leven terug, toen de Normandiërs de Basilica di Santa Maria della Roccella op de ruïnes van de Romeinse stad lieten bouwen. De machtige resten van de stadsmuren geven een indruk van de grote afmeting van de basiliek. Diverse bouwstijlen en materialen in het bovenste deel wijzen op verschillende bouwfasen. De plattegrond en de iconografische opzet van de basiliek is in romaanse stijl. Men vermoedt dat de decoraties in het interieur ook islamitische en Byzantijnse invloeden vertoonden. De kerk bezat één groot kerkschip (73 x 25 m) dat werd verlicht door vijf vensters aan elke zijde.

Archeologisch Museum

In de winter di.-zo. 9-13 uur, in de zomer langer open, tel. 09 61 39 13 56, gratis toegang, giften welkom
Achter de kerkruïne voert een geplaveide straat naar het **Museo di Scolacium.** De oudste tentoongestelde vondsten zijn aardewerkscherven uit de bronstijd. Interessant zijn ook de munten uit de Griekse periode, o.a. uit Croton en Medma, evenals die uit de tijd van de Romeinse republiek. Uit de Romeinse tijd stammen ook de stempels op de bakstenen *(bolli sui laterizi),* die ertoe dienden, het gewicht en de herkomst van de stenen aan te geven. Een bij het *forum van decumanus* opgegraven en hier tentoongestelde inscriptie bedankt de geldgever voor de bouw van een weg. Highlights van het museum zijn de grote sculpturen en hoofden van marmer, die in het forum en in het theater gevonden werden (**zaal X,** begane grond). Een beeld uit de 1e eeuw n.Chr. stelt de Romeinse veldheer Germanicus, diens vrouw Agrippina en hun dochter Agrippina de jongere voor.

▷ blz. 202

Favoriet

Keramiekstadje Squillace ▶ E 9

Het is heerlijk rondsnuffelen in de
keramiekwinkeltjes van Squillace
(zie blz. 203). Er zijn mokken, schalen en bekers voor huishoudelijk gebruik evenals kunstzinnig bewerkte
decoratieve objecten. Aardewerk wordt
hier overigens al sinds de 7e eeuw
v.Chr. vervaardigd.

Forum Romanum

Beneden het museum komt u bij het grotendeels opgegraven forum. Op dit voormalige Romeinse plein zijn de resten van het *capitolium* (hoofdtempel), de *basilica* (openbaar gebouw), de *curia* (zetel van de senaat), het *caesareum* (gebouw gewijd aan de keizerverering) en een *sacello* (heiligdom, later als fontein gebruikt) te herkennen. Aan de bergzijde bevindt zich de *decumanus maximus* (de lengteas van het wegennet in de Romeinse stratenbouw), die ooit de Romeinse stad in tweeën deelde.

Andere opgravingen

Als u het pad tussen de olijfbomen volgt, komt u bij de ruïnes van het Romeinse theater, waarvan de afmetingen (voor ca. 3500 toeschouwers aangelegd) goed te herkennen zijn. Zichtbaar zijn ook delen van de *cavea* (ruimte voor de toeschouwers), het koor en de *tribunalia* (de loges). Boven op de heuvel werden de resten van een Byzantijnse necropool en nog een Romeins amfitheater uit de 1e eeuw n.Chr. ontdekt.

Museo del Frantoio

Openingstijden zie Archeologisch Museum blz. 199

Tegenover het Archeologisch Museum ligt het **Olijfoliemuseum** van de firma Mazza, die hier in de 20e eeuw was gevestigd. Rechts ziet u grote molenstenen van graniet, die lange tijd door een diesel-, later door een elektromotor werden aangedreven. Na het eerste uitknijpen volgde het verdere uitpersen met behulp van kleinere persen, die zich aan de rechter zijde bevinden. Beneden in de hal zijn de betegelde kuipen voor het decanteren, de centrifuges en de cisternen te zien, waarin de olijfolie maandenlang werd opgeslagen om de nog aanwezige onzuiverheden te laten bezinken, voor de olie geschikt was voor consumptie.

Squillace ▶ E 9

Het plaatsje met ca. 3500 inwoners ligt op een groene heuvel op 340 m hoogte in het binnenland, ongeveer 8 km van de kust vandaan en wordt omgeven door groene velden en olijfboomgaarden. Het houdt ook nu nog een duizenden jaren oude pottenbakkerstraditie in leven. Enkele kunstnijverheidswinkels verkopen o.a. maskers tegen het *malocchio* (boze oog), amforen, vazen en kruiken, waaronder waterkruiken, die door de vrouwen op het hoofd worden gedragen.

Boven het dorp uit steekt de bisschopszetel van de Normandische burcht (11e/12e eeuw) met de nog relatief goed bewaard gebleven ronde vestingtoren. Onder de Aragonezen heerstte hier vanaf 1494 de koninklijke familie Borgia, waarvan het wapen boven het portaal te zien is. De Bourbons gebruikten de burcht daarna als gevangenis en in 1599 werd hier de filosoof en dominicaan Tommaso Campanella vanwege zijn vrijzinnige ideeën opgesloten (zie blz. 246). Aan hem herinnert een gedenksteen bij de ingang.

Duomo en Museo Diocesano

Bisschoppelijk Museum: Piazza Duomo 4, mei-sept. dag. 9.30-13, 17-20 uur, rest v/h jaar op aanvraag bij het gemeentehuis (zie onder)

Over de oprichting van de **domkerk** zijn geen precieze gegevens bekend. Het eerste gebouw moet al in het eerste millennium zijn ontstaan en uiteindelijk in de 12e eeuw door de Saracenen weer zijn verwoest. In de 15e eeuw weer opgebouwd, viel de kathedraal ten offer aan de verwoestende aardbeving van 1783. Maar dit keer werd ze al in dezelfde eeuw herbouwd en in 1796 ingewijd.

De drieschepige dom toont kunstzinnige plafondschilderingen en marmerwerken, waaronder een doopbekken en een ciborium, beide uit de 16e eeuw. Te zien is ook het grafmonument van de bisschop Capece-Galeota uit 1514.

Naast de kathedraal, in het Palazzo Vescovile (1564) is het **Bisschoppelijk Museum** ondergebracht. Tentoongesteld zijn barok kerkgerei, waardevolle misgewaden en enkele marmeren beelden uit de 17e eeuw.

Overnachten en eten

Landelijk – **Agriturismo Borgo Piazza:** 2,5 km van het archeologische park op een heuvel, Vallo di Borgia, Via F. Gullo, 88021 Borgia, tel. 09 61 39 13 26, mob. 34 20 96 67 04, www.borgopiazza.it, 2 pk ca. € 60-85, suite € 85-115, tweepersoons appartement € 300-400 per week. Gerenoveerde boerderij met vijver, zwembad en nieuwe aanbouw.

Duits-Calabrische gastvrijheid – **Agriturismo Arcobaleno:** 88024 Girifalco (ca. 12 km ten westen van Squillace), Loc. Piano di Porro, mob. 33 85 88 12 40, www.agriturismoarcobaleno.it, 2 pk € 75, drie kleine (vierpersoons) rijtjeshuizen € 600 per week (incl. stroomverbruik). Onderdak op het land met zwembad en speelplaats. In de Azienda worden olijfolie, fruit en groente geproduceerd. In een lekker ontspannen sfeer biedt het Duits-Italiaanse gastechtpaar in het vakantieseizoen een lokale keuken met hoogwaardige producten. Menu ca. € 22. Reserveren is beslist aan te raden.

Winkelen

Terracotta – **Bottega Artigiana Ideart:** Via F. Pepe 7, www.ideartceramiche. altervista.org, do. gesl. Volgens familietraditie wordt hier terracotta vervaardigd en beschilderd.

Keramiek – **Decò Art:** Concetta Gallo, Corso G. Pepe 50, www.decoartsquillace.com. Aardewerk geproduceerd in de traditie van de 15e-17e eeuw. Zie ook favoriet blz. 200.

Info en evenementen

Toeristische informatie: Pro Loco, Piazza Municipio, 88069 Squillace, tel. 09 61 91 40 20, www.comune.squillace. cz.it.
Trein: meerdere keren per dag naar Catanzaro Lido.
Feest van de patroonheilige S. Agazio Martire: 16 jan., zeeprocessie, 7 mei processie en markt.
Kunstexpositie in het archeologische park in Borgia: alleen 's zomers.

Copanello en omgeving ▶ E 9

Lidi di Copanello en di Caminia

Op de fijne zandstranden van Copanello en Caminia strekken zich het hele jaar door drommen toeristen uit in de zon. Vroeger waren het hoofdzakelijk de rijken uit Catanzaro, die op dit schitterende stukje aarde hun vakantievilla's lieten bouwen.

Komend uit het noorden is het eerste van de droomstranden het **Lido di Copanello,** waar talrijke hotels en strandbaden hun gasten vermaken. Het fijne, vlak naar zee aflopende zandstrand strekt zich kilometerslang uit naar het noorden en is perfect voor een strandwandeling. In het zuiden wordt het door de **Scogliere di Copanello** begrensd. Voor natuurliefhebbers een klein paradijs: hier groeien vele soorten algen (waaronder roodwieren en de groene alg, ook 'Chinees schermpje' genoemd) en andere beschermde zeeplanten. Het rif strekt zich uit over een lengte van 2200 m vanaf het strand van Copanello tot aan de **Grotta San Gregorio,** die circa ca. 80 m lang is. De grot is het snelst te bereiken over het **Lido di Caminia,** vanaf de SS106, afrit Pietragrande. Aan het eind van het zandstrand ligt ze een beetje verborgen achter een rotspunt en kan alleen worden bereikt met behulp van een boot.

Ruïne Monastero di Vivario

Cassiodorus, een Romeins staatsman, geleerde en schrijver, keerde na zijn staatsdienst terug naar zijn vaderland en stichtte hier rond het jaar 554 het klooster **Vivarium,** waarin hij tot zijn dood in 583 leefde en werkte. Als zijn grootste verdienste moet worden beschouwd, dat hij hier het kopiëren van handschriften, van zowel religieuze maar ook wereldlijke aard, heeft ingevoerd als een taak van de monniken. Resten van de kleine **Chiesa San Martino,** die tot het klooster behoorde, zijn blootgelegd boven de zee. Komend uit het noorden buigt u van de SS106 links naar de Punta di Staletti af. Over een dalende weg komt u na enkele bochten bij een weliswaar omheind, maar rommelig opgravingsterrein, waar de fundamenten van de kleine kerk te zien zijn. Er is ook een open sarcofaag te herkennen, waarvan sommigen beweren dat het de graftombe van Cassiodorus zou zijn. Beneden de spaarzame resten van de kerk zijn de in een rots boven zee uitgehouwen bassins voor de visteelt te zien, waarover Cassiodorus berichtte.

Overnachten

Panoramisch – **Hotel Ristorante Baia dell'Est:** SS106, afrit Pietragrande, stadswijk Caminia, 88069 Staletti, tel. 09 61 91 13 52, www.baiadellest.it, 2 pk met ontbijt € 50-90, appartementen € 350-800 per week. Mooi hotelcomplex boven zee met uitzicht op de stranden van Caminia en Pietragrande. Kamers met airco, terras of tuin, telefoon, satteliet-tv, wifi en koelkast.

Aan het strand – **Hotel Ristorante Il Gabbiano:** Via Lido 8, 88060 Staletti, tel. 09 61 91 13 43, www.hotelilgabbiano.it, hele jaar, halfpension € 50-60 (voor- en naseizoen), € 75 (hoofdseizoen), minimum verblijf 3 dagen bij halfpension

(anders 2 pk vanaf € 60). Klein, comfortabel hotel aan het strand van Copanella, met restaurant en pizzeria. Kamers met koelkast, telefoon en airco.

Uitgaan

Pianobar – **La Rotonda di Copanello:** Lido di Copanello, Piazza Susanna. Alleen in de zomer. Naar muziek luisteren en dansen in de exclusieve pianobar, publiek vanaf 35 jaar.

Info en evenementen

Informatie op internet: www.kaulon. it; www.rivieradinausicaa.it: informatieve website met allerlei foto's, video's

De fraaie baai van Caminia belooft veel strand- en waterplezier

en info over plaatsen en excursies.
Trein: vanuit Montepaone-Montauro 1-2 keer per dag naar Catanzaro Lido, Soverato, Monasterace-Stilo, Riace, Locri en Melito Porto Salvo. Vanuit Soverato meerdere keren per dag naar Reggio Calabria.
Bus: van Copanello dagelijk naar Rome en Noord-Italië (Autolinee Federico).
Feest van de beschermheilige San Gregorio: 13 mei en half nov.
Feest van San Rocco: 14-16 aug.

Soverato ▶ E 9

In het zuidelijker gelegen Soverato Marina is het een stuk drukker dan in de baaien van Copanello en Caminia. De baai van Soverato is beschermd natuurgebied, vanwege de hier levende zeepaardjeskolonie. Maar ook het stadje met ruim 10.000 inwoners heeft een mooi, op sommige plaatsen ca. 80 m breed zandstrand en is in de zomer met zijn vele restaurants en uitgaansmogelijkheden een magneet voor toeristen.

De autovrije **Lungomare Europa** en het mooi aangelegde park zijn de vaste plekken om 's avonds te flaneren. En voor de kleintjes zorgen in het **attractiepark** de trampoline en glijbaan ook 's avonds voor plezier. Rond de **Corso Umberto I** zijn leuke winkeltjes om rond te snuffelen en tal van restaurants om iets te eten of te drinken.

Over de lange Corso komt u bij de **Chiesa Madonna del Rosario** met een portaal, gebouwd in romaanse stijl. Vlakbij buigt de Via Regina Margherita naar de **Chiesa San Antonio di Padova** af, waar u een fraai **panorama** krijgt over de Golf van Squillace.

Bezienswaardig is ook de **Giardino Botanico Santicelli** met de typische *macchia mediterranea* en exotische planten (botanische tuin, in de zomer rondleidingen na aanmelding; informatie

bij het toeristenbureau). In het park staat ook de kustwachttoren **Carlo V** uit de 16e eeuw.

Soverato Superiore
Kerk: meestal 17-19 uur geopend
In de bovenstad, die aan het eind van de 18e eeuw ca. 3 km verder werd opgericht, gaat het er rustiger aan toe dan in het drukke Soverato aan zee. Aan de weg ligt de enige kerk van het dorp, de **Chiesa Arcipretale** uit de 18e eeuw. In het interieur zijn een kostbare sculptuur van Antonello Gagini van wit marmer uit Carrara (1521), een houten crucifix (17e eeuw), de granieten buste van een bisschop en een oude kerkklok te bewonderen.

Overnachten

Centraal – **Hotel Gli Ulivi:** Via Aldo Moro 1, tel. 09 67 52 11 94, www.hotel gliulivi.com. Hotel met 50 kamers, tuin en restaurant (lokale, nationale en internationale keuken), 100 m van zee, halfpension ca. € 50-55 (voor- en naseizoen), € 75-85 (hoofdseizoen), minimaal verblijf 3 nachten.
In het groen – **B & B L'Oasi:** Contrada Timpi 2, 88060 Sant'Andrea Apostolo dello Ionio, tel. 096 74 50 38, mob. 32 73 21 85 55, www.bboasicalabria.it. Het hele jaar geopend, 2 pk incl. ontbijt van € 45 (voor- en naseizoen) tot € 85 (hoofdseizoen). 8 km ten zuiden van Soverato, 3 km van zee, ligt dit aardige onderdak in een gerestaureerd landhuis, met wifi, tuin en eigen parkeerplaats.

Eten en drinken

Landelijk – **Ristorante Pizzeria La Paladina:** Via Pertini, 88060 Gasperina, tel. 096 74 80 94, mob. 32 86 62 26 09, www.ristorantelapaladina.it. Het hele jaar 's avonds, in de zomer ook 's middags, di. gesloten, menu ca. € 28. Circa 12 km ten noordwesten van Soverato ligt dit aardige, rustiek ingerichte restaurant. De eigenaars Nicola en Arianna serveren er lokale gerechten, die met finesse worden bereid.

Vis – Osteria La Lanterna Rossa: Corso Umberto I 9-11, 88068 Soverato, tel. 096 72 58 02, mob. 33 86 15 92 10, www.risto rantelanternarossa.it. Het hele jaar 's middags en 's avonds, di. gesloten, menu ca. € 30. Vriendelijke service en een aangename sfeer. In de zomer kunt u op het terras met uitzicht op zee genieten van de lekkerste visgerechten.

Goed verzorgd – Osteria Al Bivio: Viale Cassiodoro 7, 88060 Davoli Marina, tel. 096 77 07 87, mob. 33 14 43 85 44, www. osterialbivio.altervista.org. Direct aan de hoofdweg, 2 km ten zuiden van Soverato, wordt gekookt volgens de mediterrane keuken in een rustieke atmosfeer. Menu ca. € 28. Van sept. tot juni 's middags en 's avonds geopend, di. gesloten. In juli en augustus runt de eigenaar ook het restaurant-pizzeria Lido Corsaro in Satriano Marina.

Winkelen

Wijn en fijne waren – Enoteca Gino Corapi: Via S. G. Bosco 36, www.enoteca corapi.com, dag. 8-13, 16.30-20.30 uur, hele jaar geopend. In de buurt van de *lungomare* ligt deze ruim gesorteerde wijn- en delicatessenwinkel met Calabrische en nationale specialiteiten.

Uitgaan

Jongeren – Gange: Lungomare Europa. birreria, paninoteca, pizzeria, discobar, miniclub, trefpunt voor jongeren. Van begin juli tot eind aug. geopend.

Café & disco – La Marinella: Lungomare Europa. Overdag een café en bar, 's avonds een discotheek met verschillende dansvloeren. Op somige avonden ook klassieke muziek. Van begin juli tot eind aug. geopend.

Actief

Duiken – Thalassoma Diving Center: Lungomare Europa 1, Lido San Domenico, tel. 096 72 21 71, mob. 360 99 69 33, www.thalassomadiving.it. Duiktrips onder andere naar Punta Staletti en naar scheepswrakken.

Info en evenementen

Toeristische informatie: Pro Loco, Via Ruggiero Leoncavallo 61, 88068 Soverato, mob. 38 06 82 81 20, proloco soverato@libero.it.
Informatie op internet: www.soverato turismo.it, www.prolocosoverato.it.
Trein: overdag meerdere keren naar Bova Marina, Brancaleone, Catanzaro Lido, Caulonia, Locri, Monsterace-Stilo, Reggio Calabria, Riace en Squillace.
Bus: op werkdagen naar Catanzaro, Roccella, Locri en meerdere keren per week naar Noord-Italië (Federico) en naar Copanello (Ferrovie della Calabria).
Carnaval: optocht met praalwagens op zo. in Soverato Marina.
Estate Soveratese: in de zomer (juli-aug.) vinden talrijke culturele evenementen plaats, zoals sagre, theater en muziekuitvoeringen.
Feest van de Madonna di Portosalvo: 2e zo. in aug., zeeprocessie.
Feest van San Rocco: 16 aug., processie in Soverato Superiore.
Feest van de beschermheilige: 3e zo.. in sept. Maria Ss. Addolarata, Soverato Superiore, met auberginemarkt.

Tussen de Tyrreense en de Ionische Zee

Hoogtepunten ✹

Capo Vaticano: de kaap met zijn fijne witte zandstranden behoort tot een van de mooiste kusten van Italië. Vanaf de uitkijkpunten hebt u bij helder weer een schitterend panorama. Zie blz. 215.

Tropea: een schilderachtig en aantrekkelijk stadje met mooie doorkijkjes en uitzichten. Tegenover de historische binnenstad rijst de Chiesa Santa Maria dell'Isola op boven zee. Aan beide kanten ervan liggen heerlijke zandstranden. Zie blz. 217.

La Cattolica: prachtig is de kleine Byzantijnse kerk in Stilo, aan de voet van de Serre – een architectonisch juweeltje. Zie blz. 247.

Op ontdekkingsreis

Mountainbiken langs de Saracenentorens van Capo Vaticano: een fietstocht van Tropea naar Ricadi voert naar twee zogenaamde Saracenentorens – resten van een middeleeuws waarschuwingssysteem. Op de terugrit biedt de vuurtoren op de kaap een spectaculair panorama. Zie blz. 222.

Spiritualiteit in de Serre – in het spoor van de heilige Bruno: een bezoek aan de Certosa in Serra San Bruno voert naar plaatsen waar Bruno, de stichter van de kartuizer orde, ooit verbleef. De bezichtiging van het indrukwekkende museum geeft een goed inzicht in het teruggetrokken leven van de kartuizers. Zie blz. 240.

Tropea
Pizzo
Vibo Valentia

Saracenentorens van Capo Vaticano
Ricadi

Capo
Vaticano
Nicotera

In het spoor van
de heilige Bruno

Serra San Bruno
Mongiana   Bivongi   La
Stilo   Cattolica

Bezienswaardigheden

Van burcht naar burcht: Castello Ruffo is het dominante bouwwerk van Nicotera, de burcht in Pizzo vertelt het verhaal van Joachim Murat, de zwager van Napoleon, en de Normandische burcht in Vibo Valentia heeft een archeologisch museum. Zie blz. 211, 229 en 233.

Industriële archeologie: de ruïnes van de ijzergieterij in Mongiana, een ijzermijn en molenruïnes in Bivongi en een interessante tentoonstelling in Stilo getuigen van de industriële cultuur in de Calabrische bergen. Zie blz. 246.

Actief

Wandelen op de Sentiero Frassati: een wandelroute door de bergbossen van de Serra San Bruno, die u ook in verschillende etappes kunt lopen. Zie blz. 238.

Sfeervol genieten

Strandvakantie: relaxen op een van de stranden van Capo Vaticano, bijv. aan de Baia di Riaci, betekent puur genieten: aantrekkelijke baaien, mooi zandstrand, helder water – en in de verte is vaak de Stromboli te zien. Zie blz. 215 en 229.

Uitgaan

Tropea: slenteren over de *piazza* en *corso* van Tropea met panoramazicht vanaf het Largo Villetta en een aansluitend diner bij het geluid van de branding in een van de strandrestaurants vormen de perfecte afsluiting van een vakantiedag. Zie blz. 220 en 225.

IJs eten in Pizzo: geniet van een lekkere tartufo op de *piazza* van Pizzo en maak een heerlijke wandeling onderlangs het kasteel aan zee. Zie blz. 229.

Van de Costa degli Dei door de Serre naar de oostkust

De Costa degli Dei geldt als een van de mooiste stukken kust van Italië: azuurkleurige zee, stralend blauwe hemel, de geur van oleanders, de kleurenpracht van de bougainvillea's, adembenemend mooie zonsondergangen en op de achtergrond ziet u vaak de Stromboli. En verder baaien, droomstranden en grillige rotsformaties. Een vakantie aan de 'kust van de goden' – een van de populairste vakantiegebieden van Italië – wordt door velen in eerste instantie geassocieerd met relaxen en strandplezier, bijvoorbeeld in een van de sprookjesachtig mooie baaien rond Capo Vaticano.

Maar er is hier nog veel meer te ontdekken: aantrekkelijke en charmante plaatsen als Nicotera, Tropea en Pizzo met hun cultuurmonumenten en culinaire genoegens – zoals de rode uien, het tartufo-ijs of de kruidenlikeur Amaro del Capo. En interessante plaatsen in het binnenland zoals de grotwoningen in Zungri, het Normandische dorp Mileto en de Griekse nederzetting Vibo Valentia met zijn historische overblijfselen. Verder naar het westen, midden in de Serre staat het kartuizer klooster Serra San Bruno – een plaats van spiritualiteit – en vindt u getuigenissen van het industriële verleden in Mongiana en Bivongi. Aan de Ionische Zee staan de Byzantijnse kerken La Cattolica en San Giovanni Tereste. En ten slotte is er het multiculturele dorp van Riace, een voorbeeldproject voor vrede en saamhorigheid, geheel in de traditie van de filosoof Tommaso Campanella uit de 16e/17e eeuw.

INFO

Internet

www.calabria-magica.com: informatie in het Duits en Engels, o.a. voor het boeken van accommodaties.
www.sabinement.com: Duitstalige informatie over wandelen (en over Capo Vaticano) van de Zwitserse Sabine Ment, officiële natuurparkgids in de Aspromonte.
www.poro.it: de Italiaanse website geeft informatie over plaatsen en feesten van de Costa degli Dei en de Monte Poro.

Heenreis en openbaar vervoer

Auto: de Costa degli Dei bereikt u vanuit het noorden het beste via de snelwegafrit Pizzo, uit het zuiden komend via de snelwegafrit Rosarno. Van Nicotera naar Pizzo voert een af en toe bochtige weg met fraai uitzicht. Parallel aan de hier beschreven route van de Tyrreense naar de Ionische Zee loopt de hoofdweg SS682 van Rosarno langs Cinquefrondi en Mammola naar Marina di Gioiosa Ionica.
Trein: belangrijke stations voor de sneltreinen naar het noorden en het zuiden zijn Lamezia Terme, Vibo Valentia-Pizzo (in de buurt van Pizzo), Rosarno, Lamezia Terme en Villa San Giovanni.
Vliegtuig: belangrijkste vliegveld is Lamezia, maar u kunt ook vliegen van/naar Reggio Calabria.

Nicotera ▶ B 10

Hoog boven op de Berg ligt **Nicotera,** een stadje dat een ingeslapen indruk maakt, met een panoramisch uitzicht op de zuidelijke kuststrook. Bij helder zicht kunt u in de verte zelfs Sicilië zien liggen. Nicotera (Grieks: wonder van de overwinning) schijnt in de eerste eeuwen na Christus te zijn gesticht door een zegerijk uit Afrika teruggekeerde soldaat. Na zijn dood kwam de stad onder de heerschappij van de Arabieren, Byzantijnen, Normandiërs, Hohenstaufen, Anjous en Aragonezen. In Nicotera Marina kunt u zich op eindeloos lange en witte zandstranden geheel en al overgeven aan zwemmen en zonnebaden.

Castello Ruffo en omgeving

Het dominante bouwwerk van Nicotera is het onder de heerschappij van de Normandiërs in 1065 gebouwde Castello Ruffo. Herhaaldelijk door de Saracenen en uiteindelijk door een aardbeving in 1184 volledig verwoest, werd het ten slotte in 1764 weer herbouwd. Helaas is het Castello Ruffo op dit moment niet te bezichtigen.

In de schaduw van het kasteel ligt de wijk **Giudecca,** waar zich onder het regentschap van de Hohenstaufenkeizer Frederik II in de 13e eeuw veel Joden vestigden, die handel dreven als gevolg van de zich ontwikkelende landbouw (vooral moerbeiboomplantages) en de textielbewerking, tot ze in het begin van de 16e eeuw tijdens de Inquisitie door de koning van Spanje werden verdreven. In de wijk **Baglio** leefden destijds vooral handwerklieden en adellijke families.

Aan de Corso Cavour staat de eenschepige **Chiesa Santa Maria del Rosario** uit de 16e eeuw. De plafondschilderingen in de fraaie kerk tonen de 'Madonna del Rosario' van Domenico De Lorenzo (1809) en het door Domenico Russo in 1890 geschilderde doek 'De dood van de heilige Jozef'.

Cattedrale

Piazza Duomo

De aan de Santa Maria Assunta gewijde **kathedraal** werd slechts twee jaar na de zware aardbeving van 1783 op de ruïnes van de nog onder Robert Guiscard gebouwde Normandische kerk opgericht. In haar drieschepige, in de stijl van de late barok uitgevoerde interieur zijn de van wit marmer geschapen **Madonna delle Grazie** van Antonello Gagini, twee altaren van de Napolitaanse school en andere kunstwerken te bewonderen.

Museo diocesano

Piazza Duomo 10, tel. 096 38 10 38, ma.-vr. 8-14, di., do. 15-18, in de zomer langer, gratis toegang

In het bisschoppelijk seminarie (17e eeuw) tegenover de kathedraal zijn in het Diocesaan Museum bisschoppelijke gewaden, zilveren voorwerpen, munten, ethnografische objecten, zangboeken (17e eeuw), een Gutenbergbijbel, een pinacotheek en een bibliotheek met 12.000 boeken en veel meer te zien. Highlight is het crucifix van Colella di Jacopo (15e eeuw), een nationaal cultuurmonument van Italië.

Park met uitzicht

In het kleine park dat zich tegenover de kathedraal bevindt, kunt u een korte pauze inlassen en genieten van een schitterend vergezicht. In de verte verschijnen de staalconstructies en het gigantische, eindeloze havengebied van **Gioia Tauro** in beeld. In deze vruchtbare laagvlakte vestigden zich al 2600 jaar geleden de Grieken. De Locriërs stichtten hier rond 600 v.Chr. de antieke nederzetting **Medma**.

▷ blz. 214

Favoriet

Belvedere Sud op Capo Vaticano – spectaculaire natuur en vergezichten ▶ B 10

Een schitterend uitzicht op het zuidelijke kustgebied en op Sicilië geniet u vanaf **Belvedere Sud** in Ricadi, in de buurt van de vuurtoren van Capo Vaticano. Als u het kleine pad volgt, dat half om de kaap heen voert, krijgt u een fantastisch uitzicht op de eronder gelegen rotsen en de zee. Als u wordt verleid door de blauwe zee en het witte zandstrand, kunt u vanaf de kaap direct omlaag rijden naar het Spiaggia Grotticelle (op de terugweg van de vuurtoren, eerste weg rechts).

Overnachten

Bij de jachthaven – **Hotel Nautilus:** Nicotera Marina, Via Provinciale 20, tel. 09 63 88 00 60, www.nautilushotel. it, hele jaar, halfpension op 2 pk € 45-60 per persoon. Kamers met badkamer, tv, telefoon, airconditioning, minibar, terras, garage en privéstrand.

Info en evenementen

Informatie op internet: www.comune. nicotera.vv.it.
Trein: goede spoorverbindingen, o.a. meerdere keren per dag naar Rosarno, Tropea, Pizzo en Lamezia Terme.
Madonna dell'Assunta: 15 aug., processie, markt en vuurwerk.
Feest/markt van de Rosario: begin okt.
Madonna dell'Immacolata: 8 dec., zeeprocessie.

Monte Poro ▶ B 10

Vanuit Nicotera rijdt u over een bochtige, maar fraaie weg richting Capo Vaticano. Halverwege tussen Nicotera en Joppolo verheft zich direct boven zee de Saracenentoren **Torre Parnaso** uit de 16e eeuw. Het is een van de best bewaard gebleven wachttorens van de streek. Meer wachttorens bevinden zich bij Ricadi (Torri Ruffa en Marrano, zie blz. 223 en 224).

Verder gaat de rit door het voorgebergte van de Monte Poro, dat steeds weer door kloven onderbroken wordt. Het gebergte reikt met zijn begroeide rotskliffen tot aan zee. Hierdoor wordt de kust tussen Nicotera en Joppolo steeds steiler en ontoegankelijker. Vanuit Joppolo voert een weg met talloze bochten omhoog. In een langzame klim met adembenemend uitzicht op de kust, langs een aquaduct, wordt het hoogste punt van de Monte Poro op

Tip

Handnijverheid in San Giorgio Morgeto ▶ C 11

In het uiterste noorden van de Aspromonte ligt op een helling het pittoreske dorp San Giorgio Morgeto (heenrit via hoofdweg SS682 Rosarno – Marina di Gioiosa Ionica). Volgens oude tradities vervaardigt de **mandenmaker Aldo Mammoliti** voorwerpen van kastanjehout, populierenhout en riet. Wijdverbreid in de boerencultuur van Calabrië zijn manden van kastanjehout, die niet alleen sterk zijn, maar ook ideaal om levensmiddelen te bewaren (werkplaats in de Via Case Popolari 53, alleen op afspraak via tel. 09 66 94 82 72, www.mammoliti.it).

In de schaduw van de moederkerk van dit idyllische dorp kunt u in zijn kleine atelier **Simone Surace** aan het werk zien, hoe hij verschillende objecten van glas vervaardigt, o.a. Tiffany-lampen en glazen sieraden (Via Rovere 25, mob. 32 80 43 45 27).

Een lange traditie heeft ook de productie van **geurwater** uit de aroma's van de citrusvruchten van Calabrië (**firma Carpentieri,** Via Melia 9, tel. 09 66 94 60 35, www.carpentieriprofumi.it, bedrijfsbezichtiging op aanvraag).

U kunt ook deelnemen aan een **dorpsrondleiding** in het Italiaans of Engels, inclusief bezichtiging van diverse handnijverheidswerkplaatsen (op aanvraag via de Associazione Nuovo Mondo, contact: tel. 09 66 94 60 34, mob. 33 85 27 09 88, www.nuovo mondo.biz).

710 m hoogte bereikt. Op de top ligt ook de kleine **Chiesa Madonna del Poro** (ook wel Madonna del Carmine, Contrada Monte Poro, 89863 Joppolo) met een kleine fontein – een schaduwrijke plek in het groen.

Grotte degli Sbariati e Museo della civiltà contadina e rupreste

Via Indipendenza, informatie: tel. 09 63 66 40 15, mob. 37 74 41 98 86, mei-okt. dag. 9-19 uur, toegang ca. € 2,50
Bezienswaardig zijn de **basilianer grotten** van Zungri uit de 12e-14e eeuw, die zich aan de noordzijde van de Monte Poro bevinden. Het terrein strekt zich uit over een oppervlak van 3000 m² en bestaat vermoedelijk uit circa 100 woningen. Aan de ingang is een klein museum met een expositie over de boerencultuur en het dagelijkse leven van de mensen; aan de hand van oude werktuigen en een gereconstrueerde slaapkamer.

Capo Vaticano ✳ ▶ B 10

Volgt u daarentegen verder de kustweg, dan komt u door de kleine plaatsen **Coccorino** en **Panaìa**, rijdt u op de afslag links omlaag naar **Ricadi** en komt u uiteindelijk bij **Capo Vaticano.** De kaap geldt als het mooiste strand- en kustgebied van Calabrië en biedt adembenemend uitzicht op de zee, kliffen en prachtige baaien. De naamgeving van dit populaire vakantiegebied voert vermoedelijk terug op de *vati* (profeet), die op deze geëxponeerde plek moet hebben geleefd en die zeelieden hun toekomst voorspeld schijnt te hebben.

Bij de *faro* (vuurtoren) voert een pad half om de kaap heen en geeft uitzicht op de baai van **Praia'l Fuoco.** Schitterend uitzicht op grillige rotsformaties krijgt u ook vanaf de Belvedere Norte

op het noordelijkste punt van de kaap, dat gemakkelijk te voet te bereiken is (ca. 500 m over de weg). Vanwege zijn ligging wordt het uitzichtpunt bij de vuurtoren **Belvedere Sud** genoemd (zie ook blz. 213). Een knappe, door de Saracenen geroofde vrouw, moet zich ooit vanaf de kaap hebben gestort, haar dood tegemoet. Sindsdien schittert de zee in haar lievelingskleuren azuur en turkoois, zeggen de Calabriërs. Hier op de kaap trok zich de Italiaanse schrijver **Giuseppe Berto** uit Venetië in het begin van de jaren 70 van de vorige eeuw terug. In zijn zelfverkozen ballingsoord stierf hij in 1978 en werd begraven op het kerkhof van S. Nicolò.

Baia di Riaci

Na het uitrijden van **Santa Domenica** (zie de kaart op blz. 224) richting Tropea (na de spoorovergang) voert een weg omlaag naar de **Baia di Riaci,** een populair strand en zwemgelegenheid, genoemd naar de indrukwekkende rotsklif **Scoglio Riaci.**

Overnachten en eten

Oase – **Villaggio Club Baia del Sole:** Ricadi, Contrada Torre Ruffa, tel. 09 63 66 33 02, www.baiadelsole.com, mei-okt. halfpension ca. € 520 per persoon per week (voor- en naseizoen), tot ca. € 1000 (hoofdseizoen), B & B ca. € 450 per week per persoon, korting voor kinderen en 65-plussers. Comfortabel vakantiepark aan het strand met diverse sportfaciliteiten, yoga, verhuur van mountainbikes, kinderopvang, speeltuin en zwembad.

Goed verzorgd – **Hotel Residence Marinella:** Marina di Grotticelle, tel. 09 63 66 31 97, www.marinellahotel.com, april-okt. halfpension ca. € 35-56 per persoon (voor- en naseizoen), € 66-80 (hoofdseizoen). Familiehotel, ca. 300 m van het strand van Grotticelle, met zwembad, kamers met balkon, tv, telefoon en airconditioning.

Weg van de drukte – La Casa di Calliope: Santa Domenica di Ricadi, Contrada Galiope, tel. 09 63 58 07 48, mob. 32 83 19 20 74, www.lacasadi calliope.com, 2 pk met badkamer en ontbijt vanaf € 60, met gemeenschappelijke badkamer vanaf € 50. Functioneel ingericht B & B, een paar honderd meter van het strand. Taalleraar Antonio geeft er ook Italiaanse taallessen.

Landelijk – Agriturismo Il Vigneto: Brattirò (6 km boven San Domenica), Contrada Muscari, tel. 096 36 81 98, www.calabriailvigneto.it, juni-sept., halfpension op 2 pk € 280-350 per week, 2 pk € 40-50 per nacht. Familie Romano biedt onderdak in gerenoveerde kamers met een rustieke sfeer. Bij het huis hoort ook het restaurant La Campagnola.

Eten en drinken

Rustiek – Trattoria ll Ritrovo: Brattirò, 6 km buiten S. Domenica, tel. 09 63 31 47 02, hele jaar wo.-ma. 's avonds, menu ca. € 22. Eenvoudig landelijk restaurant met familiaire sfeer; specialiteit van het huis zijn de *antipasti*.

Degelijk – La Pineta Hotel-Restaurant Tavernetta: Spilinga, ca. 10 km ten westen van Capo Vaticano, Loc. Monte Poro, tel. 09 63 88 30 89, hele jaar wo.-ma. 's middags en 's avonds, menu vanaf € 20. Verzorgd landelijk restaurant van grote klasse. Specialiteiten zijn *filej* en gerechten met paddenstoelen.

Populair – Ristorante Pizzeria Costa Marittima: S. Domenica, stadswijk Ciaramiti, Contrada Brace, mob. 34 02 74 15 98, hele jaar, april-okt. dag. 's middags en 's avonds, rest v/h jaar alleen za./zo.-avond, menu ca. € 20. Groot en goed restaurant boven S. Domenica. Lekkere pizza's vanaf € 5, lokale keuken, heerlijke visgerechten.

Tropea heeft veel schitterende doorkijkjes op zee

Goede service – **Café Giardino delle Rose:** S. Domenica, *piazza*. Serveert het hele jaar door in een gezellige sfeer van 05 tot 21.30 uur (in de zomer tot diep in de nacht) ijs, koffie, gebak enz.

Winkelen

Specialiteiten – **Delizie Vaticane di Tropea:** aan de weg San Domenica-Capo Vaticano, vlak buiten het dorp San Domenica. Verse groenten, Calabrische specialiteiten, alleen in het vakantieseizoen geopend.

Actief

Wandelen – **Sabine Ment:** Via Vittorio Emanuele 163, 89862 Brattirò, mob. 34 84 45 08 90, www.sabinement.com. De van oorsprong Zwitserse wandelgids organiseert en begeleidt wandelingen rond de Capo, in de Serre, de Pollino en de Aspromonte.

Uitgaan

Met tuin – **Discotheek Suite:** Capo Vaticano, Loc. Frizza (6 km richting Tropea), alleen in juli/aug. disco met 'biechtstoel', suite en tuin. House en Latijns-Amerikaanse muziek, animatie, cocktails.

Open air – **Discotheek Punta Cana:** S. Domenica, Baia di Riaci, alleen in juli/aug. In een van de mooiste baaien van Calabrië ligt deze openluchtdisco. Hier wordt voornamelijk Latijns-Amerikaanse muziek gespeeld.

Info en evenementen

Toeristische informatie: Pro Loco Capo Vaticano, Via Vaisette 40, 89865

San Nicolò di Ricadi, tel. 09 63 66 39 65, www.prolocotropea.eu.
Trein: van Ricadi meerdere keren per dag naar Rosarno, Tropea en Lamezia Terme.
Bus: juni-sept. meerdere keren per dag bussen tussen Ricadi, Capo Vaticano en Tropea (informatie bij de Pro Loco).
Schepen: minicruises van een dag naar de Liparische Eilanden (zie blz. 268) en de excursie *Stromboli by night* worden 's zomers georganiseerd vanaf het strand van Grotticelle door de reisbureaus Comerci Navigazione en Tropea Mar. Verder biedt Tropea Mar een boottocht langs de kust naar Capo Vaticano of Zambrone aan (vanuit de haven in Tropea). Comerci Navigazione, Corso V. Emanuele 36, Tropea, tel. 09 63 39 58 49, mob. 34 86 09 19 17, www.comerci.it. Tropea Mar, Corso V. Emanuele 12, Tropea, mob. 34 04 70 34 79, www.tropeamar.it.
San Biagio: 3 feb., S. Nicolò.
Sant'Antonio: 13 juni, Ricadi.
San Pietro: 29 juni, Ricadi.
Santa Domenica: 6 juli, S. Domenica.
Sagra della 'nduja: begin aug., Spilinga.
Sagra van de rode uien: midden aug., Ricadi.
Beschermheilige San Zaccaria: 5 nov., Ricadi.
Beschermheilige San Nicola: 6 dec., San Nicolò.
Madonna di Loreto: 10 dec., Torre Marino.

Tropea ☀ ▶ B 9

Tropea – de 'Parel van de Tyrreense Zee' – is tegenwoordig het summum van vakantie in Calabrië geworden en betekent: relaxen aan het strand, door de stad slenteren, 's nachts uitgaan en dansen, de Calabrische cultuur leren kennen en de taal leren. Maar er ontbreekt nog steeds een bijpassende infrastruc-

Tropea

Bezienswaardigheden
1 Largo San Michele
2 Il Sedile dei Nobili
3 Cattedrale
4 Palazzo Vescovile en
   Museo Diocesano
5 Belvedère
6 Affaccio Largo Migliarese
7 Chiesa del Ss. Rosario
8 Palazzo Toraldo
9 Chiesa della Sanità
10 Santa Maria dell'Isola
11 Porto

Overnachten
1 Hotel Terrazzo sul Mare
2 Appartementenverhuur
   Pantomar Accomodation
   Tropea
3 Littoaffittacamere
4 Villaggio New Paradise

Eten en drinken
1 Pimms
2 Ristorante Tropea Vecchia
3 Strandrestaurant Lido
   Alex
4 Ristorante Pizzeria La
   Locanda

5 Pensione Bar Trattoria
   The Bridge

Winkelen
1 La Giara
2 La Libreria
3 Mercato

Actief
1 Moonlight, zeilschool,
   bootservice, mountain-
   bikecentrum
2 Diving Center
3 Charter Salato
4 Studio Italiano
5 Piccola Università
   Italiana

Uitgaan
1 Laboart
2 Madison

tuur (zoals bioscoop, speeltuin, zwem-bad enz.). In 2011 is men begonnen met de bouw van een lift, die de binnenstad vanaf het Largo Villetta moet gaan ver-binden met de weg onderlangs zee. Mo-menteel zijn de bouwwerkzaamheden echter gestopt. Wanneer de werkzaam-heden worden hervat, is onzeker.

Stadsgeschiedenis

De vlak bij de kathedraal gevonden kleivaten uit het neolithicum en de in de buurt van de huidige begraafplaats ontdekte necropool met graven en kru-ken uit de 12e eeuw v.Chr. bewijzen de lange bewoningsgeschiedenis van Tropea. De genoemde voorwerpen be-vinden zich in het Nationaal Museum in Reggio Calabria. Na talrijke machts-wisselingen beleefde Tropea onder de Anjous en de Aragonezen haar bloeitijd, waarin onder andere veel prachtige *palazzi* werden gebouwd.

In de 18e eeuw behoorde Tropea tot de vijftig steden, die direct onder het ko-ninklijk gezag stonden (*città demaniali*):

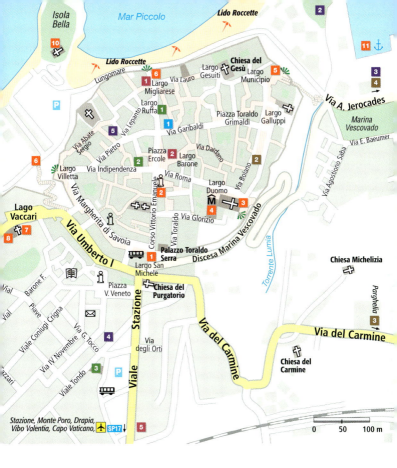

Centro storico

terwijl de andere plaatsen tijdens de feodale heerschappij door een vorst werden geregeerd, liet de koning zich in Tropea door een stadhouder vertegenwoordigen. In deze tijd stonden twee burgemeesters aan het hoofd van de stad. Toen dit verregaande zelfbestuur werd bedreigd door de verkoop van de stad aan prins Ruffo di Scilla, schijnt de bevolking geld te hebben ingezameld om de stad voor een hogere prijs te kunnen terugkopen.

In de smalle steegjes en op de pleintjes van het *centro storico* getuigen oude *palazzi*, portalen met familiewapens en prachtige binnenplaatsen van de voormalige rijkdom van de adel.

Van de Piazza Veneto naar de Sedile dei Nobili

Vanaf de moderne Piazza Vittorio Veneto loopt u links over de brede straat naar het oude centrum. Maar voor u op de Corso omlaag wandelt, moet u

Tip

Permanente tentoonstelling Raf Vallone

Op de begane grond van de **Sedile dei Nobili** **2** aan de Piazza Ercole in Tropea herinnert een permanente expositie aan een van de beroemdste zonen van de stad, de filmster Raf Vallone. Foto's en filmposters herinneren aan de werken van de internationaal bekende acteur en regisseur. Het hele jaar op za. en zo. 17-19 uur, in de zomer langer. Informatie bij de Pro Loco.

beslist even op het **Largo San Michele** **1** rondkijken. Waar nu het machtige **Palazzo Toraldo Serra** oprijst, stond ooit een burcht met een Aragonese toren, die vanwege zijn ligging boven op de rotsen lange tijd zo goed als onneembaar was. Hij werd na de vereniging van Italië in 1861 afgebroken. Onder de ruines ervan kwam een vroegchristelijke necropool te voorschijn.

Over de Corso loopt u omlaag naar de Piazza Ercole, waar zich de vroegere zetel van de vertegenwoordigers van de adel, **Il Sedile dei Nobili** **2**, uit de 18e eeuw bevindt. Tegenwoordig is in het gebouw tijdelijk een toeristisch informatiepunt gehuisvest, de begane grond dient als representatie- en vergaderzaal voor de literaire academie, waartoe ooit ook de beroemdste zoon van de stad, de filosoof Pasquale Galluppi (1770-1846), behoorde. Ter ere van hem heeft men op de *piazza* een monument opgericht.

Cattedrale **3**

Een van de belangrijkste bouwwerken van de stad is de **kathedraal**, die in de 12e/13e eeuw werd opgericht, na meerdere aardbevingen steeds weer werd herbouwd en voor het laatst in 1931 werd hersteld in haar oorspronkelijke romaanse stijl. Ze huisvest o.a. in de tweede zijkapel een zwart crucifix, een uit Spanje stammend houten kunstwerk uit de 15e eeuw, in de rechter apsis de marmeren Madonna del Popolo van de monnik Giovanni Agnolo uit Montorsoli (1555) evenals een tabernakel van marmer (linker apsis, eveneens 16e eeuw). In het midden van de hoofdapsis bevindt zich in een zilveren lijst het schilderij van de Madonna di Romania, ontstaan rond 1330. Toen in 1638 tijdens een processie ter ere van deze Madonna een aardbeving optrad, liepen de omliggende dorpen ernstige aardbevingsschade op, maar bleef Tropea gespaard. Om het afweren van dit noodlot wordt de beschermheilige tot op heden zeer vereerd.

Palazzo Vescovile en Museo Diocesano **4**

Largo Duomo, tel. 096 36 20 89, april-juni dag. 10-13,15-18, juli/aug. dag. 19-24, sept. dag. 10-13, 19-22, okt. 10-13 uur, openingstijden kunnen variëren, toegang ca. € 2

In de kapel van het **bisschoppelijk paleis** zijn fresco's uit de 15e eeuw te zien. In hetzelfde gebouw is ook het **Diocesaan Museum** ondergebracht: van belang zijn de archeologische collectie, de pinacotheek, de houtsnijwerken en de domschat.

Van het Largo Duomo naar het Largo Villetta

Onder het uitzichtterras (achter de dom) met zicht op het noorden voert een trap naar de weg, die naar zee afdaalt. Vanaf het Largo Duomo komt u snel bij het door talrijke *palazzi* omgeven Largo Galluppi, dat enige tijd geleden gemoderniseerd werd. Onder het plein wacht de wandelaar een **belvedère** **5** met zicht op de haven en een afdaling naar zee.

Over de drukke flaneerboulevard, de Corso Vittorio Emanuele, slenteren inwoners en bezoekers omlaag naar het **Affaccio Largo Migliarese** `6` . Vanaf het uitzichtterras boven de duizelingwekkende afgrond krijgt u een verleidelijk uitzicht op het Isola Bella en de hier turkooiskleurige zee. Het 'schone eiland' met de Chiesa Santa Maria dell'Isola geldt als het symbool van Tropea.

Aan de zuidkant van de binnenstad ligt het **Largo Villetta**, waar u ook aangenaam kunt rondhangen en eveneens kunt genieten van het uitzicht op de Chiesa Santa Maria dell'Isola. Vanaf hier kunt u over een trap direct naar zee afdalen.

De Via Libertà afdalen naar zee

Gemakkelijker is de wandeling over de Via Libertà (richting begraafplaats, Santa Domenica di Ricadi), langs de **Chiesa del Ss. Rosario** `7` en het **Palazzo Toraldo** `8` aan uw linker hand. Na enkele honderden meters slaat u rechts af en bereikt u over de Via Scesa Ospedale de benedengelegen **Chiesa della Sanità** `9`, waar in de 19e eeuw tijdelijk het ziekenhuis was ondergebracht. Ter hoogte van de kerk (ook Convento genoemd, omdat hier franciscanen wonen) kunt u alleen nog te voet of op twee wielen verder naar zee.

Vanaf de weg langs zee hebt u directe toegang tot de strandpromenade, die in zuidelijke richting reikt tot aan de voet van Hotel Rocca Nettuno op de tufsteenrotsen. Rechts komt u over het zandstrand, of langs de kustweg, bij de **Chiesa Santa Maria dell'Isola**.

Santa Maria dell'Isola `10`

Onder het Largo voert een afdaling naar het strand, waar u weer omhoog klimt naar de **Chiesa Santa Maria dell'Isola**. In de hoge middeleeuwen door de benedictijnen gebouwd en door talrijke aardbevingen verwoest (voor het

laatst in 1905), werd ze meermalen herbouwd en uitgebreid. Achter de kerk bevindt zich boven een grot een schitterende, schaduwrijke, wilde tuin.

Een sterke erosie heeft restauratiewerkzaamheden aan de tufsteenrotsen noodzakelijk gemaakt. De grot, die zich aan de zeezijde al decennia lang uitbreidt, is weliswaar schitterend, maar moet ook als waarschuwingssignaal voor het verval worden opgevat.

Het droomstrand Le Roccette en de klif van San Leonardo

Ten noorden van de kerk ligt het strand van Le Roccette en lokt de turkooiskleurige zee. Spectaculair rijzen achter het strand de tufsteenrotsen met daarop de binnenstad en het uitzichtpunt van het Largo Migliarese op. Verder naar het noorden stuit u ter hoogte van de klif van **San Leonardo** op een kruispunt: links komt u in de haven en in het naburige dorp Parghelia en rechts omhoog komt u terug in het centrum.

▷ blz. 225

Tip

Kleinschalige vakantiehuizen

Het Italiaans-Nederlandse Enotria Travel van Tina Altieri en haar team heeft voor u een select aanbod van kleinschalige accommodaties in Calabrië (en ook in de rest van Italië), die alle persoonlijk zijn bezocht en geselecteerd. U vindt er een breed scala aan vakantiehuizen, appartementen, B & B en *agriturismo*, van vrij eenvoudig tot zeer luxe. Gemene deler is dat het gaat om bijzondere locaties met een typisch Italiaanse sfeer. Enotria heeft een ook eigen kantoor in Capo Vaticano. Contact: Enotria Travel, Varenstraat 47, 1121 BD Landsmeer, tel. 020 779 83 38, www.enotria.nl.

Saracenentorens van Capo Vaticano – mountainbiketocht

Deze fietstocht voert door het aantrekkelijke landschap op het plateau van Capo Vaticano naar twee Saracenentorens – resten van een middeleeuws waarschuwingssysteem tegen overvallen. Als toegift wordt u voor de inspanningen beloond met een grandioos panorama vanaf de vuurtoren.

Kaart: ▶ B 9/10

Informatie: ca. 28 km, 250 m hoogteverschil; ook met een scooter te doen.

Fietsen zijn te huur bij het **Moonlight Mountainbike-Center** **1**.
Startpunt: Largo Viletta, Tropea
Het beginpunt van deze afwisselende tocht van een halve dag is het **Largo Villetta** in **Tropea**, dat vanwege de aanwezigheid van kanonnen ook 'kanonnenplein' genoemd. Van hieraf gaat u over de Via Libertà langs het kerkhof en ziekenhuis naar het 3,5 km verder gelegen Santa Domenica. U volgt de weg verder richting zuiden, langs de winkel **Delizie Vaticane** (1) aan uw linker hand en rijdt omlaag in het dal van de bergbeek

de Brace. Na een kort stuk uit het zadel, boven aangekomen, komt u na een paar honderd meter rechts bij de Torre Marino.

Torre Marino (2)

Deze geheel gemoderniseerde toren is pas in tweede instantie als vroegere wachttoren uit de 16e eeuw te herkennen. Hij is een van de weinigen, waar in de directe omgeving huizen en zelfs een kerk gebouwd werden. Op de toren waakte een *torriere* (torenwachter), die in het geval van onraad rooksignalen en schoten gaf. Geassisteerd werd hij door een *cavallare* (ruiter), die het zuidelijke en noordelijke deel van de kust (de stranden van Torre Marino en Formicoli) controleerde, bij gevaar de torenwachter informeerde, op zijn hoorn blies en zo de bevolking onder de wapenen riep.

Saracenentorens

De torens maakten oorspronkelijk deel uit van een reusachtig verdedigingssysteem. Want Calabrië met zijn 780 km lange kustlijn werd in het verleden voortdurend door vijandige aanvallen geteisterd. Deze rooftochten namen toe aan het eind van het eerste millennium en waren er, naast andere redenen, de oorzaak van dat de bevolking zich terugtrok in het binnenland.

Onder Karel V, keizer van het Heilige Roomse Rijk der Duitse Natie van 1519 tot 1556, meer precies onder de toen regerende vicekoning Pedro di Toledo, werd in het Koninkrijk Napels met 366 torens een succesvol waarschuwingssysteem tegen aanvallers opgericht. De afstand tussen de wachttorens werd bepaald door het verloop van de kust en het overeenkomstige uitzicht. Bij Capo Vaticano met zijn kust van inhammen en kapen stond bijna iedere 3 km een toren. Omdat de aanvallers overwegend bestonden uit islamitische vreemdelingen, die men Saracenen noemde, worden de torens *torri saraceni* (Saracenentorens) genoemd.

Naar de Torre Marrano

Terug op de SP22 zet u de rit naar het zuiden voort en rijdt u omlaag naar het dal van de rivier de **Ruffa**, waar onder andere een inheemse tropische varensoort groeit: de *Woodwardia radicans*. Deze tot 2,5 m hoge plant behoort tot de familie van de Polypodiales (een orde van de varens) en groeit op vochtige of schaduwrijke plekken op 50 tot 950 m boven de zeespiegel.

De fietstocht gaat verder langs de provinciale weg, over de spoorwegovergang en voert naar het dorp **San Nicolò**. In het centrum bevindt zich rechts de **Pro Loco**. Ertegenover voert een weg naar de **Torre Marrano (3)**.

Deze hoge ronde toren werd in de 16e eeuw in de buurt van de wijk Brivadi op een rots van graniet en kalksteen gebouwd. De vanaf de kust (vanaf de Torre Ruffa en de Torre S. Maria) uitgezonden waarschuwingssignalen werden van hieruit verder gestuurd. Met behulp van rooksignalen konden op deze manier boodschappen binnen enkele uren van toren tot toren worden doorgegeven. De bevolking kon zich daardoor voorbereiden op de verdediging of zo nodig tijdig op de vlucht slaan.

Van de vroeger talrijk aanwezige Saracenentorens zijn aan de Costa degli Dei behalve de torens van Marino en Marrano alleen nog de ruïnes van de Torre Parnaso in Joppolo, de Torre Ruffa in Ricadi en van La Rocchetta in Briatico bewaard gebleven. Wie zich verder in het onderwerp wil verdiepen, vindt in Santa Severina boven Crotone een interessante tentoonstelling (zie blz. 184). Een bezoek waard is verder ook het archeologische museum in de burcht van Vibo Valentia.

Panorama bij de vuurtoren

Het grandioze panorama dat de Saracenentorens hun *torriere* vroeger verschaften, krijgen de huidige bezoekers nu ook vanaf de **moderne vuurtoren (4)** van Capo Vaticano. Om daar te komen rijdt u naar het dorp terug, kruist u de hoofdweg en rijdt dan steeds rechtdoor. Vlak voor het station slaat u links af, rijdt verder rechtdoor, houdt op de volgende kruising rechts aan en volgt de weg tot aan de vuurtoren.

De in het eind van de 19e eeuw gebouwde en in 1946 gemoderniseerde, 8 m hoge toren op een hoogte van ca. 100 m boven zee, diende vanaf het begin voor civiele doelen. Zijn vuur heeft een reikwijdte van 32,6 zeemijlen en is een belangrijk oriëntatiepunt voor de vele schepen naar de containerhavens van Gioia Tauro en Messina.

Van bovenaf heeft u een schitterend **panorama** op Sicilië, op de Eolische Eilanden en langs de kust. Ten zuiden van de vuurtoren strekt zich het mooie witte zandstrand van Le Grotticelle uit (te bereiken over de eerste rechts afslaande weg richting Ricadi). Vanaf het uitzichtterras start een klein door cactussen omzoomd pad, dat een paar honderd meter langs de kaap voert. Beneden bevinden zich de grijze rotsformaties van Capo Vaticano, die schitterend contrasteren met het blauw van de zee.

Terug naar Tropea

Direct terug op de weg buigt een andere weg links af en voert parallel aan de spoorlijn, tot hij na ca. 3 km links afslaat. Deze bochtige weg voert langs de ruïne van de **Torre Ruffa (5)** over particulier terrein omlaag naar de zee. Van daar fietst u circa 500 m rechtdoor, dan slaat u rechts af en komt u weer op de provinciale weg (van de heenrit) en bereikt u via Santa Domenica na ca. 11 km weer Tropea.

Wie onderweg nog een pauze wil inlassen, kan het hele jaar door terecht in het gezellige **Café Giardino delle Rose (6)** aan de *piazza* in Santa Domenica voor een ijsje, taartje of iets anders lekkers.

Een pauze aan het strand

Wie de fietstocht wil combineren met een verfrissende duik in zee, op een prachtige plek, wordt een stop aangeraden bij een van de volgende droomstranden: Le Grotticelle (bij Capo Vaticano), Formicoli en Torre Marino (tussen Santa Domenica en Capo Vaticano) of Baia di Riaci (tussen Santa Domenica en Tropea).

Naar de haven

Van hieruit kunt u een tochtje maken naar de **Porto** **11** en de in het noorden gelegen stranden Lido del Nonno en La Grazia. Daar hebt u een fraai uitzicht op de rotsformatie **La Pizzuta** (Parghelia) en op de binnenstad van Tropea.

Omhoog naar de binnenstad

Tegenover de rots van **San Leonardo** klimt u enkele honderden treden omhoog naar de middeleeuwse stadskern. Via de brede **Largo Galluppi** wandelt u door een smalle steeg terug naar het domplein.

Overnachten

Zeezicht – **Hotel Terrazzo sul Mare** **1**: Via Libertà, Zona Croce, tel. 096 36 10 20 (zomer), tel. 09 63 66 62 28 (winter), op Facebook, april-okt., overnachting met ontbijt € 60-130 per kamer, halfpension op 2 pk € 55-75 (minimaal 3 nachten). Hotel en restaurant op een rots boven het strand; kamers met airconditioning en verwarming.

In de binnenstad – **Appartementenverhuur Pantomar Accomodation Tropea** **2**: Via Pontieri 4, mob. 34 75 46 73 58, www.pantomar.it, hele jaar geopend, per week, afhankelijk van het aantal personen en seizoen, € 200-600 of € 300-1000. Gerenoveerde vakantiewoningen met 1 of 2 comfortabel ingerichte kamers in het Palazzo Braghò uit de 18e eeuw (gratis wifi, toeslag voor verwarming).

Appartementen in het groen – **Littoaffittacamere** **3**: Via Carmine (vanuit Parghelia ca. 1 km voor het centrum linksaf), tel. 09 63 60 33 42 (men spreekt ook Duits, Engels en Frans), in de winter gesloten, in het voor- en naseizoen ca. € 25 per persoon, in het hoofdseizoen € 35-50 per persoon). Kleine appartementen met tv, verwarming, bal-kon en parkeerplaats; huisdieren zijn welkom.

Aan de haven – **Villaggio New Paradise** **4**: C. da La Grazia, tel. 096 36 25 77, www.newparadisetropea.it, april-okt., appartement voor 2 pers. ca. € 480-900 per week (voor-/naseizoen), ca. € 900-1200 (hoofdseizoen). Boven de haven, met schitterend uitzicht op Tropea, met restaurant en pizzeria. Clubkaart € 50 per week voor een strandplaats en shuttleservice naar het strand.

Eten en drinken

Traditioneel – **Pimms** **1**: aan het eind van de Corso Vittorio Emanuele, tel. 09 63 66 61 05, hele jaar di.-zo. 's middags en 's avonds, 's zomers wo.-middag gesloten, reserveren aanbevolen, menu ca. € 50. Geweldig panoramazicht, Calabrische keuken met seizoensproducten van het seizoen.

Huiselijk – **Ristorante Tropea Vecchia** **2**: Largo Barone, hele jaar geopend, menu ca. € 28. Op een pleintje in het *centro storico,* een typisch Calabrische keuken met aangename, rustige sfeer.

Frisse lucht – **Strandrestaurant Lido Alex** **3**: Lungomare, tel. 096 36 22 62, april-okt. dag. 's middags, 's avonds op reservering, menu ca. € 28. Calabrische keuken, met overdekt terras.

Landelijk – **Ristorante Pizzeria La Locanda** **4**: Loc. S. Barbara, Contrada Santa Barbara, 89 865 Santa Domenica di Ricadi, mob. 32 79 22 24 85, www.lalocandatropea.com, hele jaar di.-zo. 's avonds, in de zomer ook 's middags, pizza's ca. € 7, menu ca. € 26. Tussen Tropea en Santa Domenica gelegen plattelandsrestaurant.

Familiair – **Pensione Bar Trattoria The Bridge** **5**: Via Stazione, mob. 34 02 71 21 18, hele jaar ma.-za., 's zomers 's middags en 's avonds, 's winters alleen 's middags ('s avonds op reservering), menu ca. € 15. Gianni en Teresa koken in een gezellige sfeer volgens de lokale keuken. Ook kamerverhuur (B & B € 20 per persoon, halfpension € 40-50 per persoon).

Winkelen

Keramiek – **La Giara** `1`: Keramiekwinkel en -werkplaats beneden aan de Corso Vittorio Emanuele.
Boeken – **La Libreria** `2`: Via Indipendenza 12. Kleine, zeer goed gesorteerde boekhandel, ook Duitse/Engelse titels.
Markt – ma.-za., 's ochtends `3`.

Actief

Watersport en MTB – **Moonlight, zeilschool, bootservice en mountainbikecentrum** `1`: Thomas en Myriam Hofmeister, 89866 Ricadi, Villaggio Baia del Sole, Contrada Torre Ruffa (zie kaart blz. 224), mob. 34 98 11 40 54 of 32 90 26 86 38, www.velamoonlight. com, www.bike-calabria.com. Windsurfen, catamaranzeilen, verhuur en reparatie van mountainbikes, op verzoek ook begeleiding en transportservice in de omgeving van Tropea mogelijk. Dagelijks excursieprogramma.
Duiken – **Diving Center** `2`: Porto di Tropea, vissershaven, tel. 34 78 31 74 37, www.tropeasub.it. Duikschool, hele jaar cursussen en begeleiding.
Zeilen – **Charter Salato** `3`: Mario

Jachthaven van Tropea

De haven van Tropea biedt plaats aan 629 boten, waaronder enkele plekken voor schepen tot 50 m. In het amfitheater vinden 's zomers diverse evenementen plaats, tel. 096 36 15 48.

La Torre, C. da Torretta, tel. 096 36 23 72, mob. 34 78 66 57 52, www.chartersalato.it. Zeiltochten van 1 week naar de Eolische Eilanden, dag- en weekendtochten langs de kust met een zeilboot.
Taalreizen naar Tropea – **Studio Italiano** `4`, Via Vittorio Veneto 43, tel. 09 63 60 72 48, mob. 32 83 19 44 82, www.studioitaliano.it; **Piccola Università Italiana** `5`: Largo Antonio Pandullo 5, tel. 09 63 60 32 84, mob. 34 95 84 41 14, www.piccolauniversitaitaliana.com; in Santa Domenica di Ricadi (vlak bij Tropea, zie de kaart blz. 224); **Taalschool Conte Ruggiero**, Via Provinciale snc 89865 Santa Domenica di Ricadi, tel. 09 63 66 96 74 (Italiaans), of mob. 34 03 62 14 08 (Italiaans, Engels, Duits), www.viverelalingua.com

Uitgaan

Discotheken zijn er in Santa Domenica en Capo Vaticano (juli/aug.).
Toneel en muziek – **Laboart** `1`: Via Garibaldi, Centro Storico. Sinds 2010 bieden enkele jonge vrouwen hier cursussen aan. Interessant voor reizigers zijn de voorstellingen. Actuele informatie op www.laboartropea.it.
Cocktailbar – **Madison** `2`: Via Libertà 91/93, hele jaar. Populaire bar, gelegen aan de toegangsweg uit het zuiden, in het nieuwere deel van Tropea.

Info en evenementen

Toeristische informatie: Pro Loco, Piazza Ercole, 89861 Tropea, tel. 096 36 14 75, www.prolocotropea.eu.
Brochure Pronto Estate: jaarlijks met actuele informatie, ca. € 1 in de kiosk.
Valentour: Piazza Vittorio Veneto 17, 89861 Tropea, tel. 096 36 25 16, www.valentour.it. Reisbureau, hotelboekingen, excursies en boot- en treintickets.

MA & MA: Via Regina Margherita 26, 89861 Tropea, tel. 09 63 66 67 73, mob. 34 79 24 06 36, www.tropeaholiday.it. Reisbureau, boeken van hotels, boot-, trein- en vliegtickets, transfers en huurauto's.
Trein: dag. meerdere keren naar Pizzo, Lamezia, Rosarno en Reggio Calabria.
Bus: op werkdagen meerdere keren naar Parghelia, Briatico, Pizzo, Lamezia, Catanzaro en terug (Ferrovie della Calabria), 3 x per week van Tropea naar Rome (tel. 096 34 17 41, www.gencobus.it), stadsbussen in het seizoen, informatie bij de Pro Loco.
Taxi: Taxi Vincenzo Consiglio: hele jaar, ook naar vliegveld Lamezia (ca. € 65), Via Tondo, tel. 360 28 19 98.
Boot: minicruises van een dag naar de Liparische Eilanden (zie blz. 268) en de excursie *Stromboli by night* worden in de zomer door de reisbureaus Comerci Navigazione en Tropea Mar aangeboden. Verder biedt Tropea Mar een boottocht langs de kust naar Capo Vaticano of Zambrone aan. Corso V. Emanuele 12, tel. 09 63 60 30 47, mob. 34 04 70 34 79, www.tropeamar.it. Comerci Navigazione, Corso V. Emanuele 36, tel. 09 63 39 58 49, mob. 34 86 09 19 17, www.comerci.it.

Autoverhuur: Europcar bij reisbureau MA & MA (zie info).
Klassieke concerten: hele jaar, 1 x per maand in de Chiesa Michelizia.
Madonna di Romania: 27 maart, 9 sept.
Pasen: traditionele processie op Goede Vrijdag.
Tri da Cruci: 3 mei, oud volksfeest.
Madonna dell'Isola: 15 aug., zeeprocessie.
Internationaal bluesfestival: 5 dagen in sept., www.tropeablues.com.
Feest met markt in Brattirò: eind sept.

Een uitstapje naar Parghelia ▶ B 9

Zoals de oorsprong van de plaatsnaam Parghelia (Grieks: *paralia* = strand) al doet vermoeden, vormt de kust met zijn rotsen, kliffen en zandstranden de hoofdattractie. Vanaf **La Pizzuta** (bij het gelijknamige strand), een uit zee oprijzende rotsformatie, zou volgens een legende een slaaf rotsblokken op de voorbijvarende schepen hebben geworpen om ongewenste gasten op afstand te houden.

Grillige rotsblokken bij La Pizzuta – volgens de legende het werk van een slaaf

Alleen al om zijn prachtige kerktoren is de **Chiesa Santa Maria del Portosalvo** (aan de hoofdstraat richting de noordrand van het dorp) met haar barokaltaar uit de 18e eeuw een stop waard. Het schilderij van de Madonna van Portosalvo wordt door de inwoners van Parghelia zeer vereerd. Volgens een legende moet het schilderij uit de oriënt over zee hierheen gekomen zijn. Daarom danken de gelovigen de Madonna voor haar bescherming op zee, zoals diverse votieven in de sacristie bewijzen. De beschermheilige van het kleine voormalige vissersdorp is echter Sant'Andrea Apostolo, wiens kleurige houten borstbeeld in de gelijknamige kerk op de centrale *piazza* te zien is. Aan de zuidelijke ingang van het dorp herinnert een monument aan de vernietigende aardbeving van 1905, waarbij het dorp geheel verwoest werd.

Briatico ▶ C 9

Circa 15 km verder naar het noordoosten ligt het 4000 inwoners tellende vissersdorp en vakantieplaatsje Briatico. Direct aan het strand staan de schamele resten van de voormalige **kustwachttoren La Rocchetta** uit de 16e eeuw. Ten noorden van de Punta Safò nodigen de achter een groenstrook gelegen, brede zandstranden van **Scrugli** en **San Giorgio** uit tot relaxen en zwemmen.

Strandwandeling

april-okt., afstand: 2,2 km (45 min.) per richting, eenvoudige wandeling, die u blootsvoets kunt maken.
Vanaf de ruïne van de Saracenentoren **La Rocchetta** loopt u door de noordwestelijk gelegen baai over zand- en fijn grindstrand. Achter het stuk strand strekt zich een groene, begroeide zone uit met cactussen, riet, oleanders en enkele palmen. Aan het eind van de

baai, bij **Punta Safò**, staat een bunker uit de Tweede Wereldoorlog. Slechts enkele passen verder komt u in een tweede weidse baai. Verderop langs de kust duikt Vibo Marina op met zijn industriegebied en havencomplexen en aan de noordkant ziet u Pizzo. Bij mooi weer kunt u zelfs de Golf van Sant'Eufemia en het kustgebergte van Paola herkennen. Rechts boven ligt daarentegen Vibo Valentia.

Over de vlakke kustzone, langs twee vakantiecomplexen, bereikt u het **zandstrand van Buccarelli**, dat aan de landzijde wordt begrensd door de spoorlijn. Voorbij de zeewering van grote rotsblokken kunt u nog een stukje verder, de begaanbare oever eindigt pas achter de kleine landtong.

Overnachten

Traditioneel – **Hotel Costa Azzurra:** Via Lungomare 1, tel. 09 63 39 10 62, www.hotelcostaazzurra.it, hele jaar, 2 pk ca. € 45-90, kamers met uitzicht op zee, in aug. € 10 toeslag. Aan de rand van het centrum, hotel boven zee, met lift, 30 kamers met balkon en airco.

Eten en drinken

Veelgeprezen – **Ristorante Approdo:** Vibo Marina, ca. 10 km ten oosten van Briatico, Via Roma 22, tel. 09 63 57 26 40, www.lapprodo.com, hele jaar 's middags en 's avonds, in de winter zo.-avond gesloten, menu vanaf € 55. Chique ambiance, visspecialiteiten.
Langs de weg – **Il Vascello:** Marina di Zambrone, ca. 6,5 km ten westen van Briatico, april-okt. dag. 's avonds, rest van het jaar vr.-zo., alleen 's avonds, menu ca. € 22. Bar, ristorante, pizzeria, terras, specialiteiten: salades en verse vis.

Info en evenementen

Informatie op internet: www.comune.briatico.vv.it, www.tropea.org.

Trein: meerdere keren per dag naar Lamezia en Rosarno.

Bus: op werkdagen meerdere keren retour naar Pizzo, Lamezia, Catanzaro en Tropea (Ferrovie della Calabria).

Boot: minicruises van 1 dag naar de Liparische Eilanden (zie blz. 268), de excursie *Stromboli by night* en een boottocht langs de kust van Pizzo naar Capo Vaticano wordt 's zomers aangeboden door Vibo Marina Comerci Navigazione: tel. 09 63 39 58 49, mob. 34 86 09 19 17, www.comerci.it. Ook minicruises naar de Liparische Eilanden en bootexcursies langs de kust (Zambrone-Capo Vaticano) bij Tropea Mar, Corso Vittorio Emanuele 12, Tropea, mob. 34 04 70 34 79, www.tropeamar.it.

San Francesco di Paola: 2 april, markt.

Infiorata di Potenzoni: bloementapijt en processie van de *Corpus domini* (sacramentsdag, 2e zo. na Pinksteren) in Potenzoni (Briatico). De straten en pleinen van het kleine dorp zijn versierd met kunstzinnige bloementapijten, waarbij de hele bevolking dagenlang meehelpt met het verzamelen van de bloemblaadjes.

Markt van de Immacolata: 1e vr. in juni en 3e vr. in sept.

Madonna del Carmine: 16 juli, met zeeprocessie.

Feest van de beschermheilige San Nicola di Bari: 6 dec.

Pizzo ▶ C 9

Centrum met het castello

kasteel: tel. 09 63 53 25 23, www.coop-kairos.it, hele jaar dagelijks 9-19 uur, juli en augustus langer open, toegang ca. € 2,50, kinderen tot 6 jaar gratis, 6-10 jaar € 1,50

De kleine middeleeuwse stad Pizzo is vooral door koning **Gioacchino van Napels**, de Fransman **Joachim Murat**, 'beroemd' geworden. In het door de Aragonezen gebouwde kasteel is de cel te bezichtigen, waarin de zwager van Napoleon tot zijn executie op 13 oktober 1815 opgesloten was.

Tegenwoordig heet Pizzo de bezoekers met zijn talrijke kleine winkels, bars en *gelaterias* (ijsspecialiteit: *tartufo*) hartelijk welkom. De vredeszuil op de ruim aangelegde **Piazza della Repubblica** geeft op een indrukwekkende manier uitdrukking aan haar goede bedoelingen en het schitterende panorama op de zuidkust verdrijft ten slotte alle duistere gedachten. De levendige en vriendelijke sfeer nodigt uit tot een wandeling door de steegjes en een bezoek aan de **Chiesa San Giorgio** met zijn barokfaçade.

Aan zee

Over de Corso Garibaldi komt u bij de **Chiesa San Rocco e San Francesco da Paola** (Via Marcello Salomone) aan het noordelijke eind van het *centro storico*. Achter de kerk, aan de andere kant van de hoofdweg, voert een pad omlaag naar de vroeger door vissers gebruikte baai van **Prangi**. Omdat de rotsen het in zee gaan bemoeilijken, is het hier heerlijk rustig en overheerst de natuur met zijn planten en dieren.

Een paar honderd meter verder naar het zuiden (toegang via een trap vanuit de binnenstad) bevindt zich de baai van **Seggiola** met een klein strand, dat te-

---

Le spiagge della Costa degli Dei

Het gelijknamige infoboekje (€ 5, uitgave 2010) beschrijft in het Italiaans en het Duits 85 stranden van Pizzo tot Nicotera. Verkrijgbaar bij boekwinkels en kiosken.

Competitie in middeleeuwse ambiance – jonge tafelvoetballers in Pizzo

genwoordig door de plaatselijke vissers gebruikt wordt. Als u de kust naar het zuiden volgt, komt u bij de **jachthaven,** het benedengelegen deel van Pizzo met allerlei restaurants en een *lungomare*. Over bochtige trappen en straten loopt u dan weer omhoog naar de burcht.

Chiesetta di Piedigrotta

2 km ten noorden van het centrum, gelegen aan de Strada Statale 522, boven het strand, 89812 Pizzo, www. chiesadipiedigrotta.it, hele jaar dag. 9-13, 15-18 uur, in juli en aug. langer open, entree ca. € 2,50, kinderen tot 6 jaar gratis, 6-10 jaar € 1,50

In het interieur van de bezienswaardige grotkerk hebben Angelo en Alfonso Barone aan het eind van de 19e eeuw figuren uit de rots gehouwen, die heiligen en scènes uit de bijbel voorstellen. In de jaren 60 van de vorige eeuw werden twee grote medaillons van John F. Kennedy en paus Johannes XXIII toegevoegd. De kerk moet zijn ontstaan na een scheepsramp. De in nood geraakte bemanning had nog aan boord van hun schip voor het beeld van de 'Madonna di Pompei' de gelofte afgelegd, wanneer ze gered zouden worden een heiligdom op te richten. Niet alleen de schipbreukelingen overleefden: het boven het altaar hangende beeld van de Napoliaanse beschermheilige moet volgens de overlevering het originele, op het strand aangespoelde beeld zijn. Eenmaal per jaar, op 2 juli, vindt hier een kerkdienst plaats. Na een bezoek aan de grotkerk kunt u heerlijk ontspannen op het naastgelegen zandstrand en een verfrissende duik nemen in zee.

Overnachten

Verfijnd en innovatief – **Piccolo Grand Hotel:** Via Leoluca Chiaravalloti 32, 89812 Pizzo, tel. 09 63 53 32 93, www. piccolograndhotel.com, april-okt. 2 pk met ontbijt € 138-158. Het Duitse architectenechtpaar Maden heeft in het centrum van Pizzo in een *palazzo* uit de 18e eeuw een klein juweeltje geschapen.
Aangenaam – **B & B Casa Armonia:** Via Armonia 9, tel. 09 63 53 33 37, mob. 33 93 74 37 31, www.casaarmonia.com,

hele jaar, kamers ca. € 40-60 (voor-/na-seizoen), ca. € 75 (hoofdseizoen). Midden in Pizzo, dicht bij het kasteel, ligt dit kleine, vriendelijke onderdak met een ontbijtterras met zeezicht.

Aan het meer – **Agriturismo Il Borgo sul Lago:** SP per Serra, Lago Angitola, tel. 09 63 25 36 63, www.ilborgosullago.it, hele jaar, halfpension € 40-55. Tegenover het natuurreservaat, huisdieren welkom.

Eten en drinken

Op de piazza – **Ristorante Le Castellane:** Piazza della Repubblica, tel. 09 63 53 25 51, hele jaar wo.-ma. 's middags en 's avonds, menu vanaf € 20, reserveren aanbevolen. Vriendelijk restaurant in het centrum, met een regionale keuken.
Familiair – **Ristorante Go:** Strada provinciale Sant'Onofrio, Ctrda. Mangano, mob. 33 58 17 33 79, dagelijks 's middags en 's avonds, in de zomer za.-ma. alleen 's avonds, menu ca. € 30. Familie De Paola biedt in een gerestaureerd landhuis een kwalitatief hoogstaande keuken. Speciaal aan te bevelen zijn de voorgerechten en de heerlijke *parmigiana* (gegratineerde aubergines).
Traditioneel – **Gelateria Enrico:** Loc. Marinella, Via Prangi. In een mooie tuin vlak aan zee kunt u o.a. zwarte of witte Tartufo krijgen.

Info en evenementen

Informatie op internet: www.dolcevitapizzo.co.uk (Engels, o.a. excursies), www.pizzo.biz.
Trein: vanaf station Pizzo (circa 1 km ten zuiden van het kasteel) meerdere keren per dag langs de Costa degli Dei via Tropea en Nicotera naar Lamezia. Vanaf station Vibo-Pizzo elk uur naar Reggio Calabria en Paola; directe ver-

bindingen met het noorden van Italië.
Bus: op werkdagen meerdere keren naar Tropea, Ricadi, treinstation Vibo-Pizzo, Mileto en Vibo Valentia (Ferrovie della Calabria).
Boot: 1-daagse minicruises naar de Liparische Eilanden, excursie *Stromboli by night* wordt 's zomers aangeboden door Vibo Marina Comerci Navigazione: tel. 09 63 39 58 49, mob. 34 86 09 19 17, www. comerci.it. Tropea Mar doet ook minicruises naar de Liparische Eilanden en bootexcursies langs de kust (Zambrone-Capo Vaticano), Tropea Mar, Corso V. Emanuele 12, Tropea, mob. 34 04 70 34 79, www.tropeamar.it.
Carnaval: gemaskerde optocht op zo.
Pasen: *Affruntata*, indrukwekkende processie op paaszondag (ontmoeting tussen de beelden van de Madonna Addolerata en de heilige Giovanni).
Feest van de beschermheilige San Giorgio: 23 april.
Sagra del Tartufo: aug.
Madonna delle Grazie: 8 sept.
Jaarmarkt: 1 nov.

Excursie Monterosso ▶ D 9

Het op terrassen gebouwde dorpje **Monterosso** geldt als de toegangspoort tot het Serragebergte. In de **parochiekerk** zijn een ciborium (drinkbeker) uit 1551 en enkele houten beelden uit de 13e eeuw te zien. De **Chiesa del Santissimo Rosario** uit de 19e eeuw bezit een schilderij van Tommaso Martini.

Museo della Civiltà Contadina e Artigiana

Via G. Marconi 82, tel. 09 63 32 50 02 (gemeentehuis), ma.-vr. 8-12, 16-18, za. 8-12 uur, gratis toegang
Het **Museum van Boerencultuur en Handnijverheid** in het Palazzo Aceti-Amoroso toont 3000 voorwerpen uit de boerencultuur en handnijverheid

en werd bij een wedstrijd van de Europese Raad als 'Europees museum' onderscheiden.

Oasi del Lago dell'Angitola ▶ D 9

tel. 09 63 77 28 25, www.parcodelle serre.it, ma.-vr. 7-16 uur, groeps-excursie op aanvraag bij Giuseppe Paolillo, mob. 33 94 49 41 37

Ten noorden van Pizzo ligt het in 1966 kunstmatig aangelegde stuwmeer Lago Angitola. U bereikt het natuurreservaat over de SS110, rijdt enkele kilometers langs het meer en parkeert uw auto bij de toegangspoort (nog voor de brug). Naast pijnbomen groeien in het vochtige natuurgebied olijfbomen, schietwilgen, zwarte elzen, lisdodden en riet, en verder komen er kurkeiken en de *macchia mediterranea* voor. In de door het Parco delle Serre beheerde natuurreservaat overwinteren o.a. aalscholvers, eenden en meerkoeten. Tijdens de vogeltrek zijn in het moerasgebied reigers, steltlopers en roofvogels te observeren. De fuut, het symbool van deze oase, is hier hele jaar te zien.

Vibo Valentia ▶ C 9

De hoofdstad van de gelijknamige provincie Vibo Valentia met 34.000 inwoners is niet alleen aantrekkelijk om te winkelen, maar ook voor een boeiende historische en kunsthistorische excursie. Gesticht werd ze in het begin van de 6e eeuw v.Chr. als Griekse kolonie **Hipponion**. Ze bezorgde samen met Medma (bij Nicotera) de Locriërs de controle over Centraal- en Zuid-Calabrië.

De stad draagt tegenwoordig weer haar Romeinse naam, Vibo Valentia, die herinnert aan de lange aanwezigheid

van de Romeinen. Maar meer dan zeven eeuwen droeg de stad echter de naam Monteleone: toen de Hohenstaufenkoning Frederik II haar in de 13e eeuw na de verwaarlozing door de Normandiërs (die de voorkeur gaven aan Mileto) weer tot nieuw leven wekte, doopte hij haar 'Leeuwenberg'. Pas sinds 1928 draagt ze weer haar Romeinse naam.

Griekse ruïnes

In de buurt van het huidige kerkhof zijn resten van de **antieke vestingmuur** 1 (Via delle Mura Greche) van Hipponion en fundamenten van enkele wachttorens te zien. Resten van de ooit ca. 7-8 km lange vestingwerken werden in 1920 door Paolo Orsi ontdekt.

Een andere opgraving in het **Parco delle Rimembranze** 2 (Via Piazza d'Armi) verwijst eveneens naar de bijna 2500-jarige bewoning van de plaats: de **Tempio di Proserpina** (Grieks: Persephone), die vernoemd werd naar de beschermheilige van Hipponion (6e eeuw v. Chr). Hier werden in de 11e eeuw marmeren blokken en zuilen verwijderd, om ze voor de bouw van de Normandische kathedraal van het naburige Mileto te gebruiken. In het park herinnert een monument aan **Giuseppe Garibaldi**, die de stad met zijn legendarische bevrijdingsveldtocht 'de mars van de 1000' in augustus 1860 bereikte.

Centro storico

Duomo en Valentianum (Museo d'Arte Sacra) 3

Piazza San Leoluca, Museum voor Sacrale Kunst: tel. 096 34 20 40, open op afspraak, gratis toegang

De **Duomo Santa Maria Maggiore**, naar de beschermheilige van de stad ook wel San Leoluca genoemd, werd ontworpen door de Vibonees Francesco Antonio Curatoli en aan het eind van de 17e/begin van de 18e eeuw gebouwd. Op deze plaats stond eerder een Byzantijnse basiliek, later een in de 13e eeuw herbouwde en door de aardbeving van 1638 verwoeste kerk. Indrukwekkend is de **bronzen toegangsdeur**, waar aan de binnenkant Giuseppe Niglia scènes uit de geschiedenis van Vibo heeft weergegeven.

Het interieur van de met veel stucwerk versierde barokke kathedraal herbergt de marmeren beeldengroep van de 'Madonna della Neve' en een marmeren triptychon, dat is geschapen door Antonello Gagini van 1524 tot 1534. De drie grote figuren, Maria Magdalena, de Madonna met het kind en de evangelist Johannes, stellen de 'gereinigde zielen' voor, wat het altaar de naam 'Altare delle anime purganti' gegeven heeft.

Naast heiligenfiguren als Ignazio Dellovola, Francesco di Paola, Rosalia Panormitana en Filippus Mierius is er ook een oude kerkklok te bewonderen. Tegen de dom aangebouwd ligt het **Valentianum**, een voormalig dominicanenklooster met een mooie kruisgang. Hier bevindt zich tevens het Museo d'Arte Sacra.

Van het domplein naar de Corso Vittorio Emanuele III

Onder de vele schatten van de stad speelt de **Chiesa del Rosario** 4 (Via Vittorio Veneto), als oudste kerk van de stad een belangrijke rol. Ze werd rond 1280 op de resten van een Grieks-Romeins theater opgericht en herbergt de kapel van Sirica-Crispo met het graf van de Anjou Domenico De Sirica (14e eeuw). De marmeren sarcofaag van de soldaat draagt de lelie van de Anjous.

Het park van de tegenovergelegen **Villa Comunale** 5 biedt gelegenheid tot een pauze in het schaduwrijke groen. Over de Viale Regina Margherita

komt u bij de Piazza XXIV Maggio. Hier hebt u uitzicht op de ondergelegen levendige stad. Slechts enkele meters verder bevindt zich aan de linker hand de **Chiesa Santa Maria degli Angeli** 6 (17e eeuw). Daarna komt u op de Piazza Garibaldi met mooie paleizen uit de 18e eeuw, waaronder de **Palazzi Murmuro** 7 en **Gagliardi** 8 en – ertegenover – **Palazzo Gagliardi-De Risa** 9.

Aan de **Piazza Diaz** bevindt zich naast de **Chiesa Santa Maria Gesù** 10 (16e eeuw) het toeristisch informatiebureau Pro Loco en een monument, gewijd aan de Vibonese patriot Michele Morelli. Beneden de Corso Umberto leiden de straten naar het moderne deel van de stad met de flaneerboulevard **Corso Vittorio Emanuele III**, waar het elke avond, vooral ter hoogte van de municipio, een drukte van belang is.

Centro Storico

Beneden de Arco Marzano voert de Via San Michele over oude kasseien naar de **Chiesa San Michele** 11 met een imposante klokkentoren uit de 16e eeuw. Bezienswaardig in het deels desolate *centro storico* zijn enkele oude adellijke paleizen met weelderig versierde portalen, ijzerwerk en smeedijzeren balkons. Slenterend door de kleine, smalle steegjes komt u bijvoorbeeld bij de **Palazzi Cordopatri** en **Romei** 12 (Via Francesco Cordopatri), **Capialbi** 13 (Via Ruggero il Normanno), **Marzano** 14 (Via Marzano) en bij de **Arco Marzano** 15. Deze boog en de **Porta e Torre del Conte d'Apice** 16 (beide eind 12e eeuw gebouwd) zijn de enige overgebleven stadspoorten van Vibo.

Castello en Museo archeologico 17

tel. 096 34 33 50, di.-zo. 9-19.30 uur, toegang € 2, tot 18 jaar € 1

Over de Via Capialbi loopt u omhoog

Vibo Valentia

naar de burcht, die in de 11e eeuw door de Normandische koning Rogier I werd opgericht. Frederik II van Hohenstaufen voegde er vier bolwerken aan toe, en ook Karel II van Anjou versterkte de vesting nogmaals. Tegenwoordig huisvest de burcht het **Museo archeologico statale Vito Capialbi**, dat is genoemd naar een archeoloog uit de 19e eeuw uit Vibo Valentia en talrijke vondsten uit de omgeving toont. Het museum is op de begane grond overigens ingericht met een tastparcours voor blinden, voorzien van informatie in braille.

In overzichtelijk gerangschikte zalen op de bovenste verdiepingen zijn o.a. talrijke getuigenissen van de **Kore**/**Persephonecultus** te bewonderen. De gelovigen vereerden de godin van de vruchtbaarheid in haar tempel met wijtabletten *(pinakes)*. Om plaats te maken voor nieuwe wijgiften, werden ze op regelmatige tijdstippen stuk gegooid en door nieuwe vervangen. De belangrijkste vondst van het museum is echter de **Laminetta Aurea**, een tekst van bladgoud uit het eind van de 5e eeuw v.Chr. Het is een van de weinige van dergelijke grafgiften, die aan de overledene werden meegegeven om de overgang naar het hiernamaals te vergemakkelijken.

Overnachten

Pure luxe – **Hotel 501** 1: Viale Bucciarelli, tel. 096 34 39 51, 096 34 45 60, www.501hotel.it, 2 pk met ontbijt ca. € 130, suite € 250. Comfortabele kamers met airco, safe, minibar, tv en internet. Met restaurant, congreszaal, bar, disco, buitenzwembad, lift en parkeerplaats.
Comfortabel – **Hotel Vecchia Vibo** 2: Via G. Murat, tel. 096 34 30 46, www. hotelvecchiavibo.com, 2 pk met ontbijt ca. € 100, halfpension ca. € 70 per persoon. Met restaurant, garage en lift en 20 stijlvolle en modern ingerichte kamers met tv, airco, telefoon en minibar.

Eten en drinken

Stijlvol – **Ristorante Pizzeria Vecchia Vibo** 1: Via G. Murat, tel. 096 34 30 46, www.hotelvecchiavibo.com, menu ca. € 25, pizza's alleen 's avonds. Regionale keuken in een gerenoveerde stal vlak bij het *centro storico*.
Geraffineerd – **Ristorante Frammiche** 2: Filandari, ca. 11 km ten zuidwesten van Vibo, Contrada Cerosa, aan de SS naar Mesiano, mob. 338 87 074 76, hele jaar di.-zo. 's avonds (juli-sept. di.-za.), reserveren aanbevolen, menu

ca. € 25. Uitstekende kwaliteit in een gerestaureerde boerderij.

Aperitief – **City-Bar** 3: P. Spogliatore, tel. 096 34 20 31, ma.-za., redelijke prijzen. *Pasticceria* en *gelateria* met een aangename, prettige sfeer en lekker gebak; 's avonds *pizzettine* (gebak).

Winkelen

Markt – iedere za. vindt er een **week-markt** bij de dom plaats, op de 1e zondag van oktober is er in het kader van het **Festa del Rosario** een grote markt in het centrum.

Marmerreliëf met de huldiging van Jezus in het Museo Statale di Mileto

Uitgaan

Het gaat er 's avonds rustig aan toe in de provinciehoofdstad. Trefpunt is de Corso en het plein bij het gemeentehuis. 's Zomers zijn er concerten op de pleinen van de stad.

Jong publiek – **Zodiaco Pub** 1: Via V. Veneto 74/76, tel. 096 34 27 60. Gezellig restaurant in het nieuwe stadsdeel.

Info en evenementen

Toeristische informatie: Pro Loco, Piazza Diaz 11, 89900 Vibo Valentia, tel. 096 34 53 00, www. prolocovibo valentia.it. Informatie over de stad en de provincie.

Trein: vanaf het intercitystation Vibo-Pizzo in Vibo Marina ieder uur naar Reggio Calabria en Lamezia.

Bus: op werkdagen meerdere keren per dag naar Soriano, Serra San Bruno, Pizzo, Vibo Marina en naar het station Vibo-Pizzo, ca. 8 km van de stad Vibo Valentia (Ferrovie della Calabria).

Carnaval: zo. optocht in Vibo Marina, di. in Vibo Valentia.

Feest van de beschermheilige San Leoluca: 1 maart.

Pasen: Goede Vrijdagprocessie 'Vare' (of 'Misteri') en processie 'Desolata' (een Madonnabeeld wordt door de straten gedragen en symboliseert de zoektocht van Maria naar het graf van Jezus); za. 23 uur, in de dom, 'Svelata' (paaswake en het luiden van de klok); zo.-middag processie 'Affruntata' (Maria ontmoet de opgestane Jezus).

Feest van S. Anna: 26 juli.

Zeeprocessie van de Madonna di Pompei: 3e zo. in aug., Vibo Marina.

Madonna del Rosario: 1e zo. in okt.

Santa Lucia: 13 dec.

Kerststal: in Palazzo Gagliardi de Riso vanaf de adventsperiode tot begin jan.

Excursie naar Mileto ▶ D 9

Ca. 10 km ten zuiden van Vibo Valentia (bereikbaar over de SS18) ligt de Normandische plaats **Mileto** met ongeveer 7000 inwoners. Na de verovering van Calabrië maakte de jongste van de Normandische broers, Rogier I het tot zijn belangrijkste verblijfplaats in Zuid-Italië. In Mileto liet hij de abdijkerk Ss. Trinità, diverse *palazzi* en een munthuis oprichten. In het kader van de door hem bewerkstelligde latinisering schiep hij hier in 1073 het eerste bisdom volgens de Latijnse eredienst in heel Zuid-Italië, want op dat moment domineerde de Grieks-Byzantijnse ritus. Hij schonk ook land in de Serre aan Bruno van Keulen, om daar een rooms-katholiek klooster op te richten. Maar Rogier was geenszins intolerant, en zo werden onder zijn heerschappij tevens diverse basilianenkloosters gesticht, waarin de Griekse ritus werd gevierd.

Van de vroegere nederzetting Mileto zijn slechts enkele ruïnes overgebleven (ca. 2 km richting S. Giovanni), want de aardbeving van 1783 verwoestte hier bijna alles.

Cattedrale San Nicola

Via Episcopio
In het nieuw aangelegde centrum staat de **nieuwe kathedraal**, die u bij het binnenrijden over de Corso Umberto I bereikt. De na de aardbeving van 1908 herbouwde kerk in romaans-Lombardische stijl werd in 1930 ingewijd. In het linker kerkschip bevindt zich een schilderij dat de 'communie van San Luigi' voorstelt. Het plafond van het presbyterium wordt getooid door een ander schilderij: 'Assunzione' (Hemelvaart). Beide werken stammen van de dove schilder Giuseppe Naso uit Tropea (19e eeuw). In het rechter kerkschip staat een marmeren beeld van San Nicola di Bari (16e eeuw).

Museo Statale di Mileto

Via Episcopio, tel. 09 63 33 80 15 (gemeente), di.-zo. 10-18 uur, gratis
Rechts naast de kerk ligt het bisschoppelijk paleis met het **Museo Statale di Mileto,** verdeeld over twee verdiepingen. Onder de gevonden voorwerpen bevinden zich fragmenten van de sarcofaag van Eremburga, de tweede vrouw van Rogier, en delen van zuilen met Byzantijnse inscripties (10e/11e eeuw), die getuigen van de Byzantijns-Griekse ritus in Mileto voor en tijdens de Normandische tijd. In de 2e zaal op de begane grond bevindt zich een vrijwel intact romaans kapiteel uit de oude abdij van Ss. Trinità (11e/12e eeuw). Aan de voorkant ziet u een leeuwin, die een dier doodt (een teken van kracht), aan de achterzijde bevinden zich bloemenornamenten met vogels en aan de zijkanten telkens een dierenkop. Op de bovenste verdieping zijn werken van de meester van Mileto te zien, een beeldhouwer, wiens naam onbekend is, maar aan wie diverse werken worden toegeschreven (o.a. in Santa Maria di Tropea en in de dom van Nicotera). Daartoe behoren twee sarcofagen van de adellijke familie Sanseverino (13e eeuw). Te zien zijn ook kerkgewaden uit de 18e en 19e eeuw en zilveren liturgisch gerei.

Soriano ▶ D 10

De rit over de SS182 naar Soriano voert langs olijf- en fruitbomen, eucalyptus, brem, riet en eiken. Over een bochtige weg koerst de reiziger vanuit het westen op de berghelling af, waartegen het stadje is gelegen, dat waarschijnlijk is ontstaan als een Normandische nederzetting. Beneden strekt zich een bedrijvig modern stadsdeel uit, op de helling domineren de ruïnes van de kerk en van het klooster San Domenico. Het is aan te raden richting *centro* te rijden en voor het **Palazzo Municipale** in de Via Gramsci te parkeren. Soriano beschikt over een lange traditie van handnijverheid: al onder de dominicaanse paters werd aardewerk vervaardigd, waarmee intensief handel werd gedreven. Ook de houtsnijkunst stamt uit deze traditie. Tegenwoordig worden steeds meer voorwerpen van hout en gevlochten riet vervaardigd. Ver buiten de stad als culinaire delicatesse bekend en overal op de markten in de regio te verkrijgen zijn de *mostaccioli*, een volgens oud Grieks recept bereid honinggebak in de vorm van hartjes, paarden en barokachtige versieringen, wat verwijst naar een oude magisch-religieuze betekenis (zie rechts).

Convento San Domenico (Palazzo Municipale, bibliotheek, museum)

Via San Domenico 2, tel. 09 63 35 10 02, di.-zo. van 9-12, 15-19 uur, tot de opening van het nieuwe, in aanbouw zijnde museum; gratis toegang

Door het portaal van het gemeentehuis komt u in de binnenhof van het convent, dat met zijn oude kruisgang en de intacte muren de wereld buiten doet vergeten. In het begin van de 16e eeuw richtte men het klooster op naar het voorbeeld van het Spaanse Escorial – hoewel het niet dergelijke afmetingen had. Het ontwikkelde zich onder de dominicanen tot een van de actiefste centra van cultuur en religie van het zuiden. Ook Tommaso Campanella en keizer Karel V verbleven hier. De aardbevingen van 1659 en 1783 overleefde alleen het onderste deel van de barokfaçade. De nieuwe **Chiesa San Domenico** werd in de 19e eeuw opgericht. In het klooster zijn een waardevolle bibliotheek en het **Museo dei Marmi** te zien. Tentoongesteld zijn meer dan 200 marmeren beelden (barok) uit de 17e/18e eeuw, waaronder de San Domenico voorstellende marmeren buste van Giuliano Finelli, een leerling van Bernini.

Winkelen

Mostaccioli – **Dolciaria Monardo:** Via I Maggio, tel. 09 63 35 11 07, www.dolciariamonardo.it, ma.-vr. 8-12, 15-19, za. 8-12 uur. Hier vindt u de *mostaccioli*, volgens oude traditie bereid honinggebak.

Serra San Bruno ▶ D 10

Omgeven door een schitterend loof- en naaldbos, ligt op circa 800 m hoogte midden in de Serre het bekende stadje Serra San Bruno met ca. 6000 inwoners. De stichter van de kartuizer orde, Bruno van Keulen, stichtte hier in 1091 de **Certosa Santa Maria del Bosco** (zie blz. 240). Het gebied, dat tot aan Stilo reikte, was hem door de Normandische koning Rogier I geschonken. De stad heeft zich in de loop der eeuwen in de buurt van het heiligdom ontwikkeld.

Veel huizen met kunstzinnige portalen en smeedijzeren balkons getuigen van de handnijverheidstraditie, die terugvoert op de kartuizers en door de ijzerwinning in het dal van de Stilaro begunstigd werd. Niet toevallig toont het stadswapen een boom, zaag, hamer en aambeeld. Een bezoek waard is de barokke **Chiesa Addolorata.** In het uitbundig vormgegeven interieur zijn een prachtig hoofdaltaar met een ciborium met mozaïeken en kunstwerken uit de voormalige kartuis te zien. In **San Biagio** bevinden zich de door David Müller voor de kartuis geschapen marmeren beelden van de heiligen Bruno, Stephanus, Johannes de Doper en de Madonna.

Wandeling Sentiero Frassati

informatie: Pro Loco Serra San Bruno, Villa Vittoria in Mongiana,

www.sentierifrassati.org/calabria.
Startpunt: Certosa in Serra San
Bruno of Villa Vittoria in Mongiana;
middelzwaar; hoogteverschil: 480 m
stijgen en dalen; totale duur 7 uur
De wandelroute **Sentiero Frassati** met
een totale lengte van 20 km is in negen
etappes onderverdeeld. Van de Certosa
in Serra San Bruno via Santa Maria del
Bosco naar Villa Vittoria in Mongiana,
langs de ruïnes van de ijzergieterij,
naar de beek de Allaro met zijn oude
watermolen en terug naar Certosa.
Natuurlijk kunt u deze wandelroute
ook in enkele delen afleggen – geheel
naar eigen inzicht.

Overnachten

Elegant – **Hotel Conte Ruggero:**
Piazza Ten. Bruno Pisani 1, direct aan
de Corso, tel. 096 37 20 59, www.hotel
bandbconteruggero.com, hele jaar, 2 pk
met ontbijt ca. € 60-70. Comfortabel
B & B in een *palazzo* uit de 19e eeuw, kamers met minibar, tv, telefoon en wifi.
Ruisende bomen – **Agriturismo
Fondo dei Baroni:** Loc. La Chiusa, tel.
096 37 17 06, www.fondodeibaroni.it,
hele jaar, 2 pk met ontbijt vanaf € 40. Afgelegen landbouwbedrijf met kamers
en appartementen, voornamelijk in
houten bungalows. Met cultureel aanbod, trekking, klimpark. **Restaurant**
op reservering, di.-zo. lokale keuken in
een mooie ambiance; tip: paddenstoelengerechten (vanaf € 20).

Eten en drinken

Geraffineerd – **Agriturismo Cascina
del Monastero:** C. da Certosa, tel. 33
81 49 25 84, hele jaar 's middags en
's avonds, in de winter di.-zo., menu ca.
€ 25. Vlak bij Certosa, *agriturismo* in een
gerestaureerde stal. Calabrische keuken

met een vleugje raffinement. Aanbevolen: *antipasti* en gerechten met paddenstoelen. Ruime keuze aan Calabrische
en Italiaanse wijnen.
Plattelandskeuken – **Bar Ristorante
Delle Serre:** Via G.M. Pisani 9 (de weg
naar Certosa), tel. 096 37 05 00, hele jaar
's middags en 's avonds (in de winter
wo.-ma.), in het weekend ook pizzeria,
menu vanaf € 16. Ook paddenstoelen.

Winkelen

Delicatessen – **Serfunghi di Calabretta
Bruno:** Via G. M. Pisani 9, tel. 096 37 05
00, www.serfunghi.com, hele jaar dag.
8.30-13, 14.30-19.30 uur. Direct naast
restaurant Delle Serre aan de weg naar
Certosa ligt deze winkel met zelfgemaakte paddenstoelenspecialiteiten
en Calabrische delicatessen.

Actief

Klimpark – **Parco Avventura Adrenalina Verde:** Contrada La Chiusa,
89822 Serra San Bruno, mob. 34 67 87
93 94, www.adrenalinaverde.it, eind
maart-juni za., zo., feestdagen, juli-
half sept. dagelijks, half sept.-begin
nov. op zon- en feestdagen 9.30 uur tot
2 uur voor zonsondergang, andere tijden op afspraak, vrije toegang tot het
park, voor activiteiten moet telkens
worden betaald. Klimparcours met verschillende moeilijkheidsgraden, *tubing*
(vanaf 3 jaar) en *zorbing* (vanaf 9 jaar).

Info en evenementen

Informatie op internet: www.comune.
serrasanbruno.vv.it.
Bus: op werkdagen naar Vibo Valentia, Pizzo, Monterosso, Brognatura,
Catanzaro, Soverato, ▷ blz. 243

Spiritualiteit in de Serre – in het spoor van de heilige Bruno

Bruno van Keulen, op wie de kartui-zer orde terugvoert, stichtte aan het eind van de 11e eeuw in de afgelegen-heid van de Serre het klooster van Certosa. Het klooster zelf kan niet worden bezichtigd, maar wel de eer-ste cultusplaats en een didactisch mooi vormgegeven museum (dat zich nog in aanbouw bevindt).

Kaart: ▶ D 10

Informatie: dag. 10-13, 15-18 uur, nov.-maart ma. gesl., rondleidingen in het Engels/Duits op aanvraag, tel. 096 37 06 08, www.certosini.info, www.museocertosa.org, entree ca. € 3
Startpunt: Santa Maria del Bosco (bij Serra San Bruno), borden 'Certosa' vol-gen, dan de weg over de Certosa tot aan de S. Maria rijden

Santa Maria del Bosco

Midden in het bos richtte de heilige Bruno van Keulen op een stuk grond, dat hem was geschonken door de Nor-mandische koning Rogier I, de Certosa Santa Maria del Bosco op. Op deze belangrijkste plaats van de kartuizers in Italië staat tegenwoordig de Chiesa **Santa Maria del Bosco** uit de 19e eeuw. Aan de overkant ziet u het dormitorium, een imitatie van de grot, waarin Bruno uitgerust en gebeden moet hebben en waar hij in 1101 werd begraven. Later zette men zijn gebeente, samen met dat van zijn opvolger Lanunino, bij in de Chiesa Santa Maria del Bosco. Aan de voet van de met gras begroeide trap bevindt zich verder het Laghetto met een granieten standbeeld van de biddende Bruno. De heilige schijnt hier in het water te zijn gegaan om boete te doen (zie foto links).

Certosa di Serra San Bruno

Enkele jaren later werd op 2 km afstand het klooster Santo Stefano gesticht. Het is aan te raden uw auto bij de Chiesa Santa Maria del Bosco te laten staan en het parallel aan de weg verlopende, gemarkeerde pad te voet af te leggen naar het 2 km verder gelegen klooster.

Van het vroegere klooster zijn alleen nog enkele muren bewaard gebleven, want de verwoestende aardbeving van 1783 vernietigde het complex vrijwel geheel. Overgebleven zijn slechts de voorzijde, een deel van de muur met arcaden en resten van de kruisgang. Deze ruïnes liggen op het terrein van de huidige **Certosa di Serra San Bruno**, die rond 1900 in neogotische stijl gebouwd werd – een uitgestrekt complex met ronde hoektorens en een kapel. Omdat de kartuizers in strenge clausuur leven, is de kartuis niet te bezichtigen. Op het terrein bevindt zich echter een interessant museum, dat de bezoeker een goede indruk geeft van het leven van de kartuizers.

Museo della Certosa

In de toegangshal van het **museum** is links een expositie over het leven van de heilige Bruno ingericht. Bruno, zeer

waarschijnlijk rond het jaar 1030 in Keulen geboren, studeerde filosofie en theologie in de kloosterschool van de dom te Reims. Op zoek naar stilte en afzondering vroeg hij samen met zijn geloofsbroeders de bisschop van Grenoble toestemming een eigen klooster te mogen stichten – zo ontstond in 1084 het moederklooster van de kartuizer orde La Chartreuse in de Franse Voor-Alpen. Zes jaar lang leefde Bruno in afzondering: leven en bidden in stilte en eenzaamheid – ook nu nog de grondregel van de geloofsbroeders. In 1090 werd hij door paus Urbanus II, een van zijn vroegere leerlingen, als adviseur naar Rome geroepen. Maar Bruno zocht verder naar een leven in dienst van God, en trok zich daarom slechts een jaar later terug in de afgelegenheid van de Serre.

Cellenmonniken en broeders

In de volgende zaal van het museum bevindt zich een driedimensionale maquette van de kartuis. Te herkennen is ook de grote kruisgang waaraan zich ook de cellen van de zogenaamde cellenmonniken bevinden. Want de monniken kan men onderverdelen in cellenmonniken en broeders. De eersten zijn priesters en novicen. Ze brengen het grootste deel van hun tijd door in hun cel en bijbehorende tuin, waar ze zich wijden aan gebed, de schriftle-

zing en handarbeid (hout zagen, tuinieren enz.). Ze verlaten de cellen alleen voor de mis. De broeders daarentegen brengen meer tijd buiten hun cel door, om belangrijke bezigheden uit te voeren, die van belang zijn voor de instandhouding van de kloostergemeenschap, zoals wassen, koken, bosarbeid enz. Ook zij leven in stilte en werken alleen.

Een leven van gebed

In de aansluitende zaal kunt u de liturgische momenten van de orde beleven aan de hand van een diashow en gregoriaanse gezangen van de kartuizers. In afwijking van de katholieke liturgie overheersen eenvoud en soberheid de mis: zware gregoriaanse koralen, geen muziekinstrumenten en talrijke momenten van stilte.

Ook een cel, waarin de monnik in eenzaamheid leeft, bidt, (vegetarisch) eet en werkt, kunt u bekijken. In tegenstelling tot de benaming zijn de cellen ruime appartementen met twee verdiepingen met uitzicht en toegang tot de tuin. De cellen van de broeders zijn iets kleiner, omdat ze er immers minder tijd doorbrengen. De kartuizer orde moet worden gezien als contemplatieve gebedsorde. Doel van het bestaan is voortdurend in contemplatie met God te zijn, waarmee het leven zelf als een groot gebed wordt gezien.

De lange weg

In de overige ruimtes van het museum worden de stadia weergegeven die de *novice* (niet jonger dan 20, niet ouder dan 45 jaar) doorloopt, die opgenomen wil worden in de kartuizer familie: het postulaat (tussen drie en twaalf maanden), gevolgd door de bevraging van de kandidaat en een stemming daarover door de monniken. Als alles positief verloopt en de novice zijn wens bevestigt, begint het noviciaat (de proeftijd). Op deze dag laat de novice zijn hoofd kaal scheren – een teken van overgave aan de Heer. Twee jaar later kan hij zijn tijdelijke gelofte afleggen, die hij na drie jaar opnieuw moet doen. En weer twee jaar later, inmiddels zeven jaar in het klooster, kan hij pas de feestelijke professie (de kloostergelofte) afleggen en wordt hij definitief in de kartuizer familie opgenomen.

Gemeenschap van kluizenaars

Hoewel de monnik de meeste tijd alleen doorbrengt, zijn er ook gemeenschappelijke momenten, zoals in het achterste deel van het museum is te zien. Zo komen de monniken drie keer per dag samen, om de mis te vieren ('s morgens en 's avonds en 's nachts een twee tot drie uur lange nachtmis). Hoogtepunt vormt de avondmaaltijd, die echter alleen op zon- en feestdagen door allen gezamenlijk gehouden wordt. Verder wordt de mis door één celebrant opgedragen, die in stilte het hoofdgebed bidt. De anderen nemen met gregoriaanse gezangen hieraan deel.

Andere missen worden door de monniken in hun cel opgedragen – ieder voor zich. In de kartuis zijn geen radio en televisie. De prior stelt zijn geloofsbroeders in kennis over de gebeurtenissen in de wereld. Tijdens het gezamenlijke eten op zondag wordt niet gesproken. Slechts een keer per week onderbreken de monniken hun strenge clausuur en gaan drie tot vier uur wandelen en spreken ze met elkaar.

De kartuizer orde tegenwoordig

Bruno werd in de 16e eeuw door paus Leo X heilig verklaard. Sindsdien is 6 oktober, Bruno's sterfdag, een feestdag. Ook nu nog zoeken gelovigen in een contemplatief leven de vereniging met God. De kartuizer orde bezit wereldwijd nog 25 kartuizen, waaronder ook vijf vrouwenordes.

Mongiana en Soriano (Ferrovie della Calabria).

Feest van de beschermheilige San Biagio: 3 feb.

Pinksteren: op tweede pinksterdag worden in een processie de relikwieën en het standbeeld van de heilige Bruno van de huidige kartuis naar Certosa Santa Maria del Bosco gedragen.

Madonna dell'Assunta: 14-15 aug.

San Rocco: 16 aug.

Serraestate: half juli-half sept., muziek, theater en *sagre*, www.comune.serrasanbruno.vv.it.

S. Maria Ss. dei Sette Dolori: 3e zo. in sept.

Feest van de heilige Bruno: 6 okt., met processie vanaf Certosa naar de moederkerk San Biagio.

Mongiana ▶ D 10

Het ruim 800 zielen tellende dorp Mongiana in het hart van de Serre is in de 18e eeuw rond de ijzerfabrieken ontstaan, die de Bourbonvorst Ferdinand liet bouwen. De producten dienden zowel voor civiele als militaire doelen. Binnen een eeuw groeide Mongiana uit tot een belangrijk centrum voor de ijzerproductie en -verwerking. Daartoe behoorde ook de ijzergieterij in **Ferdinandea**, ca. 13 km verder naar het zuiden (tegenwoordig vervallen).

Als brandstof werd het hout van het bosrijke gebied in kolenmeilers tot houtskool omgezet. Dit moeizame, vaak 30 dagen durende procédé wordt ook nu nog in de Serre door enkele families beoefend. In de bloeitijd waren alleen al in Mongiana 200 kolenbranders werkzaam. Het ijzer voor de wapenfabriek in Mongiana kwam uit de mijnen van Stilo en Pazzano.

Het **bos van Mongiana** met zijn dichte boombestanden is een geliefd excursiedoel in de hete zomer en in de paddenstoelentijd in de herfst. De sfeervolle plek en een meertje nodigen uit tot een picknick in de schaduw.

Relicten van de ijzerproductie

In het centrum staat aan de Piazza Regina de toegangspoort van de voormalige wapensmederij met twee machtige gietijzeren Dorische zuilen. Binnen is een tentoonstelling van wapens en gebruiksvoorwerpen te zien. Van daar loopt u links de weg omlaag naar de ruïnes van de ijzergieterij.

Parco Villa Vittoria

Via Roma 30, tel. 09 63 31 10 22/33, dag. 7-19 uur, gratis toegang

Het park **Villa Vittoria** bevindt zich in het ca. 260 ha grote natuurreservaat Cropani-Micone. Het is opengesteld aan de bezoekers voor wandelingen en dient tevens als informatiecentrum. De **botanische tuin** met **wildpark** (herten, reeën, wilde zwijnen, pauwen, fazanten) is een geliefd doel voor natuurvrienden. Hier zijn diverse leerpaden op het gebied van geologie, botanie, fauna en bevindt zich de *sentiero delle piante officinali* (het pad van de geneeskrachtige planten).

Oostelijke Serre

Van Mongiana rijdt u terug op de SP9 richting Monserace, die met veel bochten omlaag slingert door het Bosco di Stilo naar het dal van de Stilaro.

Santuario Sta. Maria della Stella

Ca. 5 km boven Pazzano, op 682 m hoogte, mei-sept. dag. 9.30-13, 15-20, rest v/h jaar za. en zo. 15-18 uur; Voor kerkdiensten en onderdak zie: www.santuariomontestella.it

De kleine bedevaartskerk bevindt zich in een grot, waar vroeger erediensten werden gehouden door Griekse monniken, die op de Monte Stella leefden.

Neem een frisse duik in het natuurlijke bassin aan de voet van de Cascata del Marmarico

Daarvan getuigen de in de grot aanwezige fresco's. Het altaar bevindt zich ca. 50 m onder de ingang, waarnaar u via een steile trap afdaalt. Te zien is een marmeren beeld van de Maagd uit 1562.

Bivongi ▶ E 10

Het dorpje op de helling van de Monte Consolino behoorde tot het gebied, dat Rogier I aan de heilige Bruno schonk voor de stichting van een kloosterorde. De plaats viel zeven eeuwen lang onder het gezag van de Certosa in Serra San Bruno. Om het gebied beter te kunnen controleren, richtten de kartuizers in de 11e eeuw het klooster SS. Apostoli op. De geloofsgenoten bleven hier tot 1807, toen ze door de soldaten van Napoleon werden verdreven. Maar het gebied werd al veel eerder door basilianen bewoond, die hier in grotten en in enkele kloosters leefden. Men noemde het gebied ook wel de 'heilige grond van het basilianisme' in Calabrië.

San Giovanni Tereste

www.vallebizantina.it, dagelijks van 8 uur tot zonsondergang

Uit deze tijd getuigt nog de Basilica San Giovanni Tereste (of Vecchio) ten noordoosten van Bivongi (op de weg naar Bivongi rijdt u links 3 km omhoog). De Basilica is een juweeltje van de Normandisch-Byzantijnse bouwkunst uit de 12e eeuw. Haar naam verwijst naar de heilige Johannes Theristes ('de maaier'), die in de tweede helft van de 11e eeuw in het klooster leefde (tegenwoordig een ruïne). Zijn bijnaam kreeg hij, omdat hij volgens een legende in zeer korte tijd een weiland wist te maaien. In het basiliaanse tijdperk was het klooster met zijn grote bibliotheek het belangrijkste van Zuid-Italië. De monniken werden in de 17e eeuw door de briganten verdreven en verhuisden naar het klooster San Giovanni Nuovo (Theristis) in Stilo. In 1994 keerden monniken van de berg Athos in Griekenland naar het klooster San Giovanni Theristis terug en stelden de oude kerkdienst weer in. Sinds 2008 bidden en werken hier monniken uit Roemenië. Er wordt o.a. het Grieks-orthodoxe paasfeest gevierd, dat meestal na de katholieke feestweek plaatsvindt.

Wandeling door het dorp

Het dorp kan niet met het pittoreskere Stilo concurreren, maar is ook zeker een bezoek waard. Hier werd tot in de jaren 50 van de vorige eeuw ijzer, koper, molybdeen en limoniet gewonnen, bewerkt en vervolgens in de ijzergieterijen van Mongiana en Ferdinandea verwerkt. Overblijfselen van de mijnbouw zijn de oude mijn van **Noceto** en de watermolens langs de Stilaro. U kunt een excursie met gids maken naar deze plaatsen (zie 'industriële archeologie' blz. 246).

In het dorp maakt de **GOEL-coöperatie CO.R.A.S.** sinds 1992 met de hand vervaardigd borduurwerk, maar ook machinaal bewerkte T-shirts, tafellakens, handdoeken, lakens, dekens enz. (GOEL, zie blz. 73).

Museo Arte Contemporanea

Via Enrico Fermi 10, www.aminterna tional.it, tel. 09 64 73 47 05, di.-za. 10-18 uur, toegang € 5

Kunstliefhebbers wordt een uitstapje aanbevolen naar het **Museum voor Hedendaagse Kunst** (AM International) aan de rand van het dorp (richting Pazzano). Hier worden werken van hedendaagse schilders en beeldhouwers tentoongesteld.

Cascata del Marmarico

Ca. 10 km buiten Bivongi

De weg naar de **waterval van Marma-rico** is lastig te berijden en kan slechts deels met de auto worden afgelegd. Het uitstapje is daarom 's zomers meer geschikt als wandeling (stevige schoenen vereist!). De *torrente* (bergbeek) van Stilaro kronkelt door het bos van Stilo

en stort zich ten slotte vanaf ca. 100 m hoogte in het dal. Aan de voet van de waterval ligt een koel en helder, natuurlijk waterbassin, waarin u een frisse duik kunt nemen. Langs de Stilaro stuit u op twee oude waterkrachtcentrales en het gebouw van de voormalige thermen **Bagni di Guida**, waarvan de zwavelhoudende bronnen tot het midden van de vorige eeuw bezoekers trokken.

Eten en drinken

Origineel – **Ristorante La Vecchia Miniera:** 2 km buiten Bivongi, aan de weg langs de Stilaro, Contrada Perrocalli-Lavaria, tel. 09 64 73 18 69, mob. 33 85 76 12 50, di.-zo. 's middags en 's avonds (in de winter 's avonds alleen met reservering), menu ca. € 25. Trattoria met 'bergkeuken' in een voormalige ijzergieterij. Boven het terras werden ooit met een kabelbaan de mineralen naar de wasserij getransporteerd. Aan te raden: de *antipasti* en de lekkere, zelfgemaakte *maccarruni di casa*.

Winkelen

Wijn – **Cantine Murace,** Viale Matteotti, tel. 09 64 73 11 20, mob. 32 91 81 20 72, www.muracevini.it. Bivongi is een bekend DOC-wijnbouwgebied (witte, rosé- en rode wijnen).

Kunstzinnig textiel – **CO.R.A.S.:** Via Cesare Battisti 6, tel. 09 64 73 18 41, mob. 34 93 03 49 83, coras@hotmail.it.

Actief

Excursies – **Theristis International:** Bivongi, mob. 39 14 10 36 13, www.valle bizantina.it. De vereniging organiseert excursies en wandelingen (ook in het Engels).

Info en evenementen

Informatie op internet: www.valle
bizantina.it.
Bus: op werkdagen naar o.a. Riace, Stilo,
Locri en Reggio Calabria (Federico).
**Feest van de beschermheilige Maria
Ss. Mamma Nostra:** 5 feb., 2e zo. in sept.
Orthodox feest van S. Giovanni: 24 feb.
Pasen: eerst een katholieke, vlak daarna
een orthodoxe dienst.
**Feest van de beschermheilige San
Giovanni Battista:** 24 juni.
Mercato della Badia: aug., traditionele
markt.
Sagra del vino: 13 aug.
Madonna dell'Assunta: 15 aug.
Feest van San Martino (Sint-Maarten):
11 nov., met proeverij van nieuwe wijn.

Stilo ▶ E 10

De oorsprong van de stichting van de
stad en haar naam zijn tot op heden
niet opgehelderd. Men vermoedt dat de
inwoners van Caulonia, de Griekse kolonie aan de Ionische Zee (tegenwoordig Monasterace Marina), zich in de 3e

Industriële archeologie

De Associazione Calabrese Archeolo-
gica Industriale geeft in het **Palazzo
San Giovanni** een overzicht van de
mijnbouw en de **ijzerproductie** in
het dal van Stilaro, ooit een van de belangrijkste mijnbouwgebieden van
Zuid-Italië. Van de ijzerwinning en
-bewerking getuigen de mijnen in
Bivongi en Pazzano, de ijzergieterij
in Ferdinandea en de wapenfabriek in
Mongiana (daar is ook een kleine expositie, zie blz. 243). Informatie over
de expositie, mijnen en rondleidingen:
tel. 09 64 77 54 42, web.tiscali.it/eco
museocalabria, toegang gratis.

eeuw hier vestigden. De bijnaam 'Città
del sole' (stad van de zon) dankt Stilo
aan zijn beroemdste zoon, **Tommaso
Campanella** (1568-1639). De vele jaren
om zijn ideeën vervolgde filosoof leefde
en werkte in het klooster San Domenico.
Hij schreef in 1602 'Città del sole', het
utopische scenario van een rechtvaar-
dige wereld. Ter ere van hem werd op
de Piazza Luigi Carnovale voor de laatbarokke Chiesa di San Francesco een
bronzen standbeeld opgericht. Het
ca. 3000 inwoners tellende plaatsje aan
de voet van de Monte Consolino is niet
alleen opgenomen op de lijst van mooiste dorpen van Italië, maar vooral we-
reldberoemd om de **Cattolica**.

Een wandeling voert door de straatjes Via XXI Aprile en Via Luigi Cunsolo
(boven de Piazza Vittorio Emanuele)
langs enkele prachtige paleizen, kleine
nauw tegen elkaar gebouwde huisjes
en de **Fontana Gebbia**, een bron uit
de 18e eeuw. De aan veel huizen aange-
brachte ijzeren houders dienen tijdens
de Palio (zie blz. 248) als fakkelhou-
ders. Tijdens de historische optocht
trekken ruiters, muzikanten, kaartspelers, waarzeggers en toneelspelers door
de met fakkels verlichte stad, in de ta-
vernes worden traditionele gerechten
geserveerd. Behalve een wedstrijd tussen de *casali* (stadswijken) vinden er ar-
tistieke spelen en een vuurwerk plaats.

De **dom Santa Maria d'Ognissanti**
stamt uit de 14e eeuw. Zijn imposante
gotische portaal toont het koningswa-
pen van Otto II van Saksen, die Stilo
in 982 veroverde. Links naast het portaal steken twee voeten uit, deel van
een marmeren heidense figuur. Deze
vreemde constructie drukt de triomf
van het christendom over de ongelo-
vigen uit. Het interieur bevat waardevolle kunstwerken zoals de 'Madonna
d'Ognissanti' van Battistello Caracciolo,
perkamenten uit de 17e en 18e eeuw, een
barokkruis, zilver- en goudstukken.

La Cattolica – een juweeltje van de Byzantijnse bouwkunst in Calabrië

De **Chiesa San Domenico** met de **Porta Stefania** en naastgelegen wachttoren ligt onder de dom en vormde ooit de toegangspoort tot de stad. Van de andere aanwezige kerken valt vooral een kerk met een stenen koepeldak aan de rand van het dorp op. De door stalen balken tegen instorten bewaarde ruïne van de **Chiesa San Nicola da Tolentino** (11e eeuw) is gebouwd in de vorm van een Grieks kruis.

De in 1625 opgerichte en in de loop der tijd meermalen verbouwde **Chiesa San Giovanni Nuovo** heeft een barokfaçade en twee klokkentorens. Het altaar met een bronzen buste bevat relikwieën van heiligen. In het naastgelegen vroegere klooster bevinden zich het **gemeentehuis**, een **bibliotheek** en het **Museum voor Industriële Archeologie** (zie links; op afspraak).

La Cattolica ✳

's zomers dag. 8-20, rest v/h jaar 7-18 uur

Hoog op de top van de berg Consolino rijzen de ruïnes op van het door de Normandische koning Rogier I in 1071 gebouwde kasteel. En op deze berg – u moet heel precies kijken, om haar met het blote oog te kunnen zien – ligt het Byzantijnse juweeltje van Stilo, als een kameleon aangepast aan de vegetatie van de berg: de **Cattolica**. Hoe dichter bij u komt, des te fascinerender is de aanblik van de kerk uit de 10e/11e eeuw, die waarschijnlijk werd opgericht op een voorgaand gebouw uit de 6e eeuw.

Op een oppervlak van slechts 6 x 6 m verheft zich de piepkleine kerk met drie naar het oosten gerichte apsides, met elk een venster. De zuilen in het interieur stammen deels uit Caulonia, deels uit het dal van Stilaro. De eerste zuil rechts heeft een Grieks kruis, de schacht van de linker zuil bezit een aan Allah gewijde inscriptie. Op de wanden bevinden zich lagen fresco's uit verschillende perioden. Net als de opschriften op de zuilen vormen ze een afspiegeling van verschillende culturen en bezetters. De archeoloog Paolo Orsi, die in het begin van de 20e eeuw wezenlijk heeft bijgedragen aan het behoud van de Cattolica, schreef: 'Alles in de Cattolica ademt het byzantinisme: haar organische structuur, de kleurige patronen op de buitenmuren, de koepels en haar op de Ionische Zee gerichte blik'.

Overnachten

Budgethotel – **Hotel Ristorante Città del Sole:** Viale Roma 34, tel. 09 64 73 48 43, www.hotelcittadelsole.com, hele jaar, 2 pk met ontbijt ca. € 60-80, halfpension vanaf € 50 per persoon. In het centrum van Stilo, 33 kamers (met airco, badkamer, tv, wifi), zonneterras, restaurant en bar.

Eten en drinken

In het centro storico – **Antica Taverna La Buca del Re:** Via XXI Aprile, tel. 33 48 00 20 30, april-okt. 's avonds geopend, in de zomer ook 's middags, nov.-maart alleen vr.-zo.-avond, menu vanaf € 25. In een gerestaureerd gebouw worden Calabrische specialiteiten geserveerd zoals zelfgemaakte pasta.

Info en evenementen

Toeristische informatie: Ufficio Pubbliche Relazioni, Palazzo San Giovanni Tereste, Piazza San Giovanni Tereste 1, 89049 Stilo, tel. 09 64 77 60 06, www.tuttostilo.it.

Jazzfestival in Roccella Ionica

Midden augustus vindt in Roccella Ionica en in andere gemeenten van de provincie Reggio Calabria al sinds 1981 een internationaal jazzfestival plaats. Voor informatie en locaties zie: www.roccellajazz.org.

Bus: op werkdagen o.a. naar Bivongi, Riace, Locri, Reggio Calabria (Federico). **Antica fiera della Befana:** 6 jan., traditionele markt met Calabrische handnijverheidsproducten.
Pasen: do.-zo. traditionele feestweek met diverse processies.
Feest van San Giovanni: 24 juni, volgens de basiliaanse rite, markt.
Palio di Ribusa: wedstrijd, 1e zo. in aug.
Feest van de Immacolata: 8 dec., begint bij het aanbreken van de dag voor de Chiesa San Giovanni Tereste.

Riace ▶ E 11

Enkele kilometers ten zuiden van Monasterace Marina ligt de vindplaats van de beroemde bronzen krijgers, die in het Nationaal Museum van Reggio Calabria te zien zijn. Sinds enkele jaren doet Riace weer van zich spreken – maar dit keer het dorp in het binnenland (parkeer uw auto beslist aan de rand van het dorp ter hoogte van de bar, omdat de steegjes zeer smal zijn).

Città Futura Giuseppe Puglisi

Het begon in de zomer van 1998, toen Koerdische vluchtelingen op de kust landden en onderdak zochten. Toen opende men in Riace de al lang leegstaande huizen en de talrijke emigranten, om de nieuwkomers onderdak te bieden. In het jaar daarna richtten enkele jonge mensen uit Riace de vereniging Città Futura Giuseppe Puglisi op, om de lokale cultuur en geschiedenis te onderzoeken en bekend te maken.

Daarmee verbonden was vanaf het begin het idee van een **multicultureel dorp.** Aan de ene kant om de vergrijzing van de dorpsbevolking tegen te gaan, aan de andere kant om de traditionele gastvrijheid van hun ouders weer een belangrijke plaats te geven en de hulpbehoevenden de hand te reiken.

Inmiddels is Riace een erkend centrum voor de opvang van vluchtelingen en asielzoekers. Er zijn verschillende werkplaatsen, waarin oude ambachten opleven, zoals glasblazerij, borduren en weven. Er is ook een oliepers voor de productie van olijfolie, een taverne met een lokale en etnische keuken en een klein etnografisch museum in het **Palazzo Pinnarò**, waar de vereniging gehuisvest is. De naam van de vereniging herinnert overigens aan de moedige priester Giuseppe Puglisi, die in zijn gemeente Brancaccio in Palermo dagelijks tegen de maffia streed, door wie hij in 1993 werd vermoord.

Feest van de beschermheiligen

Het spectaculaire **Feest van de patroonheiligen Cosimo e Damiano** trekt elk jaar gelovigen uit heel Italië, en met name Roma en Sinti, want het zijn hun beschermheiligen. Op 25 september komen de pelgrims naar Riace en brengen er de nacht door in de **Chiesa San Nicola**, waarin zich de houten beelden bevinden. 's Morgens verzamelen de gelovigen zich dansend en zingend voor de kerk en begroeten de beelden, die van het altaar zijn genomen, zodat de pelgrims ze kunnen aanraken en hun votieven kunnen brengen. Deze *ex voto's* zijn vaak figuratieve voorstellingen van lichaamsdelen van was of brooddeeg, om te bedanken voor de door de heilige artsen Cosimo en Damiano volbrachte 'genezingen'. In een kleurige en levendige processie worden de beelden naar de aan Cosimo en Damiano gewijde **bedevaartskerk** 2 km buiten het dorp (richting Riace Marina) gebracht. In de drieschepige kerk van basiliaanse oorsprong (11e eeuw) zijn in de apsis scènes van het martelaarschap van Cosimo en Damiano afgebeeld. Op 27 september worden ze onder deelname van de gelovigen naar de **Chiesa San Nicola** teruggebracht.

Info en evenementen

Associazione Città Futura G. Pugliesi: Via Pinnarò 20, 89040 Riace (RC), tel. 09 64 77 80 08, citta.futura@tiscali.it.
Trein: van Riace elk uur naar Catanzaro Lido via Soverato en Squillace, Reggio Calabria via Roccella Ionica, Locri en Bova Marina.
Bus: op werkdagen naar Stilo, Locri, Reggio Calabria e.a. (Federico).
Riaccendi il Borgo: 14 aug., handnijverheid, muziek, dans en de opvoering van het 'Ballo du camiddu', ter herinnering aan de Saracenenovervallen.
Feest van de patroonheiligen Cosimo en Damiano: 25-27 sept. (zie links).

Het antieke Caulonia

Op het grondgebied van het huidige Monasterace Marina bevond zich ooit de Griekse kolonie Caulonia, in de 7e eeuw v.Chr. gesticht en in 388 v.Chr. door Dionysos I uit Syracuse verwoest. Een eeuw later liet Dionysos II de stad weer opbouwen, in 205 v. Chr. werd ze door de Romeinen ingenomen en daarna niet meer bevolkt. U kunt meerdere opgravingen bezichtigen, die getuigen van de Griekse bewoning. De belangrijkste vindplaats toont de plattegrond van de Dorische tempel in de buurt van de vuurtoren van Punta Stilo. In het archeologisch museum zijn het vloermozaïek van de draak (3e eeuw v.Chr.) uit het huis van de draak, resten van zuilen, terracottafiguren en meer te zien. Zeer interessant zijn ook de twee terracotta-kruiken met pek, die werden gevonden op de zeebodem voor de tempel.
Museo Archeologico, Contrada Runci (SS106), Monasterace Marina, tel. 09 64 73 51 54, www.archeocalabria. beniculturali.it, di.-zo. 9-18 uur, toegang gratis.

De zuidpunt van Calabrië

Hoogtepunten ✱

Scilla: sagen en legenden omringen dit aantrekkelijke plaatsje aan de Straat van Messina. In de oude visserswijk Chianalea leggen de boten direct voor de huizen langs zee aan. Zie blz. 252.

Nationaal Archeologisch Museum in Reggio Calabria: in het museum zijn de beroemde, 2500 jaar oude bronzen Krijgers van Riace tentoongesteld. Zie blz. 262.

Griekse dorpen: uniek in hun soort zijn de Griekse dorpen in de Bovesia, waarin nog steeds, na meer dan 2500 jaar, Grecanisch wordt gesproken. Ingebed in het wilde landschap van de Aspromonte voelt het hier alsof u een tijdreis maakt naar het verleden. Zie blz. 272.

Op ontdekkingsreis

Volksgebruiken en feesten – Etnografisch Museum van Palmi: aan de hand van voorwerpen uit het dagelijks leven, maskers en de reuzen Mata en Grifone krijgen de bezoekers inzicht in de tradities en feestcultuur van Calabrië. Zie blz. 256.

Lipari – excursie naar de vroegere metropool in de Middellandse Zee: tijdens een bezichtiging van de Rocca leert u van alles over de 7000 jaar oude cultuur van het eiland. Zie blz. 268.

Bezienswaardigheden

Archeologisch Park in Locri: van de nederzetting van de Grieken uit de 8e eeuw v.Chr. getuigen tegenwoordig nog de fundamenten en enkele muren van het theater, de tempel en de zuilenhal. Zie blz. 284.

Dom van Gerace: het indrukwekkende godshuis nodigt uit tot bezinning – en dit geldt niet alleen voor gelovigen. Zie blz. 285.

Actief

Wandeling van Amendolea naar Bova: deze rondwandeling wordt in Bova beloond met een schitterend panorama op de Fiumara Amendolea, de Ionische Zee en de toppen van de Aspromonte. Zie blz. 275.

Canyoning in de kloof van de Fiumara La Verde: dan weer rechts, dan weer links van de rivierloop, tot u uitkomt in een canyon, waar diepe waterbassins uitnodigen tot een verfrissende duik. Zie blz. 282.

Sfeervol genieten

Agriturismo Il Bergamotto: midden in het rivierdal van de Amendolea, omgeven door bergamotplantages, geiten en ezels, vormt het landelijke onderdak bij Condofuri een ideaal startpunt voor excursies en wandelingen naar de Griekse dorpen. Zie blz. 276.

Capo Bruzzano: aangenaam ontspannen aan een van de ruime zandstranden van de Capo. Zie blz. 281.

Uitgaan

Chianalea: een diner bij het geluid van de branding in Chianalea, de visserswijk van Scilla, is een waar genot voor de zintuigen. Zie blz. 253 en 255.

Langs de Lungomare van Reggio: slenteren langs de *lungomare*, een ijsje eten op het bankje bij Cesare en dan iets eten en drinken in een van de bars – een ideale manier om de dag af te sluiten. Zie blz. 260 en 263.

In het uiterste puntje van de laars

Het diepe zuiden van Calabrië wordt ook nu nog sterk beïnvloed door de aanwezigheid van de Grieken ongeveer 2500 jaar geleden: Scilla, waar het monster Scylla op de rotsen moet hebben geleefd, Reggio Calabria, de antieke kolonie Rhegion met zijn belangrijke handelspositie aan de Straat, en het archeologische park Locri Epizefiri getuigen van het roemrijke verleden van Magna Graecia. Het juweeltje Gerace nodigt bovendien met zijn dom en zijn middeleeuwse centrum uit tot een contemplatieve rondwandeling.

Langs de Straat van Messina kan de bezoeker ook kennismaken met een fascinerende onderwaterwereld. Wat betreft het landschap domineert diep in het zuiden de Aspromonte met zijn woeste, deels ontoegankelijke natuur, die speciale bescherming geniet in het Parco Nazionale dell'Aspromonte. Bezienswaardigheden zijn hier het vrijwel verlaten bergdorp Pentedattilo en de Griekse dorpen van de Bovesia. Voor wandelen leent de streek rond het rivierdal van de Amendolea zich erg goed, evenals de Montalto (1955 m), niet ver van de wintersportplaats Gambarie. Vanaf hier kunt u ook een interessante excursie maken naar het beroemde bedevaartsoord San Polsi in het hart van de Aspromonte. Aan de Costa dei Gelsomini ten slotte, met haar lange vlakke zandstranden, kunt u heerlijk zonnebaden en zwemmen.

Scilla ✳ ▶ A 12

Vlak voor de Straat van Messina ligt Scilla, het antieke **Oppidum Scyllaeum** uit de 4e eeuw v.Chr. De geschiedenis van Scilla is gehuld in zeer verschillende mythes, zo wordt de stad in een legende als versteende adelaar beschreven, waarvan de kop de rots met het kasteel Ruffo en de uitgespreide vleugels de baaien van Chianalea en Marina Grande voorstellen. **Homerus** verhaalt in de *Odyssee* van een verschrikkelijk zeemonster met zes koppen en twaalf klauwen, genaamd Scylla. Dit monster moet op de rots hebben geleefd en alle zeelieden, die in de buurt van zijn grot kwamen, hebben verzwolgen, onder wie ook zes matrozen van Odysseus. Wie zich probeerde te onttrekken aan de kolken van de Scylla, kwam terecht in de draaikolken van het aan de overkant bij Sicilië huizende monster Charybdis. Het aldus beschreven verhaal is een waarschuwing voor de sterke stroming tussen Scilla en Cariddi (Sicilië): want waar de golven van de Tyrreense en van de Ionische Zee op elkaar stuiten, ontstaan inderdaad gevaarlijke draaikolken.

De met sagen omgeven rots deelt het stadje met zijn circa 5000 inwoners op in drie wijken: **Marina Grande, Chianalea** en **San Giorgio**. Een zich onder het kasteel bevindende tunnel voert gemakkelijk vanuit het zuidelijker gelegen Marina Grande naar de kleine haven en naar Chianalea. Als alternatief kunt u via de trappen onder het kasteel omhoog naar de Chiesa Immacolata. Van daar volgt u de trappen verder omhoog naar San Giorgio of gaat u naar keuze weer omlaag naar de voormalige visserswijk Chianalea.

Stadswandeling

Marina Grande

Ten zuiden van het kasteel

In Marina Grande strekt zich het 600 m lange en ca. 30 m brede zand- en grindstrand van Scilla uit. Naast de vissersboten liggen waterfietsen klaar voor een uitstapje. Restaurants, pizzeria's, bars en strandtenten zorgen voor het lichamelijke welbevinden van de inwoners en toeristen. Opvallend verheft zich midden in de wijk de **Chiesa Santo Spirito**. Het kerkgebouw werd in 1752 opgericht en bij de zware aardbeving in 1783 bijna volledig verwoest. De barokfaçade bezit een portaal met decoratieve elementen van stenen uit Syracuse.

Castello Ruffo

's Zomers dag. 9.45-13.30, 15.30-19 uur, 's winters openingstijden op te vragen op tel. 09 65 70 42 07, entree € 2, kinderen tot 10 jaar en senioren ouder dan 70 jaar gratis

Het kasteel draagt de naam van een van de oudste families van Europa, die van 1543 tot 1806 over de stad heerste en van wie het **wapen** boven de toegangspoort te zien is. Enkele opgravingen in het kasteel hebben de fundamenten van een basilianenklooster uit de 9e eeuw blootgelegd. In de 13e eeuw werd het onder Pietro Ruffo tot vesting verbouwd en later door de Anjous en de Aragonezen gewijzigd. Door de aardbevingen van 1783 en 1908 zwaar beschadigd, werd het kasteel daarna gerenoveerd. Langgerekte trappen (ze maakten de toegang mogelijk met paard en wagen) voeren naar het bovenste gedeelte, waar een oude **boot voor de vangst van zwaardvissen** en enkele foto's een inkijkje geven in het dagelijkse leven van de vissers. Aan de Straat van Messina wordt ook nu nog door enkele vissers op traditionele wijze op zwaardvis gevist. De *pesce spada* leeft gewoonlijk in diep water. Tussen het voorjaar en de zomer komen ze echter dichter bij de kust, waar de watertemperatuur meer dan 15 °C bedraagt, om zich voort te planten. Vanaf de uitkijk van de zwaardvisboten wordt de vis geobserveerd, achtervolgd en ten slotte vanaf de lange boegspriet geharpoeneerd – een wrede slachtpartij, die de zee rood kleurt van het bloed.

De aangrenzende ruimte wordt gebruikt voor wisselende tentoonstellingen. Beneden zijn in de *sala da convegno* **ridderuitrustingen** en lansen te zien. Twee afdalingen tussen de fundamenten in het noordwesten van de vesting voeren naar de **onderaardse gewelven** van de vesting, waar nog de originele vloeren en het oude plafond zijn te zien.

Chianalea

Ten noorden van het kasteel

Direct onder het kasteel ligt de van buiten zeer eenvoudige, van binnen echter zeer kleurijke, in de 20e eeuw geheel gerenoveerde **Chiesa dell'Immacolata** met een door Mario Benedetto in 1986 vervaardigd mozaïek van de stad. Vanaf het voorplein van de kerk hebt u een schitterend uitzicht op de wijk Chianalea en de noordelijke kust.

De wandeling door de voormalige vissersbuurt **Chianalea** ten noorden van het kasteel, langs deels fraai gerestaureerde façades en met planten begroeide muren gaat gepaard met het soms zachte, dan weer sterke ruisen van de zee en met sfeervolle doorkijkjes op het tussen de huizen opduikende blauw. De zee omspoelt bij stormachtig weer de funderingen van de huizen, en geheel vanzelfsprekend parkeert men zijn boot in plaats van zijn auto voor de deur. Aan het noordelijke eind van de wijk, in de Via Annunziata, bevindt zich de kleine **Chiesa San Giuseppe** (helaas meestal gesloten) met oude houten banken, een marmeren altaar en een beeld van de heilige Jozef.

San Giorgio

De bovengelegen wijk San Giorgio wordt beheerst door de centrale **Piazza San Rocco** met de gelijknamige **kerk** uit de 15e eeuw. In de apsis bevindt zich het marmeren beeld van de stadspatroon **St.-Rochus** (16e eeuw). De *piazza* naast de kerk heeft een opvallend uitgestrekt terras op het zuiden. Sicilië lijkt voor het grijpen te liggen aan de andere kant van de Straat van Messina. In het noordwesten zijn de Liparische Eilanden met de rokende Stromboli te zien. Voor de zon 's avonds in zee ondergaat, ontvouwt ze met haar laatste stralen een kleurspel, waaraan dit deel van de kust zijn naam **Costa Viola** (violette kust) te danken heeft. Andere verklaren de naamgeving door de blauwviolette kleur, die het zeewater in de beschutting van de rotswanden aanneemt.

Duikersparadijs aan de Costa Viola ▶ A/B 11/12

De zeebodem van de Costa Viola wordt gekenmerkt door de enorme rijkdom aan kleuren en een grotendeels rotsige ondergrond met uithollingen en kleine grotten. De vele aan het oppervlak uitstekende rotsen zijn vrijwel geheel bedekt met geelrode gorgonen, maar ook met madrepora en zacht koraal. Naast tandbaarsen, brasems en rode schorpioenvissen leven hier zeeduivels en zonnevissen.

We noemen hier slechts enkele voorbeelden voor duiktrips: **La Montagna** in de buurt van het kasteel met zijn rotsmonoliet en kleurige gorgonen, het **scheepswrak** in **Cannitello** (ca. 8 km ten zuiden van Scilla) en de **Grotte delle Sirene** in Palmi (25 km verder naar het noorden). Daar bevindt zich overigens ook het bezienswaardige **Museo Calabrese di Etnografia**, door de UNESCO bekroond als museum van internationale betekenis (zie blz. 256).

Overnachten en eten

Eenvoudig – **Albergo Le Sirene**: Via Nazionale 55, tel. 09 65 75 40 19, www.hotellesirenescilla.com, op afspraak het hele jaar geopend, 2 pk met ontbijt ca. € 70-100. In Marina Grande gelegen,

---

Waarschuwing voor duikers!

Vanwege de sterke stromingen dienen duikers zich in ieder geval bij een plaatselijk **duikcentrum** aan te sluiten (zie blz. 255). **Leestip:** Francesco Turano: *Viaggio in fondo allo stretto, Reggio Calabria*, 1999 (www.laruffaeditore.it). Beschrijving van alle duikgebieden aan de Straat in het Italiaans en het Engels.

Aan de met sagen omgeven rots met het kasteel heeft Scilla zijn unieke ligging te danken

met fraai ontbijtterras met zeezicht, airco en een garage op aanvraag.

Voor meer accommodaties zie: www.consorzioturisticoscilla.com.

Panorama – **Ristorante Bleu de toi:** Chianalea, Via Grotta 40, tel. 09 65 79 05 85, www.bleudetoi.it, hele jaar wo.-ma., reserveren aanbevolen, menu ca. € 35. Restaurant in een gerenoveerd boothuis met terras boven de zee. Visspecialiteiten en een ruime selectie wijnen.

Klassiek visrestaurant – **Ristorante La Pescatora:** Marina Grande, Via Lungomare, tel. 09 65 75 41 47, do.-di., reserveren aangeraden, menu ca. € 28.

Winkelen

IJs en likeur – **Bar Gelateria Zanzibar:** maart-sept., di.-zo. Lekker ijs bij Enrico direct naast de Chiesa Santo Spirito; als souvenirs kunt u er ook limoncello en arancello kopen.

Actief

Duiken – **Scilla Diving Center:** Via Annunziata, Chianalea, tel. 09 65 75 45 85, mob. 33 19 80 12 73, www.scilladiving.it. Aan het noordeinde van Chianalea; duiktrips met een rubberboot, direct vanaf het duikcentrum.

Wandelen – **Sabine Ment:** Via Vittorio Emanuele 163, 89862 Brattirò, mob. 34 84 45 08 90, www.sabinement.com. De Zwitserse Sabine Ment, officiële gids van het nationaal park, biedt ook rond de Costa Viola wandeltochten aan: bijv. van Bagnara naar Favazzina of naar de Monte Sant'Elia.

Info en evenementen

Toeristische informatie: Pro Loco, Via Minasi 1, 89058 Scilla.
Informatie in het gemeentehuis: Municipio, Piazza Rocco, ▷ blz. 258

Feesten en gebruiken – Etnografisch Museum van Palmi

Reusachtige poppen dansen op volksfeesten, dieren van papier-maché worden verbrand en merkwaardige tronies kijken vanaf de huisdeuren omlaag. Meer over dergelijke verschijnselen ervaart u in het Etnografisch Museum in Palmi.

Kaart: ▶ B 11
Informatie: Museo Calabrese di Etnografia e Folklore Raffaele Corso, Casa della Cultura L. Repaci, Via F. Battaglia, tel. 09 66 26 22 50, toegang € 1,55, ma.-vr. 8-14, do. 15.30-18 uur

Startpunt: enkele kilometers boven het oude centrum van Palmi (met de bus of auto richting Monte Elia)

Vrij onbeduidend schijnt het gebouw uit de jaren 70 met de naam Casa della Cultura Leonida Répaci – genoemd naar de in Palmi geboren schrijver. Hier is behalve het antiquarium en de pinacotheek ook het **Museo Calabrese di Etnografia e Folklore Raffaele Corso** ondergebracht, dat door de UNESCO is erkend als museum van internationale betekenis.

Maskers tegen het boze oog

In het museum wordt de bezoeker in het begin opgewacht door talrijke apotropaeïsche (Grieks: onheil afwerende) maskers – keramiek uit Seminara. Hun naam geeft opheldering over hun functie: ze moeten het *malocchio* (= boze oog) verdrijven en beschermen tegen boosaardig geklets en afgunst.

Ook zijn er de *babbaluti*, groteske aardewerkfiguurtjes met maskerachtige koppen te zien. Ze worden bijvoorbeeld op schoorstenen gemonteerd, zodat de kringelende rook uit de mond, ogen en oren naar buiten komt – een vreesaanjagende aanblik! Zo worden boze geesten en indringers afgeschrikt.

Geluksbrengers

Ertegenover zijn in een vitrine voorwerpen te zien, die voor de boeren als geluksbrengers golden: een ossenhoorn, hoefijzers en bijbehorende nagels, die vaak boven de deur of aan het dak werden opgehangen. Kleine, van stro vervaardigde kruisen gebruikte men daarentegen om het graan te zegenen en het tegen ziektes te beschermen. Om hun geiten en runderen tegen ziektes te beschermen, sneden de herders van de Aspromonte houten duiveltjes.

Liefdesverklaring

In diverse vitrines bevinden zich kunstig bewerkte gebruiksvoorwerpen met voorstellingen van dieren, goden, bloemen enz., die de herder voor zijn geliefde maakte: nam ze het geschenk aan, dan was dit een huwelijksbelofte. In Palmi bevindt zich een collectie kunstig bewerkte *conocchie* (spinnewielen), waarmee wol werd gesponnen. Als ze werden aangenomen, betekende dit 'ik zal (voor jou) wol spinnen'. Ook de gebaksvormen waren een liefdesverklaring: de ontvangster verklaarde zich door het aannemen ervan bereid, de familie in de keuken te dienen.

Giganten

Aan het eind van het museumparcours zijn de papier-machéreuzen Mata en Grifone te zien, die in Palmi (maar ook elders, bijv. in Tropea, Zambrone, Briatico of Seminara) bij feesten op de maat van de tamboerijn door de straten worden gedragen. Op de opzwepende dans komen de inheemse Mata en de Turkse koning Grifone steeds dichter bij elkaar – een herinnering aan de overvallen van de Saracenen, waarbij de vrouwen vaak als buit werden gezien.

In andere plaatsen vinden dergelijke dansen met kamelen- of ezelspoppen plaats, die de ooit door de streek trekkende Turken voorstellen, die belastingen inden. Vaak gaat op het eind van de dans deze figuur in vlammen op, wat de overwinning van de inheemsen op de aanvallers symboliseert.

Raffaele Corso

Veel van de in het museum van Palmi tentoongestelde getuigenissen van een rijke boeren- en herderscultuur werden door de etnoloog Raffaele Corso (1883-1965) in het begin van de 20e eeuw verzameld, toen de gebruiken van de herders langzaam hun betekenis verloren. Ter herinnering aan zijn belangrijke werk heeft men het museum naar hem vernoemd.

89058 Scilla, tel. 09 65 75 40 03, scilla.asmenet.it.
www.consorzioturisticoscilla.com: website met hotelzoekmachine van het toeristenbureau.
www.arbitrio.it: Italiaanstalige info.
Trein: circa ieder uur naar Villa San Giovanni, Reggio Calabria, Rosarno, Lamezia en Paola.
Boot: juni-okt., eendaagse cruise naar de Liparische Eilanden (zie blz. 268), naar Capo Vaticano, Tropea, Taormina, excursies van een halve dag langs de Costa Viola, naar Panarea in *Stromboli by night*. Vertrek vanaf Scilla, Bagnara, Tonnara di Palmi. Foti Crociere, Bagnara, tel. 09 66 37 28 32, mob. 34 70 40 87 40, www.foticrociere.it.
San Francesco di Paola: 25-28 april.
Beschermheilige San Rocco: 1e zo. na 16 aug., met processie en vuurwerk.
Estate scillese: juli/aug., diverse culturele evenementen.
Sagra del pesce: aug.

Reggio Calabria ▶ A 13

De in 743 v.Chr. door de Chalcidische Grieken als **Rhegion** gestichte stad kan terugkijken op een levendig verleden. Helaas zijn de meeste sporen van de geschiedenis door de verwoestende **aardbevingen** van 1783 en 1908 uitgewist. Alleen al bij de laatste aardbeving werd een derde van de 45.000 inwoners onder het puin bedolven. Na de heropbouw ontstond een moderne, met een vierkant patroon aangelegde stad met weinig historische overblijfselen.

In de jaren 70 van de vorige eeuw kwam het in Reggio Calabria vanwege de 'hoofdstadkwestie' **tot een opstand en rellen.** Ook nu nog geldt de stad aan de Straat van Messina voor velen als de eigenlijke *capitale* van Calabrië (zie blz. 67). In maart 2014 werd Giuseppe Scopelliti, president van de

regio Calabrië, wegens ambtsmisbruik en valsheid in geschrifte in zijn tijd als burgemeester van Reggio Calabria tot zes jaar gevangenisstraf veroordeeld.

Wie naar Sicilië wil, moet vanuit Reggio Calabria met de boot overvaren (vanaf het treinstation Villa San Giovanni of vanuit de haven van Reggio). Weliswaar wordt al jaren een brug van Calabrië naar Sicilië gepland, maar dat wordt echter bij iedere regeringswisseling weer opnieuw bediscussieerd. De regeringen onder leiding van Berlusconi wilden de mammoetklus realiseren, midden-linkse regeringen leggen de prioriteit bij andere infrastructurele projecten zoals de uitbreiding van het spoor- en wegennet. Vanuit Reggio kunt u ook een excursie maken naar de Eolische Eilanden (zie blz. 268).

Burcht en domplein

Castello Aragonese 1

Piazza Castello, di.-zo. 9-13, 14.30-18.30, gratis toegang, informatie op www.comune.reggio-calabria.it
In de bovenstad liggen de ruïnes van het **Castello Aragonese** met zijn imposante muren en ronde wachttorens. Volgens historische documenten moet hier al in de 6e eeuw een burcht hebben gestaan. De Aragonezen bepaalden grotendeels het huidige uiterlijk, door het toevoegen van ronde torens in de 15e eeuw. Na omvangrijke restauratiewerkzaamheden is de in 1897 tot **nationaal monument** verklaarde burcht tegenwoordig als tentoonstellingsruimte voor bezoekers opengesteld.

Onder het kasteel staat de kleine **Chiesa degli Ottimati** 2. De kerk met haar koepeldak bekoort door haar sierlijke eenvoud, die slechts wordt doorbroken door kleurige glas-in-loodramen en een kleurig marmeren altaar.

Zonsondergang boven de Thyrreense Zee

Duomo 3

Piazza Duomo, bezichtiging ma.-
za. 10-12, 15.30-17.30 (sept.-nov. 11-12
uur), zo. 15.30-17.30 (juni-sept.
16-18.30 uur), zo. 15.30-17.30 (juni-
sept. 16-18.30 uur), www.cattedrale
reggiocalabria.it

Aan de Piazza Duomo bevindt zich de
domkerk, die na de aardbeving in het
begin van de 20e eeuw weer in neo-
romaanse stijl werd hersteld. De door
de meester **Francesco Jerace** geschapen standbeelden op de trappen stellen St.-Paulus en St.-Stefanus voor.
Opmerkelijk is de binnenzijde van de
deur van de hoofdingang, waarop het
puntje van de laars van Italië met de
belangrijkste kerken is afgebeeld. Het
interieur van de drieschepige dom met
zijn stemmige plafondversieringen,
kandelaars en gekleurde vensters is
zeer indrukwekkend. Naast de graven
van bisschoppen is er een waardevolle
kerkschat met zilver- en goudsmeed-
werk uit de 15e/16e eeuw te zien.

In het linker dwarsschip van de dom
bevindt zich de met marmer beklede
kapel Santissimo Sacramento met een
imposant altaar en reusachtige zuilen,
heiligenbeelden en plafondschilderingen. Bisschop Agostino Gonzalez had
de kapel in 1537 laten oprichten. Later
werd ze meermalen verwoest en weer
opgebouwd. Vanwege haar waardevolle
originele ingelegde houtwerken uit de
late 16e eeuw is de kapel tot nationaal
monument verklaard.

Rond het domplein

Aan de levendige Piazza Carmine
dicht bij de dom rijst de **Chiesa del
Carmine** 4 met een sobere façade en
een in steen gebeitelde, fraai gedecoreerde deurlijst ten hemel.

Na de serene stilte van de kerken
zorgt de **Villa Comunale** 5 (Corso
Garibaldi) voor een welkome afwisse-
ling. In een fraai aangelegd park met
palmen en pijnbomen bevindt zich een
kinderspeelplaats. Het schaduwrijke
plekje midden in deze bedrijvige handelsstad dempt al het razende stadsla-
waai en is typerend voor het grote contrast, dat u in Calabrië zo vaak kunt aan-
treffen: moderniteit, geschiedenis en
natuur roepen bij de bezoekers steeds

Reggio Calabria

wisselende gevoelens op. Tussen de beplanting verbergen zich kunstwerken zoals vier neoclassicistische bustes, een portaal uit de 14e eeuw en enkele zuilenfragmenten.

Langs de lungomare

Boeiend is ook de wandeling langs de **Lungomare Falcomata** (vroeger L. Matteotti): aan de ene kant de Straat van Messina, direct aan de andere kant de druk bereden weg en daarachter, midden in een groenstrook, de ruïnes van de **Romeinse thermen** 6 met een blootgelegde mozaïekvloer. Slechts enkele stappen verder ziet u de resten van de **Griekse stadsmuur** 7.

Een paar honderd meter verder komt u bij **Villa Zerbi** 8 (Corso Vittorio Emanuele), die in de jaren 30 van de vorige eeuw in neogotische stijl met Venetiaanse elementen werd opgericht. Ervoor staat een meer dan levensgrote **sculptuur** van de Italiaanse kunstenares Rabarama.

Arena dello Stretto 9

Beneden de *lungomare*, aan de zee bevindt zich de **Arena dello Stretto**, die ongelukkigerwijs werd vernoemd naar de rechtsextremistische leider van de revolutie van Reggio (zie blz. 67), Arena Senatore Ciccio Franco. In het amfitheater vinden 's zomers culturele evenementen plaats.

Museo dello Strumento Musicale 10

Viale Genoese Zerbi, www.mustrumu. it, tel. 09 65 89 32 33, entree € 2,50
Achter de *lungomare* richting haven ligt het **Museum voor Muziekinstrumenten,** waar u diverse instrumenten kunt proberen.

Lido

En hoewel Reggio niet speciaal een bestemming is voor een strandvakantie, biedt het strand in de binnenstad (gelegen onder het station Lido) de mogelijkheid voor een verfrissende duik.

Corso Garibaldi

In de binnenstad kunt u een rondwandeling maken door over de autovrije Corso Garibaldi met zijn chique winkels en slenteren door de zijstraten (Via Fra Gesualdo Melacrino, Via G. del

Fosso), waar oude *palazzi* met prachtige, bewerkte stenen balkons en rijk versierde façades in het oog springen. Aan de Corso Garibaldi stuit u op een modern bouwproject: een lange roltrap moet de toegang naar het 90 m hoger gelegen deel van de stad vergemakkelijken. Gezien het geringe hoogteverschil doet het project een beetje vreemd aan en doet het denken aan de oude concurrentiestrijd tussen de Calabrische steden – want in Cosenza zijn dergelijke roltrappen al in werking.

Teatro Cilea en Pinacoteca 11

Theater: tel. 09 65 31 27 01; pinacotheek: di.-zo. 9.30-13, 14.30-19 uur, toegang € 4

In het **Cileatheater**, dat hier na de verwoestende aardbeving van 1908 werd herbouwd, staan toneel, musicals, dans en concerten op het programma. In hetzelfde paleis bevindt zich ook de stedelijke **pinacotheek** met schilderijen van Antonello da Messina, Luca Giordano, Ignazio Lavagna Fieschi, Francesco Jerace en anderen.

Museo Archeologico Nazionale ☀ 12

Via Giuseppe De Nava 26, www.archeocalabria.beniculturali.it, museumkassa: tel. 32 07 17 61 48, di.-zo. 9-19.30, entree € 8, tot 18 jaar gratis, 18-25 jaar € 5

In het in april 2016 heropende, gemoderniseerde **Nationaal Archeologisch Museum** zijn de beroemdste vondsten van Calabrië, de **Krijgers van Riace**, na een langjarige restauratie weer in vol formaat te zien. De indrukwekkende beelden schijnen in de 5e eeuw v.Chr. door verschillende onbekende meesters te zijn geschapen en lagen meer dan tweeduizend jaar op de bodem van de Ionische Zee, tot ze in de zomer van 1972 door een hobbyduiker werden ontdekt. Veel bezoekers zijn verrukt over

de erotische uitstraling en de perfectie van deze meer dan levensgrote mannenbeelden. In de Griekse cultuur is het mannelijke naakte lichaam een teken van goddelijkheid en deugd.

Een andere interessante vondst is de uit de late 5e eeuw v.Chr. daterende, zogenaamde '**Filosofenkop**' van brons. Zijn gezichtskenmerken (gefronst voorhoofd, kleine ogen, arendsneus en baard) waren in de Griekse kunst typerend voor de voorstelling van een intellectueel, vandaar de naam.

De **Kop van Basilea** uit de 5e eeuw v.Chr. kreeg zijn naam daarentegen van de stad Basel, waar een museum de vondst lange tijd heeft gehuisvest. Om de waardevolle onderwatervondsten goed te beschermen is de bezichtiging ervan strikt geregeld: er worden telkens slechts 20 personen toegelaten, die de stukken 20 minuten lang mogen bewonderen. Van te voren kunt u in de voorhal een video van 20 minuten over de bronzen beelden bekijken, waardoor de bezichtiging van de onderwaterafdeling in totaal ca. 45 minuten duurt.

Het op initiatief van de beroemde archeoloog Paolo Orsi in 1959 geopende Museo Archeologico Nazionale heeft meer belangrijke vondsten, die vertellen over de geschiedenis van de regio. Op een expositieoppervlak van in totaal 11.000 m², verdeeld over 4 etages, zijn vondsten uit het paleolithicum tot aan de kolonisatie door de Romeinen te zien. Het museum geeft een goed beeld van het tijdperk van Magna Graecia.

Overnachten

Charme – **Una Dimora di Charme** 1: Via Tommasini 3, tel. 09 65 31 24 43, www.unadimoradicharme.it, 2 pk met ontbijt € 90-140. Klein gastvrij hotel in het centrum met acht kamers met airco, telefoon, tv, minibar en balkon; tevens,

whirlpool, saunacabine, aromatherapie, eigen strand, internationaal ontbijtbuffet (of naar wens ontbijt op uw kamer).
Panorama – **Hotel Lungomare** 2: Viale Zerbi 13/B, tel. 096 52 04 86, www.hotellungomare.rc.it, 2 pk met ontbijt € 60-80. Hotel met 29 kamers en 3 suites (met tv, telefoon, minibar, safe, lift); terras met panoramazicht op de Stretto.

Eten en drinken

Gourmet – **L'Accademia** 1: Largo C. Colombo 6, Reggio Calabria, tel. 09 65 31 29 68, www.laccademia.it, hele jaar 's middags en 's avonds op reservering ('s winters ma./di. gesloten), menu € 38. Geraffineerde gerechten in een chique ambiance bij het Nationaal Museum.

Gedegen – **Ristorante Il Ducale** 2: Corso Vittorio Emanuele III 13, tel. 09 65 89 15 20, www.ristoranteilducale.com, menu vanaf € 30, speciaal toeristenmenu € 15. Mediterrane keuken met vis, vlak bij het Nationaal Museum.

Traditioneel en veelgeprezen – **Ristorante Baylik** 3: Vico Leone 1-5, tel. 096 54 86 24, www.baylik.it, di.-zo., menu ca. € 38. Specialiteit: visgerechten, ook vegetarische en glutenvrije gerechten.

Lekker ijs – **Gelateria Cesare** 4: Piazza Indipendenza/Via C. Colombo 2, wo.-ma., zie favoriet blz. 264.

Winkelen

Boeken – **Libreria Paoline** 1: Via T. Campanella 65, bij het domplein, ma.-ochtend en za.-middag gesloten, christelijke en wereldlijke literatuur.

Uitgaan

Reggio heeft vooral in de zomer een actief uitgaansleven. Na het avondeten in de bovenstad slentert u omlaag naar de *lungomare* en de weg onderlangs de zee. In deze wijk zijn verschillende restaurants waar u iets kunt drinken en naar muziek luisteren.

Lounge Bar – **B'art Café** 1: in het Teatro Cilea (zie blz. 262), tel. 09 65 33 29 08, www.bartcafe.com, iedere dag *happy hour* vanaf 19 uur. Bar, lounge, restaurant met terras.

Drie dansvloeren – **Discoteca Lounge Club Maharaja** 2: stadswijk Gallico, Via Nazionale 170, hele jaar za. vanaf 20 uur geopend. Discotheek met drie dansvloeren (nieuwste dansmuziek in de Main Room, chillout in de Godoò en muziek uit de jaren 70, 80 en 90 in de Séparée).

Evenementen – **Villaggio Oasi** 3: Via Parco Pentimela, ten noorden van de haven, www.oasivillage.it. Discotheek, *lido* en restaurant – organiseert ook events buiten het zomerseizoen.

Info en evenementen

Toeristische informatie: Pro Loco, Via Venezia 1 a, 89128 Reggio Calabria, tel. 096 52 10 10, www.prolocoreggio calabria.it. Organiseert culturele evenementen en geeft informatie over de stad Reggio Calabria. Informatieloket op het vliegveld: tel. 09 65 63 84 78.
Informatieve website (ook Engels): turismo.reggiocal.it.
Trein: meerdere keren per dag sneltreinen naar Napels, Rome, Florence, Bologna, Milaan; elk uur naar Villa San Giovanni, Messina (overstappen in Villa San Giovanni), Rosarno, Vibo Valentia-Pizzo, Lamezia, Paola; elke 2 uur langs de Ionische kust naar Catanzaro Lido; dagelijks naar Cosenza, Locri, Catanzaro, Crotone, Sibari, Taranto en Bari.
Bus: stadsbus Atam (www.atam.rc.it, tel. 800 28 26 00) ▷ blz. 266

Favoriet

Heerlijk ijs bij Cesare 4

Beneden het Nationaal Museum van
Reggio, tegenover het standbeeld van
Corrado Alvaro, ligt de bekendste
gelateria van de stad. Vanaf hier is het
maar enkele passen naar de *lungomare*,
waar u slenterend of zittend op een
bankje – met uitzicht op Messina
– heerlijk aan uw ijsje likken kan
(zie blz. 263).

op werkdagen naar Roccella, Locri, Bivongi, Stilo, Bova Marina (Federico).
Boot: overtocht van Villa San Giovanni naar Messina (auto's en personen), het hele jaar met de ferrymaatschappijen Blu Ferries (20 min., www.bluferries. it) en Caronte (35 min., www.caronte tourist.it). Tickets verkrijgbaar bij het kantoor aan de kade.

Overtocht naar de Liparische Eilanden (zie blz. 268): lijndienst met draagvleugelboot Ustica Line, Reggio Calabria, Porto, tel. 09 23 87 38 13, www. usticalines.it. Half juni-half sept. eenmaal per dag heen en terug. De rest van het jaar alleen vanaf Milazzo op Sicilië (www.usticalines.it).

Vliegtuig: Aeroporto dello Stretto, Via Provinciale Ravagnese 11, tel. 09 65 64 05 17; dagelijkse vluchten op Rome en Milaan. Naar het vliegveld gaat elke anderhalf uur een bus van Atam.

Autoverhuur: Maggiore Autonoleggio, V. Aeroporto Civile, tel. 09 65 64 31 48, www.maggiore.it.

Carnaval: optocht met praalwagens en een sport- en cultuurprogramma.

Estate reggina: juli. Zomer met culturele evenementen, o.a. de uitrijking van de Rhegium literatuurprijs.

In **augustus** vindt aan de Straat van Messina een serie **evenementen** plaats met als hoogtepunt het overzwemmen van de Stretto (www.traversatadello stretto.it).

Maria Santissima della Consolazione: half sept. Markt en processie vanaf de dom naar de gelijknamige kerk in het noordoostelijke deel van de stad.

De Aspromonte

Het bergmassief ten oosten van Reggio is over een oppervlak van meer dan 40.000 ha met zeer dicht bos van beuken, *pini larici* en zilversparren bedekt. In de beschutting van het bos leven wol-

ven en de wilde katten. Behalve roofvogels (steen- en slangenarenden, oehoes) zijn met wat geluk ook haviken, sperwers, wespendieven en zwarte spechten te zien, respectievelijk te horen. In de dalen van het gebergte groeit op 200-400 m hoogte de tot wel 2 m hoge, tropische varen *Woodwardia radicans*.

De Aspromonte is rijk aan waterlopen (bijv. de Amendolea), die in de zomer bijna opgedroogd zijn, maar in de winter kunnen veranderen in woeste stromen. Terwijl in het zuidwesten de vegetatie door dicht naaldbos wordt bepaald, overheerst aan de oostzijde een schrale natuur. Karakteristiek zijn ook enkele **gesteente- en rotsformaties** zoals de Pietra Cappa, de Ghorio di Roghudi en de Pietra di Febo.

'Beroemd' werd de Aspromonte echter niet om zijn schitterende natuur. In de laatste decennia van de 20e eeuw werden hier verschillende slachtoffers van ontvoeringen maandenlang, vaak jarenlang in grotten gevangen gehouden, om hoge losgelden af te dwingen. Gelukkig behoort dit tot het verleden.

Het gebergte is dun bevolkt en een prachtig doel voor wandelaars, paddenstoelenzoekers en wintersporters. Hier geldt het motto: 'skiën en de zee zien' – of zelfs een duik nemen, want op krap 30 km afstand kunt u aan de Costa Viola zonnebaden en afhankelijk van het weer en uw conditie in zee zwemmen.

Gambarie ▶ B 12

Op 1360 m hoogte vormt de kleine vakantieplaats Gambarie met zijn hotels en restaurants – en een infrastructuur voor de wintersport – het hele jaar door een ideaal uitgangspunt voor excursies.

In de jaren 50 van de vorige eeuw werd Gambarie de eerste wintersportplaats van Zuid-Italië. Het was tot in de jaren 70 de vaste locatie voor de nationale skiwedstrijden. In totaal staan de skiërs tegenwoordig meer dan 10 km skipistes ter beschikking (twee blauwe, drie rode en één zwarte). Toch is hier geen uitgebreide après-ski en geen druk uitgaansleven, maar heerst er rust, ontspanning en een goede service.

Vanuit het centrum gaat een stoeltjeslift (in het seizoen overdag continu in bedrijf) in twee etappes omhoog naar de **Monte Nardello** (1770 m). Daar start een langlaufloipe en voeren skiafdalingen omlaag naar Gambarie en Telese (1400 m). Van daar gaat een volgende skilift naar Piazza Nino Martino (1800 m). In de bossen van de Montalto zijn langlaufloipes en wandelroutes, die met sneeuwschoenen kunnen worden afgelegd. En ook voor snowboarden en skitoeren buiten de geprepareerde pistes is het skigebied geschikt.

Naar het mausoleum

Ca. 2,5 km ten noorden van Gambarie (op de SP3 richting S. Eufemia) kunt u een mooie wandeling maken rond het kleine kunstmatig aangelegde en door populieren omzoomde **Laghetto Rumia**. Als u de weg verder volgt, komt u na ca. 4 km bij het **Mausoleo di Garibaldi** – een monument ter ere van Garibaldi, die wezenlijk heeft bijgedragen aan de bevrijding van Italië van de Bourbons en aan de nationale vereniging van Italië. Toen hij echter met zijn getrouwen na de eenwording de strijd voortzette voor de uitvoering van zijn revolutionaire idealen in Italië, kwam het in 1862 in de Aspromonte tot een veldslag met de Piemontezen. Daarbij leden de revolutionairen een nederlaag en raakte Garibaldi gewond.

Overnachten

Romantisch – **Hotel Ristorante Le Fate dei Fiori:** buurtschap Mannoli (3 km ten westen van Gambarie), Via Nazionale 55, tel. 09 65 74 90 15, mob. 32 88 10 31 57, www.lefatedeifiori.it, overnachting met ontbijt € 55-70, halfpension € 80-95 per persoon in 2 pk. Klein 5-sterrenhotel met 3 kamers en 3 suites, met badkamer, tv, telefoon en internet.

Centrale ligging – **Hotel Miramonti:** Gambarie, Via degli Sci 10, tel. 09 65 74 31 90, www.hotelmiramontigambarie.it, hele jaar, overnachting met ontbijt vanaf € 35, halfpension vanaf € 50 per persoon, appartement voor 2 pers. met kookhoek vanaf € 90. Modern gebouw met 40 kamers, restaurant, discotheek, bar, speeltuin, zwembad, wellnesscentrum; voor het wellnesscentrum moet apart worden betaald (€ 30, incl. sauna, whirlpool, badjas en handdoek).

Eten en drinken

Elegant – **Ristorante Albergo Centrale:** Gambarie, Piazza Mangeruca 14, tel. 09 65 74 31 33, www.hotelcentrale. net, hele jaar, dagmenu vanaf € 25. In het centrum van Gambarie, vlak bij het skigebied gelegen familiehotel en restaurant. Lokale bergkeuken, specialiteit: *tagliallini ai funghi* (pastagerecht met paddenstoelen).

Eenvoudig – **Pizzeria Trattoria La Locanda del Brigante:** Gambarie, Via Belvedere 69, hoek Via Garibaldi, aan de weg naar Santo Stefano in Aspromonte, tel. 09 65 74 33 10, dag. 's middags en 's avonds, menu vanaf € 20. Landelijk gelegen restaurant met goede burgerlijke keuken, in de zomer met terras.

Actief

Bergsport – **C.A.I. Club Alpino Italiano:** Reggio Calabria, Via Francesco da Paola 106, mob. 33 35 35 40 74, www. caireggio.it. De alpenclub ▷ blz. 271

Lipari – excursie naar de vroegere metropool in de Middellandse Zee

Afhankelijk van het weer kunt u een ontdekkingstocht maken op de Tyrreense Zee naar de verleidelijke Liparische Eilanden van vulkanische oorsprong, ook wel de Eolische Eilanden genoemd. Op de burcht La Rocca komt u van alles te weten over de meer dan 7000 jaar oude beschaving.

Informatie: Ustica Line, Reggio Calabria, Porto, tel. 09 23 87 38 13, www.usticalines.it. Half juni-half sept. 1 keer per dag heen en terug. Toeristische informatie en onderdak: tel. 09 09 81 42 57, www.eolnet.it

Startpunt: haven van Reggio Calabria
Duur: 2 dagen (alternatief: dagexcursie met de minicruiseschepen uit Scilla of Tropea).

Een oversteek van twee uur met de draagvleugelboot voert naar het rond 156.000 jaar geleden ontstane vulkanische eiland Lipari (toeristenbelasting € 1,50, te betalen via uw scheepsticket). De hele archipel van de Eolische Eilanden is ca. 1 miljoen jaar oud. Daartoe behoren Vulcano, het actieve Stromboli, Salina, Panarea, Filicudi en Alicudi. Al bij het naderen van het eiland Lipari vanaf zee domineert de Rocca, de vesting boven het dorp.

Omhoog naar de Rocca

Vanaf de aanlegsteiger gaat u links over de levendige Corso Vittorio Emanuele, langs talrijke winkels en restaurants. Bij de kleine Chiesa Madonna del Rosario al Pozzo slaat u links af en klimt u omhoog naar de Rocca. De burcht ligt op een natuurlijke vesting van vulkanisch gesteente. Hierboven vestigden zich al mensen in het vierde millennium v.Chr. Via de oudste **burchtpoort** [1], onder een Normandische toren en spitsboog door, komt u in het binnenste van de vesting. Binnen de ommuring ligt ook de Normandische **kathedraal San Bartolomeo** [2]. Ze toont op het hoofdaltaar het zilveren beeld van de beschermheilige Bartolomeus van Lipari.

Een exporthit: het zwarte goud

In het bisschoppelijk paleis naast de kathedraal bevindt zich de prehistorische afdeling van het **Archeologisch Museum** [3] (tel. 09 09 88 01 74, ma.-za. 9-19.30 uur, toegang € 6, 18-25 jaar € 3, tot 18 jaar gratis).

De bovenste verdieping toont in **zaal I** klingen en kernstenen van obsidiaan uit de tijd van de eerste bewoning op de vruchtbare hoogvlaktes van Lipari (eind 5e millennium v.Chr.). De eerste kolonisten kwamen uit Sicilië, om de grote voorraden obsidiaan te winnen. Dit uit gestolde lava gevormde vulkanisch glas, vaak als 'zwart goud' aangeduid, werd gebruikt voor de productie van wapens en werktuigen en naar Frankrijk, Ligurië, Dalmatië en heel Zuid-Italië geëxporteerd. Zoals de keramiekfragmenten laten zien, werd het aardewerk in deze tijd van bruine klei en met inkepingen vervaardigd (stentinellostijl).

In de volgende vitrines ziet u keramiekvondsten van de eerste nederzetting op de Rocca aan het begin van het 4e millennium v.Chr. Het aardewerk was destijds al driekleurig, met vlammotieven of rode, zwart omrande

banden. Dankzij de bloeiende handel in obsidiaan groeide in het 4e millennium v.Chr. de bevolking van het huidige stadje, dat zich ontwikkelde tot een van de grootste steden in het westelijke Middellandse Zeegebied. In deze periode – te zien op **zaal II** – werd het aardewerk zeer kunstig bewerkt en met miniatuur decoraties zoals meanders en spiralen versierd (serra-d'altostijl).

In **zaal III** is het rode aardewerk uit het eind van de vroege steentijd (eind 4e/begin 3e millennium v.Chr.) te zien (dianastijl). Het wordt gekenmerkt door een elegante vormgeving met een soort cylindrisch handvat. Uit deze tijd stammen ook de bij de stratigrafische opgravingen in de Rocca te voorschijn gekomen resten van kopergieterij. Ze vormen het eerste bewijs van de plaatselijke metaalbewerking, die in het 3e millennium v.Chr. voor de eilanden voor het eerst een economische en demografische teruggang betekende. Want het metaal concurreerde met het obsidiaan, zowel wat betreft sterkte als verwerkingsmogelijkheden.

Een nieuwe tijd – de bronstijd

Na duizend jaar van relatieve terug-gang staat de bronstijd (2e millennium tot de 10e eeuw v.Chr.) geheel in het te-ken van de nieuwe handelsbetrekkin-gen met de Egeïsche wereld. In deze tijd vestigden zich hier ethnische groe-pen, die de geschiedenis ingingen on-der de naam Cultura di Capo Graziano (genoemd naar de prehistorische ne-derzetting op het buureiland Filicudi). Hun karakteristieke kenmerken, zoals ronde hutten, vormen en zigzagdeco-raties van het aardewerk zijn sterk ver-wand aan de culturen van Griekenland (zie zaal V). Lipari wordt weer een be-langrijk centrum in de Middellandse Zee: niet meer vanwege het 'zwarte goud', maar als knooppunt van han-delswegen aan de Straat van Messina naar Italië en naar Noordwest-Europa. Op alle eilanden, uitgezonderd Vulcano, ontstaan grote en dichtbevolkte neder-zettingen.

In zaal VII op de begane grond is aardewerk te zien, dat duidelijk af-wijkt van het tot nog toe getoonde: de handvatten van de potten hebben en-kele of dubbele oren, horens en aan beide kanten voluten (krul- of spiraal-vormige versieringen). Ze lijken op die van het Italiaanse vasteland en wor-den toegeschreven aan de cultuur van de Ausoniërs. Want omstreeks 1200 v.Chr. kwamen de Ausoniërs, een volk uit Midden-Italië, hierheen. Ze doop-ten het eiland naar hun koning Liparos 'Lipari'. Tegen deze tijd waren de hut-ten al wezenlijk groter en voorzien van houten pilaren op stenen fundamen-ten en met dubbel dakoppervlak. Op het moment van hun hoogste ontwik-kelingsfase rond het jaar 900 v.Chr. viel deze cultuur echter ten offer aan een ge-weldige verwoesting – de brandende hutten begroeven alles onder zich (za-len VII-IX). Als gevolg daarvan bleef de vesting 300 jaar lang onbewoond.

Magna Graecia

Zaal X vertegenwoordigd het nieuwe, in 580-576 v.Chr. door de Grieken uit Cnido gestichte Lipari. Van de weinige vondsten uit deze tijd zijn de brokstuk-ken van votieven te zien, die zich in de zogenaamde offerbron, de *bothros* be-vonden. Deze werden volgens het ge-bruik kapot geslagen en gewijd aan de god van de wind, Eolus (vandaar de naam 'Eolische Eilanden'). De afdek-plaat van lavagesteente uit de 6e eeuw v.Chr. heeft de vorm van een liggende leeuw, het symbool van Cnido.

Naar de opgravingen

Als u de Via del Castello terugloopt, komt u bij het opgravingsterrein aan de linker kant. Op de voorgrond ziet u in **lagen op elkaar gelegen archeo-logische resten** 4 . Met behulp van een overzichtstabel zijn de fundamen-ten van bouwwerken van de cultuur van Capo Graziano (1600-1400 v.Chr., groen), de cultuur van Milazzese (1400-1270 v.Chr., rood), de cultuur Ausonio I (1270-1125 v.Chr., lichtblauw) en de cul-tuur Ausonio II (1125-850 v.Chr., blauw) en resten van straten en huizen uit de Romeinse tijd (grijs) te onderschei-den. Uit de Griekse tijd is de offerbron (*bothros*) te zien, waarvan we de votieven en het deksel zojuist hebben bekeken.

Vergezicht

Vanuit het **Archeologische Park** 5 (aan het andere eind van de Via del Castello) met talrijke sarcofagen uit de Griekse necropool van Contrada Diana aan de andere kant van de Corso geniet u van een panoramisch uitzicht op de kleine haven Marina Corta, de fraaie *piazza* en de aankomende schepen, want tegen-woordig is Lipari een populaire vakan-tiebestemming.

biedt excursies, trekking, rotsklimmen, canyoning en raften aan.

Excursies – G.E.A. – Gruppo Escursionistico Aspromonte: Reggio Calabria, Via Castello 2, mob. 33 56 72 54 49, www.gea-aspromonte.it. Informatie over de Aspromonte, excursies en evenementen in het nationaal park.

Ter plekke – Aspromonte Up & Down: Gambarie, Via degli sci 10, mob. 33 98 16 18 14, www.gambarie.org, wandelen, canyoning, mountainbiken, excursies.

Info en evenementen

Ente Parco Nazionale dell'Aspromonte: Via Aurora 1, 89057 Gambarie di Santo Stefano, tel. 09 65 74 30 60, www.parcoaspromonte. gov.it.
Informatie op internet: www.gambarie.com (Italiaans/Engels).
Bus: op werkdagen vanuit Gambarie naar Reggio Calabria (www.atam.rc.it, tel. 09 65 62 01 21).
Sagra van de paddenstoel, Sagra van de tamme kastanje: okt.
Pelgrimage San Polsi: op 22 aug. begint de pelgrimage (zie blz. 271). Hoogtepunt is het feest van de Madonna op 2 sept. Een archaïsch, bloedig feest met het slachten van een lam.

Montalto ▶ B 12

Vanaf de hoogste Berg van de Aspromonte (1955 m) geniet u van een prachtig vergezicht op Sicilië en de Etna, de Ionische en de Tyrreense Zee en de Eolische Eilanden. Het zal u daarom niet verbazen dat men hier in 1900 naar aanleiding van de feestelijkheden ter viering van 1900 jaar christendom één van 19 heiligenbeelden oprichtte: de **Redentore**. In 1901 plaatste men het eerste bronzen beeld op de top, in 1975 werd het na beschadiging vervangen.

U bereikt het uitzichtpunt vanuit Gambarie over de weg richting Diga Menta, langs de afslag naar de voormalige militaire basis, waar u enkele kilometers verder uw auto langs de weg kunt parkeren (bordjes). In een kwartiertje wandelt u gemakkelijk omhoog naar het 'belvedere'. De windroos in de buurt van het standbeeld is een belangrijk oriëntatiepunt, want de Montalto is een cruciaal kruispunt voor wandelaars. Hier start ook de **Sentiero Italia**, die in enkele etappes naar het Santuario S. Polsi voert (3 uur heen, 4 uur terug, ca. 1100 hoogtemeters) en verder gaat naar het Lago Costantino, San Luca en Pietra Cappa.

Bedevaartsoord van Polsi ▶ C 12

89030 San Luca
Wie niet te voet van Montalto naar het pelgrimsoord wil afdalen, kan – in ieder geval theoretisch – de weg nemen, die echter veel gaten en oneffenheden vertoont. Beneden in het dal stuit u op een brugpijler, getuige van een ooit begonnen (en nooit voltooid) wegenbouwproject.

Midden in het afgelegen gebergte ligt hier het geliefde bedevaartsoord **S. Maria di Polsi,** ook **Madonna della Montagna** genoemd. De meeste bezoekers zijn gelovigen, vooral mensen uit de Aspromonte, maar ook Sicilianen, die op bepaalde dagen in de maanden juni tot november in groepen op bedevaart naar de Madonna gaan. Eind augustus/begin september komen hier vaak tienduizenden pelgrims samen, die op hun knieën naar de Madonna kruipen en daarna feesten, dansen en eten. In deze periode vond hier lange tijd overigens ook de jaarlijkse ontmoeting van de bazen van de 'Ndrangheta plaats (zie blz. 70).

De precieze geschiedenis van het bedevaartsoord is onbekend. Volgens een legende heeft op deze plek, waar nu de kerk staat, een herder, die op zoek was naar een verdwaalde stier, een kruis van ijzer gevonden, dat door het dier uit de grond moet zijn opgegraven. Vervolgens werd op deze plek de eerste kerk opgericht. Tot aan de 15e eeuw hebben basilianen hier de Griekse ritus gevierd. In de 17e eeuw liet de bisschop van Gerace de kerk uitbreiden en verfraaien. Maar de klokkentoren herinnert nog aan de Byzantijnse periode. In de kerk zelf bevindt zich een houten madonnabeeld uit de 18e eeuw, dat geschonken werd door Fulcone Antonio Ruffo, de prins van Scilla.

Wandeling naar de Cascate Maesano ▶ B 13

Ca. 2 uur heen en terug, hoogtever-schil heenweg: 70 m dalen en 280 m stijgen, rood-wit gemarkeerd

De vrij gemakkelijke, maar zeer mooie wandeling naar de **Cascate Maesano** (ook **Cascate di Amendolea** genoemd) begint bij de **Diga Menta** (met de auto vanaf Gambarie ca. 13 km, eerst richting Polsi, dan de wegwijzers richting Diga Menta volgen). De stuwdam in het centrum van de Aspromonte bevindt zich nog in aanbouw. Voor natuurvrienden is de aanblik van het gigantische bouwwerk in eerste instantie shockerend. Toch moet u deze kleine wandeling maken, want u rijdt steeds verder het dal in en ziet al snel niets meer van dit monsteuze mensenwerk. De 'Cascate' staan aangegeven. U kunt met de auto de asfaltweg omlaagrijden en hem dan halverwege parkeren.

Vanaf hier wandelt u omlaag naar het dal, waar de Torrente Menta met een andere bergbeek samenstroomt en vanaf daar **Amendolea** heet. De kleine bergbeken zijn in de regel probleemloos via stenen over te steken (stevige schoenen of laarzen aanbevolen). Een tijdje volgt het pad licht stijgend de beek. Op de splitsing gaat u dan rechts omlaag naar de rivierbedding. Het pad voert enkele keren licht op en neer en komt dan bij een **uitzichtpunt,** van waaruit u de Cascate Maesano in alle rust kunt aanschouwen. Langs het pad groeien *pini larici* (Corsicaanse dennen), aleppodennen en eiken. Als u omlaag wilt naar de watervallen, volgt u het pad omlaag naar de rivier en loopt u stroomopwaarts langs de beek terug.

Griekse dorpen in de Bovesia ✳

In de afgelegen Aspromonte wist de Griekse cultuur ondanks de invloed van o.a. Romeinen, Normandiërs, Hohenstaufen en Anjous te overleven. Grecanico (of Grico) is de taal, die zich in de loop van de Griekse kolonisatie van Zuid-Italië gevormd heeft. Met een beetje geluk ontmoet u in enkele dorpen, bijv. Roghudi, Condofuri, Gallicianò, Bova en Palizzi, nog oudere bewoners die Grecanisch spreken. In Gallicianò wordt de mis nog volgens de Griekse ritus gevierd. Tot enkele jaren geleden werden in de dorpen nog oude handnijverheidstradities beoefend, zoals de houtsnijderij en de bouw van muziekinstrumenten. Uit de sterke vezels van de brem werden dekens, zakken en kledingsstukken vervaardigd. Door veranderde levensomstandigheden en emigratie zijn ze echter vrijwel verdwenen. Culturele evenementen zoals het muziekfestival **Paleariza** brengen 's zomers weer leven in de oude dorpen.

Pentedattilo ▶ B 14

Ten westen van Melito Porto Salvo gaat het omhoog naar het op 400 m hoogte gelegen dorp Pentedattilo. De naam van het bergdorp aan de voet van de Aspromonte voert terug op het Griekse *pente daktylos* (vijf vingers), want het rotsmassief, waarop Pentedattilo zich uitstrekt, lijkt op een uitgespreide hand. Onder een rotswand staan de kleine, deels vervallen, tegen de helling gebouwde huisjes. Aan beide kanten ziet u beneden kleine bergbeken (die 's zomers bijna opdrogen) naar zee stromen. Bedreigend en beschermend tegelijk rijzen de rotsen ten hemel.

Geschiedenis en legenden

De geschiedenis van het bergdorp ligt in het duister en laat ruimte voor allerlei legenden. Waarschijnlijk voert de eerste bewoning terug tot in de 7e eeuw v.Chr. Aangenomen wordt dat de strategisch gunstige ligging tussen de voormalige Griekse nederzettingen Rhegion en Lokroi Epizephyrioi tot de stichting van Pentedattilo leidde.

Toen de plaats in 1589 van het bezit van baron Abenavoli overging in de handen van markies Alberti, begon een tragedie. De dochter van de markies, Antonietta, werd verliefd op de zoon van de Baron van Montebello, Bernardino. Maar Alberti wees deze verbintenis af. Toen Antonietta zich daarop wendde tot de galante Don Petrillo Cortez, nam Bernardino wraak. Hij sloop naderbij, beschermd door de ruisende wind, veroverde de 'burcht van de driehonderd deuren' (de ruïnes van het kasteel zijn ook nu nog zichtbaar) en veroorzaakte een bloedige slachtpartij. Daarna ontvoerde hij Don Petrillo, sloot hem op in de kerkers van Montebello en dwong Antonietta tot een huwelijk met hem. Maar Bernardino moest spoedig vluchten en stierf ver van zijn vaderland in de strijd tegen de Turken. Rond deze gebeurtenis bestaan veel legendes. Zo schijnen de inwoners van Pentedattilo in stormachtige winternachten de razernij en smartekreten van Alberti ver-

nomen te hebben. Een ander verhaal vertelt van de dodelijk gewonde markies, die zijn bebloede hand tegen de rotswand drukte en een afdruk van zijn vijf vingers achterliet.

Rondwandeling door het dorp

De aardbevingen van 1783 en 1908 en heftig noodweer veroorzaakten grote schade in Pentedattilo, waardoor steeds meer bewoners naar de kust trokken of emigreerden, tot de plaats uiteindelijk geheel verlaten werd. In 1930 werd het dorp bezocht door de Nederlandse kunstenaar M. C. Escher, die het vastlegde in diverse tekeningen en houtsnedes. In de laatste jaren zijn enkele oude huizen gerestaureerd en werken er weer enkele handwerkslieden in de Borgo, die er hun producten verkopen. Een museum over de boerencultuur is in aanleg. Meer informatie: Museo Laboratorio delle Tradizioni Popolari.

Escher in Calabrië

De Nederlandse kunstenaar Maurits Cornelis Escher (1898-1972) maakte tussen 1924 en 1935 jaarlijks lange reizen door Italië, waarbij hij tekeningen en schetsen maakte, om deze later thuis in zijn atelier uit te werken tot prenten, litho's, houtsnedes en houtgravures. Met name in de winter van 1930-1931 maakte Escher van een hele reeks Calabrische dorpen tekeningen, houtsnedes en litho's. De werken dragen de poëtische namen van de plaatsen die hij bezocht: Fiumara, Palizzi, Morano, Pentedatillo, Stilo, Scilla, Tropea, Santa Severina, Rocco Imperiale en Rossano. De eerste tekening in deze serie maakte hij van het dorp Palizzi, het zuidelijkste punt van het Italiaanse vasteland en een van Griekse dorpen in Calabrië waar nog Grico wordt gesproken.

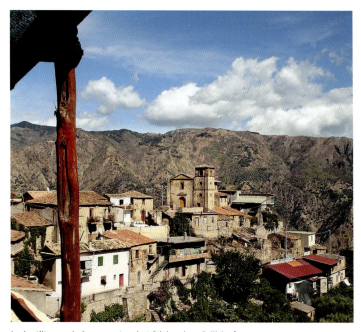

In de stilte van de Aspromonte – het Griekse dorp Gallicianò

Pentedattilo (www.museocontadino pentedattilo.it).

De rondwandeling begint bij de **Chiesa della Candelora**, die een marmeren Madonnabeeld uit 1564 van Giovan Battista en Domenico Mazzolo (leerlingen van Gagini) huisvest. Over smalle trappen komt u bij de Porta Terra, de hoofdtoegang naar de burchtruïnes (13e eeuw). Vanaf hier loopt u naar de **Chiesa SS. Pietro e Paolo**. In het interieur bevindt zich de graftombe van de familie Alberti en een kopie van het altaarbeeld van de heiligen Petrus en Paulus, waarvan het origineel enkele decennia geleden gestolen werd. De Via Lanzardo voert langs gerestaureerde huizen en – aan de achterkant van de rots – naar de buurt Sant'Antonio.

Gallicianò ▶ B 13

De Griekse traditie is in Gallicianò nog zeer levendig, het geldt als het oorspronkelijkste van de Griekse dorpen. Een vooral op het laatste stuk zeer bochtige weg (ca. 17 km vanaf Condofuri Marina) voert omhoog naar het afgelegen adelaarsnest. Daar, waar vroeger de muildieren en mensen omhoog ploeterden, heeft men een smal weggetje tegen de berg aangelegd. Maar hoe lastig de toegang ook is, de bezoeker wordt voor de moeite beloond: hoog boven het rivierdal van de Amendolea, waarschijnlijk genoemd naar de hier groeiende amandelbomen (*mandorli*), geniet u hier van de stilte van de natuur. De stenen inscriptie aan de ingang van het dorp heet de bezoekers welkom in het Nieuwgrieks en het Grecanisch met de woorden 'te midden van de bergen, vol van pijn en gezang'.

Men vermoedt dat de plaats ooit door de inwoners van het naburige Amendolea werd gesticht, die zich vanwege de overvallen van de Saracenen steeds verder in het binnenland hadden teruggetrokken. Na heftig noodweer in 1951 en 1971 verlieten veel bewoners hun dorp, dat door de teruggang van de traditionele schapen- en geitenhouderij en de landbouw aan steeds minder mensen een inkomen bood, zodat hier tegenwoordig nog slechts ca. 60 mensen leven.

In het kleine plaatsje dragen de straten namen van Griekse goden en mythologische figuren. Middenin staat de **Chiesa San Giovanni Battista.** In het interieur bevindt zich een marmeren beeld van de heilige Johannes, van de school van Gagini (17e eeuw). De beschermheilige wordt eind augustus herdacht met een processie, begeleid door muziek en dans.

In de **Chiesa del Ringraziamento alla Madonna,** een kerkje in het bovenste deel van het dorp, wordt de orthodoxe dienst gevierd. De altaarruimte (die niet betreden mag worden) is gescheiden van de ruimte waar de iconen worden bewaard. De iconen stellen o.a. Johannes de Doper, de Madonna della Grecia en de twaalf belangrijkste feesten van het kerkelijk jaar voor.

Rondwandeling Amendolea - Bova

sept.-juni, 5-6 uur, hoogteverschil ca. 700 m (Amendolea 133 m, Bova 820 m), rood-wit gemarkeerde, matig zware wandeling, lichte wandelschoenen en wandelstokken aanbevolen. Let op: het wandelpad voert deels over weilanden met geiten en schapen; a.u.b. de hekken zorgvuldig sluiten!

De wandelroute nr. 152 start vanaf de hoofdweg van Amendolea, een buitenwijk van Condofuri, ca. 500 m van Agriturismo Il Bergamotto (richting zee). Op het eerste gedeelte (tot Bova, ca. 3-3,5 uur) is het pad goed

Rondwandeling Amendolea – Bova

aangegeven. U wint snel hoogte, en na ongeveer een halfuur bereikt u een gigantisch rotsblok en laat u de ruïnes van de burcht van Amendolea achter u. Na in totaal een uur bereikt u over een weiland bij enkele ruïnes van huizen op ca. 400 m hoogte het uitzichtpunt **Lacco**. Steeds de rood-witte markering op stenen en bomen volgend, komt u op een landbouwweg, die eerst wat hoogte verliest en dan spoedig weer flink stijgt. De deels geasfalteerde weg voert langs een landbouwbedrijf omhoog naar Bova. Daar, waar de weg uitkomt op de hoofdweg naar **Bova**, gaat links een asfaltweg omhoog naar het kleine dorp (820 m). De weg biedt een weids uitzicht op de Fiumara Amendolea, de Ionische Zee en de toppen van de Aspromonte.

Voor de terugweg (ca. 2-2,5 uur) neemt u vanuit het centrum de uitvalsweg richting Roghudi. Voorbij het Grecanische restaurant, een braakliggend voetbalveld en het Stazione Forestale slaat u na ca. 2 km links af (bij de afslag ziet u op de muur een rood-witte markering). De weg voert door een klein gehucht en slingert met veel bochten langzaam omlaag. Een markering ontbreekt hier. Steeds op de deels geasfalteerde hoofdweg blijven, die afdaalt naar de ruïnes van Amendolea (zie favoriet blz. 278). Van de ruïnes van het Castello is het nog 10 min. lopen naar het dorp Amendolea.

Variant: op de terugweg stuit u op een wegwijzer 'Bova – Fraz. Amendolea – Gallicianò'. Als u deze volgt daalt u af naar de bedding van de Amendolea. Daar kunt u links over de rivierkeien teruglopen naar het dorp.

Eten en drinken

Traditioneel – **Taverna Greca:** mob. 34 95 01 05 88, alleen na reservering minimaal 1 dag van te voren (!), menu ca. € 18. kamers op aanvraag.

Actief

Excursies – **Naturaliter:** c/o Agriturismo Il Bergamotto, Condofuri, Contrada Amendolea (zie de tip hiernaast), tel. 09 65 72 72 13, www.naturaliterweb. it, info@naturaliterweb.it. Coöperatie Naturaliter organiseert excursies naar de Griekse dorpen, door de omgeving en wandeltochten. Het bemiddelt ook voor onderdak bij particulieren.

Informatie

Toeristische informatie: Associazione Cumelca, 89030 Gallicianò, tel. 09 65 72 70 91. De vereniging houdt zich bezig met het behoud van de Griekse cultuur en biedt naast informatie ook rondleidingen en wandelingen aan en bemiddelt bij onderdak in Gallicianò.

Tip

Landelijk gelegen ▶ B 13

Omgeven door bergamotplantages, ezels en geiten, niet ver van de rivierbedding van de Amendolea, ligt de uitnodigende **Agriturismo Il Bergamotto.** Het vormt een optimaal startpunt voor excursies en wandelingen naar de Griekse dorpen. De gastenverblijven bevinden zich in de gerestaureerde boerderij en in de bijgebouwen. Het bijbehorende restaurant kookt volgens de lokale keuken. Agriturismo Il Bergamotto, Contrada Amendolea, Condofuri, tel. 09 65 72 72 13, www. naturaliterweb.it, ugosergi@yahoo.it, halfpension € 45 per persoon

Ruïnes van Amendolea ▶ B 13

Op de terugrit uit Gallicianò kunt u een uitstapje maken naar de ruïnes van het Normandische kasteel in Amendolea (zie favoriet blz. 278). Volg in het dal de wegwijzer, steek de Amendolea over en rijd ca. 7 km naar de **ruïnes van het Castello dei Ruffo** en van de **Chiesa dell'Assunta** uit de 12e eeuw (het laatste stuk is extreem steil, beter uw auto in het dorp parkeren). Het kasteel rijst op boven de inmiddels vrijwel geheel uitgedroogde rivierbedding. Tot enkele eeuwen gelden stroomde vanaf zee water naar binnen en was de rivier bevaarbaar. De door houtkap veroorzaakte erosie zorgde daarna voor een gestage stijging van de rivierbedding.

Bova ▶ C 13

In het noordoosten kijkt u uit op Bova, dat u te voet of met een terreinwagen over de onverharde weg boven het kasteel kunt bereiken. Een minder lastige toegangsroute naar de op 800 m hoogte gelegen nederzetting voert over de slingerende weg, die in Bova Marina begint en 14 km gestaag omhoog klimt.

Archeologische vondsten getuigen van vroege aanwezigheid van de mens in het gebied rond Bova vanaf het neolithicum en in de bronstijd. Van doorslaggevende betekenis waren echter vooral de Grieken, die zich in **Vua** vestigden en daarmee de macht van de bloeiende kolonie Lokroi Epizefiri tot hier uitbreidden. In de middeleeuwen was de plaats een belangrijke bisschopszetel, waarvan de kathedraal nu nog getuigt. Levende erfstukken van het verleden zijn daarentegen de Grecanische taal en cultuur, die zich ten tijde van Magna Graecia hier ontwikkelden en waarvan tot op heden sporen aanwezig zijn. Met name de Duitse taalonderzoeker **Gerhard Rohlfs** heeft veel onderzoek verricht naar dit en andere dialecten van Zuid-Italië. Aan hem en zijn veldonderzoek is in het Palazzo Tuscano een tentoonstelling gewijd, met foto's van de Duitse onderzoeker uit de jaren 20 en 30 van de vorige eeuw.

In het dorp, dat op de lijst van de mooiste dorpen van Italië staat, worden zeer goede wijnen (o.a. de rode Bova) en olijfolie geproduceerd en op kleine schaal wordt gewerkt aan het weefgetouw en wordt houtsnijwerk vervaardigd.

Dorpswandeling

Op de Piazza dei Ferrovieri wordt de reiziger opvallend welkom geheten door een **stoomlocomotief.** Die werd in de jaren 80 van de vorige eeuw op initiatief van de toenmalige burgemeester hierheen gebracht.

Aan de Piazza Roma bevindt zich in het vroegere **Palazzo Marzano** de zetel van het gemeentebestuur. Vlakbij ligt de kleine **Chiesa Immacolata,** ooit de familiekapel van het Palazzo Marzano. Over de Via Maddalena komt u bij de **Chiesa San Leo,** die is genoemd naar de beschermheilige van het dorp. De kerk uit de 18e eeuw bezit een fraai portaal, een kleurig marmeren altaar, een zilveren urn met de relikwieën van de heilige en een zilveren beeld van hem. Boven de kerk bevindt zich het Palazzo Tuscano met een aan Gerhard Rohlfs gewijde permanente expositie (Via Dante, informatie op tel. 09 65 76 20 91). Over de Via Castello komt u bij de spaarzame **ruïnes van de burcht,** die direct tegen de rots is aangebouwd, om gebruik te kunnen maken van de natuurlijke versterking.

Beneden komt u bij de **kathedraal,** die is gewijd aan de Madonna della Presentazione. Ze is de zetel van de bisschop en was het laatste bisdom van

Favoriet

De ruïnes van Amendolea ▶ B 13

Als u eenmaal na de vrij pittige wandeling boven bent aangekomen en
uw hart weer iets langzamer slaat,
kunt u genieten van het schitterend
panorama: beneden de opgedroogde
rivierbedding en een vergezicht tot
aan de zee. Als u zich omdraait ziet u
in de verte de Griekse dorpen opdui-
ken. U voelt zich hier echt terugge-
voerd in het verleden, ware het niet
dat juist beneden in de rivierbedding
vrachtwagens riviergrind transpor-
teren. Maar die zijn er gelukkig niet
altijd.

Calabrië, dat tot 1573 de Griekse ritus uitvoerde. De kerk zelf schijnt door de Normandiërs te zijn opgericht op de plaats van een voorgaand kerkgebouw.

Museo paleontologico

Via delle Rimembranze, tel. 09 65 76 20 13, mob. 34 68 52 09 20, www. comune.bova.rc.it, hele jaar ma.-vr. 8-13 uur, rest v/h jaar op aanvraag, toegang € 2,50, per gezin € 5

Over de Via Pirgoli en Via San Costantino bereikt u het paleontologisch museum. Het bezit een rijke fossielencollectie en vondsten die deels tussen 100.000 en 120 mln. jaar oud zijn.

Eten en drinken

Coöperatie – **Ristorante Grecanico Coop.:** San Leo, Via Polemo (aan de weg naar Bova Marina), mob. 34 73 04 67 99, alleen indien u minstens 1 dag van te voren reserveert (!), menu ca. € 20. Typisch Grecanische gerechten als *polpette di ricotta* (balletjes van ricotta) *lestopitta* (brood met vlees of peperonata), *taglierini con i ceci* (pasta met kikkererwten). Het restaurant verhuurt ook onderdak in het dorp (mob. 34 73 04 67 99).

Traditioneel eetcafé – **La Lestopitta:** Via Vescovado 20, mob. 34 92 65 85 52. Midden in Bova kunt u bij Mimmo 's middags en 's avonds goed en voordelig eten. Een aanrader zijn de *lestopitte* (traditionele, gevulde broden).

Info en evenementen

Toeristische informatie (gemeentehuis): c/o Municipio, Piazza Roma, 89033 Bova, www.comune.bova.rc.it, www.borghipiubelliditalia.it.
Bus: 3 x per dag van Bova naar Bova Marina heen en terug (www.autolinee federico.it); meerdere keren per dag

van Bova Marina naar Reggio Calabria en terug (www.mediterraneabus.com).
Trein: op werkdagen meerdere keren van Bova Marina naar Reggio Calabria en Catanzaro Lido.
Palmzondag: Processione delle Persefoni, kleine, aan de Griekse godin gewijde figuren van riet worden door Bova gedragen.
Feest van de beschermheilige van Bova en het aartsbisdom van Reggio – Bova San Leo: 5 mei, processie.
Paleariza: festival van de Griekse cultuur en muziek met het zwaartepunt in Bova: sagre, evenementen en exposities van lokale producten (de meeste evenementen vinden in de zomer plaats). Actuele informatie: www.paleariza.it, zie ook blz. 34.
Festa della Madonna del Mare: 1e zo. in aug. zeeprocessie in Bova Marina.
Feest van de heiligen Rocco, Leo en Maria Assunta: 15-17 aug. in Bova.
Jaarmarkt: 2e weekend van okt. in Roccaforte del Greco.

Costa dei Gelsomini

▶ C/D 13/14

'Jasmijnkust' luidt de naam van de Ionische kust aan de zuidpunt van het Italiaanse vasteland, omdat hier vroeger op plantages jasmijn werd verbouwd. Tegenwoordig zijn er nog maar weinig van deze welriekende planten. Maar toch wordt deze toeristisch goed klinkende naam gebruikt voor het gedeelte van de kust vanaf Capo Spartivento tot aan de omgeving van Africo.

Het vlakke stuk kust van **Punta di Spròpolo** noordwaarts richting Capo Bruzzano biedt zonaanbidders brede, weinig bezochte stranden. Achter de overwegend witte, grofkorrelige zandstranden strekt zich een groenstrook uit, die de spoorlijn en de weg aan het zicht onttrekt. Klaprozen, orchideeën

De onechte karetschildpad

Een volgroeide onechte karetschildpad van de Middellandse Zee is tussen 80 en 120 cm groot en weegt 70-150 kg. Het geslachtsrijpe vrouwtje (doorgaans in de leeftijd van 8-10 jaar), legt na de bevruchting in zee hier in het zand (mei-augustus) wel 150 eieren in door haar gegraven ca. 40-45 cm diepe kuilen. De eieren blijven 42-65 dagen onder het warme zand tot de kleintjes uit de eieren kruipen, zich in een dagenlange strijd een weg naar de oppervlakte banen, om dan 's nachts naar zee te kruipen (op dat moment zijn ze dan ca. 5 cm groot). Eenmaal in zee aangekomen, zwemmen ze naar een plek waar ze genoeg plankton vinden. Slechts een klein deel van de uitgekomen schildpadden haalt de geslachtsrijpe leeftijd (ca. 5 van de 1000). Vele eindigen in visnetten of sterven aan verwondingen door vishaken. Gewonde dieren worden in de **centra in Capo Rizzuto** (tel. 09 62 66 52 54 of 79 55 11, www. riservamarinacaporizzuto.it) en in **Brancaleone Marina** (Piazza Stazione, tel. 09 64 93 33 47, noodnummer 32 83 02 09 21, www.crtmbrancaleone.it) verzorgd en weer in zee teruggezet.

en oleanders vormen hier een kleurrijk contrast. De bloemenpracht wordt aangevuld door acacia, mimosa, brem, ficus en klokjes.

Brancaleone Marina ▶ C 13

In Brancaleone Marina nestelt ieder jaar langs het strand de onechte karetschildpad (*Caretta caretta*), zoals overigens aan de hele Costa dei Gelsomini, die geldt als de belangrijkste nestplaats van Italië (zie blz. 280). Om de overlevingskansen van het reptiel te vergroten wordt dit strand beschermd. Dat wil niet zeggen dat u hier niet mag zonnebaden en zwemmen. Verboden is het slechts de afrasteringen rond de nesten weg te halen, het strand 's nachts te bezoeken en in de buurt van het strand met licht te schijnen en vuur te maken. Want licht trekt de dieren aan, waardoor ze hun uitweg naar zee niet meer vinden. Met een beetje geluk kunt u hier tussen juli en oktober de pas uit hun ei gekropen schildpadjes zien.

Overnachten

Vakantieclub aan zee – **Villaggio Club Altalia:** aan de SS106 ten zuiden van het centrum, tel. 09 64 93 30 31, in de winter tel. 09 65 89 07 38, www.altalia.it. Goed geoutilleerd hotel met kamers met badkamer, tv, telefoon, airconditioning en balkon met zeezicht. Residence met 1- of 2-kamerwoningen aan het strand. Diverse sportmogelijkheden, zwembad, privéstrand, animatie, speeltuin, discotheek. Halfpension in het hotel vanaf € 46-80 per nacht. In de residence € 330-1200 per week. Clubkaart € 30 per persoon, strandservice (zonnescherm en 2 ligstoelen) € 35 per week, juni-sept. Ook weekendverblijf het hele jaar op aanvraag mogelijk.

Ruisen van de branding – B & B Sunrise: Via Lungomare, mob. 34 06 71 70 79, www.bbsunrise.it, maart-dec., € 25-40 per persoon. Kamerverhuur (met gemeenschappelijke badkamer/WC) met gebruik van de keuken, direct aan de *lungomare* van Brancaleone Marina. Korting bij langer verblijf.

Info en evenementen

Toeristische informatie: gemeente, Via Toscano, 89036 Brancaleone, tel. 09 64 93 30 64, 09 64 93 34 99, www.comune.brancaleone.rc.it.
Trein: op werkdagen overdag ca. elke 2 uur naar Reggio Calabria en Catanzaro Lido (Locri, Monasterace, Soverato, Squillace).
Bus: op werkdagen 2 x per dag naar Locri, Rosarno, Capo Spartivento, Bova Marina en Reggio Calabria (www.mediterraneabus.com).
Festa della Madonna del Carmine: 2e zo. in aug., 3-daags feest met een markt en processie: vissers dragen de madonna door de straten van Brancaleone Marina, waarna ze met een boot naar Capo Spartivento wordt gevaren.
Feest van de Maria Ss. Annunziata: 3e zo. in aug., processie in Brancaleone.
Feest van de stadspatrones Madonna dei Poveri: sept., in de wijk Razzà met volksdansen en vuurwerk.

Santa Maria di Tridetti ▶ C 13

Ter hoogte van Brancaleone Marina buigt een ca. 12 km lange weg af naar het binnenland naar het kleine, op een helling gelegen dorp **Staiti**. Links ziet u boven op de berg de **ruïnes van Brancaleone Vecchia,** dat als gevolg van de schade door noodweer rond 1950 definitief werd verlaten.

Na circa 7 km komt u links bij een kleine fontein en een wegwijzer naar de Normandisch-Byzantijnse Chiesa Santa Maria di Tridetti. Te voet kunt u hier in ongeveer een kwartier afdalen naar het dal, een kleine brug oversteken (open eventueel het hek, dat de weg verspert) en aan de overkant omhoog naar de ruïnes. De in de 11e eeuw – waarschijnlijk onder de Normandiërs – opgerichte basiliek (15 m lang, 10 m breed) met drie halfronde apsides maakte ooit deel uit van een basilianenklooster. Ze werd echter al in de 13e eeuw als stal gebruikt en raakte in verval, tot ze in 1914 door de beroemde archeoloog Paolo Orsi werd ontdekt. De kerk, die – zoals Orsi vaststelde – veel gelijkenis vertoont met de **Chiesa San Giovanni Tereste** (Bivongi, zie blz. 244), is deels provisorisch en slecht gerestaureerd, om haar in elk geval voor instorten te behoeden. Zowel de apsides als de rode stenen zijn typische elementen van de Byzantijnse bouwkunst. De spitsboog is daarentegen een Normandisch stijlelement.

Capo Bruzzano ▶ D 13

Aan de kust bij Ferruzzano, in het buurtschap **Canalello,** strekt zich een mooi zandstrand uit, dat doorloopt tot aan het noordelijker gelegen **Capo Bruzzano** en verder. Als u vanuit het zuiden komt, rijdt u erheen op de links afslaande Via Canalello. Of neemt u verder naar het noorden – ter hoogte van de parkeerplaats bij 'km 72' (links boven ziet u de ruïne van de Torre di Capo Bruzzano) – een weg, die naar zee omlaag voert.

Capo Bruzzano heette vroeger **Capo Zefiro,** en ligt vlak bij de plaats waar zich ooit Griekse kolonisten vestigden (het huidige Bruzzano Vecchia), voor ze enkele decennia later het noordelijkere Lokroi Epizephyrioi stichtten.

Zephyrus is in Homerus' *Ilias* de perso-nificatie van de westenwind. Misschien was hij het, die de Grieken naar de kaap dreef en ze tot deze naam inspireerde. De latere naam Bruzzano heeft betrek-king op de oorspronkelijke bewoners van de streek, de Bruttiërs.

Canyoning in de kloof Fiumara La Verde ▶ C 13

Gemakkelijke wandeling, mei-sept., heen- en terug ca. 3 uur (naar belie-ven korter of langer), hoogteverschil 23 m, niet gemarkeerd, bij voorkeur stevige sportschoenen, waarmee u door het water kunt. Let op: de wandeling alleen maken bij stabiel zomerweer. Gevaar voor aardver-schuivingen en steenslag, vooral na regen en vanwege geiten, die boven de kloof grazen.

Het uitgangspunt bereikt u met de auto over de kustweg SS106. Neem ter hoogte van Bianco de afslag naar **Samo** en sla ca. 1 km na het binnenrijden van het dorp vlak voor een overdekte waterplaats links af. Op een steile weg rijdt u omlaag naar het dal (steeds op de hoofdweg blijven en op de splitsing rechts aanhouden). Beneden aangeko-men, de eerste brug oversteken en daar parkeren.

Te voet steekt u de tweede brug over en achter de toren gaat u omlaag naar de brede, grotendeels opgedroogde rivierbedding van de **Fiumara La Verde**. *Fiumare* zijn bergbeken, die 's zomers slechts weinig water, maar 's winters daarentegen zeer veel water kunnen bevatten.

Via een betonnen helling loopt u de rivierbedding in en zoekt u door de bedding uw weg stroomopwaarts, soms links, soms rechts van het stromende water. De rivier maakt veel bochten en het water kabbelt dan weer langzaam, dan weer sneller door de kloof. Steeds weer moet u door het water waden en ook af en toe over kleine rotsen klau-teren. Stuk voor stuk rijzen links en rechts van de Fiumara steile rotswan-den op, de Timpe, en uiteindelijk be-vindt u zich in een echte canyon. Na ongeveer een uur komt u bij een diepe

Canyoning in de Fiumara La Verde

waterpoel, waarin u kunt zwemmen. In het bovenste deel van de Fiumarakloof wordt het dal weer breder. Langs de rivier groeien oleanders, varens en tamarisken, vandaar ook de naam 'La Verde' (de groene). Neem dezelfde route terug.

San Luca ▶ C 12

Als u vanuit Capo Bruzzano naar het noorden rijdt, komt u op de provinciale weg, die van de SS106 afbuigt, na 12 km in het in Duitsland waarschijnlijk bekendste dorp van Calabrië. Het dorp zelf zou weinig spectaculair zou, ware het niet dat het als thuisbasis van de *mamma* van de 'Ndrangheta en de moordenaars van Duisburg treurige bekendheid verwierf (als gevolg van een vete tussen concurrerende families van de 'Ndrangheta werden dan in augustus 2007 zes mannen vermoord). San Luca is een dorp zoals vele andere: half afgebouwde, niet bepleisterde huizen en lelijke straten, ingebed in een fraai landschap.

Casa Natale di Corrado Alvaro

Via Garibaldi 8, tel. 09 64 98 60 17 (vanaf 17.30 uur), www.fondazione corradoalvaro.it, bezichtiging op aanvraag

Een omweg naar San Luca is echter alleen de moeite waard voor degenen, die het geboortehuis van de beroemde schrijver Corrado Alvaro tegenover de **Chiesa Santa Maria de Pietà** willen bezichtigen. Te zien zijn het woonhuis, schilderijen van familieleden, de slaapkamer van zijn ouders en de schrijftafel met typemachine, waaraan Alvaro veel van zijn teksten heeft geschreven. Waaronder waarschijnlijk ook – met uitzicht op zijn onder het huis gelegen geboortedorp – zijn beroemdste werk *Gente in Aspromonte* (1930), vertaling *Verhalen uit Aspromonte* (2007).

Bedevaart naar het Santuario di Polsi

Contrada Polsi, 89030 Polsi

Een andere belangrijke aanleiding voor een bezoek is natuurlijk de jaarlijkse processie van San Luca naar het Santuario di Polsi (zie ook blz. 271), een voetmars van ca. 4 uur door een adembenemend landschap. Als u van plan bent om vanuit San Luca met de auto de directe weg naar de bedevaartskerk te rijden, moet u dit alleen doen als u beschikt over een stevige auto en geen angst hebt voor kuilen in de weg en krassen, omdat dit stuk weg zich deels in zeer slechte toestand bevindt (onverhard en grote stukken vol losse stenen). Daarom kunt u beter op de afslag, ca. 7 km boven San Luca, niet richting San Polsi afslaan, maar de dubbel zo lange omweg over Montalto rijden.

Locri Epizefiri ▶ D 12

De stichters van de Griekse kolonie Lokroi Epizephyrioi vestigden zich eerst 20 km zuidelijker in de buurt van het huidige **Capo Bruzzano** (vroeger Capo Zefiro). Toen ze het noordelijkere, aanzienlijk vruchtbaardere gebied ontdekten, stichtten ze daar aan het eind van de 8e eeuw v.Chr. een stad. Ter herinnering aan de eerste nederzetting gaven ze Lokroi de bijnaam Epizephyrioi (Zefiro). De stad werd ook bekend omdat hier de schrijver **Zaleucos** leefde, die het eerste Europese wetboek schreef (7e eeuw v.Chr.). De nederzetting ontwikkelde zich snel en men stichtte al aan het eind van de 7e eeuw de **dochterkolonies Hipponion** (Vibo Valentia) en **Medma** (in de vlakte van Gioia Tauro) aan de Tyrreense Zee.

Bekend geworden is de ooit rijke stad met haar 30.000 inwoners echter door de **slag aan de Sagra**: toen de inwoners van Croton de gouden schat van

Persephone uit de tempel wilden roven, joegen de Lokriërs de vermeende tienmaal sterkere tegenstander op de vlucht. Door het huwelijk tussen een adellijke Lokrische en de heerser van Syracuse won de stad verder aan macht. Dionysos I wees aan Lokroi grote delen toe van Rhegion en Caulonia. Toen zijn zoon, Dionysios II, uit Syracuse verdreven werd en naar Lokroi kwam, luidde hij daar een vreselijke tirannie in, die eindigde met een opstand tegen zijn familie. Hannibal bezette de stad in 216/215 v.Chr., later werd Locri Epizefiri een *municipium* van het Romeinse Rijk. Vanwege de vele aanvallen van de Saracenen verlieten de inwoners rond de 7e/8e eeuw de stad en stichtten in het binnenland Gerace.

Archeologisch park van Locri Epizefiri

Contrada Marasà, toegang via het Nationaal Museum (zie rechts), uitleg in het Italiaans en Engels, di.-zo. van 9 uur tot zonsondergang, entree € 4 (incl. museum, zie rechts), kinderen tot 18 jaar gratis

Tegenwoordig getuigt het tussen de zee, olijfboomgaarden en akkers aangelegde archeologische park van de voormalige glans van de stad. Wat betreft de opgravingen zijn vooral de resten van de muren van de **Ionische tempel van Marasà** en de **zuilenhal** van de haven (de *stòa*) opmerkelijk (beide aan de oostzijde van het park). Aan de hand van de blootgelegde fundamenten in het noordoosten kon worden berekend, dat ooit een 7 km lange muur de stad moet hebben omgeven. Westelijk daarvan zijn de **fundamenten van het Griekse theater** (gebouwd rond de 6e eeuw v.Chr.) te zien, dat door zijn bouwwijze en zijn grote doorsnee van 70 m een fantastische accoustiek moet hebben gehad.

In het uiterste westen, aan de andere kant van de binnenste stadsmure=n,

bevond zich de **wachttoren** van het huis van Marzano en iets zuidelijker de **tempel van Persephone.** In het heiligdom heeft Paolo Orsi talrijke terracotta-tabletten (*pinakes*) met voorstellingen van de cultus van Persephone en Kore en diverse aardewerken voorwerpen gevonden. De *pinakes* werden in het voorjaar ter ere van de vruchtbaarheidsgodin in de bomen gehangen en in de herfst weer stukgegooid.

U kunt zich inleven in het Romeinse tijdperk bij het **Casinò Macri,** dat ooit een thermaal bad was, en bij de overblijfselen van het gebouw **Petrarà.**

Museo Archeologico Nazionale di Locri Epizefiri

Contrada Marasà, tel. 09 64 39 00 23, di.-zo. 9-20 uur, www.archeocalabria. beniculturali.it, www.locriantica.it, toegang zie archeologisch park

In het Nationaal Archeologisch Museum op het opgravingsterrein zijn vondsten, zoals *pinakes,* terracotta-figuren, munten, grafgiften en vazen tentoongesteld. Tevens worden de opgravingen van de *centocamere* (de fundamenten van enkele woonhuizen konden worden blootgelegd) uitgebreid gedocumenteerd.

Gerace ▶ D 12

Het 2700 inwoners tellende dorp aan de noordoostelijke uitlopers van de Aspromonte is volledig terecht tot een van de mooiste dorpen van Italië uitgeroepen. Het werd rond de 7e/8e eeuw door de uit het naburige Lokroi gevluchte inwoners gesticht en beleefde onder de heerschappij van de Normandiërs zijn grootste bloei. Na de vereniging van Italië in 1861 ontstond een nieuwe nederzetting aan zee, Gerace Marina, die in 1934 werd verdoopt tot Locri. In Gerace wordt tegenwoordig nog volgens de

De kapel van de Madonna dell'Itria in de dom van Gerace met beeld uit de 14e eeuw

oude traditie aardewerk geproduceerd. Zo kunt u op een gezellige rondwandeling door de steegjes nog een of ander fraai cadeautje bemachtigen.

Borgo en Borghetto

Van de vijf kerken in het laag gelegen deel van de stad, de **Borgo**, is de Byzantijnse **Chiesa Santa Maria del Mastro** (Piazza del Borgo) uit 1084 het bezienswaardigst.

Door een van de stadspoorten, de **Porta del Sole** met een bronzen stadswapen, komt u in het bovenste deel van de stad, de **Borghetto**. Meteen de eerste straat links voert naar het augustijnerconvent en de Chiesa Sant'Anna. In het interieur zijn diverse kunstwerken te zien, zoals de heilige Pantaleon van **Mattia Preti** (17e eeuw), de 'Roem van de heilige Anna' (17e eeuw) en de afbeelding van de heilige Catharina van Azzolino (eveneens 17e eeuw). De onder de kerk gelegen **Passeggiata delle Bombarde** zorgde er in vroeger tijden voor dat ongewenste gasten tijdig werden ontdekt – niet toevallig hebt u van hieruit een schitterend uitzicht.

Città Alta

De helemaal bovenaan gelegen stadswijk wordt om zijn ligging 'Città Alta' (bovenstad) genoemd. Over de Piazza Tocco en de Via Zaleuco komt u links in de Via Beccari. Bij een *palazzo* zijn twee biforiënvensters uit de 13e eeuw te bewonderen. Zeer interessant daaraan is het kleurenspel tussen de uit Gerace afkomstige lichte stenen en het zwarte lavagesteente. Langs het Largo Baarlam komt u op de Piazza Tribuna, dat wordt gedomineerd door de imposante kathedraal. Rechts naast de dom staat de stadspoort **Porta dei Vescovi** met het wapen van de toenmalige bisschop.

Duomo

Piazza Tribuna, tel. 09 64 35 63 23, www.cattedralegerace.it
Van de Piazza Tribuna komt u in het onderste deel van de kerk, waar zich o.a. ook waardevol kerkgerei uit de

domschat en uit andere kerken van
Gerace bevindt. Wie daarin niet is ge-
interesseerd, kan de zij-ingang in de Via
Duomo gebruiken en komt zo zonder
entreegeld te betalen in de dom en de
crypte. In het interieur van de Grieks-
Byzantijnse, deels uit de rots gehouwen crypte bevindt zich de kapel van
de **Madonna dell'Itria**. Dit voormalige
grotkerkje was waarschijnlijk al in de
8e eeuw aanwezig. Opmerkelijk is het
altaarbeeld van de 'Maagd met kind' uit
de 14e eeuw, dat de Byzantijnse icoon
van Odigitria heeft vervangen.

De **dom** van Gerace is de grootste
van Calabrië en van enorme betekenis,
omdat hij de continuïteit tussen het
antieke Lokroi en het middeleeuwse
Gerace heeft bewaard. Bij de bouw van
de imposante romaanse Mariakerk werden voor het grootste deel de zuilen en

Kunstmuseum in Mammola

Een belangrijk museum voor moderne
en hedendaagse kunst bevindt zich in
Mammola midden in de Aspromonte.
Op een terrein van 7 ha vindt de bezoeker in een harmonisch samenspel
met de natuur talrijke moderne sculpturen, *murales* en schilderijen, grotendeels geschapen door de kunstenaar
Nik Spatari. **Museo d'Arte Moderna
Santa Barbara**, Via Santa Barbara,
Mammola, ten noorden van de SS682,
www.musaba.org, mob. 33 32 43 34 96,
okt.-maart ma.-za. 8-12, zo. 8-12, 13-17,
april-sept. ma.-za. 8-18, zo. 8-12 uur,
entree € 5, kinderen tot 6 jaar gratis,
voor rondleidingen 3 dagen van te
voren aanmelden (groepen alleen met
gids). Voor groepen vanaf 20 personen
kan een ontmoeting met de kunstenaar inclusief een lunch georganiseerd
worden (1 week van te voren aanmelden). U kunt er ook overnachten in een
kunstzinnig vormgegeven sfeer.

kapitelen uit de tempels van het oude
Lokroi gebruikt. De grote drieschepige
kerkruimte wordt onderverdeeld door
twee rijen zuilen. Het invallende licht,
de heldere architectuur en het fraaie
houten plafond scheppen een uitnodigende atmosfeer.

Wanneer de dom precies werd opgericht is onbekend, waarschijnlijk heeft
men hem rond 1100 voltooid. Na diverse
aardbevingen werd hij weer hersteld en
in 1222 opnieuw ingewijd. Beschadigd
door de aardbeving van 1783, werden
later restauratiewerkzaamheden uitgevoerd. In de dom zijn diverse grafmonumenten, een in 1431 opgerichte,
gotische sacramentskapel en het hoofdaltaar uit de 18e eeuw te zien.

Het plein met drie kerken

Over de Via Caduti komt u op de **Piazza
San Francesco,** ook Largo delle Tre
Chiese genoemd. Rond het plein bevinden zich drie godshuizen uit verschillende perioden.

De **Chiesa San Giovanello,** een
Byzantijns juweeltje, werd in de 11e/12e
eeuw gebouwd. In 1993 heeft men hier
de orthodoxe ritus weer ingesteld. De
ooit in barokstijl gebouwde **Chiesa
del Sacro Cuore di Gesù** werd door
de aardbeving van 1783 verwoest en
in de 19e eeuw herbouwd. De gotische
kerk en het **klooster San Francesco
d'Assisi** ten slotte werden in 1252 opgericht. Het eenschepige interieur bezit
een opvallend marmeren altaar en al-
taarboog (1664) met kunstzinnig inleg-
werk in Toscaans-Siciliaanse stijl van
bloemen, landschappen en dieren. Achter het altaar bevindt zich de marmeren
sarcofaag van prins Nicola Ruffo.

Naar het kasteel

De wandeling door het aantrekkelijke
middeleeuwse dorp voert over een met
grote stenen geplaveide straat. Op de
Via Duomo komt u bij de ruïnes van het

Normandische kasteel. Te zien zijn alleen nog de hoofdtoren, de ingang en enkele verspreid gelegen stenen van het bouwwerk. Al voor de Normandiërs heeft hier een burcht gestaan, die in de 7e eeuw n.Chr. gebouwd en later tijdens het Byzantijnse Rijk verwoest werd. Als compensatie voor de spaarzame resten hebt u hier een groots vergezicht over het dal en op de zuidelijke kust.

Overnachten

Elegant – Albergo La Casa di Gianna: Città Alta, Via Paolo Frascà 4, vlak bij de Piazza Tocco, tel. 09 64 35 50 18, www. lacasadigianna.it, 2 pk met ontbijt ca. € 110-130, halfpension ca. € 80-90. Luxueus en zeer persoonlijk hotel met een lange traditie van gastvrijheid. Het restaurant heeft een selectie aan internationale en nationale gerechten.

Idyllisch – Azienda Agrituristica Ritorto: 89040 Portigliola (ca. 11 km ten zuiden van Gerace), Contrada Calevace, 2 km van zee, tel. 09 64 36 53 46, mob. 33 87 48 08 43, www.agriturismoritorto. it, halfpension € 40-45 per persoon. Gelegen tussen olijf- en citrusbomen. Tafeltennis, mountainbikeverhuur en excursies. In het restaurant worden lokale gerechten met ingrediënten uit eigen bedrijf geserveerd: o.a. olijfolie, wijn, groente, fruit, likeur en kruiden.

Eten en drinken

Traditioneel – Ristorante La Fontanella: Contrada Moschetta 13, 89044 Locri, bij het archeologisch park van Locri (zie blz. 284), tel. 09 64 39 00 05, di.-zo. 's middags en 's avonds, vanaf € 25. Bekroond restaurant met lokale keuken. Specialiteiten: *stoccafisso* (stokvis) en gevulde aubergines.

Goede burgerlijke keuken – Osteria U Ricriju: Via Circonvallazione 173, Siderno, 9 km ten noorden van Locri, mob. 38 99 68 72 28, hele jaar 's middags en 's avonds, zo. gesloten, menu ca. € 20. Rustieke herberg met streekgerechten en een rijk aanbod aan voorgerechten.

Winkelen

Keramiek – Ceramiche Condò: Piazza Tribuna 13 (naast de dom), mob. 34 75 17 59 06, dag. 9.30-13, 14.30-18.30 uur. Eigen keramiekwerkplaats volgens oude traditie, gemengd met nieuwe ideeën; o.a. kunstzinnige geschenken.

Textiel – Cooperative Sociale Aracne: Borghetto, Via Roma, tel. 09 64 35 50 00. Beneden de Piazza Tocco weeft de GOEL-coöperatie Aracne tafellakens, handdoeken en tapijten.

Info en evenementen

Toeristische informatie: gemeentehuis, Via di Sottoprefettura 1, Gerace, tel. 09 64 35 62 43, www.comune.gerace. rc.it (Italiaans/Engels), aanmelding voor stadsrondleidingen bij het 'Punto Informativo Turistico'.

Op internet: www.locride.net.

Bus: met Mediterraneabus meerdere keren per dag naar Locri (www.medi terraneabus.com).

Trein: op werkdagen ca. elke 2 uur van Locri naar Reggio Calabria en Catanzaro Lido via Riace, Soverato, Squillace.

Estate Geracese: juli-aug., met exposities en concerten.

Feest van de Madonna Assunta: 15 aug., Maria-Hemelvaart wordt in Gerace zeer feestelijk gevierd.

Feest van de beschermheilige San Antonio del Castello: 22-23 aug.

Toeristische woordenlijst

Uitspraak

De klemtoon ligt bij de meeste woorden op de voorlaatste lettergreep. Ligt hij ergens anders, dan is het gebruik van een accent mogelijk (bijv. città, mèdico).

c	voor a, o, u als k, bijv. Como; voor e, i als de Engelse ch in Churchill, bijv. cinque
ch	als k, bijv. chilo
g	voor e, i als de Engelse g in gin, bijv. Genova en spiaggia
gi	voor a, o, u of h als in het Engelse good, bijv. Lago di Garda
gl	als de Engelse gl in Glenn, bijv. inglese
gli	benadert het Nederlandse miljoen, bijv. Camogli
gn	als gn in cognac, bijv. Bologna
h	wordt niet uitgesproken
s	kan klinken als in sop, bijv. savona, of als in zeep, bijv. Pisa
sc	voor a, o, u als sk, bijv. scusi; voor e, i als sjaal, bijv. scelta
sch	als sk, bijv. schiena
sci	voor a, o, u als sj, bijv. scienza
v	benadert de Nederlandse w, bijv. Verona
z	deels als ds, bijv. zero; deels als ts, bijv. zitto

Algemeen

goedemorgen/ goedendag	buon giorno
goedenavond	buona sera
goedenacht	buona notte
tot ziens	arrivederci
pardon	scusi
hallo/dag	ciao
alstublieft	prego/per favore
dank je/u	grazie
ja/nee	si/no
Wat zegt u?	Come dice?

Op reis

bushalte	fermata
bus	autobus/pullman
auto	macchina
uitrit/uitgang	uscita
tankstation	stazione di servizio
rechts/links	a destra/a sinistra
rechtdoor	diritto
inlichtingen	informazione
telefoon	telefono
post/brief	posta/lettera
postzegel	francobollo
kaart	cartolina
station	stazione
vliegveld	aeroporto
stadsplattegrond	pianta della città
alle richtingen	tutte le direzioni
eenrichtingverkeer	senso unico
ingang	entrata
geopend	aperto/-a
gesloten	chiuso/-a
kerk/museum	chiesa/museo
strand	spiaggia
brug	ponte
plein	piazza

Tijd

uur/dag	ora/giorno
week	settimana
maand	mese
jaar	anno
vandaag/gisteren	oggi/ieri
morgen	domani
's morgens/'s avonds	di mattina/di sera
's middags	a mezzogiorno
vroeg/laat	presto/tardi
maandag	lunedì
dinsdag	martedì
woensdag	mercoledì
donderdag	giovedì
vrijdag	venerdì
zaterdag	sabato
zondag	domenica

In nood

help!	soccorso!/aiuto!
politie	polizia
dokter	medico
tandarts	dentista
apotheek	farmacia
ziekenhuis	ospedale

ongeluk	incidente
pijn	dolori
pech	guasto

duur	caro/-a
goedkoop	a buon mercato
betalen	pagare

Overnachten

hotel	albergo
pension	pensione
eenpersoons kamer	camera singola
tweepersoons kamer	camera doppia
met/zonder badkamer	con/senza bagno
toilet	bagno, gabinetto
douche	doccia
met ontbijt	con prima colazione
halfpension	mezza pensione
bagage	bagagli
rekening	conto

Winkelen

winkel/markt	negozio/mercato
creditcard	carta di crédito
geld	soldi
geldautomaat	bancomat
levensmiddelen	alimentari

Getallen

1	uno	17	diciassette
2	due	18	diciotto
3	tre	19	diciannove
4	quattro	20	venti
5	cinque	21	ventuno
6	sei	30	trenta
7	sette	40	quaranta
8	otto	50	cinquanta
9	nove	60	sessanta
10	dieci	70	settanta
11	ùndici	80	ottanta
12	dòdici	90	novanta
13	trédici	100	cento
14	quattordici	150	centocinquanta
15	quìndici	200	duecento
16	sédici	1000	mille

De belangrijkste zinnen

Algemeen

Spreekt u ... Duits/Engels?	Parla ... tedesco/inglese?
Ik begrijp u niet.	Non capisco.
Ik spreek geen Italiaans.	Non parlo italiano.
Mijn naam is ...	Mi chiamo ...
Hoe heet je/ heet u?	Come ti chiami/ si chiama?
Hoe gaat het met je/u?	Come stai/sta?
Bedankt, goed.	Grazie, bene.
Hoe laat is het?	Che ora è?

Onderweg

Hoe kom ik in ...?	Come arrivo a ...?
Pardon, waar is ...?	Scusi, dov'è ...?
Kunt u mij ... tonen alstublieft?	Mi potrebbe mostra ..., per favore?

In nood

Kunt u mij helpen alstublieft?	Mi può aiutare, per favore?
Ik heb een dokter nodig.	Ho bisogno di un medico.
Ik heb hier pijn.	Mi fa male qui.

Overnachten

Hebt u een kamer vrij?	Avete una camera lìbera?
Hoeveel kost de kamer per nacht?	Quanto costa la camera per notte?
Ik heb een kamer gereserveerd.	Ho prenotato una camera.

Winkelen

Hoeveel kost ...?	Quanto costa ...?
Hoe laat opent/ sluit ...?	Quando apre/ chiude ...?

Culinaire woordenlijst

Algemeen

aceto	azijn
aglio	knoflook
affumicato	gerookt
burro	boter
capperi	kappertjes
liquirizia	drop
marmellàta	marmelade
menta	munte
olio	olie
olio d'oliva	olijfolie
olive	olijven
pane	brood
panini	broodjes
parmigiano	Parmezaanse kaas
peperoncino	chilipeper
sale e pepe	zout en peper
tramezzino	driehoekige sandwich
uovo	ei

Toebereiding/specialiteiten

alla griglia	gegrild
amabile/dolce	zoet
arrosto/-a	gebraden
arrostato/-a	geroosterd
bollito/-a	gekookt
caldo/-a	warm
freddo/-a	koud
fritto/-a	gebakken
al forno	uit de oven
gratinato/-a	gegratineerd
stufato/-a	gesmoord
con/senza	met/zonder
formaggio	kaas

Dranken

bibite	drankje
acqua naturale/	water zonder/
frizzante	met koolzuur
birra	bier
brasilena	koffieachtige frisdrank
caffè	espresso
caffè americano/	aangelengde espresso
lungo	
caffè freddo	ijskoffie
latte	melk

cappucino	espresso met melk en melkschuim
latte macchiato	melk met espresso
latte di mandorla	amandelmelk
lattina	blikje
succo di frutta	vruchtensap
tè	thee
tè freddo	ijsthee
tisana	kruidenthee
vino rosso	rode wijn
vino bianco	witte wijn

Voorgerecht

affettato	vleeswaren
antipasti	voorgerechten
formaggio	kaas
nduja	scherpe worst
salumi	(salami)worst

Pasta & co

cannelloni	gevulde pastastaafjes
fettucine/tagliatelle	lintnoedels
gnocchi	pastabolletjes
lasagne	ovenschotel met lasagnebladen, gehakt, tomaten en bechamelsaus
pasta fresca (fatta in casa)	verse pasta (zelf gemaakt)
pasta ripiena	gevulde pasta, meestal met spinazie en ricotta
risotto ai funghi	risotto met paddenstoelen
risotto alla marinara	risotto met zeevruchten

Vis & zeevruchten

acciughe	ansjovis
baccalà/ -stoccafisso	stokvis
cozze	mosselen
gamberi	garnalen
granchi	krab
pesce spada	zwaardvis
tonno	tonijn
vongole	venusschelpen

Vlees & gevogelte

agnello	lam
bistecca alla milanese	schnitzel
capra	geit
carne	vlees
cinghiale	wild zwijn
coniglio	konijn
coteletta	karbonade
pollo	haantje
polpetta	gehaktbal
salsicce	worst
selvaggina	wild
vitello	kalfsvlees

Groenten & bijlagen

bietola	biet
carciofo	artisjok
carota	wortel
cicoria	cichorei (andijviesoort)
cipolla	ui
contorni	bijlagen
fagioli	bonen
fiori di zucchine	courgettebloesems
funghi	paddenstoelen
melanzane	aubergine
minestrone	groentesoep
patate	aardappelen
patate fritte	pommes frites

peperone	paprika
peperonata calabrese	groentegerecht met paprika en aardappel
pomodori	tomaten
porcini	eekhoorntjesbrood
riso	rijst
spinaci	spinazie
verdura	groente
zucca	pompoen
zucchini	courgette

Desserts & fruit

albicocca	abrikoos
dolci	dessert
fico	vijg
fico d'india	cactusvijg
frutta	fruit
granita	vruchtenijs
limone	citroen
macedonia	fruitsalade
mela	appel
melone	meloen
anguria	watermeloen
pera	peer
pesca	perzik
pesca noce	nectarine
gelato	ijs
semifreddo	ijstaart
uva	druif

In het restaurant

Ik wil graag een tafel reserveren.	Vorrei prenotare un tavolo.
De menukaart a.u.b.	Il menu, per favore.
De wijnkaart	La lista dei vini
Wat kunt u ons aanbevelen?	Cosa ci consiglia?
De rekening a.u.b.	Il conto, per favore.
soep	zuppa
voorgerecht	antipasto/ primo piatto
hoofdgerecht	secondo piatto
dessert	dessert/dolce

dagschotel	menu del giorno
bestek	coperto
mes	coltello
vork	forchetta
lepel	cucchiaio
glas	bicchiere
fles	bottiglia
zout/peper	sale/pepe
suiker/zoetstof	zucchero/saccarina
ober/serveerster	cameriere/cameriera
Ik ben vegetariër.	Sono vegetariano/a.
Ik eet vlees noch vis.	Non mangio né carne né pesce.

Hulp gevraagd!
De informatie in deze reisgids is aan verandering onderhevig. Het kan dus wel eens gebeuren dat u ter plaatse een andere situatie aantreft dan de auteur.
Is de tekst niet meer helemaal correct, laat ons dat dan even weten. Ons adres is:

ANWB Media
Uitgeverij reisboeken
Postbus 93200
2509 BA Den Haag
anwbmedia@anwb.nl

Productie: Uitgeverij ANWB
Coördinatie: Els Andriesse
Tekst: Ilona Witten
Vertaling: Henk Filippo, Langbroek
Eindredactie: Marcel Marchand, Amsterdam
Opmaak: Hubert Bredt, Amsterdam
Ontwerp binnenwerk: Jan Brand, Diemen
Ontwerp omslag: DPS, Amsterdam
Concept: DuMont Reiseverlag, Ostfildern
Grafisch concept: Groschwitz/Blachnierek, Hamburg
Cartografie: DuMont Reisekartografie, Fürstenfeldbruck

© 2018 DuMont Reiseverlag, Ostfildern
© 2018 ANWB bv, Den Haag
Eerste druk
ISBN: 978-90-18-04329-2